*Über dieses Buch*

Man hat unsere Zeit die Zeit der Begegnung zwischen Ost und West genannt. Doch nicht immer scheint es zu gelingen, die Haltung der Offenheit, Vorurteilslosigkeit und Bescheidenheit zu wahren, auf deren Basis allein eine echte Begegnung stattfinden kann.

Allzu schnell und unbesonnen werden Urteile gefällt, wird verdammt, was man nicht kennt, und besonders der Westen scheint von dem Gefühl der Überlegenheit gegenüber dem Osten und seiner Kultur schwer loszukommen.

Will aber die Erde zu einem Ganzen, zu dem einen, integrierten Erdwesen, zusammenwachsen – und das *ist* das notwendige Erfordernis unserer Zeit, wird diese Integration zuerst im Bewußtsein der Menschen sich ereignen müssen. Hier sind Bescheidenheit, Offen-sein und Bereitschaft zu lernen zuerst zu üben. Und der Westen kann und muß vom Osten lernen.

Das Geschenk, das der Osten dem Westen zu geben hat, ist seine Spiritualität: eine jahrtausendealte Kultur und Wissenschaft vom inneren Sein und Leben des Menschen. Und gerade dies ist es, was dem Westen heute so spürbar fehlt und not tut. Denn wie können wir unsere Probleme lösen, ohne deren Ursache, nämlich uns selber, wirklich ganz zu kennen?

Wir sollten die Herausforderung und die Hilfe des Ostens annehmen, wenn sie uns in Gestalt von »Meistern« und »Erleuchteten« entgegenkommt, wie z. B. in dem Meister von Poona, Shree Rajneesh.

Unorthodox und revolutionär scheint, was er sagt und tut. Gewohnte Denk- und Verhaltensmuster sind in Frage gestellt.

Aber muß das nicht so sein – und es ist immer so –, wenn etwas wirklich Neues zur Auswirkung kommt?

Jeder Yogi, jeder Meister ist im Grunde Revolutionär, weil er das Leben aus seinen verhärteten Strukturen befreit und wieder voll zum Fließen bringt. Das wird dem »Alten« immer als neu, als unbekannt erscheinen, und es wird sich zuerst davor fürchten – bis schließlich doch das Leben siegt.

Allen, die bisher nur gerüchteweise von Shree Rajneesh gehört haben, bietet dieses Darshan-Tagebuch (»darshan« = schauen, einem Meister begegnen) Gelegenheit, ihn kennenzulernen – ihm zu begegnen.

*Über den Autor*

geb. am 11. 12. 1931 in Kuchwada, Madhya Pradesh, Indien; akadem. Ausbildung; im Alter von 21 Jahren das Erlebnis der Erleuchtung; setzt seine Studien fort, schließt 1957 mit dem M.A. ab; lehrt dann am Raipur's Sanskrit College und später an der Universität von Jabalpur Philosophie.

Zur gleichen Zeit Vortragsreisen in ganz Indien, auf denen er über sein Erleuchtungserlebnis spricht und anderen diesen Weg zu zeigen versucht, Experimentieren mit und Ausarbeiten neuer Meditationstechniken, seine sog. ›Dynamische Meditation‹. 1966 gibt er seine Lehrtätigkeit an der Universität auf. In den folgenden zwei Jahren intensiviert er seine Vortragsarbeit, bis er sich schließlich 1969 mit einer kleinen Gruppe von Schülern von der Öffentlichkeit zurückzieht und in Bombay in aller Stille weiterarbeitet. Die ersten Westler kommen 1970 zu ihm.

1974 ziehen er und seine Schüler nach Poona, wo seither der Rajneesh-Ashram (eine Lehr- und Lebestätte um einen erleuchteten Meister) entsteht und sich stetig ausweitet. Pläne für eine Internationale Universität.

Weitere Publikationen: *Das Himmelreich gleicht einem Senfkorn ...*, Kommentare zum Thomas-Evangelium (in Vorbereitung); Beiträge zur Anthologie *Spirituelle Entwicklung und Sexualität* (Fischer Taschenbuch Bd. 3379).

Bhagwan Shree Rajneesh

# Sprengt den Fels der Unbewußtheit!

*Ein Darshan-Tagebuch*

Fischer Taschenbuch Verlag

Deutsche Erstausgabe
Fischer Taschenbuch Verlag
1.–10. Tausend März 1979
11.–15. Tausend August 1979
16.–22. Tausend Februar 1980
23.–32. Tausend Oktober 1980
Umschlagentwurf: Jan Buchholz/Reni Hinsch
unter Verwendung eines Fotos (Foto: Rajneesh Foundation)
Titel der indischen Originalausgabe:
›Hammer on the Rock‹
Erschienen bei Rajneesh Foundation, Shree Rajneesh Ashram, 17, Koregaon Park, Poona, Maharastra, India
Aus dem Englischen von Ma Anand Arupa
Fischer Taschenbuch Verlag GmbH, Frankfurt am Main

Satzherstellung: Otto Gutfreund & Sohn, Darmstadt
Druck und Bindung: Clausen & Bosse, Leck
Printed in Germany
1280-ISBN-3-596-23378-X

# Vorwort zur deutschen Ausgabe

Man täusche sich nicht: der Name, das Gesicht, die Gestalt des Bhagwan Shree Rajneesh aus Poona, in Deutschland jäh bekannt geworden durch eine skandalöse und verleumderische Pressekampagne – dieser Name wird nicht mit der üblichen Gesetzmäßigkeit von Skandalwellen so schnell verschwinden, wie er auftauchte.

Denn er stellt eine Herausforderung dar. Und das in einem Augenblick, wo die einst kritisch in Frage stellende Kraft jener alternativen Sozialtheorien zu versiegen scheint, wo alle Hoffnungen der vergangenen fünfzehn Jahre, alle Perspektiven auf eine humanere, kreativere, gesündere und heiterere Gestaltung unseres gesellschaftlichen Alltagslebens ersticken. Gegen eine aggressiv sich ausdehnende Arroganz von Macht und Bereicherung läßt sich nicht bis in alle Ewigkeit andiskutieren, anhoffen, anplanen. Die einen werden stumm, die anderen stumpf, wieder andere schaffen sich künstliche Paradiese, die Empfindlichsten und Ratlosesten schlagen wild um sich oder zerstören sich selbst. Alle aber sind wir krank, ob bewußt oder unbewußt, und aussteigen kann keiner aus dem krankmachenden Geflecht von Kranken.

Wer immer noch bewußt leiden kann daran, wie sich überall die Signale aufdrängen, daß unser tägliches Leben immer weniger kreativ, immer weniger human, immer weniger gesund, geschweige denn heiter wird; wer es noch nicht gelernt hat, sich »realistisch« oder zynisch abzufinden mit der Art, wie wir unser Leben kollektiv zerstören, oder wem es nicht damit getan ist, daß eine große Revolution das alles eines Tages mit einem Schlage ändern wird, der wird nicht weghören können, wenn Bhagwan Shree Rajneesh in aller Klarheit die Gründe für solche Verarmung dort aufdeckt, wo niemand sie bisher gesucht hat: in uns selbst. Wer solchermaßen leidet, wird offen sein für die Versuchung, die ausgestreckte Hand der Hilfe zu ergreifen, die Bhagwan jedem bietet, der den Weg der Heilung dort antreten will, wo er am angstvollsten ist: bei sich – im eigenen, nackten, unbekannten Selbst.

Wie dieses Wort von der Hilfe, von der ausgestreckten Hand zu verstehen ist, darüber kann dieses Buch reichlich Aufschluß geben. Es verfolgt als dokumentarische Aufzeichnung die abendlichen »Darshans« (darshan bedeutet im Sanskrit soviel wie »schauen«), die Zwiegespräche zwischen Bhagwan und denen, die ihn aufsuchen oder sich von ihm anleiten lassen, seinen »Sannyasins«. Daß die Fragen der Besucher und Bhagwans Antworten und Ausführungen ganz und gar praktisch gemeint sind, daß Bhagwan in unerhörter Weise in das Leben derer, die sich ihm anvertrauen, eingreift, sei den einen gesagt, die unter »Hilfe« Erbauung oder gute Worte verstehen. Den anderen aber – den Skeptikern, die halbwegs geneigt sein mögen hinzuhören, die aber eine solche direkt eingreifende Hilfe für gefährlich halten, die sich erinnert fühlen an Sklavengeist und Despotismus, an Gruppenwahn und Personenkult, die aus guten Gründen zurückschrecken vor der bedingungslosen Auslieferung des einen

Menschen an den anderen, oder vielmehr der vielen an den einen – diesen Skeptikern helfen vielleicht ein paar Anmerkungen vorweg zu besserem Verständnis dessen, was sie hier lesen werden.

Die Beziehung zwischen Jünger und Meister – und ohne diese Worte kommen wir hier nicht mehr aus, so verschollen wir sie auch glaubten, oder verkommen in neurotischem Sektenwesen – ist eine ganz und gar intime, eine Liebesbeziehung. Auf eine solche Beziehung passen keine Begriffe aus der durch Macht und Herrschaft geprägten Sozialwelt. Auslieferung und Vertrauen sind allererste Voraussetzung, daß Liebe entstehen und wirken kann. Und auf das Wirken, auf Veränderung, auf persönliches Wachstum durch Liebe kommt hier alles an. In äußerster Intimität und dabei – eins von vielen Paradoxen – in aller Öffentlichkeit. Die Beziehung zwischen Meister und Jünger ist intim, aber nicht privat. Das Intimste, sonst Peinliche, wird vor allen gesagt. Es ist darum in seiner Wirkung nicht weniger intim. Man muß es selbst erfahren haben, um das für möglich zu halten.

Es ist eine Liebesbeziehung – freilich zwischen ungleichen Partnern. Bhagwan auf der einen Seite, eine täglich wachsende Anzahl von Sannyasins, von Jüngern, auf der anderen Seite. Auch dies ein Paradox, eine Unmöglichkeit für unsere gewohnten Vorstellungen von Beziehungen. Und doch für jeden von uns authentische Erfahrung: die Liebe Bhagwans und das Vertrauen zu ihm als eine von uns jeweils individuell anders erlebte, tief unser Leben verändernde Kraft. Das ist das eigentlich Verbindende unter den vielen orange-gekleideten Sannyasins: die wachsende Gewißheit, durch die offenbar unendliche geistige Kraft und deren liebevolle Austeilung auf alle, die aus ihr schöpfen wollen, zu uns selbst zu finden, jeder für sich und doch angewiesen auf die Mithilfe der anderen, der Gruppen, der Freunde, zu sich selber zu finden: Schicht um Schicht, Tiefe für Tiefe, und jede Schicht, jede Tiefe ist konkrete Erfahrung und fließender Übergang zur nächsten. Und wieder das Paradox, daß wir, je tiefer wir hineingehen in uns selbst, desto näher kommen dem Punkt, wo das Individuellste umschlägt ins Allgemeinste, wo wir in uns selbst den anderen und das Andere wiederentdecken, als wären wir es selbst. Bhagwan sagt, weil wir es selbst *sind*. Aber solche Erfahrung als eigene auszusprechen, ist ihm vorbehalten.

Und das führt zu der Frage, die das wirkliche Rätsel enthält, das uns diese Gestalt aufgibt: Wer ist dieser Mann, was ist in ihm geschehen, daß es möglich ist, daß Tausende sich ihm anheimgeben und dadurch, statt einzubüßen, was sie sind, erst werden, wer sie sind.

Was ist ein »Meister«, ein »Erleuchteter«? Wörter, die allenfalls aus den Vorzeiten großer Religionsstifter, aus biblischer oder asiatischer Fremdheit und Ferne herüberklingen: Moses, Jesus, Mohammed – Zarathustra, Buddha, Laotse; sie waren »Meister«, waren »Erleuchtete«, in ihnen offenbarte sich »Gott selbst«. Für die meisten von uns Worte von Schall und Rauch, denn in unserer neuzeitlichen westlichen Erfahrung bietet sich nirgendwo Vergleichbares. In Asien ist es anders, dort ist das Phänomen der Erleuchtung als Realität anerkannt; in Indien und Japan ist der Weg, die Wahrheit in sich zu suchen, nie bezweifelt, immer wieder beschritten und daher nie vergessen worden. Unser Begriff von Wissen macht sich die Außenwelt zum fast ausschließlichen Gegenstand, unsere Wissenschaft ist in der Erkenntnis der Naturgesetze weit fortgeschritten, aber in der Anwendung der Ergebnisse, in der Technik und ihrer Handhabung, zeigt sich die groteske Einseitigkeit der nach außen gewandten Wissenschaft: weil wir uns selber nicht genug kennen, weil unsere »Wissenschaft« vom Inneren so verkümmert ist, wachsen uns unsere genialen und komplizierten Werkzeuge über den Kopf. Ein Erleuchteter, einer, der die ganze, ungeteilte Wahrheit des Menschen nach 1945, nach Weltkrieg und Atombombe, erkannt hat, wird, sofern er an die in der Dunkelheit Lebenden sich zurückwendet als Vermittler, eine andere, eine ganz neue, eine gegenwärtige Sprache sprechen. Ihn nach Sprache und Lebensstil vergleichen wollen mit Jesus oder Buddha, hieße Ort und Zeit mißachten, in denen *wir* leben. Wer Bhagwan mit offenen Ohren und Augen hören will, lege fürs erste all seine Maßstäbe beiseite; sie sind an kleineren Wahrheiten, an Teilwahrheiten geeicht und können dem größeren Phänomen nicht gerecht werden.

Es gibt aber doch auch vom Westen her einen Zugang, durch den man näher an das Größenmaß eines Menschen, der die ganze Wahrheit erlangt hat, herangeführt werden kann. Solch eine Brücke ist die abendländische Kunst. Wir mögen ihren religiösen Ursprung vergessen haben, aber die Selbstdarstellungen aller unserer großen Künstler der Musik, der Malerei, der Dichtkunst haben eines gemeinsam: daß die von ihnen gewählte Form Ausdruck eines Größeren, eines Unfaßlichen, eines Mysteriums ist, in dessen Dienst sie sich stellen. Das Erlebnis des Schaffens und des Empfangens ist ein Abglanz dessen, wovon hier die Rede ist. Schiller gebrauchte in seinem Gedicht »Die Künstler« das Bild von dem klaren, starken, ungebrochenen Lichtstrahl der Wahrheit, der sich durch die Linse der Kunst bricht in viele bunte Strahlen, mit denen die Menschen spielen können, in denen sich ihnen eine Ahnung der vollen Wahrheit ankündigt. Und umgekehrt können die Menschen »nur durch das Morgentor des Schönen« »in der Erkenntnis Land« dringen; eine folgenschwere Ansicht, die auch Goethe teilte: auf dem Wege über die künstlerische und ästhetische Erziehung des Volkes würde sich alle höhere Erkenntnis dann von selbst ergeben und sich gesellschaftlich auswirken. Weniger ideologisch und persönlich betroffener taucht der gleiche Gedanke bei Lessing auf, in seinem berühmten Stoßgebet: »Herr, hieltest du in der rechten Hand die ganze Wahrheit eingeschlossen, und in der linken die Aufgabe, sie nur immer suchen zu müssen, ich fiele dir in die Linke und flehte: Herr, diese Hand, denn die ganze Wahrheit ist ja doch nur für dich allein.« Von keinem deutschen Schriftsteller würde ich sagen, daß er seine Kunst so vollkommen in den Dienst der Wahrheitssuche gestellt hat wie Lessing; gerade daran aber ist zu ermessen, wie sehr der Weg der Wahrheitssuche ein Weg des Mutes ist, ein Mut, der eben vor dem letzten Schritt, als einem in die gänzliche Vernichtung, zurückschreckt. »Sapere aude« war das Motto der Aufklärung – habe den Mut zu wissen –, aber es war wohl kaum dabei an jenen letzten Mut gedacht. An jene Grenze sind viele Großen unserer Kultur vorgedrungen, aber es gab kein Beispiel, keine Erinnerung von jener letzten Möglichkeit des Menschen. Und so kehrten sie um oder verharrten vor dem Abgrund oder stürzten verzweifelt ab, wie Hölderlin, Kleist, Nietzsche.

Es ist also die Rede von der Erfahrung, der ganzen Wahrheit zu begegnen, der Wahrheit der Schöpfung in ihrem ganzen kosmischen Ausmaß. Davon, der Ahnung eines göttlichen Ursprungs und Zusammenhangs allen Seins, dem göttlichen Funken in uns so lange nachzuforschen, bis sich dieser Ursprung in klarem Lichte selber zeigt – dem, der den Anblick erträgt, ohne Bewußtsein und Leben zu verlieren. Was, so sagt Bhagwan, dabei tausend Tode stirbt, ist das Ich, die fest ins Körperliche verwurzelte Überzeugung, daß das Ich, diese separate Einheit, geprägt von den festen Gegebenheiten von Zeit und Raum, die »ich bin«, daß sie real sei, daß dies das einzig Erfahrbare sei. Denn alle Wirklichkeitserfahrung kommt mir zu durch *meine* Sinne, *meine* Haut, *meine* Augen, *meine* Ohren, *meinen* Mund, *mein* Denken und dessen Bedingtheit. Über dieses Ich hinausgehen hieße, die Orientierung, die Perspektive, die festen Verhältnisse, alles Vertraute und verankert Scheinende hinter sich zu lassen. Todesangst stellt sich ein, und doch lockt das tiefere Wissen, daß die Welt größer ist, als man sie je durch das Ich ertasten, erschauen, erfahren kann; daß alles, was das Ich erkennen kann, nur Teilwahrheit einer ganzen Wahrheit ist und daß erst deren gesamter Überblick erlauben wird, den Teil, den »ich« darstelle, als das zu erkennen, was er wirklich ist. An dieser Front also haben unsere Dichter und Philosophen und Künstler gelebt, diesseits, aber um das Jenseitige, um das nicht in ihrer Form Faßbare wissend, es aber durchscheinen lassend in der von ihnen gewählten Form. Von jenseits dieser Front spricht Bhagwan.

Er hat den Sprung überlebt und spricht als Mensch zu uns, nicht als Gott. Er lebt im Göttlichen, er spricht aus ihm, aber durch eine vorgehaltene Maske seiner »Persona« – denn »ihn« als separates Ich gibt es nicht mehr. Eine ungewohnte Vorstellung, aber schon die äußersten Ausläufer der Ausstrahlung, die von ihm ausgeht, verbürgen dem, der sich nicht verschließt, die Wirklichkeit der ungeheuren Lebensenergie und geistigen Strahlkraft, die von einem ausgeht, der diesen Tod des Ich gestorben und eingegangen ist in das unbegrenzte Bewußtsein, das man das »Göttliche« nennt, das sich uns nur deshalb verbirgt, weil es überall alles durchdringt, während wir im Ich gefangen sitzen.

Da er so wenig bereit ist, über die Grenzen des Ich hinauszuforschen, sieht der Westen in Festigung und Ausbau des Ichs der Weisheit letzten Schluß. Die Verfolgung des wohlverstandenen Selbstinteresses garantiert im Gefolge dieses Schlusses alles gesellschaftliche Wohlbefinden. Oder aber das Wir – so will es der Sozialismus – ist der Weisheit letzter Schluß, aber im Gefolge dieses Schlusses kommt es zur Gleichsetzung von Wir und Ich, und der wohlverstandene Egoismus des Staates garantiert das Wohlbefinden aller in ihm. So hat das Wir zwar ausgedehntere Grenzen als das Ich, sorgt aber, daß alle im Wir die Dinge so sehen wie alle übrigen – wie ein Mann. Aber jenseits der Staatsgrenzen gibt es ein anderes Wir, in dem alle alles anders sehen. Beide Weisheitsschlüsse greifen zu kurz; die tägliche Nachricht beweist, wie wenig die Formeln stimmen.

Bhagwan kennt keine Grenzen. Wer zu ihm will, muß Grenzen überschreiten, über Abgründe hin. Nicht Grenzen des Denkens, sondern Lebensgrenzen. Bhagwan meint das Leben selbst: Fange an bei dir, bei deiner Erfahrung, deinem Körper, deinem Gefühl. Erkenne dich selbst. Überschreite die Grenzen deiner Gewohnheiten und deiner lieben Vorstellungen von dir selbst. Werde dir deines wirklichen Tuns und Denkens und Fühlens bewußt – das ist die einzige Regel, die Bhagwan gibt – und folge dem, ohne zu urteilen. Werturteile hindern das Leben und das Tieferdringen des Erkennens durch eigene Erfahrung. Erkenne ganz einfach, aber misch dich nicht ein: erst dann wirst du das ganze Ausmaß deiner Wirklichkeit sehen. Und du kannst dich sehen, wo immer du bist, du kannst dein Bewußtsein mitnehmen in jede Tätigkeit und an jeden Ort der Welt; du trägst dein Bewußtsein in dir. Erkenne das, was um dich ist, was in dir ist. Das ist der Weg.

Hölderlin sagt – so ganz unvorbereitet trifft uns Bhagwan im Westen auch wieder nicht –

*So komm! daß wir das Offene schauen,*
*Daß ein Eigenes wir suchen, so weit es auch ist.*
*Fest bleibt Eins;... immer bestehet ein Maß,*
*Allen gemein, doch jeglichem auch ist eignes beschieden,*
*Dahin gehet und kommt jeder, wohin er es kann.*

Wer es ernst meint mit dieser Suche nach der höchsten, der göttlichen Wahrheit in sich, wer wirklich erproben will, wie weit er gehen kann in der Erkenntnis seiner selbst, wer eine ungefähre Ahnung hat von den Dunkelzonen des Noch-nicht-Erkannten und von der verdummenden Wirkung der Angst davor, der wird dankbar sein, daß da einer ist, der den Weg schon ganz gegangen und zurückgekommen ist, um anderen zu helfen, ihn auch zu gehen.

Er kann den Weg selbst nicht gehen für mich, aber er kann mir Mut machen, mich vor falschen Schritten warnen, mit Situationen herstellen, in denen ich den für mich richtigen nächsten Schritt erkenne, er kann mich nach blinden Schritten trösten und mich allmählich überreden einzusehen, daß ich selber das in mir trage, was ich außen suchte.

Swami Prem Nirvano
München, Oktober 1978

# Mittwoch
# den 10. Dezember

Heute abend haben die Mitglieder der Tathata-Gruppe (Bedingungsloses Akzeptieren) Darshan. Jede Therapiegruppe, die es im Ashram gibt, hat Gelegenheit, Bhagwan einmal im Laufe der Gruppe ihre individuellen und gemeinsamen Erfahrungen vorzutragen und mit ihm über gewonnene Einsichten und aufgetretene Blockierungen zu sprechen.

Die Tathata-Gruppe zielt darauf ab, den einzelnen dabei zu helfen, sich selbst und andere akzeptieren zu lernen, ohne jede Bedingung, so wie sie sind. Der Prozeß dauert zwischen zweiundzwanzig und fünfundzwanzig Stunden. Er schließt vielerlei physische und geistige Anstrengungen ein. Das bringt die Teilnehmer an den Punkt totaler Erschöpfung und stellt ein Bemühen dar, ihnen das Fallenlassen ihrer Verteidigungsstrategien und ihrer Masken zu erleichtern, so daß sie sich selber und anderen ehrlich und authentisch in die Augen sehen können.

BHAGWAN (zum Gruppenleiter)

Pujari, komm her zu mir. Hast du etwas Besonderes zu der Gruppe zu sagen? Dann werde ich auf dich eingehen.

PUJARI *Die Gruppe hatte einen sehr starken Zusammenhalt. Ich hatte das Gefühl, daß sie weit mehr Energie hatte als die letzte Gruppe, und das machte sie intensiver. Ich ging durch viele Dinge hindurch, wie immer – in manchen Augenblicken nicht wissend, was ich tat. Aber ich war mit dem, was dabei herausgekommen ist, wieder zufrieden.*

Man muß sich stets eingedenk bleiben, daß der Leiter in der Tat kein Manipulator ist. Er sollte es nicht sein. Wenn du manipulierst, ist dein Verstand (*mind*) im Spiel, und das, was vom Verstand kommt, kann nicht tiefer gehen als er selbst. Der Leiter muß also offen sein für das, was von jenseits der Verstandes kommt.

Am Anfang wird der Verstand eine Rolle spielen. Verliere ihn nach und nach, so daß es von dir Besitz ergreift. Das ist das richtige Wort – du wirst ergriffen. Dann bist du nicht mehr da. Etwas, das größer ist als du, gewaltiger als du, hat von dir Besitz ergriffen. Du tust etwas, bist aber nicht der Handelnde; dann geschieht etwas, du aber bist nur Zeuge.

Der Leiter ist untergegangen, und wenn er sich erst einmal verloren hat, wird der wahre Leiter ins Spiel kommen. Wenn der Leiter verschwunden ist, wirst du zu einem Teil der Gruppe. Dann sind die von dir Geführten nicht mehr getrennt von dir; die Dualität ist aufgehoben. Wenn der Leiter erst einmal ergriffen ist, verschwindet die Dualität. Dann sind die Lehrer und die Lernenden eins. Arzt und Patient sind *eins.* Nur dann – und einzig und allein dann – ist Heilung möglich. Nicht nur, daß du die anderen heilst – das Geschehen heilt auch dich.

Wenn die Gruppe den Leiter nicht bereichert, wie kann sie dann jene bereichern, die geführt werden? Wenn du selbst dadurch nicht wächst, wie kannst du dann anderen helfen zu wachsen? Laß dich also besitzen! Und das ist eine sehr schwierige Sache, hm? Der Verstand möchte manipulieren, kontrollieren, sich nach festgelegten Mustern bewegen. Du kannst dich nach vorgefertigten Rastern verhalten, doch dann wird nie etwas Besonderes passieren. Den Leuten mag geholfen werden, sie mögen dadurch etwas erreichen, aber die ganze Geschichte wird an der Oberfläche und bloße Technik bleiben. Die Liebe wird fehlen. Und Gott wird nicht dabei sein. Erlaube dir also, ergriffen zu werden.

Du kannst folgendes tun:

Wann immer du eine Gruppe anfängst, schließe deine Augen und laß dich von all deinen Gruppenteilnehmern umgeben. Laß sie sich einander bei den Händen halten, und fangt mit einem Gebet an. Das Gebet sollte ein Schweigen sein, ein schlichtes Sich-Öffnen, daß Gott von euch Besitz ergreifen möge und du in keiner Weise andere manipulierst oder kontrollierst. Und du ziehst dich zurück. Sofort wirst du spüren, wie eine Energie hinzutritt und wie sich ein ungeheurer Wandel vollzieht, eine unendliche Kraft, unerschöpflich ... Laß sie zu!

Dann wird jede Gruppe ein neues Sich-Öffnen, eine neue Tür, eine neue Erfahrung. Du bist niemals vorher hier gewesen, es ist ein neues Gebiet – nicht nur für diejenigen, die du führst, auch für dich. Viele Überraschungen wird es geben. Und bevor das nicht geschieht, wird der Gruppenleiter früher oder später abgestumpft und gelangweilt – dann handelt es sich um Wiederholungen. Die Gruppenmitglieder werden wechseln, sie werden immer wieder neu sein. Für sie mag alles unbekannt sein, für dich aber spielt sich wieder und wieder das gleiche ab. Handhabe es nie so! Was ich meine, ist nur möglich, wenn du ergriffen wirst und der unendlichen Energie erlaubst, dich zu bewegen. Das braucht Vertrauen, das Ego muß sterben.

Erinnere dich also an mich. Jedesmal, wenn du die Gruppe anfängst, denke an mich – und überlaß es mir. Du wirst einfach ein Werkzeug, und die Möglichkeit ist riesengroß. Dann wirst du Leuten in größerem Maße helfen können, denn dich gibt es nicht mehr, niemand steht im Weg. Wenn ein Führender da ist, spürt auch der Geführte einen Widerstand – der Kampf der Egos beginnt.

Wenn du nicht da bist, werden die Dinge sehr einfach und leicht. Diesmal war es also gut, aber denke immer daran, zieh dich ganz allmählich zurück.

Und dann wirst du zu einem würdigen Gefäß für viele, viele Dinge. Gut, Pujari.

PUJARI *Ich hab' noch ein paar Fragen... die eine hat mit Geduld zu tun. Ich hab' schon immer ein Problem mit der Geduld gehabt und bin oft ungeduldig gewesen. Manchmal habe ich das Gefühl, es ist gut, weil ich in Bewegung komme; manchmal meine ich, daß meine Ungeduld ein Hindernis ist.*

Hab' Geduld mit deiner Ungeduld. Wenn sie da ist, ist sie da. Mach' kein Problem daraus, akzeptiere sie. Auch das ist ein Egospiel – daß du nicht ungeduldig sein solltest. Warum? Wenn man es ist, ist man es eben! Entspanne dich, nutze sie. Das ist mein Verständnis von der Sache: Alles kann genutzt werden, alles kann schöpferisch werden.

Es ist also nicht die Frage, ob Ungeduld vorhanden sein sollte oder nicht. Die Frage lautet, wie kann man sie nutzen, wenn sie da ist, und wenn sie nicht da ist, wie man von ihrer Abwesenheit Gebrauch machen kann. Beides kann genutzt werden. Ungeduld ist einfach ein Zeichen von Energie, eine Energie, die schaut, wo sie hinfließen kann, Energie, die nicht weiß, was sie tun soll, Energie, die in solchem Übermaß vorhanden ist, daß sie überschäumt. Verhalte dich nicht negativ zu ihr – an ihr gibt es nichts auszusetzen. Sei ungeduldig und sehr geduldig. Laß sie zu, nutze sie, und du wirst bald sehen, daß sogar aus der Ungeduld etwas aufgeblüht ist.

Ungeduld kann zu Intensität werden, und sie ist es auch, wenn du es recht verstehst. Sie bedeutet, daß dir etwas am Herzen liegt. Wenn du an jemandem arbeitest und du wirst ungeduldig, zeigt das einfach deine Liebe, daß es dich etwas angeht, daß du keine Zeit und keine Energie verschwenden willst... Sie zeigt dir an, daß, obwohl du siehst, daß alles bereits auf der Hand liegt, der Betreffende immer noch im dunkeln tappt. Jesus ist ungeduldig, sehr ungeduldig, und das ist die Quelle seiner ungeheuren Anziehungskraft. Gebrauche die Ungeduld, sie ist Kraft, ist Lebendigkeit.

Gib den Dingen nie negative Bezeichnungen. Wenn du Wut verspürst, nutze sie. Sei in einer liebevollen Weise wütend. Und das ist kein Widerspruch. Es sieht paradox aus, scheint so, ist es aber nicht – in Wirklichkeit ist es das nicht. Tatsächlich bist du im Leben nur dann ärgerlich, wenn du jemanden liebst. Wenn ich dich liebe, mich um dich sorge, muß ich manchmal wütend werden. Doch hinter dieser Wut steckt Liebe. Hinter dem Vorhang verbirgt sich Liebe. Noch irgend etwas?

PUJARI *Ja, ich fühle, wie ich mich dir mehr hingebe, seit ich hier bin, und ich bin bereit, einfach zu...*

Hm, hm, mit jedem Tag wirst du es mehr spüren, denn es ist eine Reise, die anfängt, aber niemals endet. Wenn du sagst, daß du dich mir überläßt, ist das bloß ein Anfang. Und es ist immer nur ein Anfang, weil stets noch mehr möglich ist. Es ist so unendlich viel mehr möglich, als du empfangen kannst. Jedesmal, wenn du kommst, wirst du stärker fühlen, wie du dich mir überläßt. Je mehr du dich überläßt, desto größer wird deine Fähigkeit, dich zu überlassen. Man lernt eine Sache, indem man sie tut – einen anderen Weg gibt es nicht. Du gehst zum Fluß und fängst an, schwimmen zu lernen. Je mehr du schwimmst, um so besser kannst du es. Hingabe ist das Hinabsteigen in die Tiefen des Bewußtseins, es ist ein Schwimmen. Je mehr du es tust, um so mehr erkennst du. Je mehr du erkennst, um so mehr Abenteuer werden sich vor dir auftun und um so häufiger wirst du gefordert werden. Und ich werde dich mehr und mehr fordern.

PUJARI *Du willst also, daß ich nach diesen drei Monaten nach Hause gehe?*

Ich möchte, daß du nach Hause gehst, hm? Ich möchte, daß ein paar Leute ständig kommen und gehen.

Wann immer du ein bißchen müde bist, komm her. Wann immer du das Gefühl hast, du brauchst ein wenig Nahrung, komm zurück. Wann immer du fühlst, daß du mich vermißt, komm wieder her. Zehre ein bißchen von mir – und geh zurück... (*Zu dem Gruppenhelfer*) Nun, hast du etwas zu sagen? Komm her zu mir.

GOPUR *Ich denke, diese Gruppe war weit besser als die letzte – intensiver, zügiger. Das war gut.*

Arbeite, als seiest du fast verrückt. Mir scheint, du hältst noch immer viel zurück, du läßt dich nicht total auf die Sache ein und bleibst an der Peripherie. Du behältst dir immer einen Raum vor, in den du dich zurückziehen kannst, wenn die Dinge brenzlig werden. Wann immer du dich vorwärts bewegst, brich die Brücken, die du überschritten hast, hinter dir ab, damit dir der Rückweg versperrt ist. Wenn du eine Höhe erklommen hast, wirf die Leiter weg, damit du entweder weiter vorwärts gehen oder sterben mußt, aber nicht zurückgehen kannst! Schaffe nie die Situation, daß du, wann immer du es möchtest, dich in dich selber zurückziehen kannst. Nein, dann wirst du kein wirklicher Gruppenleiter – und ich möchte gerne, daß du einer wirst.

Ein Helfer sein, ist eine Sache für sich, denn du arbeitest wie ein Schatten, und die Verantwortung liegt nicht bei dir. Wenn du aber erst einmal ein Leiter bist, liegt die gesamte Verantwortung auf dir – und dann wird dir dieses Halbe-Halbe nicht helfen. Explodiere, und explodiere hundertprozentig. Allein durch deine Explosion wird den Leuten schon geholfen. Wenn die Gruppenteilnehmer deine Halbherzigkeit sehen, werden sie nicht einmal halbherzig sein. Sie werden nur fünfundzwanzigprozentig sein, wenn du fünfzigprozentig bist. Die Gruppe geht nur halb so weit wie der Gruppenleiter. Du mußt hundertprozentig kochen, so daß du verdampfst. Nur dann fassen sie Mut und gehen mit dir.

In allen Therapien, in allen Gruppenprozessen kommt es einzig und allein darauf an, eine Situation zu schaffen, in welcher die Leute wagen können – das ist alles.

Wie du das zuwege bringst, ist nebensächlich. Du gibst ihnen einen Anstoß, forderst sie heraus. Du öffnest einen Abgrund vor ihnen und verführst sie zu springen. Die Gruppe ist notwendig, denn wenn sie allein sind, werden sie nie etwas wagen, sie werden viel zu große Angst haben.

Wenn sie aber sehen, daß man den Sprung tun kann und dennoch am Leben bleibt – und nicht nur das, sondern lebendiger ist als je zuvor; wenn sie sehen, daß einem der Abgrund nicht den Tod, sondern mehr Leben beschert, wenn sie sehen, daß jemand, der sich geöffnet hat, etwas gewonnen und nichts verloren hat, sondern reicher und vitaler geworden ist – dann trauen sie sich. Der eine wagt und ein zweiter folgt ihm, dann noch jemand, und dann wird es eine ganz einfache Sache, ein ganz simples Phänomen. Aber dann mußt du selber mutig sein. In der nächsten Gruppe wagst du soviel, wie du kannst. Es wird auf keinen Fall zu viel sein. Was immer du tust, wird allemal weniger als das sein, was getan werden kann. Gut.

*(Bhagwan wendet sich an ein anderes Gruppenmitglied)*

ASHVAGHOSHA *Ich habe die Gruppe gemacht, wie du es mir empfohlen hast... Ich fühle mich jetzt viel offener, und ich fühle mich als ein Teil dessen, was um mich herum vorgeht. Ich hab' auch festgestellt, daß meine Gefühle sehr oft ins Extrem gehen – sogar im Laufe eines einzigen Tages.*

Laß sie, denn du hast sie dein ganzes Leben lang unterdrückt. Laß ihnen freien Lauf, und bald werden die Extreme verschwinden. Es ist, wie wenn jemand ein paar Tage lang gefastet hat, und du lädst ihn zu einem Festmahl ein. Er ißt und ißt und ißt zuviel – bis er sich übergibt. Doch das geht nicht alle Tage so weiter. Sobald er essen darf, werden sich die Dinge von selber regulieren.

Die ganze Menschheit stirbt vor Hunger, sie hungert nach tausenderlei Dingen. Liebe war nie gestattet, Sexualität nicht zugelassen; Ärger war verboten, Lachen nicht erlaubt und Weinen auch nicht. Der Mensch ist so verkrüppelt, daß es nahezu ein Wunder ist, daß es ihn immer noch gibt. Warum ist eigentlich nicht jeder Mensch verrückt? Das ist eine sehr berechtigte Frage. Sie lautet nicht, wieso nur ein paar wenige Leute verrückt sind, sondern warum eigentlich nicht alle Leute im Irrenhaus landen. Die ganze Situation ist so, daß dein Lachen, wenn du nach vielen Jahren oder sogar nach vielen Leben zum ersten Mal wieder lachst, ins äußerste Extrem geht. Nach so endloser Unterdrückung explodiert es ganz einfach. Wenn du weinst, hören die Tränen gar nicht mehr auf zu fließen, es scheint, als sei kein Ende abzusehen. Doch laß es zu, und bald wird sich alles beruhigen, denn in Extremen zu verharren, ist nicht die Art und Weise der Natur.

Die Art der Natur ist es, die Mitte zu suchen, die goldene Mitte. Die Natur strebt immer nach Ausgewogenheit. Wenn die Gefühle aber unterdrückt werden, beginnt der Verstand, ein Ungleichgewicht zu schaffen. Und um es wieder auszugleichen, mußt du ins andere Extrem gehen. Laß also ein paar Tage lang – es wird vielleicht nicht länger als ein paar Tage dauern – alles laufen; laß alles zu, was geschieht, und geh voll darauf ein. Und versuch nicht, an Vorbilder zu denken. Wenn du zum Beispiel weinst und schreist und dir die Tränen kommen, frag dich nicht, was die Leute von dir denken. Sie haben dir von Kindheit an befohlen, keine Heulsuse, sondern ein Mann zu sein. Tränen seien etwas für Mädchen, aber nicht für Jungen, sei hart und zäh.

Auf diese Weise wird man zum groben Klotz und verliert sein empfindsames Herz. Man verliert die ungeheuer schöne Fähigkeit zu weinen. Augen, die nicht weinen können, können auch nicht wissen, was Poesie ist, und ein Herz, das nicht weinen kann, weiß nicht, was ein Geheimnis ist. Und wenn du nicht weinen kannst, kannst du auch nicht lachen – sie treten zusammen auf, wie zwei Seiten einer Münze. Wenn du also dein Weinen und Schreien unterdrückst, unterdrückst du auch dein Lachen. Du bringst es allerhöchstens zu einem Lächeln, und selbst dieses Lächeln scheint gemalt, gestellt, manipuliert, als ob du es aufsetzt. Es ist nicht wie eine Blume, die aus deinem Innern kommt und sich öffnet, sondern von außen her aufgezwungen, eine Sache des Kopfes.

Du bist nicht auf dieser Welt, um irgend jemandes Vorstellungen zu erfüllen. Die einzige Verantwortung, die du hast, ist, du selber zu werden und zu erkennen, wer du bist. Und das ist nur möglich, wenn du alle Anlagen, die du in dir trägst, entfaltest – ohne jegliche Unterdrückung, offen und strömend.

Tu etwas in diesem Augenblick... schließ deine Augen und laß etwas zu, was du noch nie empfunden hast.

*(Bhagwan richtet seine kleine Taschenlampe auf die Brust des Sannyasin – der vor ihm kniet und den Kopf gesenkt hält. Nach ein paar Sekunden stößt der Sannyasin einen kurzen, lauten Schrei aus und hebt dann langsam den Kopf, um Bhagwan anzuschauen.)*

Gut, hm? Sehr gut. Sei drei Wochen lang völlig verrückt; nach diesen drei Wochen wird sich von selbst ein Ausgleich ergeben. Die Erfahrung war gut. Du konntest wenigstens etwas tun. *(Bhagwan lächelt ihm warm zu.)* Gut...

Rishi, wie geht es dir?

RISHI *Ich bin ganz schön aufgerüttelt! Ich habe sehr stark die Grenzen erfahren, in denen ich mich gefangenhielt. Ich bin gesprungen, hab' mich aber wenigstens noch an meinem Fallschirm festgehalten – aber immerhin bin ich mehr gesprungen als sonst.*

*(nach ein paar Sekunden Pause)* Du trägst eine sehr starke Panzerung mit dir herum. Gut, daß du dir dessen bewußt wirst. Es ist bloß eine Panzerung, sie ist nicht mit dir verwachsen.

Du klammest dich an ihr fest; wenn du dir aber klar darüber wirst, kannst du sie einfach ablegen. Die Panzerung ist tot. Trägst du sie nicht, verschwindet sie. Nicht nur, daß du sie trägst, du nährst und fütterst sie auch noch.

Aber so ist nun einmal die Zivilisation – in einem höchst neurotischen Zustand. Zivilisation ist eine Neurose, und sie zahlt sich aus, deshalb haben wir uns entschieden, neurotisch zu sein. Aber nach und nach wird sich der Mensch dessen bewußt, und es wird ihm immer klarer, daß ihn die Angelegenheit zu teuer zu stehen kommt. Es gibt etwas her, aber es kostet mehr, als es einbringt. Es gibt dir viele Dinge, nimmt dir aber die Seele. Es verschafft dir einen höheren Lebensstandard, aber es bringt dich um.

Jedes Kind ist in Fluß, es hat keine festgefrorenen Stellen in sich; sein ganzer Körper bildet eine organische Einheit. Der Kopf ist nicht wichtig, und die Füße sind nicht unwichtig. Es gibt weder Unterteilungen noch Grenzlinien. Doch nach und nach entstehen Grenzen. Der Kopf wird zum Meister, zum Chef, und der ganze Körper wird in Teile zerlegt. Ein paar Teile werden von der Gesellschaft akzeptiert, andere nicht. Einige Teile sind gefährlich für die Gesellschaft und müssen nahezu zerstört werden. Dadurch entsteht das ganze Problem.

Du mußt also beobachten, wo du in deinem Körper die Beschränkungen spürst. An welchen Stellen sind dir diese Einschränkungen besonders aufgefallen – in den Beinen?

RISHI *Ja, ganz sicher in den Beinen und hier herum (er zeigt auf seinen Nakken); eine ganze Menge in der Brust und auch in der Kehle.*

Tue drei Dinge. Zum einen: Atme im Gehen oder Sitzen oder wann immer du nichts tust, ganz tief aus. Die Betonung sollte auf der Ausatmung liegen, nicht auf dem Einatmen. Atme also ganz tief aus – so viel Luft, wie du hergeben kannst, stoße sie durch den Mund aus. Aber tue es langsam, damit du viel Zeit brauchst. Je länger es dauert, um so besser ist es, denn dann geht es tiefer. Wenn alle Luft aus dem Körper herausgeatmet ist, atmet der Körper ein. Nicht, daß *du* einatmest! Die Ausatmung sollte langsam und tief sein, die Einatmung schnell. Das wird deine Panzerung in der Nähe der Brust verändern und deine Kehle auch.

Zum zweiten: Fang an, ein bißchen zu rennen, das wird dir gut tun. Nicht viele Meilen, eine reicht. Stell dir einfach vor, daß eine Last von den Beinen weicht, daß sie herunterfällt. Wenn deine Freiheit zu sehr eingeschränkt worden ist, tragen die Beine eine Panzerung; wenn man dir befohlen hat, dies zu tun und nicht jenes, jenes zu sein und nichts anderes; hierhin zu gehen und nicht dorthin. Du fängst also einfach an zu rennen, ja? Und während du rennst, achte auch mehr auf die Ausatmung. Wenn du erstmal deine Beine und ihre Beweglichkeit wiedergewinnst, wirst du über einen ungeheueren Energiefluß verfügen.

Zum dritten: Wenn du dich nachts schlafen legst und deine Kleider ausziehst, stell dir vor, daß du nicht nur die Kleider loswirst, sondern deine Panzerung auch. Mach es so. Leg sie ab und hole tief Atem dabei, und dann geh schlafen, als seiest du unbewaffnet, mit nichts auf dem Körper, ohne alle Beschränkungen. Nach drei Wochen sag mir, wie es für dich war. Die Gruppe hat dir gut getan...

*(Bhagwan wendet sich einem Sannyasin zu, der in der Tathata-Gruppe mitgearbeitet hat, und fragt, wie es gelaufen sei.)*

PREM CHAITANYA *Ich hatte das Gefühl, daß ich dieser Gruppe niemals gewachsen war, aber ich glaube, das lag an mir, ich kämpfte nur gegen die Struktur der Gruppe an, weil ich selber überhaupt nicht in der Weise strukturiert bin.*

In Wirklichkeit hat sie überhaupt keine Struktur. Die Struktur ist rein formal. Ein zutiefst ungeordneter Strom der Ereignisse ist das, worauf es ankommt. Die Struktur ist nichts weiter als ein Gefäß. Verschwende nicht zu viel Aufmerksamkeit auf das Äußere, achte auf den Inhalt.

Die Struktur dient lediglich dem Unstrukturierten. Alles, was nicht strukturiert ist, braucht eine Struktur, die es umgibt – sie ist einem Gerüst vergleichbar, das bei der Errichtung eines Hauses hilft. Ist das Gebäude erst einmal entstanden, kannst du das Gerüst wegwerfen – es wird nicht mehr gebraucht. Hat jemand erstmal das Unstrukturierte an sich selbst erfahren, das durch nichts mehr Bedingte, braucht er einfach keine Struktur mehr. Er weiß und versteht, daß die Struktur ein bloßes Hilfsmittel war. Jetzt kann er die Schriften verbrennen, jetzt benötigt er keine Disziplin mehr. Aber Leute, welche die Disziplin hinter sich gelassen haben, folgen immer noch einer Disziplin – um jener Leute willen, die das Nichtdisziplinierte noch nicht verstehen können.

Über Bodhidharma, welcher Zen nach Japan und China brachte, wird erzählt, daß er fortfuhr zu meditieren, nachdem er erleuchtet wurde. Einige seiner Schüler wunderten sich und fragten: »Warum meditierst du? Du bist doch am Ziel angekommen?«

Er sagte: »Deinetwegen. Wenn ich nicht meditiere, denkst du: wozu meditiren? Der Meister läßt es sein, dann können wir es auch bleibenlassen. Das aber wäre gefährlich für dich. Für mich gibt es jetzt keinen Grund mehr; ich lasse mich nur nieder, um euch dazu anzuregen, daß ihr euch auch niederlaßt.«

Buddha sagte zu seinen Schülern: »Wenn ihr erleuchtet seid, verwerft nicht alle Disziplin, denn es gibt viele dumme Leute in eurer Umgebung, die glauben, Disziplin sei nicht nötig. Sie werden niemals zu einer Disziplin kommen und werden zerstört werden.«

Alles, was ich hier tue oder was durch mich möglich wird, ist seinem Wesen nach unstrukturiert, aber dennoch wird eine Ordnung gebraucht. Das ist nur eine oberflächliche Notwendigkeit. Gut, das war eine gute Einsicht.

Sariputta, wie steht es mit dir?

SARIPUTTA *Ich kann wirklich nicht sagen, was los ist. Ich weiß es nicht. Ich weiß nur, daß irgend etwas geschieht.*

Wann immer wirklich etwas geschieht, ist es sehr schwer zu benennen, es ist nicht zu fassen. Es handelt sich um keine bestimmte Sache, eher gleicht es einem Klima, das dich umgibt, einem Milieu. Es ist, als würdest du dich an einen

Duft erinnern, den du jedoch nicht wiedererkennst. Es gibt Augenblicke, in denen vollkommene Klarheit herrscht, und solche, in denen Wolken alles verdekken und jegliche Klarheit wieder verschwindet. In den Augenblicken der Klarheit glaubst du sagen zu können, was vor sich geht; sind diese Augenblicke aber vorüber, kannst du sie nicht zurückholen. Und das Geschehen ist so riesenhaft, daß du weinen, lachen oder tanzen kannst, aber in Worte fassen läßt es sich nicht.

Darum wartet ein Zen-Meister, wenn er ein Koan zum Meditieren gibt, bis sein Schüler eines Tages kommt und sich seiner Erfahrung entsprechend verhält. Wenn er nur kommt und etwas erzählt, wird er zurückgewiesen, egal, was er sagt. Manchmal hat er kein Wort gesprochen, und der Meister sagt: »Sprich nicht, es ist falsch« – und das, obwohl er gar nichts gesagt hat. Der Meister wartet auf den Augenblick, in dem der Schüler es zeigt, anstatt es auszusprechen.

Wann immer also etwas Wesentliches geschieht, kannst du es zeigen, aber nicht sagen. Wenn du dich das nächste Mal so fühlst, komm und tanze oder singe ein Lied oder tu irgend etwas. Du kannst auch einfach ganz ruhig dasitzen und gar nichts sagen. Ich werde dich verstehen. Worte zu suchen, ist immer schwierig: das Wort ist so klein und die Erfahrung so riesengroß. Sie kann nicht auf die Enge von Worten heruntergebraucht werden.

Aber gut. Wenn etwas geschieht, was du nicht sagen kannst, ist das sehr gut. Gut, Sariputta: Du öffnest dich.

*(Der nächste Sannyasin, der sich vor Bhagwan hinsetzt, grinst etwas scheu und hält eine Flöte in den Händen, als wolle er illustrieren, was Bhagwan gerade gesagt hat! Gelächter...)*

Gut.

ANANDMURTI *Ich habe aber etwas zu sagen! Die Gruppe war sehr gut für mich. Dinge aus meiner Vergangenheit, die ich noch immer mit mir herumtrage, wurden aufgerührt, denn sie waren so ungeheuer drückend... Ich habe wirklich sehr geweint. Zuerst habe ich es nicht wahrhaben wollen, daß die Vergangenheit noch immer ein Teil von mir ist; dann habe ich begriffen, daß es so ist, und ich fing an, mich wohler zu fühlen. Das hat mir viel Kraft gegeben – so viel, daß ich gar nicht weiß, was ich damit anfangen soll.*

Viel Energie wird darauf verschwendet, sich selbst zu bekämpfen; sich zurückzuweisen und sich zu verdammen. Viel Kraft geht verloren. Sobald du anfängst, dich zu akzeptieren, erlebst du dich als ein Reservoir an Energie, denn der Konflikt ist zu Ende; der Bürgerkrieg ist aus; du existierst als ein Ganzes. Die Kraft bleibt erhalten, und diese überschäumende Energie ist Kreativität. Ein Mensch, der mit sich selber uneins ist, kann niemals schöpferisch sein. Er ist zerstörerisch, zerstört sich selbst, und durch sich selbst wird er auch andere zerstören. Alle seine Beziehungen sind vergiftet.

Sich selber zu lieben ist die allertiefste und allem zugrunde liegende Forderung. Ich sage nicht, ihr sollt euch nur akzeptieren, denn das ist nicht genug – du kannst dich akzeptieren, ohne dich zu lieben. Du magst dich akzeptieren, denn was kannst du schon tun? – Du bist zutiefst hilflos, das aber bedeutet noch nicht, sich selber liebend anzunehmen. Solange du dich nicht als einen Segen empfindest, bevor du dich nicht akzeptierst und dich willkommen heißt, bevor du dich nicht in tiefer Dankbarkeit annimmst, bevor du dich nicht selber liebst, wirst du niemals zu einer überschäumenden Energie werden. Erst dann kann die Kraft sich verströmen in ein Lied, in einen Tanz oder ein Bild, das du malst. Tausenderlei schöpferische Dinge können dir einfallen; oder diese Energie fließt einfach in tiefem Schweigen durch dich hindurch. Wer immer mit dieser tiefen Ruhe in Berührung kommt, wird verwandelt werden und zum ersten Mal jene himmlische Musik hören. Akzeptiere dich also nicht einfach so, sondern nimm dich mit tiefer Dankbarkeit an. Sei dankbar dafür, daß Gott dich zu dem gemacht hat, der du bist und nicht zu irgend jemand anderem.

Jeder hat eine einmalige Aufgabe zu erfüllen, deshalb gibt es ihn. Und wenn ich sage, jeder, dann meine ich jeden. Ein Judas wird genauso gebraucht wie ein Jesus. Ohne Judas wäre Jesus ärmer; ein Teil der Geschichte würde fehlen. Deshalb muß Jesus auch einem Judas dankbar sein. Akzeptiere nicht nur dich, nimm auch jeden anderen so an, wie er ist. Gott weiß es besser.

Ich habe eine Geschichte über Byazid, einen Sufi-Mystiker gehört. Er ging eines Tages mit seinen Schülern eine Straße entlang und sah einen wunderschönen roten Stein am Wege liegen. Da hob er ihn auf, dachte einen Moment lang nach und legte ihn zurück.

Die Schüler fragten ihn: »Was machst du denn da? Erst hebst du den Stein auf und dann legst du ihn wieder an die gleiche Stelle zurück!«

Byazid antwortete: »Gott muß etwas mit ihm vorhaben, darum liegt er dort. Wer bin ich, daß ich ihn dort wegnehme und seine Lage verändern könnte. Ich war gerade dabei, eine Sünde zu begehen. Die Schönheit des Steines hat mich in Versuchung geführt. Aber ich habe mich gerade noch rechtzeitig an Gott erinnert. Er muß dort liegen, dort wird er wohl gebraucht.«

In dem Augenblick, in dem du dich selber akzeptierst, akzeptierst du plötzlich jeden. Ein Mensch, der sich selber ablehnt, lehnt auch die ganze Welt ab. Ein Mensch, der sich selber zurückweist, kann Gott nicht akzeptieren. Wie kannst du Gott akzeptieren, der dich gemacht hat? Im selben Moment, in dem du dich selber annimmst, ist auch alles andere angenommen. Dann ist alles so, wie es sein sollte. Zwischen Sollen und Sein besteht kein Unterschied mehr. Das Sein-Sollen ist das Sein. Und plötzlich fühlst du, wie du dich freust. Nimm es an. Jetzt spiele eine Melodie auf deiner Flöte!

*(Anand, der genauso aussieht, wie man sich einen Flötenspieler vorstellt, mit lockigen Haaren und fröhlichen Augen, hebt seine Flöte auf, grinst mutwillig zu Bhagwan hinüber und pfeift eine mitreißend lebhafte Melodie, die ganz plötzlich endet, und Anand sitzt da, erstaunt über sich selbst.)*

## Donnerstag den 11. Dezember

Bhagwans Geburtstag
ein Massendarshan
für viele tausend Suchende
aus Indien und von Übersee...

# Freitag
# den 12. Dezember

*Die Mitglieder der Enlightenment-Gruppe hatten heute abend Darshan. Das Ziel dieser Gruppe besteht darin, eine Situation zu schaffen, die es erlaubt, eine Ahnung davon zu bekommen, was hinter dem Denken (mind) abläuft, und eine direkte Begegnung mit dem Bewußtsein möglich zu machen. Die Methode, nach welcher hier vorgegangen wird, ist eine Synthese aus Ost und West: die Zen-Methode, die darin besteht, sich auf ein Koan zu konzentrieren und über eine Frage zu meditieren. Die grundlegende Frage, die gestellt wird, lautet: »Wer bin ich?« Die Gruppe ist stationär (d. h. die Gruppenmitglieder schlafen im Ashram); sie dauert achtzehn Stunden pro Tag und geht über drei Tage. Außer dem Fragen und Beantworten der Koans gehören körperliche Bewegung, einfache Arbeit und Geh-Meditation zum Ablauf.*

BHAGWAN *(wendet sich zuerst an eine Sannyasin, die gerade erfahren hat, daß ihr Vater gestorben ist.)*
... wie fühlst du dich? War dein Vater überhaupt krank?

SANNYASIN *(sieht etwas gedrückt aus, ist aber ansonsten sehr gefaßt.) Nein, aber er war 73. Er hat ein erfülltes Leben gehabt, ich bin deshalb nicht traurig. Und ich finde es gut, daß er an deinem Geburtstag starb (ein kurzes Lächeln).*

Ja, das war gut... Der Tod sollte nie ein Anlaß zur Traurigkeit sein. Wenn jemand gelebt hat und gut gelebt, geliebt hat und gut geliebt, dann gibt es keinen Grund, über seinen Tod traurig zu sein. Ein Tod kann so schön sein wie ein Leben. Nicht alle Leben sind schön, und nicht alle Tode sind häßlich. Und der Tod hängt wesentlich vom Leben ab. Er ist die Steigerung, der Höhepunkt, das Crescendo, in gewissem Sinne das ganze Leben. Aber darauf kommt es nicht an.

Wenn jemand stirbt, so weinst du nicht um seinetwillen – du weinst um dich selbst. Jeder Tod erinnert dich an deinen eigenen Tod. Und in jedem Tod stirbt ein Teil von dir – das gilt besonders für den Tod eines Vaters, einer Mutter, einer Ehefrau, eines Ehemannes, eines Freundes – eines jeden, mit dem du in einer engen Beziehung gestanden hast, den du ins Herz geschlossen hast.

*(Die Sannyasin fängt an, auf Bhagwans Worte zu reagieren... Ihr Gesicht bekommt Farbe, und Tränen stehen ihr in den Augen.)*

Wenn sie verschwinden, verschwindet etwas in dir – eine Leere bleibt zurück. Diese Leere muß gelebt werden. Wenn du fühlst, daß du weinen möchtest, so weine; wenn du fühlst, daß du schreien möchtest, so schreie. Unterdrücke das in keiner Weise, und vermeide es auf keinen Fall, hm? Rationalisiere nicht, denn wir versuchen immer zu rationalisieren. Wenn du rationalisierst und die Tatsache leugnest, dann wird eine Wunde in dir zurückbleiben. Schreie und weine also und laß deinen Tränen freien Lauf. Und wenn du magst, so sprich mit deinem Vater; sag ihm alles, was du ihm schon immer hast sagen wollen, und was dir nie gelungen ist. Sei wieder ein kleines Kind und erlaube deinem Gefühl, Besitz von dir zu ergreifen.

Das ist eines der Probleme des heutigen Denkens. Wir rationalisieren alles und jedes, und indem wir dies tun, unterdrücken wir etwas in uns. Das aber kann sehr gefährlich werden, denn es vergiftet den ganzen Organismus. Deshalb habe ich dich rufen lassen.

Schließ jetzt einfach deine Augen... und laß den Tod wirken...

*Die Sannyasin schließt ihre Augen. Bhagwan richtet den Strahl seiner Taschenlampe auf ihr drittes Auge und lehnt sich in seinem Sessel vor, so daß er ihr näher und näher kommt. Das Gesicht der Sannyasin scheint bleich zu werden. Sie schluckt mehrere Male, als wolle sie etwas, das sie nicht fühlen will, hinunterstoßen. Sie fängt an, sich langsam vorwärts und rückwärts zu wiegen und das Gesicht hochzuwenden. Bhagwan senkt langsam seine Augenlider und sitzt schweigend mit geschlossenen Augen, als würde er fühlen, was in der Sannyasin, die vor ihm sitzt, vor sich geht.*

*Bhagwans Gesicht zu betrachten, wenn er die Augen geschlossen hält, ist eine bewegende Erfahrung. Man spürt eine Mischung von Ehrfurcht und liebevoller Zuneigung, von Traurigkeit, Heiterkeit und Freude – und das alles fast im gleichen Augenblick.*

*Nach wenigen Sekunden öffnet Bhagwan die Augen und spricht die Sannyasin an...*

Gut, Champa. Und heute nacht, bevor du schlafen gehst, setz dich auf dein Bett und laß es geschehen. Es wird kommen; es ist da. Gestatte ihm, von dir Besitz zu ergreifen – es muß gelebt werden. Wenn du es nicht jetzt gleich ausleben kannst, so wird es später zu einem Problem – es wird immer dableiben. Auf diese Weise häufen wir ungelebte Erfahrungen in uns an.

Jeder Augenblick muß so total gelebt werden, daß du fertig bist mit ihm. Es mag Liebe sein, es mag Tod sein, es kann sein, was es will – aber lebe es total und ohne Rest, hm?

Und stell dich nicht klug. Laß den Kopf sich nicht seinen Reim darauf machen; horch lieber, was das Herz sagt.

Heute nacht roll dich ganz in deinem Bett zusammen, schreie und weine und laß den Kopf sich nicht einmischen. Und gegen Morgen wirst du ganz frisch sein. Du wirst etwas vom Tod gelernt haben.

Das ist ein kostbarer Augenblick – wenn der Vater oder die Mutter stirbt. Es ist ein heiliger Augenblick, und du kannst durch ihn bereichert werden. Du kannst viel durch ihn erreichen; es kann ein tiefer Einblick werden. Verschwende daher keine Zeit, hm? Heute nacht versuchst du es. (Sanft) Und ich werde helfen... Gut, Champa.

*(Zu einem Gruppenmitglied)* Warst du in der Gruppe?... Komm her. Wie war es für dich?

NIRARKAR *Ich ging direkt vom Meditationscamp in die Tathata-Gruppe, dann in die Primärtherapie und unmittelbar danach in das Enlightenment-Intensive!*

Sehr gut! *(Allgemeines Gelächter)*

NIRARKAR *Ja, es war zuviel, um noch darüber nachzudenken. Ich kann es nicht mehr analysieren.*

Nein, das ist auch nicht nötig.

NIRARKAR *Nein, ich weiß, ich fühl' mich einfach ungeheuer gut.*

Nein, es ist wirklich nicht nötig, das Ganze zu analysieren. Darum wollte ich, daß du alles so schnell hintereinander machst – es sollte keine Pause entstehen, in der du dir hättest Gedanken machen können. Analyse ist wirklich nicht nötig; sie würde dir nicht helfen. Analysieren ist ein Mittel, das Leben zu vermeiden – dann lebst du dein Leben nicht, sondern denkst darüber nach. Du meinst, du liebst eine Frau, aber du liebst sie nicht wirklich – du denkst daran, sie zu lieben. Du denkst, daß du sie liebst, und die ganze Sache wird unwahr. Du kannst anderen etwas vormachen, aber dabei verschwendest du deine Energie. Analysieren ist eine Krankheit im Kopf. Du kommst zu falschen Vorstellungen. Wenn du die Liebe analysierst, wirst du sie auf etwas Lächerliches reduzieren. Wenn du das Phänomen des Lebendigen analysierst, dann werden Chemikalien übrigbleiben, weiter nichts. Analysiere eine Blume, und du wirst alle Schönheit zum Verschwinden bringen und am Ende nichts als Materie in deinen Händen halten. Alles, was wahr, alles, was schön, und alles was gut ist, entgeht der Analyse.

Deshalb analysiert Freud ohne Ende. Er fängt an, über Liebe nachzudenken, und Sex bleibt übrig – Liebe verschwindet. Analysiere ein Gedicht, und Prosa bleibt übrig, denn es gibt Dinge, die sich der Analyse ganz einfach entziehen. Laß das also lieber sein. Aus diesem Grund ließ ich dich so schnell eine Gruppe nach der anderen machen, daß keine Zeit dazwischen blieb, in der du über sie hättest nachdenken können. Deshalb fühlst du dich jetzt ungeheuer wohl.

*(Bhagwan lacht leise in sich hinein.)* Fühl dich wohl – und versuche nicht, es zu analysieren. Gut, es war gut für dich!

Möchtest du etwas sagen?

BUDDHAGHOSHA *(kommt mit einem Satz nach vorne) Einmal hatte ich während der Gruppe ein phantastisches, ein begeistertes Gefühl, Nein, mehrmals. Ein urplötzlicher Umschwung.*

Du siehst aus, als sei es sehr gut für dich gewesen. Du strahlst dieses Gefühl auch jetzt noch aus. Deinen Brief habe ich bekommen... sehr gut.

Jetzt kann noch vielmehr geschehen. Und vergiß nicht, die Reise hat zwar einen Anfang, aber kein Ende. Tiefer und tiefer werden die Erlebnisse des Satoris sein. Und halte sie niemals für das letztmögliche, denn Tieferes ist immer möglich, wenn du nur darauf wartest. Nur das geschieht, worauf du wartest. Wartest du nicht darauf, tritt es nicht ein, denn du hältst nicht danach Ausschau. Und das ist für dich in diesem Augenblick wichtig zu wissen: Wünsche nichts, sondern warte. Wenn du dir etwas wünschst, wird es nicht geschehen, denn das vom Wunsch bestimmte Denken ist zu aufgeregt, zu gespannt und zu interessiert, es ist immer schon in der Zukunft.

Wünsche nichts – warte ganz einfach darauf, daß etwas geschieht. Du weißt nicht, was es ist – niemand weiß es. Es ist ein Mißgeschick, daß die Menschen ihm Namen gegeben haben – Gott, Erleuchtung, Nirvana, Satori –, es ist einfach ein unglücklicher Zufall. Warte ohne irgendeine bestimmte Vorstellung, und Türen über Türen werden sich öffnen.

Das war sehr gut.

BUDDHAGOSHA *(ziemlich zögernd) Ich habe eine Weile mit dem Gedanken gespielt – ich glaube aber, ich will es jetzt nicht mehr – das Gefühl – allein zu sein, war so herrlich, daß ich es noch vertiefen wollte, und da dachte ich, eine Zeitlang von hier wegzugehen, um allein zu sein. Aber ich glaube, ich bleibe besser hier.*

Nein, du wartest besser. Es wäre nicht gut für dich, wenn du gerade jetzt weggingest. Es gibt Augenblicke des Alleinseins. Nimmt man sie nicht wahr, so besteht die Gefahr, in die alten Denkgewohnheiten zurückzufallen. Es ist besser, du fängst hier und jetzt an, dich allein zu fühlen. Selbst hier, wo so viele Menschen dich umgeben, fang an, dich allein zu fühlen.

Alleinsein hat nichts mit vielen oder wenigen Leuten zu tun: es ist eine Eigenschaft. Du kannst inmitten einer Menge allein sein und kannst dich in einer Menge befinden, während du allein bist. Es hat also nichts zu tun mit Einsamkeit. Alleinsein ist nichts weiter als eine Haltung.

Versuch also erst einmal, hier allein zu sein. Hast du Erfolg damit – und du wirst erfolgreich sein, da gibt's überhaupt kein Problem –, dann kannst du dich für ein paar Tage zurückziehen. Kannst du hier alleine sein, dann kannst du es auch dort. Wenn es hier schwierig ist, wird es dort noch schwieriger sein, denn sobald wir in Gesellschaft sind, unter Leuten, sind wir in unserem Element. Das ist unsere natürliche Situation. Der Fisch schwimmt im Meer, wird er aus dem Wasser geworfen und landet auf dem Ufer, im Sand, so ist er heraus aus seinem Element – und das macht ihm ganz schön zu schaffen. Lerne also zuerst, in deiner natürlichen Umgebung, in Gesellschaft, allein zu sein. Dann kannst du gehen. Ziehst du dich danach zurück, kann viel geschehen.

Ich betone immer, daß man zuerst lernen sollte, in Gesellschaft allein zu sein. In Indien haben wir Experimente gemacht, und diese Experimente sind ungeheuer fehlgeschlagen. Wir haben in der Vergangenheit vielen Leuten dazu verholfen, sich zurückzuziehen. Daraufhin bekamen sie Angst zurückzukehren. Anstatt Meister ihrer selbst zu werden, wurde ihnen ihre Zurückgezogenheit so sehr zur Gewohnheit, daß sie eher Sklaven wurden. Also sagten sie sich von der Welt los. Indien hat aus diesem Grunde viel gelitten. Die begabtesten Leute waren die ersten, welche sich lossagten – diejenigen, die das Zeug gehabt hätten, ein Einstein, ein Bertrand Russell oder ein Freud zu werden, liefen am ehesten davon. Diese Tür stand zu allen Zeiten offen. Und diejenigen, welche flüchteten, wurden keine Meister – denn Meisterschaft bedarf des Gegensatzes. Sie wurden gewissermaßen arm.

Spürst du erst einmal die Annehmlichkeit und die Bequemlichkeit des Alleinseins und der Abgeschiedenheit, des Lebens außerhalb von Gesellschaft, dann steht dir der Sinn (mind) danach, in diesem Zustand zu verharren. Das ist kein Leben, sondern mehr ein Vegetieren. Da es dir jetzt so gut geht, störe dein Befinden nicht. Setz dein Leben hier fort und überlasse es mir. Wenn ich das Gefühl habe, daß du es dir verdient hast, werde ich dich fortschicken ... Und alles ist in Ordnung.

Du warst in der Gruppe? Komm her. Wie geht es deinen falschen Problemen?
*(Lautes Gelächter der Anwesenden. Im letzten Darshan, als der Sannyasin als Teilnehmer der Encountergruppe erschienen war, hatte Bhagwan ihm gesagt, er habe überhaupt keine Blocks und bilde sie sich lediglich ein.)*

PREM DHAN *(lachend Ich glaube, ich habe angefangen, mir neue zu schaffen.*

*(lächelt in sich hinein)* Neue? Das ist sehr gut! *(wieder Gelächter)* Erzähl mir, welche.

PREM DHAN *Ich bin mir nicht schlüssig, ob ich nach Hause fahren soll. Ich frage mich, ob ich der richtige Mann für die Arbeit im Ministerium bin. (Schüchtern) Ich fang an, mich hier wohl zu fühlen ...*

Aber ich schicke dich zurück.

PREM DHAN *(grinsend) Hm, es fühlt sich gut an, wenn du das sagst.*

Ich schicke dich zurück, weil dort etwas geschehen wird. Etwas ist bereits geschehen, aber die Situation war sehr neu, es war leicht. Ich würde dir raten, es in der alten Situation zu Hause zu versuchen. Geh einfach als ein neuer Mensch. Du bist neu.

PREM DHAN *Ja, ich fühle mich neu.*

Du gehst ganz einfach als ein Neuer zurück. Du nimmst die Arbeit und alles andere wieder auf – als ein Neuer. Laß die Situation die alte sein – du bist das Neue. An diesem Gegensatz wirst du selbst herausfinden, was geschehen ist.

Es zeigt sich immer wieder, daß die Leute, wenn sie hier sind, viel erreichen; aber erst, wenn sie nach Hause fahren, bemerken sie, was für einen ungeheuren Erfahrungsschatz sie dazugewonnen haben. Der Gegensatz macht es aus, hm? Die Versuchung, in die alte Falle zu gehen, ist da. Aber auch das hilft, dir darüber klar zu werden.

Du mußt also zurückgehen. Wenn du das nächste Mal kommst, werden wir weitersehen. Wenn du dann hier bleiben magst, dann bleib hier, hm? Das also soll deine Meditation sein, wenn du wieder zu Hause bist: Fühle dich neu, sei neu und gleite nicht in die alten Muster ab. Die Leute werden versuchen, dich in die alten Muster hineinzuzwängen: deine Familie, deine Freunde, die Leute in deinem Amt. Sie alle werden es versuchen. In solchen Augenblicken brauchst du dich nur daran zu erinnern, daß du keine Probleme hast.

Es kam schon vor, daß jemand zu mir gebracht wurde, von dem die Leute sagten, er sei verrückt. Er meditierte und war vollkommen in Ordnung; nichts fehlte ihm. Kaum ging er nach Hause, wo die Familie wieder die alten Verrücktheiten von ihm erwartete, und schon schnappte die alte Falle zu. Er hatte eine ganz bestimmte Rolle zu spielen.

Zu den wichtigsten Dingen, die man begriffen haben muß, gehört folgendes: Fast neunzig Prozent aller Leute, die in Irrenanstalten leben, sind nicht verrückt. Sie spielen lediglich eine bestimmte Rolle, weil andere Menschen ihnen diese Rolle aufgezwungen und sie sich darein gefügt haben. Sie haben es für bequem und vorteilhaft befunden, und nachdem sie sich erst einmal darin eingerichtet haben, ist es nicht mehr opportun, die Erwartungen anderer Leute zu enttäuschen. So sehe ich es: Wenn du hundert Verrückten klarmachst, daß sie nicht verrückt sind, können neunzig ihre Verrücktheit sofort fallen lassen – vorausgesetzt, man erlaubt es ihnen und kann ihnen verständlich machen, daß sie einfach ein Spiel spielen. Und es ist ein blödes Spiel, denn sie sind die Verlierer. Du läßt also diesen ganzen Unsinn einfach fallen. Geh lachend zurück. Sobald du gehst, such mich vorher auf.

PREM DHAN *(lächelnd) O ja, das will ich.*

Und ich werde dir einen Schubs geben! *(Grinst liebevoll vor sich hin)*

# Samstag den 13. Dezember

*Die erste Sannyasin, an die sich Bhagwan wendet, hatte ihm zuvor einen Brief geschrieben, in dem sie ihm mitteilte, daß sie ihren Ehemann sehr liebe, aber daß sie sich zugleich zu einem anderen Mann hingezogen fühle.*

Zwei Dinge mußt du bedenken. Liebe wächst nur in tiefer Intimität und in Vertrauen. Wenn du die Personen wechselst, von A zu B, von B zu C, ist es so, als würdest du dein innerstes Wesen von einem Ort an den anderen verpflanzen. Du wirst niemals Wurzeln schlagen. Und der Baum, der wächst, wird schwach und zerbrechlich sein. Um stark zu sein, bedarf es tiefer Wurzeln; und um Wurzeln zu schlagen, braucht es Zeit. Sogar die Ewigkeit ist zu kurz, denn Liebe kann wachsen und wachsen und wachsen – ohne daß es je ein Ende gäbe. Einen Anfang gibt es wohl, aber kein Ende.

Behandle also die Liebe nicht wie eine oberflächliche Angelegenheit. Sie ist nicht einfach eine Beziehung. Durch die Liebe muß dein ganzes Wesen nach und nach entdeckt werden. Sie ist heilig, obwohl sie im Westen sehr profan gehandhabt wird. Sie hat fast alle Bedeutung verloren. Sie ist immer sexueller und immer körperlicher geworden, oberflächlich und gelegenheitsmäßig. Ich habe sogar Sorge, daß der Westen die Dimension der Liebe überhaupt verlieren wird. Die Leute laufen Gefahr, vollkommen zu vergessen, daß in ihr die Möglichkeit eines unendlichen inneren Wachstums verborgen liegt.

Wenn dir an der Aufregung dabei gelegen ist, kannst du ruhig die Partner wechseln. Dann wirst du stärker gereizt, und dein Partner ist eine Entdeckung für dich.

Bei einem alten Partner ist alles schon bekannt und eingespielt; das ganze Territorium ist dir bekannt. Man fängt an, ein bißchen die Nase voll zu haben, ein bißchen gelangweilt zu sein. Das ist natürlich. Aber wenn du jemanden

wirklich liebst, liebst du sogar auch die Langeweile. Wenn du jemanden liebst, liebst du auch seine alten Gewohnheiten, seine übliche Art, das alte Territorium. Alte Dinge haben ihren eigenen Charme, hm? Sieh dir deinen alten Sessel an – er hat etwas, das dir kein andrer Stuhl geben kann, er paßt ganz einfach zu dir. Nicht nur, daß du ihn kennst. Er kennt auch dich.

Ein alter Raum oder ein altes Haus, in dem du gelebt hast, ist dir vertraut. Zwischen ihm und dir besteht eine gegenseitige Anziehung, eine innige Übereinstimmung, so daß ihr allmählich nicht mehr als zwei getrennte Dinge existiert. Ihr seid miteinander verschmolzen, seid eins geworden, und die Grenzen verschwimmen. Neuen Dingen gegenüber werden die Grenzen sehr vorsichtig gezogen, und die Trennung ist ganz klar. Die alten Dinge haben ihren Charme, aber er will entdeckt sein.

Nur Kinder sind an neuen Dingen interessiert. Je erwachsener du bist, um so stärker wird dein Interesse an alten Dingen und um so weniger langweilen sie dich. Und so, nach und nach, findest du heraus, daß es sich bloß um verschiedene Ebenen handelt; daß, wenn du jemanden liebst, du eine Ebene kennengelernt hast – aber schließe daraus nicht, das sei alles. Eine tiefere Ebene wartet darauf, angesprochen und entdeckt zu werden – und kein Ende ist abzusehen. Der Betreffende selber weiß nicht einmal, wie viele Seins-Ebenen er hat. Wenn ihn jemand liebt und sein innerstes Wesen herausfordert, erkennt es nicht nur der Liebende, auch derjenige, der geliebt wird, entdeckt sich selbst – einzig und allein durch Liebe. Wir lernen uns gegenseitig begreifen, indem wir uns herausfordern, uns angreifen und Anforderungen aneinander stellen.

Versuch, mit dem dir vertrauten Menschen neue Wege zu gehen – und du wirst nie mehr den Boden verlieren. Hast du erst herausgefunden, wie du stets

neue Ebenen erschließen kannst, dann ist der alte Partner niemals alt. Oder, er ist alt und doch neu. Du langweilst dich nicht länger und wirst seiner auch nicht überdrüssig. Nach und nach werden Wurzeln entstehen.

Tiefe Liebe und Verbundenheit führen an einen Punkt, an welchem der Liebende und der Geliebte beinah' eins werden. Ich sage beinahe, denn die Körper bleiben getrennt, aber sie kommen dem Gefühl einer Harmonie näher und näher. Neuere Forschungen haben sogar ergeben, daß zwei Leute, die sich sehr lange geliebt haben, gar nichts mehr zueinander zu sagen brauchen. Sobald bei dem einen ein Gedanke entsteht, ist er schon auf den anderen übergegangen. Alte Liebende reden nicht viel, verstehen sich aber. Nach und nach werden Liebende zu Zwillingen, hm?

Liebe ist also ein großes Abenteuer, sie ist keine Gelegenheitssache. Sie ist eine Verbindlichkeit, die sich über das ganze Leben erstreckt – und wenn du es recht verstehst, ist es eine Verbindlichkeit, die etliche Leben lang gilt, nicht nur für eines.

Das Christentum, der Judaismus und der Islam – und diese drei Religionen sind im Westen sehr bedeutsam geworden – sind der Grund dafür, daß die Vorstellung von der Wiedergeburt verlorengegangen ist. Wenn du aber jemanden in diesem Leben sehr tief liebst, wirst du ihn im nächsten Leben wiederfinden. Es wurden Fälle aufgezeichnet, in denen das gleiche Paar wieder und wieder geboren wurde; viele Leben hindurch entdeckten sie einander auf immer neue Weise.

Laß also die Liebe deine Meditation sein. Laß sie dir ein heiliges Anliegen sein, und betrachte sie nicht als eine Gelegenheitssache. Mach die Liebe zur Herausforderung. Jede Herausforderung ist mit Schmerz verbunden, denn jedes Wachstum bedeutet Schmerz. Mach sechs Monate lang Liebe zu deiner Meditation. Vergiß, daß es neben deinem Mann noch andere Menschen auf der Welt gibt. Und sieh, was in diesen sechs Monaten geschieht.

Wenn irgendwann einmal der Gedanke an irgend jemand anderen aufkommt – denn der Verstand läuft weiter; er ist ein Verräter des innersten Geistes, ein Renegat, ein Judas –, unterdrücke ihn nicht, denn Unterdrücken wird dir nicht helfen. Wann immer in irgendeiner Nacht erotische Träume in dir entstehen, schließe für eine halbe Stunde die Augen und gestatte diesen Wünschen, sich in deiner Phantasie voll auszuleben. Was immer du tun möchtest, tue es in der Vorstellung. Verdamme es nicht, denn es ist natürlich, ganz einfach menschlich. Widme ihm diese halbe Stunde uneingeschränkt, so daß Schluß damit ist.

Du wirst bald das ganze Spiel der Einbildung durchschauen, und binnen sechs Monaten wird das Verlangen nach anderen Leuten in dir zur Ruhe gekommen und aus deinem Sinn verschwunden sein. Und wenn das geschieht, wirst du zum erstenmal erkennen, was Liebe ist. Bis heute hast du gerade nur das Wort gehört, hm? Sechs Monate. Und dann berichtest du jeden Monat, wie die Dinge sich entwickeln. Gut, Anupama.

*Die Sannyasin, die neben Anupama sitzt, sagt, nachdem sie sich vor Bhagwan begeben hat, sie fühle, daß sie allmählich ein Teil des Ashrams werde. Bhagwan meint, es werde bald geschehen und sie solle noch ein wenig warten.*

RADHA *(sitzt mit krummem Rücken und ganz blaß im Gesicht da). Ich fühle mich schrecklich verspannt und – ich suche, du weißt schon…*

Sag mir, worin die Spannung besteht.

RADHA *Es ist… wie Gier – Gier nach Gott. Und ich kann meine Dummheit nicht akzeptieren. Ich fühle mich dumm, aber ich will meine dummen Seiten nicht wahrhaben. Ich weiß nicht, was ich mit ihnen anfangen soll.*

Gar nichts ist damit anzufangen. Sie sind nötig, sie machen Spaß! Wenn du überhaupt nicht dumm bist, sondern unendlich weise, wird das Leben zu einer allzugroßen Last. Ein bißchen Torheit ist schon nötig, damit man auch seinen Spaß hat. Und jeder große Mann ... nicht, daß er seine Unvernunft ein für allemal aufgegeben hätte, er hat sie vielmehr richtig eingesetzt. Er hat sie in seine Weisheit umgewandelt.

Nichts ist aufzugeben, nichts ist wegzuschneiden, sonst bleibst du immer ein bloßes Fragment und wirst niemals eine Ganzheit bilden. Dieser dumme Teil bist auch du. Und wer verdammt ihn denn? Das Ego! In Wirklichkeit ist dieser dumme Teil natürlicher als das Ego, welches verurteilt und verdammt und sagt, daß dieser Teil dumm sei und aufgegeben werden sollte.

Sei nicht ernst – das ist nicht nötig, wirklich nicht. Und ob du dich akzeptierst oder nicht, du bist du. Deine Zurückweisung bewirkt nicht die geringste Veränderung. Sie macht dich bloß elend, das ist alles, Wenn du dich annimmst, kannst du tanzen und fröhlich sein und ausgelassen. Wenn du dich nicht akzeptierst, wirst du ernst und verspannt. Die eigentliche Frage lautet also nicht, ob du dich annehmen willst oder nicht, sondern ob du glücklich sein willst oder nicht.

Diogenes, der gerade hundert Jahre alt geworden war, wurde von jemandem gefragt, warum er stets glücklich sei und was sein Geheimnis wäre. Er antwortete: Jeden Morgen, wenn ich aufstehe, habe ich zwei Alternativen – glücklich zu sein oder unglücklich. Ich entschließe mich immer, glücklich zu sein!

Wozu soll das gut sein, dieses sich unglücklich fühlen! Und das ist das allerwichtigste dabei: Sobald du froh und unbeschwert bist, fängst du an, dich zu verändern. Fröhlichkeit ist das einzige alchemistische Mittel der Welt. Sie ist das Geheimnis aller Verwandlung; ein anderes gibt es nicht. Unglückliche Leute ändern sich nie und nimmer, und weil sie sich nicht ändern, werden sie noch unglücklicher.

Fröhliche Leute ändern sich andauernd, und weil sie sich ständig wandeln, werden sie laufend fröhlicher. Und immer neue Gestalten können hervortreten. Warum sage ich, Fröhlichkeit sei die einzige Alchemie? Es kommt daher, daß deine Energie in Bewegung ist, wenn du fröhlich bist, sie ist weder starr noch blockiert. Ein Tanz deiner Energie spielt sich in dir ab, du hast eine dynamische, sich ständig umwälzende Energie. Das ist eine notwendige Voraussetzung für die Verwandlung. Wenn du unglücklich bist, bist du zugleich stumpf wie ein Festkörper, versteinert; nichts fließt, alles ist erstarrt und eingefroren. Wie kannst du dich dann verwandeln?

Sei also bitte nicht ernst! In diese Falle gehen leicht Leute, die auf der Suche nach Gott sind. Sie sind meistens schrecklich ernst. Leute, die nicht so ernst sind, haben oft gar kein Interesse an Gott – aber die sind die richtigen, ihn zu finden. Sie sind dermaßen mit Leben beschäftigt, mit Liebe, sie haben alle Hände voll zu tun, sich an kleinen Dingen zu freuen, am Essen, am Trinken, am Spaßmachen – sie gehen ganz auf im Leben, hm? Sie gehen in keinen Tempel und keine Kirche – das ist ihnen viel zu ernst und scheint eher dem Tod als dem Leben anzugehören.

Sie machen es richtig. Sie feiern ihr Leben und kommen so zu ihrer Göttlichkeit. Komischerweise haben sie aber daran gar kein Interesse. Diejenigen aber, die sich für Gott interessieren, sind meistens depressiv, traurig und blockiert. Sie haben irgendwie ihr Leben verfehlt. Egoisten, Moralisten, Puritaner, alle möglichen Arten krankhafter Leute. Sie laufen in die Kirche, ihretwegen kommt Gott in die Kirche nicht hinein. Ich kann seine Schwierigkeiten verstehen: Was kannst du schon anfangen mit ernsten Leuten – sie bringen dich um!

Gott ist, wo das Leben selber ist, wo es sich tanzend vollzieht, wo Blumen blühen, wo das Wasser seinen Lauf nimmt und wo Sterne leuchten. Dort ist er – im Leben. Gott ist Leben. Das Wort Gott kannst du vergessen, nicht das Geringste wird fehlen – leben ist genug. Und wenn ich sage leben, meine ich nicht das Leben mit dem großen »L«, nein, das kleine »l« ist vollkommen genug. Ganz einfach leben; Tag für Tag, das ist Gott!

Diesem Problem stehe ich andauernd gegenüber. Ich möchte euch froh und lustig und quietschvergnügt sehen. Ich möchte, daß ihr ganz verrückt seid vor Liebe zum Leben, weil das der einzige Weg ist, das Göttliche kennenzulernen. Wenn du ganz im Leben und Lieben aufgegangen bist, hast du Ihn gefunden. Bist du aber ernst und zu sehr hinter ihm her, kannst du ihn unentwegt verfolgen, ohne ihn je zu treffen – denn du bist nicht der Richtige. Er wird dir nicht gerne begegnen wollen. (*Radha lacht*) Deine Gesellschaft wird ihm zu ernst sein.

Gott hat die Heiligen immer gemieden, und er tat gut daran. Sei also kein Heiliger! Sogar als Sünder bist du in Ordnung. Sei einfach fröhlich, denn ein fröhlicher Mensch kann nicht sündigen. Ganz allmählich wird dich die Fröhlichkeit umwandeln. Du magst eine Heilige sein: sobald du aber unglücklich bist, begehst du schon die allergrößte Sünde – die Sünde, sich unglücklich zu fühlen. Ein Unglücklicher hat die Tendenz, andere mit unglücklich zu machen. Du kannst andern nur das geben, was du selber hast.

Laß also all diesen Unsinn bleiben! Laß alle Religionen fallen, wenn du religiös sein willst. Und wenn du eines Tages wissen willst, was es mit Gott auf sich hat, vergiß ihn – leben reicht vollkommen. Sei fröhlicher, hm? Es gehört überhaupt nichts dazu, bloß ein bißchen Verständnis. Sei von diesem Moment an glücklich, ja? *(Radha lächelt versuchsweise.)*

Deshalb laß ich dich noch nicht in den Ashram. Wenn ich sehe, daß du wirklich tanzfreudig und ausgelassen bist, laß ich dich hinein; andernfalls mußt du noch vor der Tür etwas warten, hm? Du weißt, daß dies die Schranke ist – ich habe nämlich Angst vor ernsthaften Leuten. *(Bhagwan lacht mit der Gruppe.)* Sie können mir alles zerstören, was ich hier in die Welt zu setzen versuche.

Ich glaube nicht, daß du von Haus aus ein ernster Mensch bist. Es gibt Leute, die krank auf die Welt kommen, die von Natur aus ernst sind. Für sie ist es schwer, ihre Ernsthaftigkeit fallen zu lassen. Aber bei dir sehe ich keine Probleme. Du kannst deine Ernsthaftigkeit ablegen, so wie man Kleider auszieht, das ist alles. Sei du selbst, und kümmere dich nicht um Ernsthaftigkeit. Gut, Radha. Also von diesem Augenblick an, hm?

*Eine Sannyasin fragt Bhagwan, was Epilepsie, unter der sie seit einigen Jahren leidet, eigentlich sei. Sie hatte nur im Schlaf epileptische Anfälle, die zwei Minuten dauerten. Sie fügt hinzu, daß sie sich nach diesen Ausbrüchen sehr leer und eigenartig fühle.*

... Mach dir keine Sorgen, das wird allmählich verschwinden. Die Epilepsie ist nichts Schlimmes. Versuche eine Meditation daraus zu machen. Tue eines: Wiederhole jede Nacht, bevor du schlafen gehst, dreimal, daß der Anfall, wann immer er auftritt, ungeheuer friedlich, ruhig und beglückend sein wird. Das genügt. Wenn es dann wieder einmal zu einem epileptischen Anfall kommt, wird etwas von deiner Meditation in ihn eingegangen sein. Du wirst merken, daß sich in der Zwischenzeit etwas verändert hat. Ausbrüche von Epilepsie und Ekstase sind einander ähnlich: sie werden durch denselben Mechanismus in Gang gesetzt und unterscheiden sich nur nach der Qualität.

Ramakrishna hatte des öfteren Anfälle. Ärzte diagnostizierten sie als epileptische Anfälle und meinten, er würde irre werden. Im Westen hätte man ihn sofort mit Elektroschocks behandelt und in ein Irrenhaus gesperrt. Deine Anfälle dauern nur zwei Minuten, während seine gewöhnlich sechs Stunden lang anhielten. Einmal blieb er für achtzehn Stunden bewußtlos.

In Indien haben wir immer gewußt, daß das Symptom das gleiche ist wie in der Epilepsie und daß der Betroffene nur in seinem Körper bewußtlos ist – tief im Innern ist sein Bewußtsein vollkommen klar und ruhig.

Wenn es das nächste Mal geschieht, wirst du eine ganz ekstatische und beseeligende Erfahrung machen – du wirst tiefes Schweigen und vollkommene Ruhe empfinden. Diese zwei Minuten werden dir einen ungeheuren Einblick in dein inneres Wesen vermitteln.

Gebrauche also jede Nacht dieselben Worte in genau derselben Reihenfolge, damit der Verstand nicht durcheinandergerät. Das nächste Mal wird es sehr schön und gar kein Zeichen von Krankheit mehr sein, hm?

*Als nächstem wendet sich Bhagwan einem dänischen Sannyasin zu, der ein Rajneesh-Meditationszentrum in Kopenhagen führt.*

ARVIND *Bhagwan, ich hab' ein paar Fragen, ein paar Probleme.*

Setz dich zu mir.

ARVIND *Die eine betrifft meine Haare. (Er schüttelt stolz sein volles, lockiges Haar!) Wenn mich die Leute fragen, warum ich meine Haare nicht schneide, sage ich immer, weil du uns davon abrätst. Aber als mich Poonam das letzte Mal fragte (sie leitet ein Zentrum in London)... geriet ich in Verlegenheit! (Gelächter von seiten der Gruppe.)*

Hm, schneide es nicht.

ARVIND *Okay, damit wäre dieses Problem gelöst! (Mehr Gelächter.) Ein anderes Problem: Es fällt mir schwer, im Zentrum zu arbeiten und gleichzeitig zu meditieren...*
*Ich hätte gern ein paar Richtlinien.*

Hast du nicht ein paar Helfer?

ARVIND *Ja, die habe ich. Aber ich arbeite viel.*

Nein, arbeite nur tüchtig. Arbeiten schadet nie; man kann gar nicht zuviel arbeiten, niemals. Wir arbeiten nie zuviel.

ARVIND *Oh, das war meine letzte Frage, jetzt hast du alle beantwortet! (Bhagwan und die Gruppe lachen angesichts seiner Freude.)*

Wir arbeiten nie soviel, wie wir eigentlich könnten. Die Leute schöpfen höchstens 15 Prozent ihres eigentlichen Potentials aus – und das sind die härtesten Arbeiter.

Mir scheint es so, als ob du nur sieben oder acht Prozent von deinen gesamten Möglichkeiten ausagierst. Je mehr du arbeitest, um so arbeitsfähiger wirst du. Je weniger du arbeitest, um so arbeitsunfähiger wirst du. Das Leben folgt seiner eigenen Logik.

Jesus sagt: »Wer hat, dem wird gegeben werden. Wer nichts hat, dem wird auch das genommen, was er hat.« Wenn du hart arbeitest, entwickelst du mehr Energie. Wenn du nicht hart arbeitest oder überhaupt nicht oder es sogar vermeidest, dann wird die dir noch verbleibende Energie auch schwinden. Was immer du tun möchtest, laß es nicht ungetan, und gib dein Bestes. Du wirst bald sehen, daß sich immer neue Türen öffnen und du über unvergleichlich viel mehr Energie verfügen wirst.

Versuche immer, über deine Reichweite hinauszugreifen; versuche stets, über deine Grenzen hinauszugehen. So nur kann man wachsen. Wenn du immer nur das zu tun versuchst, was du sowieso kannst, wirst du stets auf dem Bauch landen – ohne jemals deine Möglichkeiten zu vergrößern. Versuche das Unmögliche, und es wird möglich werden. Wenn du aber das Mögliche nicht versuchst, wird sogar das unmöglich.

Es gibt eine bestimmte Altersgrenze, innerhalb derer man hart arbeiten kann. Wenn du zu dieser Zeit hart gearbeitet hast, wird ein gewisser Glanz, ein Leuchten, welches von der Arbeit herrührt, auch in den restlichen Jahren deines Lebens dich umgeben. Verfehlst du diese Zeit, wird dir dieser Glanz fehlen. Dir bleibt nur die Reue darüber, daß du jene Zeit, in welcher du hättest hart arbeiten können, untätig hast verstreichen lassen. Leute, die in ihrem Leben wirklich ausgiebig gearbeitet haben, verfügen über eine andere Energie in ihrem Alter – über ein Leuchten, als würde ein Licht in ihrem Innern brennen. Es mag sein, daß sie im Alter gar nicht mehr arbeiten, aber du spürst, daß sie sich die Ruhe verdient haben und jetzt entspannen können. Das Ausspannen muß man sich zuvor verdient haben. Tu, was immer du tun kannst, jetzt, denn zum jetzigen Zeitpunkt hast du die Energie dazu, hm.

ARVIND *Ich finde es schwierig, an jedem Tag zu arbeiten und zu meditieren. Mir fällt es leichter, erst viel zu arbeiten und dann eine Zeitlang zu meditieren.*

Du verstehst die Gesetzmäßigkeit nicht. Man sollte die Art der Tätigkeit ständig wechseln, weil das Gehirn viele Zentren hat.

Befaßt du dich z. B. mit Mathematik, dann arbeitet ein ganz bestimmter Teil des Gehirns und die anderen Teile ruhen. Liest du Literatur, fängt wieder ein anderer Teil an zu arbeiten und der erstere ruht. Deshalb wechseln wir in Universitäten und Schulen alle 40 bis 45 Minuten den Gegenstand; denn jedes Zentrum ist in der Lage, 40 Minuten lang zu arbeiten. Dann wird es müde und braucht eine Pause, und die beste Ruhepause besteht in einem Wechsel der Tätigkeit – auf daß jeweils ein anderes Zentrum die Arbeit aufnimmt und die übrigen sich ausruhen. Beständiger Wechsel ist also außerordentlich gut; er bereichert dich.

Deine Schwierigkeit kann ich verstehen... Du verfolgst eine Sache und bist von ihr ganz gefangengenommen. Der Verstand wird ganz verrückt danach. Aber das ist nicht gut; man sollte sich von keiner Tätigkeit so besitzen lassen. Während du arbeitest, geh darin auf, aber bleibe Herr der Sache; andernfalls wirst du der Sklave deiner Tätigkeit. Sklaverei ist nicht gut. Nicht einmal Sklaverei gegenüber Gott oder Meditation ist gut. Wenn du mit einer bestimmten Arbeit nicht aufhören kannst oder sie nur sehr widerwillig niederlegst, ist das nur ein Zeichen davon, daß du nicht verstehst, von einem Gang im Hirn auf den anderen umzuschalten.

Mach also eines: Wann immer du etwas tust... zum Beispiel, du meditierst und möchtest jetzt etwas anderes machen: Atme, nachdem du mit Meditieren aufgehört hast, tief aus, so tief du kannst. Dann laß den Körper einatmen, ohne daß *du* es tust. Hab das Gefühl, daß du alles aus deinem Verstand und deinem Körper, aus deinem ganzen Organismus hinauswirfst, was in ihm war. Bloß fünf Minuten lang, dann nimm eine andere Arbeit auf. Du wirst sofort spüren, daß du dich geändert hast.

Du mußt fünf Minuten lang den Leerlauf einlegen, hm? Wenn du beim Autofahren die Gänge wechselst, mußt du erst in den Leerlauf schalten – wenn auch nur einen kurzen Augenblick lang, aber es muß sein. Je besser der Fahrer, um so schneller kann er schalten. Gib also deinem Leerlauf fünf Minuten; mach gar nichts, atme einfach und sei da. Allmählich kannst du dann die Zwischenzeiten verkürzen: nach einem Monat vier Minuten, nach zwei Monaten drei Minuten.

Dann wird die Zeit kommen, wo ein einziges Ausatmen genügt, um eine Arbeit zu beenden – Schluß, aus – und du fängst eine andere Sache an. Versuch es so, und wenn du das nächste Mal kommst, wirst du vollkommen in Ordnung sein.

# Sonntag
# den 14. Dezember

*Blaß und verspannt sitzt eine Sannayasin vor Bhagwan, als wir die Terrasse betreten. Nachdem Bhagwan uns begrüßt hat, setzen wir uns alle nieder, und er fährt fort, mit ihr zu reden.*

*Er richtet den Schein seiner Lampe, die er immer zur Hand hat, auf ihr Gesicht, nachdem er ihr befohlen hatte, die Augen zu schließen und dem Fluß ihrer Energie freien Lauf zu lassen. Nach wenigen Augenblicken fängt sie an zu schluchzen, ihr ganzer Körper wird von Gefühlen erschüttert. Bhagwan weist sie an, es zuzulassen. Nach kurzer Zeit legt sich ihr heftiges Weinen…*

Gut, hm? Gut. Jetzt komm zurück, komm… Ein paar Dinge mußt du jetzt noch einsehen, hm? Keine Beziehung kann sicher sein. Es liegt nicht in der Natur von Beziehungen, sicher zu sein. Und wenn eine Beziehung tatsächlich sicher ist, hat sie alle Anziehungskraft verloren.

Da kann also der Verstand nicht mit. Willst du an einer Beziehung Freude haben, muß sie zwangsläufig unsicher sein. Verleihst du ihr vollkommene, absolute Sicherheit, kannst du sie nicht mehr genießen – sie verliert allen Charme, sie kann dich nicht mehr fesseln. Der Verstand ist weder durch das eine noch das andere zufriedenzustellen, deshalb befindet er sich immer im Konflikt und im Chaos. Er will eine lebendige *und* sichere Beziehung. Das aber ist schier unmöglich, weil eine lebendige Person oder eine lebendige Beziehung oder was immer lebendig ist unvorhersehbar sein muß. Was im nächsten Augenblick geschehen wird, ist nicht vorherzusehen. Eben weil es unvorhersehbar ist, wird der gegenwärtige Augenblick ungeheuer intensiv.

Du mußt diesen Augenblick so total leben, wie es nur geht, weil der nächste sich vielleicht niemals mehr ereignen wird. Dich mag es nicht mehr geben, der andere mag nicht mehr da sein. Oder ihr existiert beide noch, aber die Beziehung ist vorüber. Zu jeder Zeit sind alle Möglichkeiten offen. Die Zukunft bleibt immer offen. Die Vergangenheit bleibt immer geschlossen. Und zwischen beiden liegt die Gegenwart, ein einziger Moment von Gegenwart, stets bebend und zitternd.

Aber so ist das Leben. Das Zittern und Beben gehört zum Lebendigsein – das

Zögern, die Unklarheit, die Ungewißheit. Die Vergangenheit ist zu. Die Ereignisse haben sich vollzogen, jetzt sind sie nicht mehr zu verändern, alles Geschehene ist vollkommen abgeschlossen. Die Zukunft ist vollkommen offen; nichts ist vorauszusehen. Und zwischen beiden bewegt sich die Gegenwart, mit einem Fuß in der Vergangenheit und einem Fuß in der Zukunft. Der Verstand kommt nie aus diesem Zwiespalt heraus, dem Zustand der Gespaltenheit; er ist immer entzweit, immer schizophren.

Wir müssen einsehen, daß dies die Wirklichkeit ist und daß wir daran nicht rütteln können. Willst du unbedingt eine ganz sichere Beziehung haben, mußt du einen toten Mann lieben; aber an ihm kannst du keine Freude mehr haben. Genau das widerfährt einem Liebhaber, sobald er heiratet: ein Ehemann ist ein toter Liebhaber und eine Ehefrau eine tote Geliebte. Die Vergangenheit wird zum Ganzen, und ab jetzt bestimmt die Vergangenheit alle Zukunft.

Es ist wirklich so: Als Ehefrau hast du keine Zukunft. Nur mehr Vergangenes wiederholt sich. Alle Türen sind ins Schloß gefallen. Als Ehemann ergeht es dir nicht anders. Du bist eingeschlossen, befindest dich in Gefangenschaft. Sicherheit wird allerorten angestrebt, findest du sie aber eines Tages, hast du ganz schnell die Nase voll davon. Sieh dir die Gesichter von Eheleuten an – sie haben die Sicherheit gefunden – die vielbegehrte Sicherheit –, und jetzt haben sie alles auf ihr Bankkonto eingezahlt. Das Gesetz, der Gerichtshof und die Polizei, sie alle sind dazu da, die Sicherheit zu gewährleisten. Aber von nun an ist auch der ganze Charme, alles Zarte verloren, die Verliebtheit ist verflogen. Jetzt sind sie tote Leute, die nur mehr ihre Vergangenheit wiederholen und in Erinnerung leben.

Hör dir an, worüber Eheleute miteinander reden. Die Frau beklagt sich darüber, daß ihr Mann sie nicht mehr wie früher liebe. Sie fangen immer wieder an, von vergangenen Zeiten zu reden, über ihre Flitterwochen und ähnliche Dinge. Was für ein Unsinn im Angesicht des gegenwärtigen Augenblicks, der voll ausgelebt werden könnte! Statt dessen redet ihr von der Vergangenheit und versucht sie zu wiederholen.

Sicherheit kann niemals zufriedenstellen; und in der Unsicherheit herrscht Angst, die Angst vor dem Verlust der Beziehung. Aber das ist das Zeichen der Lebendigkeit. Alles kann verlorengehen, nichts ist sicher – aus diesem Grunde ist ja alles so schön. Deshalb brauchst du nichts auch nur einen Moment lang aufzuschieben. Möchtest du jemanden lieben, tue es sofort, hier und jetzt. Liebe ihn, denn niemand weiß, was der nächste Augenblick bringen wird. Die Möglichkeit, ihn zu lieben, mag in der nächsten Sekunde nicht mehr gegeben sein. Du wirst die versäumte Gelegenheit dein Leben lang nicht vergessen. Du hättest lieben, hättest leben können. Dann aber umgibt dich Reue, und ein tiefes Schuldgefühl beschleicht dich – als hättest du Selbstmord begangen.

Leben ist unsicher. Niemand kann es sicher machen, es gibt keinen Weg, es sicher zu machen. Und es ist gut so, daß niemand es sicher machen kann, andernfalls würde es absterben. Leben ist zerbrechlich, zart, immer bewegt es sich auf das Unbekannte zu – das ist gerade seine Schönheit. Man braucht Mut und

Abenteuerlust, um es zu leben. Man muß ein Spieler sein, um sich mit ihm fortzubewegen – sei also ein Spieler.

Lebe jeden Augenblick vollkommen aus. Laß den nächsten auf dich zukommen und sieh, was er dir bringt – du bist ja da, um ihn anzugehen. Du warst fähig, mit der Vergangenheit fertig zu werden, und wirst auch die Zukunft meistern, besser sogar, denn jetzt verfügst du über mehr Erfahrungen.

Es kommt also nicht darauf an, ob Veeresh (ihr Freund) im nächsten Augenblick da ist für dich, sondern darauf, daß du ihn in dem Augenblick, in dem er für dich da ist, liebst. Verschwende diesen Augenblick nicht, indem du dich um die Zukunft sorgst, denn das ist selbstmörderisch. Verwende nicht einen einzigen Gedanken auf die Zukunft – du kannst an ihr nichts ausrichten, es ist pure Energieverschwendung.

Liebe diesen Mann, und laß dich von ihm lieben. So verstehe ich die Sache: Wenn du diesen Augenblick in seiner ganzen Fülle auslebst, ist es sehr wohl möglich, daß der andere auch im nächsten Augenblick noch für dich da ist. Ich sage möglich, ich kann es dir nicht versprechen – vielleicht. Aber die Wahrscheinlichkeit ist größer, denn der nächste Augenblick geht aus diesem hervor. Hast du diesen Mann geliebt, und er fühlt sich glücklich durch dich, und die Beziehung war eine schöne, eine ekstatische Erfahrung für ihn, warum sollte er dich dann verlassen?

Wenn du nicht aufhörst, dir Sorgen zu machen, veranlaßt du ihn, ja zwingst ihn sogar, dich zu verlassen. Und wenn du diesen Augenblick verschwendet hast, so ist auch der daraus hervorgehende verdorben.

Genau so fängt man an, seine eigenen Voraussagen zu erfüllen. Du erfüllst dann immer nur deine eigenen Prophezeiungen. Als nächstes behauptest du dann: »Ich habe ja von Anfang an gewußt, daß diese Beziehung nicht lange dauern wird. Jetzt hat es sich als richtig erwiesen.« Dann fühlst du dich in gewisser Hinsicht ganz gut; du hältst dich für klug und weise. In Wirklichkeit warst du aber äußerst dumm, denn du hast keineswegs etwas vorausgesehen. Du hast dieses Ereignis heraufbeschworen, denn du hast die Zeit, die dir gegeben war, verschwendet. Liebe ihn und vergiß alle Zukunft. Laß diesen Unsinn, darüber nachzudenken, einfach sein.

Liebe, wenn du lieben kannst. Kannst du es nicht, vergiß diesen Mann und suche dir einen anderen – vergeude deine Zeit nicht. Es geht nicht um diesen Liebhaber oder jenen, sondern um die Liebe. Die Liebe bringt Erfüllung, die Menschen dabei sind nur Vorwand. Es kommt allein auf dich an, denn was immer du mit Veeresh machst, wiederholst du mit anderen, sofern du dir andere Liebhaber suchst. Warum solltest du es also nicht mit Veeresh versuchen? Er ist so vollkommen, wie du es dir nur wünschen kannst; ein wunderbarer Mensch mit viel Verständnis und in mancherlei Hinsicht sehr gereift.

Liebe ihn also und mache ihn so glücklich, daß es dieses Glück selber ist, was ihn zum Bleiben veranlaßt. Warum sollte dich ein Mensch verlassen, den du glücklich gemacht hast? Machst du ihn aber unglücklich, warum sollte er dich nicht verlassen? Wenn du ihn unglücklich machst, werde ich ihm helfen, dich zu verlassen. Machst du ihn aber glücklich, kann niemand ihm helfen, dich zu verlassen! Wozu denn auch; er wird gegen die ganze Welt kämpfen, um deinetwillen!

Werde also glücklicher, hm? Nütze die Zeit, die dir gegeben ist, es ist nicht nötig, über die Zukunft nachzudenken. Die Gegenwart reicht. Versuche von diesem Augenblick an, im Hier und Jetzt zu leben. Geht er fort, so ist das ganz okay. Ich werde einen besseren Mann für dich finden – vergiß ihn! Aber benütze diesen Augenblick nicht, um dich zu ärgern und zu quälen, sondern um zu leben. Kleine Dinge können so ungeheuer schön werden. Ein wenig Liebe geben, ein wenig teilen – darin besteht das Leben.

Einen Monat lang laß dies deine Meditation sein: Lebe im Moment und bring dich immer und immer wieder in die Gegenwart zurück. Wann immer du in die Zukunft oder Vergangenheit entwischst, fang dich ab und bring dich selber zurück – einen Monat lang – ohne Ärger und Sorgen, ohne Sicherheit zu suchen – lebe ganz einfach. Und alles wird in Ordnung sein. Alles ist immer in Ordnung. Hm? Gut, Asha, gut.

Nartan, komm her zu mir.

NARTAN *Gewöhnlich geschah meine Kommunikation mit Leuten durch Worte, viel verbale Kommunikation. Und jetzt kommt das nicht mehr so oft vor bei mir. Es kommen einfach keine Worte. Ich fühle mich innerlich verstopft. Es ist, als wenn... Ich möchte, daß sie da sind, und spüre eine Leere. Ich habe das Gefühl, es fehlt etwas, und bin frustriert.*

*Nicht mit allen Leuten geht es mir so. Ich kann leicht Konversation machen mit Leuten, die mir nicht sehr nahestehen. Fühle ich mich aber näher zu jemandem hingezogen, gibt es gar nichts zu sagen. (ein leichtes Lachen) Und ich bin ein bißchen verlegen dabei. Es fühlt sich so an, als fehle etwas.*

Nein, nichts fehlt, überhaupt nichts. Du wächst, das ist alles, und zum ersten Mal fühlst du dich anderen Menschen nahe.

Du hast diese Nähe nie verspürt. Du warst immer nur beiläufig befreundet. Hast du nur eine förmliche Beziehung zu jemandem, kannst du stundenlang mit ihm über tausenderlei unsinnige Dinge schwatzen, denn nichts ist da von Belang – es dient lediglich dem Zeitvertreib. Wenn du dich aber näher zu jemandem hingezogen fühlst und Intimität entsteht, kommt es auf jedes Wort an, das du äußerst. Dann kannst du nicht so leicht mit Worten spielen, denn alles gewinnt Bedeutung. Es wird Pausen des Schweigens geben. Man fühlt sich am Anfang unbeholfen, da die Stille ungewohnt ist. Man glaubt, es müsse etwas gesagt werden; was soll der andere sonst von einem denken? Aber wann immer sich das Gefühl der Nähe entwickelt, wann immer so etwas wie Liebe entsteht, kommt es zum Schweigen; und es gibt nichts mehr zu sagen. Wirklich, es ist nichts mehr zu sagen.

NARTAN *(lachend) Für immer?*

Hm? Nichts gibt es, das in Worte zu fassen wäre. Mit einem Fremden ist viel zu reden. Mit Freunden ist nichts zu reden.

Die Stille wird schwer erträglich, weil du an sie nicht gewöhnt bist. Du weißt noch nicht, wie die Stille klingt. Du kennst nur eine Art zu kommunizieren, und das ist durch Worte, mit dem Kopf. Du weißt noch nicht, wie man mit dem Herzen kommuniziert, von Herz zu Herz und schweigend. Du weißt noch nicht, wie du dadurch kommunizierst, daß du einfach da bist, durch dein Dasein.

Du fängst an zu wachsen, und dein altes Kommunikationsmuster wird dir zu eng. Du wirst neue Kommunikationsweisen hervorbringen müssen – nichtverbale. Je reifer man wird, desto mehr nichtverbale Kommunikation ist vonnöten. Sprache wird gebraucht, weil wir nicht verstehen zu kommunizieren. In dem Maße, wie wir es lernen, erübrigt sie sich. Sprache ist ein sehr anfängliches Medium. Das wahre Medium ist Schweigen. Falle also nicht einer falschen Einstellung zum Opfer, sonst bringst du dein eigenes Wachstum zum Stillstand.

Nichts fehlt; das ist nur eine falsche Idee. Etwas Neues ist entstanden, und die alten Muster sind nicht mehr geeignet, es aufzunehmen. Du wächst, und deine Kleider werden dir zu kurz. Nicht, daß etwas fehlen würde; jeden Tag kommt etwas Neues hinzu.

Je mehr du meditierst, um so mehr wirst du lieben und um so mehr Beziehungen wirst du eingehen. Und schließlich kommt man an einen Punkt, wo nur noch Schweigen weiterhilft.

Das nächste Mal, wenn du mit jemandem zusammen bist und nicht zu ihm redest und dich sehr unwohl fühlst, sei vergnügt. Werde ruhig und erlaube dem Schweigen, sich mitzuteilen.

Sprache ist nötig, um mit Leuten in Beziehung zu treten, zu denen wir keine Liebesbeziehung haben. »Sprachlosigkeit« ist nötig, um mit Leuten zu kommunizieren, mit denen uns eine Liebesbeziehung verbindet. Wir müssen wieder unschuldig werden wie ein Kind, und still. Wir werden uns mit Gesten ausdrücken: wir werden einmal lächeln, ein anderes Mal einander die Hände halten, oder ganz einfach ruhig bleiben und uns gegenseitig in die Augen schauen – ohne irgend etwas zu tun, einfach da sein. Die Gegenwarten beider begegnen sich und gehen ineinander auf; was sich ereignet, wißt nur ihr – nur ihr, denen es widerfährt. Niemand anderes wird es bemerken, weil es sich ganz in der Tiefe eures Innern vollzieht.

Sei das nächste Mal froh und dankbar dafür, daß du wächst. Genieße diese Stille; fühle sie und koste sie aus. Du wirst bald sehen, daß sie ihre eigene Kommunikation hat; daß sie größer und höher und tiefer ist und mehr auf den Grund geht. Diese Kommunikation ist heilig; sie ist von großer Reinheit.

Es ist ein gutes Zeichen. Ich freue mich.

NARTAN *Ich mich auch! (Ein fröhliches Grinsen und Lachen.)*

Alok, hast du etwas zu sagen? Erzähle!

ALOK *Ja, also vor zehn Jahren war ich ein christlicher Pastor, und mein Geschäft bestand darin, andere und mich fühlen zu machen, daß wir Sünder sind, und dann bot ich ihnen das Heil an. In gewisser Hinsicht tue ich das heute noch.*
*Im Moment möchte ich dir sagen, daß ich noch immer eine Menge Angst und Zweifel in mir trage, und ich fühle mich in der Beziehung zu meiner Frau oder zu anderen Frauen nicht wohl. Ich bin mir meiner selbst in sexueller Hinsicht nicht sicher. Und mein Verstand zweifelt oft. Aber dann habe ich auch wieder das Gefühl, daß gar nichts im argen liegt.*

Nichts liegt im argen, aber die christliche Erziehung muß dich sehr vergiftet haben.

ALOK *Sehr.*

Ja, sie vergiftet. Du mußt sie verlernen. Du mußt sie fallen lassen, sonst kannst du dein ganzes Leben verfehlen.

Wenn du erst einmal anfängst, dich oder einen Teil von dir zu hassen, wirst du dich niemals wohl fühlen, wirst nie in dir zu Hause sein. Eine Art Riß wird durch dich hindurchgehen und ein ständiger Konflikt dich begleiten.

Das Christentum hat einen ungeheuren Schaden angerichtet, indem es die Leute sich für alles und jedes schuldig fühlen läßt. Besonders wenn du glücklich bist, entsteht plötzlich nebenher ein Schuldgefühl. Das Christentum hat den Menschen diese ungeheuer tiefe Spaltung beigebracht, so daß alle Freude und alles Glücklichsein als Sünde erscheinen. Bist du traurig, dann ist alles in Ordnung. Siehst du aus wie ein Märtyrer, wirst du zum Heiligen. Bist du glücklich, lachst und tanzt du, bist du ein Sünder. Fröhlichkeit ist Sünde.

Gerade das Gegenteil ist der Fall. Froh und glücklich sein, heißt religiös zu sein, denn nur ein glücklicher Mensch kann Dankbarkeit gegenüber Gott empfinden.

Und der Körper ist schön. Er ist der Tempel. Hüte ihn sorgfältig und sei ihm dankbar. Er versorgt dich mit einer großartigen Möglichkeit, denn nur durch den Körper hast du erfahren, was Leben heißt, was Liebe ist, was Licht ist. Der Körper ist es, durch den du siehst und hörst und Dinge berührst, durch den du liebst und geliebt wirst. Der Körper ist es, durch den du Bewußtsein erlangst. Sei ihm dankbar und nimm niemals eine gegnerische Haltung ihm gegenüber ein.

Bist du aber im christlichen Sinne erzogen, mußt du dich ganz bewußt davon lösen, denn das geht tief und fährt fort, in dir zu arbeiten, ohne daß du es weißt. Du bist nie in der Lage, eine Frau ganz tief zu lieben, hm? Der Christ wird neben dir stehen, dich beobachten und sagen: »Was machst du da? Sündigst du schon wieder? In die Hölle wirst du kommen!«

Und plötzlich schrumpfst du, sinkst in dich zurück, und Angst überwältigt dich – und die Liebe verschwindet. Liebe ist etwas sehr Empfindsames, und Angst ist so stark – sie kann die Liebe zerstören.

Paß also auf und laß den Christen nicht in dein Schlafzimmer. Andernfalls steht zwischen dir und deiner Frau immer der Christ. Die ganze Kirche wird versammelt sein, und sie kann alles Glück zerstören. Laß das alles fallen! Fühl dich niemals schuldig. Sei immer dankbar.

Glück muß bis zum Äußersten ausgekostet werden. Je glücklicher du wirst, um so näher kommst du Gott! Deshalb lehre ich, sich am Leben zu freuen, und lehre dich einen tanzenden Gott! Und wenn ein Gott nicht tanzt, ist er überhaupt kein Gott.

Löse dich also ganz bewußt davon, laß es fallen. Du wirst dich etwas abmühen müssen, hm? Denn wenn der Kopf erst einmal Falsches gelernt hat, mußt du es ihm wieder abgewöhnen – aber es kann verlernt werden. Was immer antrainiert werden kann, kann auch wieder abtrainiert werden.

ALOK *Ich habe schon viele Jahre an mir gearbeitet. Ich habe ein wunderschönes, bezauberndes Kind in mir entdeckt, das es liebt, sich in der Gegenwart aufzuhalten, daß sich unbändig freuen kann...*

Hm, hm, ich kann es sehen. Und es wächst und wird noch weiterwachsen. Ein großes Problem ist es nicht, du mußt nur wachsam sein, hm?

Die Prägung geht tief. Sie ist fast schon ein Teil von dir, und du weißt es nicht. Wenn du schaust, ist es da wie eine Eisschicht. Wenn du etwas berührst, ist es da wie eine Schicht, die deine Hand und deine Haut umgibt. Du berührst liebevoll eine Frau, aber gleichzeitig zieht sich in dir etwas zusammen, zieht sich zurück.

Die ganze Welt ist ein einziges überschäumendes Fest. Sie ist eine sich überstürzende Energie; so viele Blumen, so viele Vögel, die singen, so viele Sterne – eine Unendlichkeit voller Sterne, Sonnensysteme über Sonnensysteme. Die Welt ist ein solches Entzücken, das ganze Universum voller Fröhlichkeit und grenzenloser Harmonie. Mache einen großen Satz in diese Welt hinein!

Verwandle dich in einen Stern oder in eine Blume; und sei bloß kein Christ! Einverstanden? Und das Kind wächst bereits, es ist im Kommen....

*Bhagwan wendet sich, um die nächste Sannyasin anzusprechen, die gewöhnlich vor Energie und Lebensfreude übersprudelt und heute ziemlich verspannt und etwas rebellisch dreinschaut!...*

Was ist los mit dir?

SAROJ *Ich habe zwei sehr, sehr aufregende Tage gehabt. Es waren die Tage meiner Periode, und ich werde immer fast verrückt in dieser Zeit. Gestern habe ich im Hause ein paar Sachen zerschmissen, weil ich wirklich aus der Fassung war, und manchmal... als wenn... Sachen einfach in mir hochkommen. Und es macht mir nicht einmal Schwierigkeiten, ich kann meinen Spaß daran haben. Ein bißchen schuldig fühle ich mich dafür. Ich werde immer wilder und genieße es, aber ich merke auch... was soll aus mir werden, wenn ich so weitermache?*

Du hast gestern etwas zerschmissen?

SAROJ *(versucht zerknirscht auszusehen.) Ja.*

(Versucht streng auszusehen) Was denn?

SAROJ *Einen Topf. (Es stellte sich später heraus, daß zwei kaputte Tonbandgeräte ebenfalls aus Sarojs Wutanfall geborgen wurden.)*

Sich wild fühlen ist nicht schlecht, aber Sachen zu zerstören, ist nicht gut, hm? Wann immer du Wildheit in dir verspürst, tanze einen wilden Tanz – aber mache nie mehr etwas kaputt.

Es mag nicht weiter schlimm sein – du zerstörst bloß einen Topf – aber das Zerstören an sich ist schlecht. Du bekommst eine zerstörerische Einstellung gegenüber dem Leben. Der Topf dient nur als Ausrede. Im Grunde würdest du lieber wertvollere Gegenstände zerstören – sogar wertvolle Beziehungen, Leute, hm? Aber so viel kannst du nicht um die Ecke bringen, das würdest du nicht aushalten, deshalb wirfst du einen armen Topf in Scherben – und er hat dir nichts getan! *(Ein leichtes Lachen verspäteten Mitleids von Saroj.)*

Für viele Frauen sind die Tage ihrer Periode etwas destruktiv; der Grund dafür ist ganz biologisch. Du mußt es verstehen und dir dessen etwas bewußter werden, so daß du über deine biologische Bestimmtheit hinauskommst; andernfalls hat sie dich im Griff.

Wenn du schwanger bist, hört die Periode auf, weil dieselbe Energie, die in der Periode freigelassen wurde, jetzt kreativ wird: sie bringt das Kind hervor. Wenn du nicht schwanger bist, sammelt sich die Energie jeden Monat, und wenn sie nicht kreativ werden kann, wird sie destruktiv. Solange eine Frau also ihre Periode hat – vier oder fünf Tage lang –, hat sie eine sehr destruktive Einstellung, sie weiß einfach nicht, wohin mit der Energie. Und diese Energie pulsiert, sie verfolgt dich bis in den innersten Kern deines Wesens, und du erlaubst ihr nicht, kreativ zu sein.

Alle schöpferische Energie kann destruktiv werden, und alle zerstörerische Kraft hätte sich schöpferisch auswirken können. Zum Beispiel Hitler. Ganz am Anfang wollte er ein Maler werden. Aber es war ihm nicht vergönnt. Es gelang ihm nicht, die Prüfungen zu bestehen und die Kunstakademie zu besuchen. Der Mann, der ein Maler hätte werden können, wurde einer der zerstörerischsten Menschen auf dieser Welt. Mit derselben Energie hätte er vielleicht ein Picasso werden können. Und eines ist gewiß – er besaß Kraft. Dieselbe Energie hätte unendlich schöpferisch wirken können.

Normalerweise sind Frauen nicht destruktiv. In der Vergangenheit waren sie niemals destruktiv, weil sie ständig schwanger waren. Kaum war ein Kind zur Welt gebracht, bestand schon die nächste Schwangerschaft; das nächste Kind wurde geboren, und wieder wurden sie schwanger. Ihr ganzes Leben lang verbrauchten sie ihre Energie.

Jetzt entsteht zum ersten Mal eine neue Gefahr für die Welt: die Destruktivität der Frauen. Denn jetzt besteht für sie kein zwingender Grund mehr, ständig schwanger zu werden. Die Schwangerschaft ist außer Mode geraten. Aber die Energie ist da.

Ich sehe einen tiefen Zusammenhang zwischen den Methoden der Geburtenkontrolle und der Befreiungsbewegung der Frau. Frauen werden destruktiv; sie zerstören das Leben ihrer Familien und ihre Beziehungen. Sie mögen versuchen, es auf die verschiedenste Weise zu rationalisieren, aber sie sind dabei, sich von der Sklaverei zu befreien. Das ist in der Tat eine sehr destruktive Phase. Sie haben die Energie in sich und wissen nicht, was sie sinnvoll damit tun sollen. Die Methoden der Geburtenkontrolle haben die schöpferische Umformung dieser Energien blockiert. Wenn sich jetzt nicht neue Kanäle für sie öffnen, werden sie sehr zerstörerisch werden.

Im Westen ist das Familienleben fast schon untergegangen. Andauernd herrschen Konflikte und Streitereien, man bekämpft sich gegenseitig und ist garstig zueinander.

Der Grund dafür ist – und niemand erkennt ihn als solchen – ein biologisches Problem.

Wann immer du spürst, daß deine Periode kommt, sei ganz besonders aufmerksam; kurz bevor sie anfängt, tanz dich aus, so wild du kannst. Der äthiopische Tanz wird dir sehr helfen.

*Saroj ist ein Mitglied der Gruppe »Afrikanischer Tanz«. Diese Gruppe wurde vor zwei Monaten nach den Anweisungen eines äthiopischen Sannyasin namens Niraj gebildet. Sie führte kürzlich im Darshan vor, was sie gelernt hat.*

*Die Formen des Tanzes sind primitiv und erotisch – aber sehr würdevoll und schön. Niraj ist beim Tanzen der Inbegriff des stolzen, unwiderstehlichen Mannes, der sich strahlend brüstet wie ein Pfau und seine Männlichkeit und Schönheit hervorkehrt. Saroj, die seine Partnerin war, tanzte eine wilde Carmen Jones von wundervoller Spontaneität und ungezügelter Hingabe.*

Du kannst über die Natur hinausgehen, weil du auch eine höhere Natur in dir trägst. Man kann die biologischen Gesetzmäßigkeiten überschreiten und muß es sogar, sonst bleibt man ein Sklave der Hormone! Wann immer du Lust spürst, etwas zu zerstören, fang an zu tanzen.

Was ich dir sagen will, ist, daß der Tanz deine Energie absorbieren wird. Du tust das Gegenteil. Du sagst, du würdest gerne ruhen und während dieser Tage am liebsten gar nichts tun, doch tu etwas – irgend etwas, mach einen langen Spaziergang – denn die Energie muß umgesetzt werden. Hast du den springenden Punkt erfaßt, hast du begriffen, daß der Tanz dich vollkommen entspannt, dann werden diese vier Tage der Periode die allerschönsten für dich sein, weil du an ihnen so viel Energie haben wirst wie sonst nie. Hm? Versuch's...

# Montag
## den 15. Dezember

*Bhagwan sagte vor kurzem, daß bald Hunderte von Leuten aus dem Westen zu ihm kommen werden und daß diejenigen von uns, die ihn jetzt umgeben, die Gelegenheit wahrnehmen sollten, ihm sehr nahe zu sein, bevor die große Flut einsetzt!*

*Seit etwa zwei Wochen bringen viele Sannyasins, die im Ashram leben, ihre Verwunderung über die plötzliche Zunahme von Besuchern und Meditierenden zum Ausdruck. Es scheint, als seien die Schleusentore geöffnet!*

*So viele Leute strömen – im buchstäblichen Sinne des Wortes – am Tage herein und nehmen am Abend Sannyas. Und mit jeder neuen Ankunft kann man den Wandel in der Energie spüren: eine feine Bewegung, etwas, das sich aller Definition widersetzt, etwas, das die gesamte Erscheinung ständig verwandelt.*

*Bhagwan wendet sich zuerst an eine ältere Frau, die Mutter einer Sannyasin, die selber auch anwesend ist.*

Wann bist du angekommen?

DIE FRAU *Vor einer Woche. Ich kann noch gar nicht glauben, daß ich hier bin. Vor vielen Jahren habe ich der Religion den Rücken zugewandt; für sehr lange Zeit habe ich einfach nein gesagt.*

Das ist sehr gut! Ich habe heute morgen von dir geredet. *(Bhagwan hatte seinen Morgenvortrag über Ja- und Neinsager gehalten.)*

Die Religion, zu welcher du nein gesagt hast, ist überhaupt keine Religion. Und es ist gut, nein zu ihr zu sagen. Nur religiöse Leute sind in der Lage, nein zu ihr zu sagen.

DIE FRAU *Ich habe mich selbst eine Humanistin genannt.*

Ja, das ist ein neuer Name dafür, aber nicht so gut wie »Religion« *(Bhagwan lächelt in sich hinein)*. Bevor der menschliche Geist nicht versucht, über sich hinauszugehen, kann er nicht wachsen. Alles Wachstum wird dir nur dann zuteil, wenn du versuchst, über dein Bestes hinauszugehen. Wenn du das Unmögliche versuchst, dann geschieht gerade das Mögliche. Eine humanitäre Einstellung ist gut, aber dann wird bloß die menschliche Natur zum Ziel, und das ist nicht genug. Gut, aber nicht genug.

DIE FRAU *Ja, ich habe das Gefühl, jahrelang aus meinem Kopf heraus geschwatzt zu haben, während ich innerlich verschlossen blieb.*

Dein Inneres wird sich öffnen, ganz gewiß. Und Gott bedeutet nichts anderes als dies: nur ein Bemühen, deiner Menschlichkeit zu ihrer vollen Entfaltung zu verhelfen. Gott ist eine Funktion des gesamten menschlichen Wesens – ein Seinszustand. Wenn du entsprechend deinen optimalen Möglichkeiten funktionierst, bis an ihren äußersten Rand, dann bist du Gott. Es war gut, daß du eine Skeptikerin bliebst, daß du nein gesagt hast. Jetzt kann dein Ja allumfassend sein.

Schließe deine Augen, und wenn mit deiner Energie etwas geschieht, laß es zu...

*Die Frau sitzt bewegungslos und schaut auf ihre Füße. Als Bhagwan ihr die Mala um den Nacken legt, fängt sie an zu weinen; dann schaut sie Bhagwan liebevoll an, während er ihr ihren Namen erklärt.*

Gut. Ab jetzt werde ich mit dir sein. Du wurdest bereit für mich!

*Die neue Sannyasin, Garima, kehrt zu ihrem Platz inmitten der anderen zurück und sitzt neben ihrer Tochter. Sie küssen einander, und die Tochter sieht sehr bewegt aus. Mutter und Tochter halten sich die Hände und schauen sich einige Minuten lang an.*

*Zwei Tage später erwähnt Bhagwan Garima in seinem Morgenvortrag, als er über das Gebot spricht, »seinen Nächsten wie sich selbst zu lieben«, indem er folgendes sagt:*

Vor einigen Tagen kam eine bewundernswerte Frau zu mir, ein seltenes Wesen. Sie war ihr ganzes Leben lang eine Humanistin – sie glaubte nicht an Gott, eine Neinsagerin.

Sie sagte mir, sie sei überrascht, hier zu sein. Ihre Überraschung ist natürlich. Sie hat nie einen Tempel besucht und nie eine Kirche betreten oder sogenannte religiöse Leute aufgesucht – und jetzt ist sie hierher gelangt. Und nicht nur das, sie wollte in Sannyas initiiert werden.

Sie konnte selbst nicht glauben, was geschehen war! Aber ich konnte in sie hineinsehen. Sie war fähig, zu mir zu kommen, weil sie Menschen geliebt hat. Sie hat den ersten Schritt auf den Tempel zu getan. Sie mag nie einen Tempel aufgesucht haben, das ist nicht nötig. Sie mag nie an Gott gedacht haben – auch das ist nicht nötig –, aber sie hat einen wahrhaftigen Schritt getan. Sie hat Menschen geliebt.

Sie war eine Neinsagerin, aber das ist die Grundlage, um ja zu sagen. Sie hat ihr Sannyas verdient. Sie ist angekommen. Ihr ganzes Leben war eine Vorbereitung dafür. Sie hat nein gesagt; sie hat nein gesagt zu Gott, um zu menschlichen Wesen ja sagen zu können. Vollkommen richtig, so sollte es sein. Sag nein zu Gott, aber sage nie nein zu Menschen, denn wenn du nein sagst zu menschlichen Wesen..., wirst du niemals fähig sein, zu Gott zu gelangen!

Was ist mir dir? Möchtest du etwas sagen?

SANNYASIN *Ich wollte fragen, warum du mir den Namen Asanga gegeben hast?*

Hm, m, es ist einer der schönsten Namen. Asanga war ein buddhistischer Mystiker. Wörtlich übersetzt, heißt er »nicht gebunden«, »unabhängig« oder »jemand, der alleine ist, der niemand anderen braucht«, hm? Doch der Name gehört einem buddhistischen Mystiker an, und etwas in dir wird damit in Einklang geraten.

Zwei Worte mußt du verstehen: das eine ist Einsamkeit, das andere ist Alleinsein. Einsamkeit ist ein negativer Zustand; Alleinsein ist äußerst positiv. Im Wörterbuch haben sie gleiche Bedeutung, aber nicht im Leben, nicht in der Wirklichkeit.

Du fühlst dich einsam, wenn du den anderen vermißt. Du fühlst dich allein, wenn du dich selber hast. Du bist einsam, wenn du dich mit dir langweilst. Du fühlst dich allein, wenn du große Freude über dich selbst empfindest. Asanga bedeutet Alleinsein. So allein wie ein Gipfel des Himalaya. So ganz und gar allein, daß der andere nicht gebraucht wird. Das besagt nicht, daß du nicht lieben wirst. Es ist in der Tat sogar so, daß nur jemand, der den anderen nicht braucht, wirklich lieben kann. Wenn die Notwendigkeit verschwindet, entsteht Liebe. Wenn du den anderen brauchst, benutzt du ihn. Dann ist all deine Liebe eine Art Manipulation, eine tiefgreifende Ausbeutung, weil du den anderen als ein Mittel benutzt. Weil du nicht allein sein kannst und jemanden brauchst, der deine Einsamkeit ausfüllt, sprichst du von Liebe; aber in Wahrheit handelt es sich nicht um Liebe. Du gebrauchst den anderen, und Liebe kann einen anderen Menschen niemals benützen. Für die Liebe ist der andere das Ziel, und er kann niemals auf ein Mittel reduziert werden. Das ist die allerhöchste Moral: den anderen Ziel und nicht Mittel sein lassen.

Nur ein Mensch, der vollkommen allein sein kann, der zum Alleinsein fähig ist, ist auch fähig zu lieben – weil seine Liebe nicht einem Mangel entspringt. Im Gegenteil, Liebe ist ein Überfluß. Sie ist nicht eine Beziehung; sie wird ein Seinszustand. Du magst allein sitzen in einem Raum und Liebe verspüren. Es mag niemand da sein, mit dem du sie teilst, aber du spürst sie. Sie ist wie eine Blume, die an einem Weg blüht, den niemals jemand entlanggeht, und die dennoch unaufhörlich ihren Duft verströmt und ihn vom Wind forttragen läßt. Oder ein Stern in der Nacht – niemand sieht ihn an, aber er strahlt unentwegt. Ob du mit jemandem zusammen sein wirst oder nicht, macht keinen Unterschied mehr. Es ist ein Zustand deines Seins. Aus all diesen Gründen habe ich dir den Namen Asanga gegeben. Du mußt lernen, allein zu sein. Ich sage nicht, daß du vor anderen fliehen sollst, nein. Ich sage, daß du dich selbst begreifen mußt. Flüchte nicht vor dir zu anderen.

Das soll deine Lebensaufgabe sein: zu einer Reinheit des Alleinseins aufzusteigen, wo Liebe ein Zustand und nicht nur eine Beziehung ist.

Das ist Freiheit – was wir in Indien Moksha genannt haben, Nirvana, das letzte Wort im Reich der Freiheit –, wo du den anderen nicht brauchst; wo Liebe nicht dem Mangel entspringt, sondern ein Überschäumen der Energie ist. Bewahre es gut in deinem Gedächtnis. Gut...

*Garimas Tochter setzt sich Bhagwan zu Füßen; alle Zeichen der Fröhlichkeit, die sie kurze Zeit zuvor mit ihrer Mutter geteilt hat, sind verschwunden und haben Kummer und Ernsthaftigkeit Platz gemacht.*

BHASHA *Ich möchte etwas Bedrückendes mit dir teilen. (Ein tiefer Seufzer.)*

Hm, erzähle.

BHASHA *Ich habe das Gefühl, ich werde so eng. Ich merke, daß all mein Benehmen und mein Denken immer dasselbe sind alle Tage, die ganze Zeit höre ich mich dieselben Dinge sagen, immer und immer wieder. Ich bin ganz einfach – verzweifelt.*

Hm, hm. Akzeptiere es, so wie es ist. Akzeptiere es, denn der Verstand ist ein Mechanismus. Er wiederholt sich und kann nicht einen einzigen Gedanken selbst erfinden. Das gehört nicht zu seinen Fähigkeiten; du verlangst also etwas Unmögliches. Und weil du nicht aufhörst, es zu fordern, wirst du immer frustrierter. Der Verstand kann immer nur das wiederholen, was er schon weiß.

Es ist, als würdest du einen Computer füttern und dann erwarten, daß der Computer dir etwas erzählt, das du ihm zuvor nicht eingegeben hast. Das kann er nicht. Der Verstand ist ein Bio-Computer: du programmierst ihn mit etwas, und er gibt es wieder. Er ist ein Papagei.

Du mußt zuallererst begreifen, daß dies die Natur des Verstandes ist. Es handelt sich nicht um ein besonderes Vorkommnis, was nur dir widerfährt. Wenn du einmal begriffen hast, daß die Natur des Verstandes im Wiederholen besteht, wirst du deine Bemühungen aufgeben, und plötzlich wirst du erkennen, daß du getrennt vom Verstand existierst. Du bist nicht der Verstand. Worauf es also ankommt, ist, den Verstand zu akzeptieren und in eine tiefe Sorglosigkeit hineinzuwachsen.

Wer ist es denn, der bemerkt, daß der Verstand sich andauernd wiederholt; der verlangt, er möge damit aufhören. Werde dir dieser Tatsache bewußt. Du bist das.

Akzeptiere also zuallererst die Begrenzungen des Verstandes. Du akzeptierst die Grenzen deines Körpers; du weißt, daß du nicht fliegen kannst – und niemand versucht es. Der Verstand aber ist unsichtbar. Du weißt nicht, was in Muktas Verstand vor sich geht, was sich in Teerthas Verstand abspielt *(zwei Sannyasins, die in der Nähe sitzen)*. Du bist auf deinen Verstand beschränkt, Mukta auf ihren, Teertha auf seinen – und niemand weiß, was bei dem anderen passiert.

Jeder sollte ein kleines Fenster in seinem Kopf haben, damit die Leute hineinsehen können! *(Die Gruppe lacht.)* Dann macht sich keiner Sorgen über solche Sachen, weil es bei allen gleich ist. Dann akzeptiert ihr einfach, daß es natürlich ist. Das Blut läuft durch die Adern, der Atem geht ein und aus; das Blut zirkuliert, der Atem zirkuliert, die Gedanken kreisen – nichts ist verkehrt dabei! Das zweite, was du dir merken mußt: Kümmere dich nicht darum. Du wirst bald merken, daß es wie das Bellen der Hunde dort drüben ist. *(Die Hunde der Umgebung diskutierten heftig irgendwo im Hintergrund miteinander, als Bhagwan dies sagte.)* In weiter Ferne, mitten in tiefer Nacht, bellen die Hunde des Verstandes, und du bleibst unberührt davon. Und je unbetroffener du bist, um so größer wird der Abstand. Eines Tages begreifst du, daß die Entfernung zwischen dir und deinem Verstand größer ist als die Distanz zwischen dir und dem entlegensten Sonnensystem. Denn das Sonnensystem befindet sich immer noch in einer bestimmten Entfernung von dir, sie kann gemessen werden. Aber der Verstand ist vom Bewußtsein so weit entfernt, daß es nicht gemessen werden kann; nicht einmal in Lichtjahren, denn die Differenz liegt nicht im Entferntsein voneinander; es handelt sich um verschiedene Dimensionen.

Ebenso wie der Unterschied zwischen dir und anderen Menschen nicht sehr groß ist, aber zwischen dir und einem Baum riesengroß, und gar zwischen dir und einem Felsen unermeßlich ist.

Der Verstand und das Bewußtsein sind einander diametral entgegengesetzte Pole, aber das muß nach und nach begriffen werden. Der erste Schritt dahin besteht im Akzeptieren der Begrenztheit des Verstandes; verlange nichts Unmögliches; und zweitens: Sei unbekümmert, vergiß das Ganze.

Und preise dich glücklich, daß der Verstand noch immer Lärm macht, daß die Uhr noch tickt. Kein Grund, besorgt zu sein; nur einen Abstand mußt du fühlen lernen – und er ist da. Es ist nur die Frage, ob du ihn fühlst. Verstehst du mich? Versuch es!

*Bhagwan wendet sich an einen Sannyasin, der Poona verläßt, um nach Amerika zurückzufahren. Er sagt ihm, er möge in dem Zentrum helfen, in dessen Nähe er leben wird; er gibt ihm ein kleines schwarzes Kästchen. Die kleinen schwarzen Schächtelchen enthalten ein Geheimnis, das nicht aufgedeckt werden kann. Du mußt warten, bis du es für dich selbst entdeckst. Und wenn du es tust, gib acht, daß du es niemandem erzählst!*

*Bhagwan fragt, welcher Art Arbeit der Sannyasin nachgehe.*

PREM NIRVAN *Psychologie, Beratung in Fragen geistiger Gesundheit, Arbeit in Krankenhäusern. Ich denke auch daran, etwas privat zu arbeiten.*

Fang an, privat zu arbeiten, du wirst dann mehr helfen können. Fange an, nach und nach Meditation einzuführen, wo immer du bist und was immer du tust. Vielen geistig Kranken kann durch Meditation geholfen werden. Die westliche Psychologie hat sich wirklich nicht als sehr hilfreich erwiesen. Fang also an, parallel zu deiner Psychiatrie den Patienten zur Meditation zu verhelfen.

Wenn ein geistig Kranker begreift, daß er selber etwas an seinem Kranksein verändern kann, wird ihm schon allein diese Einsicht enorm helfen. Wenn er glaubt, er hänge hilflos von anderen ab, von Drogen, von Psychiatern, Psychoanalytikern, Behandlungen, Elektroschocks und tausenderlei Sachen – dann verliert er ganz allmählich das Vertrauen. Du aber kannst ihm sagen, daß er etwas tun kann, um aus seinem Elend herauszukommen; und daß es in Wirklichkeit gar keine Krankheit ist, sondern nur eine Einstellung.

Jetzt entdeckt die westliche Psychologie, daß Verrücktheit nicht immer eine Krankheit ist; sie ist eher ein Versteck. Das Leben ist jemandem zuviel geworden, und er konnte keinen Platz finden, an dem er sich hätte verstecken können. So wird ihm die Verrücktheit zum Versteck, zur Verteidigung.

NIRVAN *Das ist wahr! Das Problem besteht darin, daß die meisten Leute sich trotzdem weiter verstecken wollen.*

Nein, von dem Augenblick an nicht mehr, wo sie begriffen haben, daß es keine Krankheit ist. Dieses Versteckspiel geschieht nicht bewußt; es ist absolut unbewußt.

Sie haben die Bequemlichkeit zu spüren bekommen, aber eine bewußte Entscheidung war es nicht.

Nimm ein Beispiel, du bist zu sehr mit finanziellen Schwierigkeiten belastet; hast zu viel Verantwortung für deine Familie und tausenderlei Probleme. Du kannst nicht mehr richtig schlafen, bist deprimiert, und nach und nach siehst du, daß die Leute dich nicht mehr verantwortlich machen, wenn sie zu glauben anfangen, daß du verrückt geworden bist. Im Gegenteil, sie tragen Verantwortung für dich. Ab dann müssen sie dir helfen. Und wenn das Unbewußte das erstmal begriffen hat, streckt es alle viere von sich.

Aber das geschieht unbewußt. Vom Bewußtsein her will niemand blöde sein.

Um so einen hohen Preis würde niemand es wollen. Aber wenn es erst einmal so weit gekommen ist, wird es zu einer bequemen Sache. Die Regierung kümmert sich um dich, jedermann bemitleidet dich, die Kinder können nichts von dir fordern, die Frau kann nicht mit dir streiten – du bist von Sinnen. Und dann will man diesen Zustand selber nicht mehr verlassen, aber auch das geschieht ganz im Unbewußten.

Versuche, ihnen die Tatsachen klarer zu machen: für ganz kleine Bequemlichkeiten zerstören sie ihr ganzes Leben, versäumen eine großartige Gelegenheit, aus der viel hätte geschehen können und noch geschehen kann. Sag ihnen, daß sie selber etwas dafür tun können, wenn sie sich entscheiden, aus ihrer Verrücktheit herauszukommen.

Ich war einmal bei einem Freund zu Besuch. Sein Vater war verrückt und war es immer gewesen. Aber ich schöpfte Verdacht, denn der Mann sah recht klug aus.

Als einmal niemand da war und ich diesem Mann allein gegenübersaß, sagte ich zu ihm: »Ich habe das Gefühl, du kannst nicht geisteskrank sein, du siehst zu gescheit aus!«

Er sah mich überrascht an. Dann sagte er: »Wie hast du das herausgefunden?«

*Bhagwan amüsiert sich köstlich. Sein Lachen ist so total, so spontan und fließend. Seine Augen tanzen, und sein Gesicht glüht vor Freude. Er fährt inmitten des Gelächters der Gruppe fort:*

Dann erzählte er mir die ganze Geschichte: daß sein Vater ein sehr gestrenger Lehrmeister gewesen sei und er einen Trick gelernt hätte – nach und nach gab er sich als irre aus. Es war sehr bequem und angenehm, er hatte nichts mehr zu befürchten. Der Vater arbeitete bis zu seinem Todestag, und der Junge brauchte nie etwas zu tun! Dann fingen seine Kinder zu arbeiten an – weil ihr Vater ja geisteskrank war!

Er sagte: »Es wurde eine so bequeme Sache. Erst arbeitete mein Vater, und jetzt arbeiten meine Kinder, und ich habe es mir gut gehen lassen! Aber, bitte erzähle es niemandem!«

NIRVAN *Ja, ich habe selber ein paar von diesen Leuten getroffen! (Die Gruppe lacht.)*

Mm, es gibt sie wohl!

# Dienstag
# den 16. Dezember

Sushila, du fährst morgen nach Hause? Komm her. Wie geht es dir?

SUSHILA *Naja, ich bin ein bißchen bange wegen der Abreise. Umm... ich hab' das Gefühl, ich fange an, mit mir selber zu arbeiten, und beginne gerade... die Beziehung geht ziemlich tief und jetzt wegfahren. Und ich weiß, es ist alles in Ordnung, aber es kommt mir so...*

*Bhagwan hält einen Augenblick inne und schaut in seinen Schoß, bevor er antwortet.*

Mm, mm... sei ganz gelöst und nicht ängstlich, denn Ängstlichkeit stört. Sie hilft auf keine Weise, sondern schafft immer noch mehr Hindernisse. Liebst du jemanden, und Angst bricht aus, entsteht ein Abstand zwischen euch, und die Beziehung wird zur Last. Meditierst du, und Angst tritt ein, wird Meditation unmöglich.

Was immer du tust, tue es ohne Angst. Angst haben ist nichts als eine Angewohnheit. Versuche herauszufinden, warum die Angst auftaucht. Es geschieht nicht aufgrund einer bestimmten Situation, sondern nur, weil du es dir angewöhnt hast. Willst du etwas vorführen, etwas darstellen und bist besorgt darum, was die anderen denken, kommt Ängstlichkeit auf. Sie ist ein Teil des Ego, ein Teil der Befangenheit in dir selbst. Wenn du nicht befangen bist, wird Angst unmöglich. Sie ist bloß ein Schatten.

Du redest zum Beispiel wie immer; und du redest sehr schön. Und dann bist du plötzlich einmal auf der Bühne und mußt zu tausend Leuten sprechen. Du bekommst Angst. Du hast dein ganzes Leben lang gesprochen, und nichts anderes brauchst du jetzt zu tun; nicht, daß du etwas Neues tätest. Nie war es ein Problem für dich. Mit jedem von diesen tausend Leuten magst du schon einzeln geredet haben; warum bekommst du dann plötzlich Angst?

Jetzt, wo dir tausend Leute gegenüberstehen, hast du plötzlich das Gefühl, beurteilt zu werden. Dir kommt in den Sinn, sie könnten sich eine Meinung von dir bilden – wie du handelst, wie du sprichst, was du leistest. Taucht erstmal die Idee der Leistung in dir auf, ist der natürliche Fluß verloren und Angst tritt ein. Wann immer du sie kommen fühlst, schau tief in dich hinein, und du wirst sehen, es ist ein Befangensein in dir selber – ob es sich um eine Beziehung handelt, um Arbeit an dir selbst oder irgend etwas anderes.

Und die Angst ist absolut überflüssig, denn es gibt niemanden, der dich beurteilen könnte; niemand hat die Autorität, jemand anderen zu beurteilen, und du bist von niemandes Meinung abhängig. Das sollte in der Tat das Kriterium des inneren Wachstums sein. Wenn du ganz alleine glücklich sein kannst und niemand anderen brauchst, um dich wohl fühlen zu können, wenn du unbeschwert, ruhig, ausgeglichen allein sein kannst und andere nicht dazu benötigst, aus dir zu machen, was du glaubst zu sein; wenn du andere nicht brauchst, die dich stützen und irgendwie billigen, dann bist du erwachsen. Nur Kinder erheischen Beifall von anderen – was Papi sagt, was Mutti denkt. Bist du erwachsen, so bist du auf dich selber gestellt, du brauchst dich um das, was andere sagen, nicht zu kümmern.

Laß also alle Ängstlichkeiten fahren. Und sie können nur verschwinden, wenn du alles akzeptierst, was du bist. Niemand erwartet, daß du jemand anderes bist; das geht auch gar nicht. Sei also einfach du selbst und entspanne dich und bitte niemand anderen um Billigung, um seine Meinung – und plötzlich verschwindet die Angst. Wachstum sorgt für sich selbst. Es hat seinen eigenen Antrieb; nicht du mußt wachsen. Du brauchst dich nur selber anzunehmen, und das Wachstum wird folgen. Suche es, und du wirst es verfehlen. Laß es zu, und es ist da, steht immer zu deiner Verfügung; nichts ist vonnöten; du wirst akzeptiert, so wie du bist, und Gott verlangt keine Beweise von dir. Er hat dich, so wie du bist, akzeptiert, deshalb bist du; andernfalls würde es dich gar nicht geben.

So die Existenz zu betrachten, daß du dich, wie du bist, wohl fühlst und zu Hause bist in dir, das ist das ganze Geheimnis der Religion.

Geh also, ohne Angst zu haben... Gut.

Wie steht es mit dir?

LEELA *Es ist gut, dich wiederzusehen! (Ein scheues Lächeln.)*

*(lächelt in sich hinein)* Sehr gut!

LEELA *Du hast mir geraten, das Meditationscamp mitzumachen und dir zu sagen, was mich dabei am tiefsten bewegt...*

Hm, m, also erzähle.

LEELA *Nun, für mich sind sie alle gleich (die Meditationen). Sie sind alle wie Spiele, die ich mache; ich mag sie. Das einzige jedoch, was mich in die Tiefe führt, bist du.*

*(lächelnd)* Richtig, auch das ist richtig, gut. Sehr wenige Leute finden alle Meditationen gut. Hast du aber das richtige Verständnis, sind alle Meditationen

für dich gleich. Es handelt sich um verschiedene Türen zu ein und demselben Tempel, hm?

Und das zweite Verständnis ist auch wahr; das ist sehr schön. Spiele also und hab deinen Spaß daran. Sei nicht ernst, mach dir ein Vergnügen daraus – je weniger Ernst im Spiel ist, desto besser. Wenn du einfach spielerisch meditierst, wirst du viel mehr erfahren.

Ich habe einmal von einem Musiker gehört, der sehr traurig war, an seinem Klavier saß und gedankenlos herumspielte. Plötzlich schlug er einen Akkord an, auf den er sein Leben lang gewartet hatte. Er hatte einen unbegreiflich schönen Klang: die Töne schufen eine andere Welt in ihm.

Dann versuchte er es immer und immer wieder. Derselbe Akkord aber wollte ihm nicht mehr gelingen. Dieselbe Harmonie ließ sich nicht mehr hervorbringen. Monatelang versuchte er es und wurde fast verrückt dabei, denn er verfehlte ihn immer wieder aufs neue. Schließlich ließ er alle Bemühungen fallen; eines Tages aber, als er nach wenigen Monaten wieder an seinem Klavier saß und achtlos vor sich hinspielte, war er wieder da.

Jetzt verstand er das Geheimnis: Das Jenseitige kommt zu dir nur, wenn du nicht versuchst, es an dich zu reißen, es zu manipulieren. Wegen seiner unermeßlichen Weite ist es keiner Kontrolle zu unterwerfen. Es überkommt dich nur als Überraschung.

Spiele und begreif alles als ein Vergnügen. Es kommt einzig auf die Freudigkeit dabei an, hm? Dann kann viel geschehen. Es war gut für dich, hm? Ich freue mich.

LEELA *Ich mich auch!*

Möchtest du etwas sagen?

BHADRA *Du hast mich letzte Woche gebeten, dir von meinen Meditationen zu erzählen. Sie wirken alle sehr stark auf mich. Manchmal war ich deprimiert und manchmal ungeheuer glücklich, und es geht immer noch weiter und weiter...*

Meditation rührt viele Dinge auf. Sie regt deine Fröhlichkeit ebenso wie deine Traurigkeit an. Manchmal wirst du in ein tiefes Tal geschleudert und manchmal hinaufgetragen bis zu den Wolken. Es ist gut so, laß es zu, und was immer geschieht, nimm es hin.

Fühlst du dich niedergeschlagen, so versuche nicht, dieser Niedergeschlagenheit zu entkommen. Laß dich tief in deine Traurigkeit hinab, werde wirklich traurig, so daß du ihren Boden berührst. Gelingt es dir, die Traurigkeit bis auf ihren Grund zu verfolgen, begreifst du plötzlich, daß die Fröhlichkeit dem gleichen Boden entstammt. Der Unterschied gilt nur an der Oberfläche; gehst du tiefer, verlieren sie sich, und der Grund erweist sich als derselbe.

Wenn du das nächstemal traurig bist, sei es ganz, tauche ganz darin unter. Versuche nicht, dich irgendwie zu retten: weine nicht, geh nicht von deiner

Traurigkeit zu irgend etwas anderem über, um unbemerkt abgelenkt zu sein und sie zu vergessen. Nein, steh zu deiner Traurigkeit. Es wird schwierig sein, mühevoll und bedrückend – aber wert, versucht zu werden. Berührst du den untersten Felsengrund der Trauer, wirst du plötzlich lächeln.

Du wirst nie wieder traurig sein können, denn wann immer du auf den untersten Felsengrund eines Gefühls stößt, gehst du darüber hinaus. Sehr schön, mach weiter so...

*Eine Sannyasin berichtet Bhagwan von der Entdeckung ihrer Heilkräfte. Sie fragt sich, ob es wohl gut für sie sei, diese Kräfte zu entwickeln. Bhagwan fragt sie, wann sie es zum erstenmal bemerkt habe.*

PREMDASI *Ungefähr vor einem Jahr. Ich habe es zum erstenmal gemerkt, als ich jemanden mit den Händen anfaßte, um ihn zu massieren. Meine Hände fingen an zu zittern, und der Betreffende sagte: ›Was machst du denn?‹*
*Ich sagte, ›ich weiß es nicht. Meine Hände zittern.‹ Er sagte, es fühle sich wie ein elektrischer Strom an, der durch seinen Körper ginge. Ich wunderte mich. Dann geschah es öfters, und ich fand heraus, daß der Betreffende diesen Strom fühlte, wenn ich meine Hände über eine schmerzhafte Stelle hielt – nicht direkt darauf, sondern drüber – und dann verschwand der Schmerz.*

Halte deine Hände hoch und schließe deine Augen. Wenn etwas geschieht, laß es zu.

*Premdasi streckt beide Hände in die Luft, die Handflächen nach vorne gerichtet. Die rechte Hand fängt sofort zu zittern und dann heftig zu vibrieren an; die linke Hand bleibt bewegungslos. Bhagwan richtet den Strahl seiner Taschenlampe auf ihre beiden Hände. Premdasi fängt an, tief zu atmen, ihr Kopf und ihr Körper zucken krampfhaft, und der Mund öffnet sich unwillkürlich.*

*Bhagwan bittet eine Frau, die in der Gruppe sitzt, vorzukommen und die rechte Hand von Premdasi sanft zu berühren. Das Mädchen tut es und sagt, sie würde nichts dabei fühlen. Daraufhin wird ein junger Mann herangewunken und gebeten, das gleiche zu tun. Er sagt, er könne eine Menge Wärme fühlen, die von ihrer Hand ausgehe.*

*Premdasi hört allmählich auf zu zittern und schlägt die Augen wieder auf. Ihr Körper schüttelt sich noch hin und wieder in den nächsten Augenblicken, als sie vor Bhagwan sitzt und ihm zuhört...*

Du kannst jetzt zurückkommen... du hast die Fähigkeit, aber zwei oder drei Dinge sind zu beachten. Wann immer du jemanden heilen möchtest, summe vorher mindestens drei Minuten lang *(wie in der Summ-Meditation, genannt Nadabrahma)*. Tue es niemals ohne das.

*Bhagwan bezieht sich auf die Summ-Meditation, die Nadabrahma, in welcher man irgendeine bequeme Sitzhaltung einnimmt und mit geschlossenen*

*Augen zu summen anfängt. Man summt so laut, daß die Leute, die um einen herumsitzen, es hören können und daß man spürt, wie alles in einem selbst unter der Resonanz vibriert.*

Du hast die Energie, aber feinere Schwingungen sind noch vonnöten. Je subtiler sie werden, um so hilfreicher sind sie – und sie werden dich nicht so sehr erschöpfen wie grobe Schwingungen. Drei Minuten Summen also, bevor du mit dem Heilen anfängst, hm? Dann vibriert fast dein ganzer Körper. Geh mit der Vibration mit; du bist nicht mitgegangen – die Hand hat sich allein bewegt, du hast nicht kooperiert mit ihr. Hilf ihr, sich zu bewegen, so daß der ganze Körper erzittert; es ist nicht nur eine begrenzte Sache.

Und noch eins: Wenn du eine Frau heilen möchtest, wird es Schwierigkeiten geben. Deine Schwingungen können einem Mann helfen, aber bei einer Frau gibt es Schwierigkeiten. Also: Für ein Jahr lang versuchst du es mit keiner Frau, denn wenn es dir ein paarmal nicht gelingt, dann setzt sich in dir ein falscher Eindruck fest, du redest dir dann ein, daß da nichts geschieht und du also die Fähigkeit nicht hast.

Übe deine Heilkraft für ein Jahr lang nur an Männern aus, nicht an Frauen; dieses eine Jahr wird dir ein so tiefes Vertrauen in deine Energie geben, daß du danach anfangen kannst, mit Frauen zu arbeiten. Und du wirst dann auch bei Frauen Erfolg haben. Sehr gut! Und ich werde dir helfen!...

*Bhagwan sagt, daß wir in der Schuld unserer Eltern stehen, denn sie sind es, die uns das Leben gegeben haben. Und er sagt, das Schönste, was wir ihnen dafür zurückgeben können, sei Meditation.*

*Mit der immer größer werdenden Zahl junger Suchender, die zu Bhagwan kommen, kommen auch viele ältere Leute, oftmals Eltern von Sannyasins.*

*Bhagwan – dessen eigener Vater vor nicht langer Zeit Sannyas genommen hat – weist darauf hin, daß es für Eltern ein ungeheures Ereignis sei, dem Beispiel des eigenen Kindes zu folgen und in seine Fußstapfen zu treten.*

*Eine andere Mutter wagt den Kopfsprung, an diesem Abend Sannyas zu nehmen...*

*Prabhudasi, die kürzlich – mit Hilfe unseres zum Ashram gehörenden Englisch/Italienisch-Dolmetschers – von Bhagwan Sannyas erhielt, sagt, sie fühle sich als Christin unter Christen, als Heidin unter Heiden und als Sannyasin unter Sannyasins.*

*Bhagwan sagt, das könne sehr gut sein, wenn man fest in seiner Mitte verankert sei, aber sehr gefährlich, sobald das nicht zutreffe. Er fährt fort und sagt:*

Wenn du deine Mitte gefunden hast, kannst du hingehen, wo du willst, du wirst dich immer wohl fühlen – gleich, mit wem du gehst. Aber diese Möglichkeit ist nur gegeben, wenn du in einer Mitte ruhst, wenn du weißt, wer du bist; andernfalls wirst du verwirrt. Heute bist du ein Christ, morgen ein Hindu, übermorgen ein Mohammedaner, und die ganze Sache wird zu einem einzigen Durcheinander.

*Prabhudasi sagt, sie habe erfahren, daß es das religiöse Gefühl sei, das alles miteinander verbinde.*

Genau das will ich sagen. Wenn du weißt, was Religion ist, wenn du zur Erkenntnis dieses verbindenden Gliedes gelangt bist, dann ist es ausgezeichnet. Aber ich sehe dieses Glied überhaupt nicht. Ich sehe in dir keine Spur davon, daß du deine Mitte gefunden hast. Ich sehe nicht, daß das dir helfen wird.

*Prabhudasi gibt zu, daß sie diesen Punkt noch nicht erreicht habe, und sieht bescheiden zu Bhagwan auf.*

Es kommt nicht darauf an, Eindrücke von überall zu sammeln, denn alle diese geistigen Pfade sind verschieden. Das Ziel ist eines, aber die Wege nicht.

Am Ende ist es wunderschön zu sagen, daß alles eines ist, aber am Anfang ist das sehr gefährlich. Und niemand kann zu gleicher Zeit auf mehreren Wegen gehen. Du darfst nur einen Weg gehen, aber du wirst am gleichen Ziel ankommen wie andere, die andere Wege gegangen sind.

Sei also gegen niemanden – Hindus, Christen, Mohammedaner –, aber sei für etwas. Wähle etwas, von dem du sagen kannst, ›Ich bin dafür‹. Diejenigen, die auf vielen Wegen gehen, werden einfach verwirrt, zerstückelt. Sie werden innerlich zu einem Sammelsurium: eine ihrer Hände wandert nach Norden, eine nach Süden, ein Bein marschiert nach Osten, das andere nach Westen. Sie werden auseinandergerissen.

Was du sagst, ist also gut, aber nur unter der Voraussetzung, daß du bereits am Ziel angekommen bist. Für mich ist es gut, aber nicht für dich!

Wir werden sehen. Fang an zu meditieren.

*Eine junge, hübsch aussehende Deutsche tritt scheu vor Bhagwans Füße; sie hält ihr kleines Kind an der Hand.*

*Das Kind setzt sich vor Bhagwan nieder – voller Selbstbeherrschung und ganz bei sich – und sieht Bhagwan ohne Scheu und Angst in die Augen. Es vermittelt nicht den Eindruck, altklug oder intellektuell zu sein, sondern gibt einem eher das Gefühl, daß es mit sich und der Welt um es herum in Einklang ist.*

*Ihre Mutter sagt, das Kind wolle Sannyas nehmen.*

*(zu dem Kind)* Sehr gut! Bereit?

*(zu der Mutter)* Und du hast noch nicht Sannyas genommen? *(ein furchtsames Lächeln der Mutter)* Das ist ausgezeichnet!

*Die Gruppe lacht. Es macht wirklich Spaß, Bhagwan mit Kindern zu beobachten...*

Komm her! Das ist sehr gut; du bist mutiger – komm her zu mir! Mach die Augen zu, mach die Augen zu...

*Das kleine Mädchen sitzt vor Bhagwan, wie Kinder es tun, den Kopf zurückgebeugt und ihr kleines Gesicht aufwärts gerichtet, vollkommen ausgeliefert und offen.*

*Sie sieht aus wie eine kleine Blume, ihr goldblondes Haar fällt in Locken auf ihre Schultern, sie strahlt jenen besonderen Glanz aus, den nur Kinder auf ihrem Gesicht haben, ihre kleinen Hände hat sie in den Schoß gelegt und wartet ab...*

*Ihr Profil ist genau dem Profil Bhagwans gegenüber. Sie sehen so ungeheuer vollkommen miteinander aus, eine Harmonie. Da ist nichts von jenem Gefühl zu spüren, das Erwachsene umgibt, wenn sie Bhagwan begegnen, und aus dem man viele Dinge herauslesen kann: einen inneren Willenskampf, einen Kampf mit Angst, Liebe, die aufkommt. Bei dieser Begegnung herrscht nur das Gefühl der Richtigkeit, als würden Freunde wieder miteinander verbunden.*

Gut, du kannst deine kleinen Augen wieder öffnen.

*Er legt ihr die Mala um den Hals und sagt zu ihrer Mutter, daß sie ihren alten Namen wieder annehmen solle – Tanya: Ma Prem Tanya.*

*Bhagwan sagt, man solle Tanya helfen zu meditieren, da mit jemandem, der so jung ist, viel getan werden könne: ›Ein seltenes Kind‹, fügt er hinzu.*

*Tanya steht auf und kehrt auf ihren Platz in der Gruppe zurück. Ein paar Sekunden lang schaut Bhagwan unverwandt ohne Liderschlag auf den Boden vor sich, wo sie gesessen hat...*

*Dann wagt auch die Mutter den Sprung, indem sie wie ihre Tochter Sannyas nimmt. Danach tritt schließlich ihr Mann vor und sagt, auch er wolle ein Sannyasin werden.*

*Er erzählt, daß er mit einem Buddhisten, den er sehr liebe, in Deutschland zusammenarbeite. Er fragt, ob Bhagwan auch dann mit ihm sein werde, wenn er ein Sannyasin würde und zu seinem Lehrer zurückkehre.*

Das werde ich. Ich werde auch mit ihm arbeiten, mach dir keine Sorgen.

Alle buddhistischen Methoden sind gut, ungeheuer gut, und sie haben nichts mit Religion zu tun. Sie sind ganz einfach wissenschaftlich. Du brauchst sie nicht buddhistisch zu nennen, du brauchst ihnen gar keine Bezeichnung zu geben – es sind ganz einfach Methoden. Buddhismus ist keine Religion, er ist einfach eine Psychologie. Er ist nicht wie das Christentum, nicht wie der Hinduismus. Er ist reine Wissenschaft – und die reine Wissenschaft gehört niemandem an.

Du kannst ruhig mit dem Mann weiterarbeiten, und vielleicht wirst du für ihn bald die Brücke, die ihn zu mir führt! Jetzt schließe deine Augen...

*Der Kreis der Familie, die durch Sannyas geheiratet hat und deren Vater Bhagwan ist, schließt sich.*

*Ein Paar, das vor kurzem in Poona angekommen ist, sagt, daß es den Eindruck hätte, die Beziehung habe sich geändert, seit sie hier seien. Das Mädchen sagt, sie habe nicht so oft Lust, mit ihrem Freund zu schlafen; ihr Freund sagt, er fühle sich von anderen Frauen angezogen.*

*Bhagwan schlägt vor, daß sie lediglich einmal in der Woche miteinander schlafen, aber das so total, daß sie vollkommen befriedigt seien.*

Wenn du mit jemandem schläfst, dann sei so wild dabei, daß es nicht nur zu einer rein körperlichen Entladung kommt; laß es durch dein ganzes Sein pulsieren. Du mußt schreien und springen, damit eine Meditation daraus wird, wenn du mit jemandem schläfst, sollte es die ganze Welt hören! Dann wird es dich so restlos befriedigen, daß du eine Woche lang keinen Gedanken mehr darauf richtest. Dein Sinn richtet sich immerzu nach anderen Frauen, weil du nicht befriedigt bist.

Im Osten haben wir die sexuelle Energie erforscht; der Westen hat nur die Peripherie erfaßt. Wir haben herausgefunden, daß es nicht eine Frage dieser oder jener Frau ist. Es ist eine Frage der weiblichen und der männlichen Energie. Wenn sie einander treffen können, wirklich treffen, kommt es zu einer derartigen Orgasmuserfahrung, daß das Ego ein paar Minuten lang zerstäubt ist, und du bist gar nicht vorhanden. Du bist verschwunden, und das ganze Universum stirbt mit dir. Deine Natur ist explodiert, alles Zivilisatorische ist weggesprengt. Ihr seid wilde Tiere – unschuldig, vor Leben sprühend, besessen.

Aber das ist nur dann möglich, es kann nur dann eine tiefe Orgasmuserfahrung sein, wenn ihr zölibatär lebt – dann sammelt ihr die akkumulierte Energie. Sie wird zu einem Reservoir, und ihr explodiert. Im anderen Fall, wenn ihr alle Tage miteinander schlaft, wird es so, als würdet ihr Tee trinken oder eine Zigarette rauchen – nichts Besonderes. Dann ist es nicht mehr als eine Erleichterung, wie ein Niesen. Macht den Sex nicht zu einem bloßen Niesen, sonst verfehlt ihr sein ganzes Geheimnis.

Entscheidet euch für den Tag, an dem ihr miteinander schlafen wollt, und laßt diesen Tag heilig sein, ein Tag voll tiefer Meditation. Einen Tag in der Woche – laßt es den Sonntag sein, den religiösen Tag. Und macht es zu einem wirklich heiligen Geschehen. Bereitet diesen Tag – vom Morgen angefangen – darauf vor. Seid so liebevoll, so behutsam wie möglich zueinander; keinen Streit, keinen Ärger – denn das lenkt die Energie ab.

Den ganzen Tag über solltet ihr spüren, wie der Augenblick näher kommt, den ihr dazu bestimmt habt, miteinander zu schlafen. Ihr habt sechs Tage lang darauf gewartet; und jetzt versenkt euch darein, so wie ihr euch in eine Meditation, in ein Gebet vertieft. Bevor ihr miteinander schlaft, meditiert gemeinsam. Bittet Gott, mit euch zu sein, euch zu umhüllen, so daß ihr beide in Ihm aufgehen könnt.

Laßt den Sex so göttlich wie möglich sein. Er ist göttlich, denn er hat die Macht zu erschaffen, er ist die schöpferische Kraft, nichts ist göttlicher als der Sex.

Macht es zu einer außerordentlichen Befriedigung, so daß ihr bald einseht, daß eine Woche Zölibat nicht ausreicht, daß ihr drei Wochen braucht, in denen ihr euch enthaltet, oder vier. Weil es so ungeheuer befriedigend ist, bleibt der Glanz, das Leuchten im nachhinein wochenlang – ihr habt euch darin gebadet. Also fangt an, es so zu machen, hm?

*Eine Sannyasin sagt, sie sei beim Meditieren mit einer Menge Mißtrauen und Furcht in Berührung gekommen, und zwar an dem Punkt, an dem der Körper sich verselbständige.*

*Bhagwan sagt, daß die Furcht überwunden werden müsse, da sie sonst nie in die Meditation eindringen, niemals wachsen könne. Er vergleicht es mit einem Saatkorn, das immer dann Angst bekommt, wenn die Pflanze anfängt zu wachsen, weil es dann sterben müsse. Immer wenn du nahe an den Todespunkt herankommst, an dem das Ego, das Ei, die Schale abfallen muß, und ein neues Wesen sein Leben antritt, wird die Furcht von dir Besitz ergreifen. Aber du mußt trotz der Furcht weitergehen. Er erinnert sie daran, daß er bei ihr sein werde. Die Sannyasin sagt, daß sie in Deutschland Gruppen geleitet habe und kein Bedürfnis danach verspüre, hier an Gruppen teilzunehmen, wie Bhagwan ihr empfohlen habe. Bhagwan sagt, daß die Rolle des Gruppenleiters zu einem Schutz werden könne, und fügt hinzu:*

Das ist meine Erfahrung – ich sehe, daß Gruppenleiter überhaupt nicht wachsen, denn wenn du andere führst, bleibst du außerhalb stehen. Du bist in das Geschehen nicht verwickelt.

Du wirst auf intellektuelle Weise sehr klug, aber existenziell wächst du nicht. Wenn du geführt wirst, sind die Gruppen vollkommen anders. Und hier sind sie vollkommen anders, weil du auch mit Meditationen arbeiten mußt, und die helfen.

Wenn du ein Gruppenleiter gewesen bist, ist das Teilnehmen an Gruppen ein Muß für dich. Gruppenleiter zu sein, ist eine ungeheure Erfüllung für das Ego – und das Ego ist das Problem! Nach und nach werden fast alle Gruppenleiter aus der ganzen Welt hierher kommen. Sie müssen es, denn sie sind Gruppenleiter und dabei nicht erwachsen geworden; sie sind wie kleine Kinder. Bist du erst einmal Gruppenleiter, wird es sehr schwer für dich zu wachsen; dein ganzes Prestige steht auf dem Spiel.

Ich werde dich zerstören müssen; nur dann kannst du wiedergeboren werden. Ich muß hart sein mit dir. Ich werde mit dir sein wie ein Hammer auf dem Felsen. Hm? – Gut.

*Vieles von dem, was im Darshan zum Ausdruck kommt, muß unerwähnt bleiben, weil ein großer Teil dessen, was geschieht – Berührungen, Blicke, Lächeln, Gelächter und Schweigen –, nicht in Form eines wörtlichen Dialogs wiedergegeben werden kann. Das fiele viel zu grob aus, und wäre unangemessen obendrein.*

*Unerwartete Dinge können einem in Bhagwans Gegenwart zustoßen. Leute, die gewohnt sind, Selbstbeherrschung und Redegewandtheit an den Tag zu legen, merken plötzlich, daß die Rede, die sie vielleicht vorbereitet hatten, ganz einfach verschwunden ist. Worte versagen, und sie sind mit sich und Bhagwan allein gelassen – nichts liegt zwischen ihnen. Bhagwan hat gesagt, daß seine bloße Gegenwart dem Mechanismus des Verstandes einen Schock versetze; daß das gut so sei und man es zulassen solle.*

*Manchmal sagt ein Sannyasin: ›Vor einer Stunde hatte ich viele Fragen, aber plötzlich sind sie verschwunden!‹ Oder daß ein Problem, das ihn wochenlang geärgert hatte, ihm plötzlich keine Schwierigkeiten mehr zu bereiten scheint. Du fühlst, wenn du Bhagwan zu Füßen sitzt, daß du eine Welt hinter dir gelassen hast und in eine andere eingetreten bist; das Gefühl, fast in einer anderen Dimension zu sein, in der es die Zeit nicht mehr gibt.*

*Bhagwan hat neulich gesagt, daß es unnütz sei, mit ihm Worte zu gebrauchen; daß Worte in der Tat als ein Mittel benutzt werden könnten, die Kommunikation mit ihm zu vermeiden.*

Nur im tiefen Schweigen kommt es zu einem Verschmelzen miteinander und zu einer Begegnung, und die Schranken lösen sich auf: Etwas von mir dringt in dich ein, und etwas von dir dringt in mich ein.

*Daher sitzen viele schweigend im Darshan, ohne zu reden, einfach damit zufrieden, in seiner Gegenwart zu sein: ihn anzuschauen, ihn zu trinken, seinen Duft tief in sich aufzunehmen – sich bis zum Rand mit ihm zu füllen.*

# Donnerstag
# den 19. Dezember

BHAGWAN *(zu einer neuen Sannyasin)...*
das wird dein neuer Name sein: Ma Deva Rikta. Rikta bedeutet Leere, deva bedeutet göttlich – göttliche Leere.

Das ist der Weg, auf dem du, ganz allmählich, den Geist der Leere in dich aufzunehmen hast. Im Innern ist bloße Leere, hm? Das ist das Gefühl, das ich von deinem Samenkorn habe. Je leerer du dich fühlst, um so leerer kannst du werden. Und du kannst es leicht fühlen, es wird nicht schwer sein; es wird auf ganz natürlichem Wege kommen.

Leere war nie ein Teil westlicher Religion, im Osten aber war es die am tiefsten gehende Meditation. Im Westen wird Leere irgendwie für etwas Negatives gehalten, als wäre ein leerer Geist die Werkstatt des Teufels. Er ist es nicht. In der Tat, ein leerer Geist ist die Werkstatt Gottes. Ist der Geist leer, kann der Teufel nicht eintreten. Der Teufel kann nur durch das Denken hineinkommen, durch irgendwelche Beschäftigungen. Ist der Geist leer, kann nur Gott eintreten.

Rikta bedeutet Leere. Versuch folgendes: Während du gehst, fühle die Leere gehen; während du sprichst, fühle die Leere sprechen; während du liebst, fühle die Leere lieben. Erinnere dich immerzu daran, daß im Inneren nichts ist. Und das ist die Natur des Menschen, dieses Nichts. Sie bedeutet nicht Abwesenheit, sondern Gegenwart, Fülle. Wenn die Leere vollkommen ist, ist sie Fülle.

Versuch es, und ich werde von diesem Augenblick an mit dir zu arbeiten anfangen, hm?

*Eine Sannyasin hatte Bhagwan zuvor einen Brief geschickt, weil es ihr ein wenig schwerfiel, sich in Englisch auszudrücken, Sie stellt die folgende Frage, die Bhagwan laut verliest:*

> *Heute morgen (während des morgendlichen Vortrags) habe ich nicht ganz verstanden, als du gesagt hast, daß der erfüllte, erleuchtete Geist, der nach Hause zurückkehrt, nicht für ein weiteres Leben auf die Erde zurückkehren muß. Das mag an meinem westlich geschulten Denken liegen, aber*

*was geschieht mit dieser erfüllten Erleuchtung, diesem Erreichen, diesem Verdunsten. Wie erklärst du, daß du gekommen bist, wenn du nicht wieder sein wirst.*

Du kommst nur, wenn noch etwas fehlt, noch etwas unvollkommen ist. Das letzte Leben ist das Leben der Erleuchtung.

Ich bin gekommen, weil noch etwas gefehlt hat, aber jetzt fehlt es nicht mehr, und ich werde nicht wiederkommen. Das heißt nicht, daß du nicht-existent wirst, nein. Das bedeutet einfach, daß du so absolut existent wirst, daß der Körper dich nicht fassen kann. Der Körper wird klein, und du wirst so groß für den Körper, daß du in ihm nicht mehr enthalten sein kannst. Du wirst so unendlich, daß der endliche Verstand dich nicht halten kann. Aber man muß immer wieder kommen, wenn auch nur etwas fehlt, um es zu lernen.

Die Welt ist eine Schule, ein Lernen, Disziplin, ein Üben. Hast du es einmal gelernt, wirst du nicht zurückgeschickt, denn dann besteht kein Grund mehr dafür, kein Sinn.

Ein erleuchteter Mensch kann anderen Menschen nur in seinem letzten Leben helfen. Danach ist diese Hilfe unmöglich, dann löst er sich auf, er verdunstet, verfliegt. Nur für wenige Jahre steht die Möglichkeit zur Verfügung. Wenn du nicht erleuchtet bist, kannst du anderen Leuten nicht helfen. Bist du erleuchtet, kannst du nur ein paar Jahre lang helfen, denn das wird dein letztes Leben sein...

*Eine Sannyasin erzählt Bhagwan, daß ihr Gefühl, alle diese Sorgen zu haben, sich in ein Gefühl des Friedens verwandelt habe, seit sie Bhagwan gestern geschrieben habe. Bhagwan schmunzelt.*

*Das scheint öfter vorzukommen. Die Handlung selbst, das Sich-Hinsetzen, um Bhagwan von einem Problem zu schreiben, das einem zu schaffen macht, oder von einem Dilemma, in dem man steckt, scheint die ganze Situation zu verändern. Das Problem löst sich auf, oder plötzlich erscheint eine andere Seite davon – und die Antwort ist da.*

*Ähnlich ist es, wenn man ihm ein Problem in der Phantasie vorträgt, vielleicht ihn anspricht, während man sein Bild vor Augen hat – auf einmal kommt eine Antwort in seinen Worten, mit seinem Ausdruck, nach seiner Art.*

*Vielleicht ist es nicht mehr als die Tatsache, daß Klarheit in die Dinge kommt, indem man dem Problem zu einer Äußerung verholfen hat. Vielleicht, daß die Antwort aus dem Unbewußten kommt, aber ich frage mich...*

*Prem Savita fährt fort, indem sie sagt, sie fange an zu fühlen, daß es viele Dinge gäbe, an denen sie zu arbeiten habe, und sie frage sich, ob Bhagwan ihr nicht etwas vorschlagen könne, das ihr helfe.*

Jeder hat viel Arbeit zu leisten, denn niemand kommt vollkommen auf die Welt, und wenn du wirklich vollkommen wirst, kannst du nicht mehr zurückkehren. Es gibt viel zu tun, und es ist schwierig, aber nicht unmöglich. Manchmal magst du das Gefühl haben, es sei so schwer, daß du anfängst, die Hoffnung zu verlieren. Das sind die Augenblicke, sich daran zu erinnern, daß das Unternehmen sehr schwierig ist – das Unternehmen Mensch ist sehr schwierig –, aber nicht unmöglich.

Und es ist gut so, daß es schwer ist. Wenn es das nicht wäre, wäre es nicht so lohnend. Wäre das innere Wachstum leicht zu haben, sozusagen billig, hättest du nicht dafür zu arbeiten, es zu verdienen oder seiner würdig zu werden, wäre es wertlos. Je schwieriger es ist, um so mehr gewinnt es an Wert. Je länger die Reise, um so tiefer die Ruhe. Und wenn du das Ziel erreichst, wirst du um so größere Erfüllung finden, je länger dein Warten gewährt hat.

Aus diesem Grunde sind alle Abkürzungen falsch – und gefährlich. Sie können dich nur täuschen. Es gibt keine Abkürzungen für das innere Wachstum, denn der Weg selber sowie seine Beschwerlichkeit sind Teil des Wachstums. Wenn du die Schwierigkeit vermeidest, vermeidest du auch das Wachstum.

Aber viel muß geschehen, hm? Du mußt nur offen bleiben. Fang an zu meditieren, und während du meditierst, bringe deine ganze Energie hinein. Fahr nicht fort, auch nur irgend etwas zurückzuhalten, sei nicht schlau.

Das ist eine der Plagen, denn der Verstand ist ausgesprochen schlau. Er geht immer den halben Weg und ist bei jedem zweiten Schritt bereit, sich zurückzuziehen, wenn er die Kontrolle über die Dinge verliert und du nicht mehr manipulieren kannst. Wenn du aber bereit bist, dich zurückzuziehen, kannst du nicht in dich hineingehen, denn man muß mit beiden Beinen gehen, nicht nur mit einem, und man kann nur ganz und gar in sich hineingehen, nicht nur teilweise.

Merke dir also eines: Die Meditation muß so total wie möglich gemacht werden, und mit jedem Tag wird dir mehr und mehr Totalität zugänglich. Jeden Tag wirst du das Gefühl haben, daß immer mehr in dir aufsteigt, und du wirst sehen, daß du noch immer an dich hältst – und ganz allmählich schmilzt das Eis. Geh also ohne jegliche Beschränkung in dich hinein!

Viele Male kommt man dem Ziel ganz nah und verliert die Spur. Viele Male bist du fast, fast dort, und wieder bist du ganz weit entfernt. Das sind die kurzen Einblicke; das sind die kurzen Einblicke, die man in Japan Satori nennt. Bloß ein winziger Blick, aber dieser winzige Blick gibt dir Mut, daß es sie gibt; ja, die Wahrheit gibt es wirklich; daß du nicht ohne Hoffnung herumtastest. Hoffnung ist berechtigt. Und manchmal sind Tausende von Satoris möglich, aber jedes Satori wird etwas bestimmter, etwas fester. Und jedes Satori bringt dich dem Ziel näher und näher. Und wenn du plötzlich dort bist, am Ziel, gibt es dich nicht mehr, nur das Erreichte ist. Dann nennen wir es Samadhi. Das ist das Ziel aller menschlichen Anstrengungen, der äußerste Gipfel allen Bewußtseins. Aber man muß hart arbeiten – fang also an damit!

*Ein Suchender, noch kein Sannyasin, sagt zu Bhagwan, er spreche oft von der Notwendigkeit, einen Meister zu haben, doch er habe gehört, daß Bhagwan selber ohne Meister ans Ziel gelangt sei. Wie, fragt er, sei das möglich gewesen, und würde einer, der ohne Meister erleuchtet würde, in einen höheren Grad von Erleuchtung eintreten als jemand, der einen Meister gehabt habe?*

Nein, Erleuchtung kennt keine höheren oder niederen Grade. Wie du eintrittst, macht keinen Unterschied: durch die Vorder- oder die Hintertür, wie ein Meister oder ein Dieb, das macht keinen Unterschied. Trittst du erst einmal ein, verlieren sich alle Unterschiede.

Es gibt eine Möglichkeit, ohne Meister erleuchtet zu werden, aber dann solltest du bereit sein zu mehr Kampf, zu größerem Risiko; solltest mehr Geduld und mehr Mut haben.

Eines Tages wird es geschehen, auch wenn du von niemandem Hilfe angenommen hast. Wenn du im Dunkeln herumtastest und tastest und tastest, obgleich es viele Leben kosten mag, eines Tages wirst du die Tür finden. So haben viele sie gefunden. Aber hast du sie erstmal gefunden, kannst du es für andere ein wenig leichter machen. Für dich mag es schwierig gewesen sein, aber für andere kann es ein wenig erleichtert werden. Du kannst ein paar Angaben machen, ein paar Schlüssel geben, ein paar Winke. Du kannst führen.

Das muß man begriffen haben: Ein Meister führt euch nicht eigentlich zur Wahrheit. Er hilft euch lediglich, Unwahrheit zu vermeiden. Wahrheit kann nicht aufgezeigt werden. Es ist nicht etwas, das es irgendwo da draußen gibt. Es ist etwas, das durch deine Anstrengungen ins Leben gerufen wird. Deine Wahrheit wird in dir geboren werden müssen. Ein Meister kann dir helfen, besser zu tasten, so daß viele Fallen vermieden werden können. Er kann nicht auf die Wahrheit zeigen, aber er kann aufzeigen, was nicht wahr ist – und es gibt Tausende unwahrer Türen. Er kann dir zeigen, daß dies unwahre Türen sind; vermeide diese, vermeide jene. Das nennen sie in den Upanishaden ›neti-neti‹ – dies ist nicht, das ist nicht. Der Meister fährt fort zu negieren, und nur das, was ist, bleibt übrig.

Nur so kann ein Meister helfen. Ein paar Leute schlagen sich alleine herum, aber das ist selten. Und du bist nicht der Typ, denn wenn du es wärst, wärest du nicht zu mir gekommen. Ich ging niemals zu jemandem, um auch nur das zu fragen, denn sogar das bedeutet, sich helfen zu lassen. Selbst wenn du zu so einem Menschen hingehst, um ihm die Wahrheit zu geben, wird er seine Ohren verschließen. Er wird sagen: »Ich will es nicht. Ich will es alleine finden.«

So ein Mensch wird am Anfang sehr egoistisch erscheinen, aber er ist es nicht. So ist er eben; er will seine eigene Wahrheit suchen, er will sie sich von niemandem borgen. Nicht, daß er arrogant wäre; er ist demütig. Und er hat keine Angst, Zeit zu verschwenden. Er hat keine Angst, viele Leben lang darauf zu warten. Er verspürt keine Eile; seine Geduld ist unendlich. Aber er sieht vielleicht aus wie ein arroganter Mensch. Nicht, daß er unfähig wäre, sich aufzugeben, nein. Er hat sich aufgegeben, aber dies ist sein Weg, dieser paßt zu ihm.

Dann gibt es wieder Leute, zu denen das überhaupt nicht paßt. Sie brauchen jemanden, dem sie sich überlassen können; sie brauchen jemanden, der ihnen hilft. Nicht, daß sie schwach wären, vergiß das nicht, nicht, daß sie irgendwie minderwertig wären – das sind sie nicht. Nur, daß die Menschen verschieden sind, jeder Typ anders ist, und diese beiden Arten gibt es.

Soviel kann ich also sagen: daß du nicht der Typ bist, der ohne Meister arbeiten kann, andernfalls wärst du nicht gekommen. Verschwende also keine Zeit. Wenn du jemanden finden kannst, mit dem du dich in Einklang befindest, dann gib dich ihm in die Hand und erlaube ihm, dir zu helfen. Denk darüber nach, hm? Gut.

*Eine Sannyasin sagt, daß ihr Freund ihr gegenüber seit kurzem sehr verschlossen sei. Seit Bhagwans Geburtstagsfeier am 11. Dezember, sagt sie, habe er sich geändert, er sei Bhagwan nähergerückt, aber weiter weg von ihr, und sie fühle sich ausgeschlossen.*

*Sie drückte ihre Verwirrung aus, ob sie die Beziehung nun weiterführen wolle oder nicht...*

Das ist immer so, wenn Leute allein sind, haben sie die Nase voll vom Alleinsein. Sie sind traurig, aber still und ruhig; das Leben regt sie nicht besonders auf. So fangen sie an, jemanden zu suchen, irgendeine Beziehung, und damit kommt auch Aufregung in ihr Leben, aber mit ihr kommen auch Probleme – Ärger, Kampf, Eifersucht und tausenderlei Sachen. Die Traurigkeit verschwindet, aber Wut taucht auf, denn es ist dieselbe Energie. Traurigkeit ist unterdrückte Wut. Denn wenn du allein bist, hast du niemanden, dem gegenüber du deine Wut ausdrücken kannst, so trägst du sie mit dir herum. Und Wut ist unterdrückte Traurigkeit. Diese beiden Fälle müssen klar erkannt werden.

Bevor du nicht ruhig und still in der Liebe sein kannst, wird die Liebe überhaupt nichts lösen. Es muß klar sein, daß Liebe an sich oder das bloße Zusammensein mit jemandem dir kein Glück bescheren wird, bevor du nicht Glück mitbringst. Und wenn du nicht glücklich bist, ist es besser, du bleibst allein.

Und so kommt es dann immer: Unglückliche Leute suchen eine Beziehung, in dem Glauben, sie seien unglücklich, weil sie allein sind. Darum geht es nicht. Sie sind unglücklich – ob sie allein sind oder in einer Beziehung, das macht keinen Unterschied. Und wenn ihr zusammen seid, wird euer Unglück noch intensiver; es kann nicht einfach dadurch verschwinden, daß ihr beisammen seid. Ihr müßt es fallen lassen.

Bedenke immer, daß wenn jemand mit dir zusammen ist, dann nur, um glücklich zu sein. Jeder sucht sein eigenes Glücksgefühl. Aber wenn immer jemand verliebt ist, fängst du an, dir einzubilden, er sucht *dein* Glück. Warum sollte er?

Wenn ihr beide euer Glück mitbringt, kann die Beziehung schön werden; andernfalls kann sie jeden Tag scheitern. Jedesmal, wenn eine Beziehung beginnt, ist sie gut. Weil beide sich, ohne es zu merken, gegenseitig täuschen. Nur das hübsche Gesicht ist da, und erst, wenn die Dinge sich eingespielt haben, kommt das häßliche Gesicht zum Vorschein. Dann bricht die Wirklichkeit auf, und alles läuft schief.

Wenn dir nach einem reinigenden Gewitter zumute ist, dann schließ dein Zimmer ab und tob dich an einem Kissen aus. Warum deshalb eine Beziehung zerstören?

Jeder sucht sein eigenes Glück, und das ist auch gar nicht verkehrt. Das ist der einzige Weg, das Glück zu suchen. Wenn ihr zusammen seid, helft einander. Habt ihr das Gefühl, es schadet, trennt euch. Aber denkt daran, daß es nicht nur mit dieser Beziehung so ist, es wird immer so kommen. Schau dieser Tatsache also ins Auge; sprich mit ihm.

Man sollte aus jeder Erfahrung lernen. Nichts ist schlecht, denn aus allem kann man lernen.

Gut, Prafulla...

*(zu einem jungen, vergnügt aussehenden Sannyasin)*

Was ist mit dir?

ANAND *Ich bin gerade dabei, mir zu überlegen, ob es gut für mich ist, nach Schottland zu gehen. Ich dachte daran, nach Hause zu gehen, einfach um ein paar Dinge in Ordnung zu bringen, damit ich so bald wie möglich zurückkommen kann. Es würde zwei oder drei Monate dauern.*

Führ deine Angelegenheiten zu Ende und komm wieder her!

ANAND *Außerdem wollte ich noch sagen, daß meine Eltern fünfundzwanzig Jahre lang Missionare in Indien waren, und ich überlege mir, wie ich ihnen sagen kann, daß Christus hier ist...*

*Bhagwan schmunzelt bescheiden und sagt, er würde einen Weg finden, daß er in Schottland mit ihm sein werde.*

*Im August dieses Jahres sagte Bhagwan, daß er ins Auge fasse, eines Tages hier eine Art Universität zu haben, an der alle Arten von Therapien zur Verfügung stünden – Encounter-Gruppen, Primärtherapie, Enlightenment Intensive, Massage, Arica Training, Seminare in bedingungslosem Akzeptieren – zusammen mit Aikido, Tai Chi, Karate und Akupunktur. Er sagte, die Leute sollten darauf vorbereitet sein, mindestens drei Monate lang zu bleiben, ein Zeitraum, in welchem sie so viele Gruppen durchlaufen könnten, wie für ihr Wachstum notwendig erscheine. Alle im Westen bestehenden Therapien, verbunden mit denen des Ostens, würden hier durchgeführt. Wenn einem also hier nicht geholfen würde, würde einem wohl nirgendwo geholfen.*

*Im September wurden Therapien im Ashram eingeführt – Primärtherapie war die erste. Zur Zeit der Niederschrift dieses Buches liefen 10 verschiedene Arten von Gruppen und Kursen. Alle Gruppen werden von Sannyasins geführt, die auf ihrem speziellen Gebiet ausgedehnte Erfahrungen gesammelt haben. Bhagwan sagt, daß die Gruppenleiter mit der Zeit eigenständige Meister werden könnten und welt-bekannt für Leute, die extra hierher kämen, um sich von ihnen helfen zu lassen.*

*Die Therapien, zusammen mit den Meditationen und der Gegenwart von Bhagwan, sowohl unsichtbar als auch konkret, bieten eine einmalige, eine ab-*

*solut einmalige Erfahrung für Suchende. Bhagwan sagt, daß durch seine Gegenwart alle Gruppen zu einer anderen Erfahrung führten – sowohl für die Leiter als auch für die Teilnehmer. Es ist ganz sicher so. – Sannyasins, die sowohl im Westen als auch hier Gruppen gemacht haben, sagen, daß sie sich in dem Bewußtsein, daß Bhagwan da ist, viel eher gehenlassen. Sie hatten auch das Gefühl, daß die Therapeuten einfach ein Kanal für Bhagwans Energie wären. Einige sagen, daß sie Bhagwan nie so stark gespürt hätten wie zu der Zeit, in der sie in der Gruppe waren. Andere berichteten, daß das, was in der Gruppe für sie geschehen sei, einfach Teil eines fortlaufenden Prozesses würde, da sie auch weiterhin mit den gleichen Leuten zu tun hätten. Viele Leute erwähnten, daß sie sich als Teil einer Familie, einer Gemeinschaft fühlten, seit sie hier an den Gruppen teilnähmen.*

*Regelmäßig zu meditieren, während man die verschiedensten Gruppen mitmacht, verhilft einem dazu, alles Erleben zu intensivieren und Dinge zum Bewußtsein zu bringen, die in der Gruppenarbeit nicht aufgetaucht sind. Es verhilft dem Prozeß auch dazu, weiter fortzuschreiten, insofern als die Energie in Bewegung gehalten wird.*

*Wenn keine Meditationscamps stattfinden, arbeiten Gruppen im Ashram, und infolgedessen wird das Energieniveau hoch gehalten. Das schafft eine sehr dynamische Atmosphäre und gibt einem das Gefühl von Vitalität und Bewegung.*

*Nicht nur das allein; es ist auch ungeheuer aufregend, die Teilnehmer der verschiedensten Gruppen vor, während und nach ihren Kursen zu beobachten: zu sehen, wie sich die Körper verändern – die Schultern sich straffen, die Gesichter sich aufklären, falsches Lächeln durch aufrichtige Reaktionsweisen ersetzt wird, Energie, die wirklich im Fluß ist. Es kommt zu wirklich greifbaren Verwandlungen, die einem klarmachen, daß wir hier mit Bhagwan an einem Geburtsprozeß teilnehmen.*

*Das Arica-Programm soll in Kürze zum erstenmal im Ashram vorgestellt werden. Der Kurs dauert drei Tage und schließt Gymnastikübungen ein (psychocalestenics), Mantrams, Musik-Meditationen, afrikanischen Tanz und Körperbewußtsein.*

*Die acht Sannyasins, die alle das Arica-Training im Westen durchgeführt haben, sind heute abend zum Darshan gekommen. Bhagwan spricht über Arica und empfiehlt den Trainern, sich einige Dinge vor Augen zu halten, wenn sie Gruppen machen.*

Zwei oder drei Dinge möchte ich euch gerne sagen, bevor ihr mit eurer Arbeit anfangt.

Das eine: Bringt mehr Liebe hinein. Die Techniken sind gut, aber es fehlt an Liebe. Wann immer man sich zu sehr an Technik orientiert, vergißt man allmählich, daß Liebe die größte Technik ist. Alles andere ist sekundär – kann hilfreich sein, kann aber die Liebe nicht ersetzen.

Seid also nicht nur Techniker, sonst werdet ihr ein wenig helfen, aber nicht genug, und ihr werdet nicht in der Lage sein, bis zum wirklichen Ende zu helfen. Früher oder später ist eine Technik erschöpft, niemals aber die Liebe. Jede Technik sollte ein Werkzeug der Liebe werden, so daß die Liebe einsetzt, wenn eine Technik am Ende ist. Und man gelangt nie an den Punkt, an dem man sagen könnte, daß die Reise jetzt zu Ende und nichts mehr übrig sei.

Wenn ihr mit Menschen arbeitet, so arbeitet nicht mit ihnen, als seien sie Werkzeuge. Jedes Individuum ist ein Zweck in sich. Die Technik ist für das Individuum da – der Sabbat ist für den Menschen da, nicht der Mensch für den Sabbat. Erinnert euch immer daran, denn der Verstand neigt dazu, es zu vergessen. Er ist sehr technisch und glaubt nicht an Liebe.

Helft also den Leuten, aber achtet darauf, ihnen soviel Fürsorge und Liebe angedeihen zu lassen wie möglich. Ihr werdet sehen, daß die gleichen Methoden, die im Westen angewendet werden – die bis zu einer gewissen Grenze funktionieren und dann aufhören –, nirgendwo an ein Ende kommen; sie gehen weiter und immer weiter. Macht es also zu einem ganz liebevollen Geschehen. Versteht ihr mich?

Und das zweite: Fangt immer mit einem Gebet an, und hört immer mit einem Gebet auf. Am Anfang betet ihr in dem Gedanken an eine Bitte um Hilfe. Am Ende ist es ein Danken. Bittet immer um die göttliche Hilfe, denn der Mensch ist hilflos; und wenn ihr das berücksichtigt, werdet ihr niemals jemanden verurteilen, der versagt. Immer, wenn ihr mit Techniken arbeitet, könnt ihr zu dem Trugschluß kommen und glauben, der Mensch sei genug. Ihr vergeßt Gott, ihr vergeßt das Ganze.

Im Yoga hat man das Konzept ›Gott‹ einfach fallen gelassen. Nur ein einziges Mal in Patanjalis Sutras wird Gott erwähnt – und auch dort als eine Technik: daß es hilfreich sei, wenn du dich Gott auslieferst – nicht, daß Gott existierte, nein. Er ist nur ein Vorwand, um sich auszuliefern. Yoga ist vollkommen gottlos. Das Wort Yoga bedeutet Technik, und das Wort Technik trägt immer die Bedeutung in sich, daß der Mensch sich selbst genug sei und daß er es nicht nötig habe, um Hilfe aus dem Bereich jenseits des Menschlichen zu bitten.

Achtet also darauf, mit einem gemeinsamen Gebet anzufangen, beide, Lehrer wie Lernende. Der Lehrer sollte nie das Gefühl haben, er sei etwas Besonderes. Er sollte immer spüren, daß sie beide Teil eines fortwährenden Wachstumsprozesses sind; daß auch er viel lernen und nicht nur lehren wird. Werdet keine Lehrer, bleibt einfach Helfer, Reisegefährten; werdet nicht ›heiliger als heilig‹ – dann werdet ihr zutiefst hilfreich sein.

In Indien beginnen alle Upanishaden mit einem gemeinsamen Gebet der Lehrenden und Lernenden. Sie bitten darum, daß sie nicht fehlgehen; sie, die Lehrer und die Lernenden, der Meister und die Schüler, sollten nicht vom Wege abkommen.

Und zum dritten: Versucht immer herauszufinden, wann eine Technik bei einem bestimmten Menschen nicht funktioniert; versucht dann nicht, sie ihm aufzuzwingen, denn nicht alle Techniken sind für jeden gut. Laßt es sie versuchen, und wenn eine Technik nicht wirkt, dann besteht kein Grund, das Gefühl aufkommen zu lassen, dem Betreffenden fehle etwas; sagt einfach, daß diese Technik nicht zu ihm passe und daß daran nichts auszusetzen sei.

Gebt niemandem das Gefühl, er sei ein Versager, denkt daran, denn nach und nach kann der Betreffende wirklich ein Versager werden. Er fängt an zu glauben, daß nichts geschieht; daß das alles nicht für ihn bestimmt sei, daß es nur für auserwählte, besondere Menschen sei, und er sei nur ein gewöhnlicher Mensch. Wenn das geschieht, fällt ihm ein großer Stein auf die Seele. Und viele Lehrer in der Welt handeln unentwegt in dieser Weise. Anstatt Leuten zu helfen, behindern sie sie. Verurteilt also niemanden, sonst verschließt ihr ihm alle Möglichkeiten seines Wachstums.

Wenn ihr an den drei Tagen eurer Arbeit einem Menschen nur so viel geben könnt – daß er mehr Vertrauen: mehr Selbstvertrauen hat, sicherer auf seinen eigenen Schritt baut, auf sein Wachstum, größeres Vertrauen darein setzt, daß etwas geschieht – dann habt ihr ihm etwas Schönes gegeben, einen Schatz; dann helft ihr etwas.

Aber denkt immer daran, daß ihr diesen Menschen betrogen, ihm geschadet und ihn zurückgeworfen habt, wenn er die Gruppe in dem Gefühl verläßt, versagt zu haben. Diese drei Dinge …

*Eine Sannyasin, die den treffenden Namen Sadhana trägt, fragt Bhagwan, wie sie das, was sie hier mit ihm und durch die Meditation erfahren habe, in ihrer Arbeit als Filmemacherin verwenden könne.*

Du kannst Neuheit nur dadurch in deine Arbeit bringen, indem du selber neu bist, denn die Arbeit ist nichts als dein äußerer Ausdruck. Sie ist immer weniger, als du bist, sie kann nie mehr sein. Was immer du bist, spiegelt sich in ihr wider, und du kannst nicht darüber hinwegtäuschen. Wenn du täuschst, bedeutet das, du hast ein betrügerisches Wesen, welches sich in deiner Arbeit spiegelt.

Wenn ich sage, bringe eine neue Dimension in deine Arbeit, meine ich, trage eine neue Dimension in dein eigenes Wesen hinein. Wenn sie nicht in dein Wesen eindringt, kann sie niemals in die Arbeit eingehen, die von dir kommt. Viele Leute versuchen immer wieder, etwas Neues in ihre Arbeit hineinzutragen, aber das ganze Unternehmen ist frustrierend, wenn du lediglich an deiner Arbeit arbeitest. Jemand kann Gedichte schreiben und versuchen, etwas Neues zu bringen, aber er wiederholt sich immerzu nur. Mag sein, er hat ein neues Wort gefunden, mag sein, er hat die Form hier oder dort ein wenig verändert, mag sein, eine geringfügige Variante hervorgebracht, aber nichts Ursprüngliches. Wenn ich sage, ursprünglich, meine ich nicht, du solltest etwas tun, was nie jemand zuvor getan hat. Ich meine etwas, das dich selbst überrascht. Erst wenn es abgeschlossen ist, siehst du, daß sich etwas Neues ereignet hat. Du wirst gewahr, daß du etwas Neues geboren hast.

Wenn in deinem Wesen etwas Neues aufkommt, fängt es automatisch aus sich heraus an, in deine Arbeit einzufließen. Du sprichst etwas aus, das du zuvor nie gesagt hast; du singst etwas, das einfach gar nicht von dir stammt. Dieses neue Element, das in dein Wesen eingetreten ist, wird widergespiegelt werden, und jeder Mensch hat Millionen von Dimensionen und Seiten in sich.

Der Mensch ist nicht begrenzt, aber zielt fast immer auf einen Brennpunkt. In der einen oder anderen Richtung wird er so fähig, daß er nur durch diese Richtung fließt, und er fürchtet sich vor anderen Richtungen, weil sie neu für ihn sind. Er ist in ihnen vielleicht nicht so fähig und wirkungsvoll – und das ist die Furcht, die die Schaffenskraft zerstört.

Ein schöpferischer Mensch muß die Angst überwinden, sich zu irren, ausgelacht zu werden, die Angst vor der öffentlichen Meinung. Jemand, der schöpferisch sein will, muß genügend Mut haben, ein Narr zu sein, denn alles Wagen ist am Anfang töricht, und was immer du tust, wird am Anfang belacht. Ganz allmählich kommt die Anerkennung, aber bis es soweit ist, ist die betreffende Dimension schon langweilig geworden. Wenn die Leute anfangen zu applaudieren, ist der schöpferische Mensch schon nicht mehr interessiert, denn die Leute applaudieren erst dann, wenn sie etwas sehen, das sie wiedererkennen. Das heißt also, daß es schon alt ist, schon eine Wiederholung darstellt.

Jetzt muß er wieder von vorne anfangen, und er muß immer mit dem Abc anfangen. Aus diesem Grunde bleibt ein schöpferischer Mensch immer wie ein Kind, frisch. Ein schöpferischer Mensch ist ein ewiger Amateur; ewig, sage ich. In dem Moment, wo er merkt, daß er zum Experten geworden ist, wird er wach und hat sich zu verändern.

Ein Experte ist jemand, der bereits tot ist, dessen Wesen eine festgelegte Erscheinungsform hat. Er hat einen Charakter, ein Muster, und ist vorhersagbar. Wenn du schöpferisch bist, bist du immer in Bewegung; du hast keinen festen Stil, kein festgefahrenes Muster, keinen Charakter.

Der reichste Mensch hat keinen Charakter. Er ist fließend. Er bewegt sich immerzu in verschiedene Dimensionen. Er sucht und forscht in jeder Richtung. Er ist immer ein Kind mit verwunderten Augen, immer voller Scheu, immer auf der Suche, verfolgt Schmetterlinge und sammelt Kieselsteine. Nie hat er das Gefühl, angekommen zu sein, nie. Sein ganzes Leben ist ein Ankommen und Abschiednehmen, aber er gelangt nie an den Punkt, an welchem er sagen könnte, er sei jetzt ans Ziel gekommen. Diejenigen, die sagen, sie seien am Ziel angelangt, sind tot; sie sind Leichname, die ihre Gräber mit sich herumtragen.

Denke also daran und bringe etwas Neues in dich selbst. Meditationen helfen. Versuche, ein wenig länger hierzubleiben. Ein Monat ist bei weitem nicht

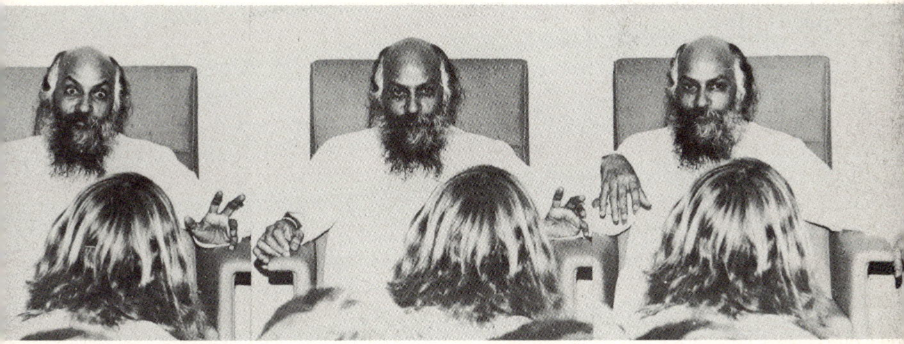

genug. Um mit mir zu sein, reicht nicht einmal ein einziges Leben aus. Doch ein Monat ist ganz sicher nicht genug!

GANGA *In den Meditationen bin ich mir meines Körpers bewußt, und die beiden Seiten fühlen sich ganz verschieden an – manchmal stört es mich. Ich kann es nicht die ganze Zeit akzeptieren. Es gibt mir das Gefühl, auseinandergerissen zu werden.*

Der Körper eines jeden Menschen ist verschieden. Linke und rechte Seite unterscheiden sich bei jedem, denn jeder hat zwei Gehirne, nicht eines. Beide funktionieren unabhängig voneinander, aber manche Leute haben einen etwas größeren Abstand. Du hast vielleicht einen etwas größeren Abstand, aber das ist kein Grund, dir Sorgen zu machen. Mach weiter mit der Meditation, und diese Kluft wird überbrückt werden.

Es wird gut für dich sein, an ein paar Gruppen teilzunehmen, besonders am Enlightenment-Intensive. Sie werden dir helfen, diesen Zwischenraum zu überbrücken. Die Kluft besteht nicht im Körper, sondern im Gehirn.

Es kommt vor, daß die Brücke abgebrochen wird oder daß jemand fällt und die Brücke bricht, und aus demjenigen werden zwei verschiedene Personen.

Dann kann deine linke Hand etwas tun, und die rechte Hand weiß nichts davon. Du kannst jemanden mit der linken Hand töten, und die rechte Hand kann es nicht bezeugen. Wenn deine eine Hälfte arbeitet, kannst du etwas versprechen, und wenn die andere arbeitet, kannst du vollkommen vergessen haben, daß du ein Versprechen gegeben hast – du wußtest gar nicht, daß du es tatsächlich gegeben hast. Es ist also nicht eine Frage des Körpers, sondern des Gehirns.

Deshalb kann die Meditation helfen, denn sie kann das Gehirn mehr und mehr zusammenführen. Sorge dich nicht und hab keine Angst, hm?...

*Ein Sannyasin fragt Bhagwan, ob es gut für ihn sei, die neulich entstandene Schauspiel-Gruppe mitzumachen.*

Schauspielern kann sehr hilfreich sein, wenn du bewußt bleibst und dich zugleich ganz hineinvertiefst. Das ist die ganze Kunst des Schauspielerns – daß du du selber bleibst und dennoch jemand anderer wirst. Wenn du einen Judas spielst, bleibst du du selber, du wirst niemals zu einem Judas, doch du gibst es vor und spielst eine Lüge. Und du spielst die Lüge so wunderschön und so ernsthaft, daß sie wie Wahrheit wirkt.

Das kennzeichnet einen erfolgreichen Schauspieler. Er spielt die Lüge so wunderschön, daß sie wie Wahrheit aussieht, aber tief im Innern ist er sich bewußt, daß er nur ein Beobachter ist, vollkommen getrennt.

Wenn du dir das sehr tief vergegenwärtigst, dann gestatte auch, daß es sich in dein gewöhnliches Leben hinein fortsetzt, denn auch in ihm wird unablässig ein Drama aufgeführt. Irgendwo bist du ein Ehemann, irgendwo ein Sohn oder ein Vater, ein Freund oder ein Widersacher, ein Bettler oder ein König, reich oder arm; das sind alles Rollen. Das Drama ist so groß, die Bühne riesig und die Spieler unendlich, und dennoch, es ist ein Schauspiel. Wenn du ohne Unterbrechung beobachtest, wirst du zu dem eigentlichen Selbst, dem inneren Zeugen, kommen; was wir in Indien ›Sakshi‹ nennen, derjenige, welcher nur bezeugt, derjenige, der nie ein Ausführender ist.

Alles Tun ist Schauspielern, und jenseits des Rollenspiels ist der Beobachter – das ist dein Wesen. Das ist alles, worauf es ankommt, hm? Wenn du das lernst, dann ist die Schauspielerei unendlich schön. Mach sie mit! Gut.

*Als nächster läßt sich ein junger Amerikaner zu Bhagwans Füßen nieder und fängt an, über sich selbst zu reden und das Gefühl der Verwirrung, das ihn überkomme. Er sagt, er habe vor, in den Westen zurückzugehen, obgleich er wisse, daß der Westen ihm nichts biete, und er sei neugierig, was hier geschehe.*

*Er habe seine anfängliche Reaktion gegen die orangenen Leute überwunden und habe jetzt sogar ein paar Freunde unter den Sannyasins! Er spricht sehr weitschweifig, seine Gedanken sind durch seine Worte schwer zu erfassen.*

*Die Verführung beginnt...*

Ich glaube, abreisen wird dir im jetzigen Moment nicht helfen. Du kannst nach einem Monat gehen, denn dieser Monat wird viele Dinge in dir klären, hm?

Im gegenwärtigen Moment bist du gerade dabei, etwas zu werden. Etwas in deinem Bewußtsein nimmt Form an, und wenn du dem ein bißchen Zeit gibst, wirst du deine Mitte finden. Dann kannst du gehen, und nichts kann dich zerstören – nicht einmal der Westen. Denn wenn du erst einmal deine Mitte gespürt hast, wenn du ein wenig über dich selber weißt, kann nichts dich täuschen, und weltliche Dinge können nicht dein Ziel werden. Du kannst sie haben, kannst deinen Spaß an ihnen haben, aber sie machen dir keine Schwierigkeiten. Hast du sie, gut. Hast du sie nicht, auch gut.

Aber im Moment würdest du vor einer guten Gelegenheit ausreißen. Vielen Leuten geht es so. Wann immer sie anfangen zu wachsen, empfinden sie eine gewisse Ruhelosigkeit, denn es hat den Anschein, daß sie sich ändern könnten, wenn sie ein wenig länger bleiben. Und der Verstand hat immer Angst vor Veränderung. Er will immer das Alte, das Bequeme, den ausgetretenen Pfad, den du immer schon gegangen bist. Das Neue macht ihm immer Angst, aber das Neue ist das Leben, und durch das Neue erreichst du wieder neue Quellen des Lebens, neues Glück.

Ich kann dir nicht sagen, daß du hierbleiben sollst, denn du bist noch kein Sannyasin. Wenn du ein Sannyasin wärst, würde ich anfangen zu bestimmen! Solange du noch ein Außenseiter bist, kann ich das nicht. Wenn du zuvor Sannyas nimmst, werde ich dir nicht vorschlagen, hierzubleiben – ich werde es einfach bestimmen!

BILL *Darauf kommt's doch nicht an... Sannyas. Ich habe das Gefühl, ich bin sowieso mit dir, Bhagwan.*

Nein, es kommt darauf an, denn es ist eine Geste. Du konkretisierst deine Geste an einer bestimmten Sache. Wenn du zum Beispiel jemanden liebst, würdest du deren Hand halten, sie küssen, sie umarmen wollen. Das sind nur die Gesten, um etwas zu zeigen, das du im Innern fühlst. Es kann auf keine andere Weise zum Ausdruck gebracht werden.

Sannyas ist nichts als eine Geste, die zeigt, daß zwischen uns eine Liebesgeschichte begonnen hat. Und dann kann ich für dich entscheiden, hm? – denn dann trage ich Verantwortung. Jetzt kann ich nur vorschlagen und sagen, daß es gut für dich wäre, wenn du einen Monat hierbleiben und ein paar Gruppen mitmachen würdest. Wenn du die Dinge geklärt hast, werde ich dich zurückschicken. Denn ich bin für keine Art von Verzicht. Jeder muß in die Welt zurückkehren, in seine Welt, wo immer sie ist, um es auszuleben. Aber bevor du in die Welt eintrittst, mußt du deine Mitte gefunden haben, andernfalls ist die Welt zuviel für dich.

Wenn du also hier sein kannst, wäre das gut... und wenn du bereit bist, kann ich dir in diesem Augenblick Sannyas geben...

*Bill sieht Bhagwan nur ein oder zwei Sekunden lang an und dann, ohne weiteres Aufheben...*

BILL *Ja, ich bin bereit. Ich bin bereit für Sannyas! Ich bin bereit, dein Liebhaber zu sein, Bhagwan!*

Gut, schließe deine Augen! *(ein Schmunzeln)*. Schließe deine Augen, und ich werde einen Namen für dich finden.

*Mit einem Schwung aus Bhagwans Zauberfeder wird Bill in Swami Anand Murti verwandelt.*

Ab jetzt werde ich bei dir sein! Anand bedeutet Seligkeit; Murti heißt Bildnis – Bildnis der Seligkeit... und nun werde eines!

*Ein Sannyasin sagt zu Bhagwan, daß er sehr traurig werde, wenn er soviel Leiden um sich herum wahrnehme. Er sagt, er könne Leuten helfen, wenn sie körperliche Schmerzen litten, indem er ihnen die Hände auflege, das sei aber nicht so bei Schmerzen aus dem ›Innern‹.*

*Bhagwan sagt zu ihm, wenn er Leute berühre, um ihnen zu helfen, solle er zuvor beten und ein Werkzeug der göttlichen Arbeit werden, die durch ihn geschehe. Er gibt ihm ein Döschen und sagt, das würde ihm nützen, wenn er die Energie nicht spüren könne. Er solle seine Augen schließen, sich gesammelt und offen fühlen und dann mit demjenigen, der unter Schmerzen leide, anfangen zu arbeiten. Bhagwan versichert ihm, daß er auch fähig werde, mit innerem Schmerz ebenso zu arbeiten.*

*Chit Villas fährt atemlos fort:* *Ich habe manchmal das Gefühl, daß du durch mich sprichst. Ich fühle manchmal, wie sich meine Stimme verändert... ich fühle... dich... mich...*

*Er gibt den Versuch auf, das, was er sagen wollte, in Worte zu fassen, indem er seine Hände hochwirft und eine Bewegung zwischen Bhagwan und sich macht.*

*(Freundlich lachend)* Ja, ich weiß! Gut!

Was ist mit dir? Möchtest du etwas sagen?

PREM DEVIKA *Es fällt mir wirklich schwer zu sprechen, wann immer ich dich im Darshan sehe oder nach der ›lecture‹, werde ich... ich weiß nicht... was... ich weiß nicht... (Lachen von denen in der Gruppe, die es mitfühlen können)... ich werde... ich kann es nicht einmal beschreiben, ein Gefühl der Leichtigkeit... ich bin ungeheuer glücklich, ich kann gar nicht mehr niedergeschlagen sein. Und wie, wie jetzt, ich schüttle mich...*

*Bhagwan ermutigt sie, das Schütteln zuzulassen. Ihr Körper schüttelt sich, neigt sich vorwärts und rückwärts. Nach ein paar Minuten senkt sie langsam ihren Kopf dem Boden zu: das Schütteln läßt nach.*

*Bhagwan sagt, daß ihre Energie vollkommen in Fluß sei, daß, wann immer sie das Gefühl habe, sich zu schütteln, sie es zulassen solle. Daß sie die Erde berühren solle, wie sie es gerade getan habe, um das Gefühl der Zentriertheit zu bekommen.*

*Devika fragt, was sie für Bhagwan tun könne, für sich selbst.*

Dein einziges Problem ist, daß du keine Probleme hast! *(Devika stimmt in das Lachen der Gruppe ein.)*

Weil du nicht deprimiert bist und unglücklich, wird ein Problem daraus, denn man war immer mit dergleichen Dingen verbunden, und jetzt sind sie plötzlich weg. Man fühlt sich leer, verloren, weil das alte Muster sich verliert. Man verliert seine Identität.

Aber dazu bin ich hier – euch dabei zu helfen, eure Identität zu verlieren. Was immer also geschieht, es ist wirklich schön. Sei also glücklich, werde nicht unglücklich darüber, daß du nicht unglücklich sein kannst.

Laß es sein, wie es ist, hm? Und bald wird das Neue erscheinen. Das Alte ist fort, das Neue bereitet sich vor, und dazwischen besteht eine Kluft. Die Kluft ist immer von der Art, daß du es nicht beschreiben kannst, du kannst nicht sagen, was es ist. Du kannst es fühlen, aber auch dieses Gefühl ist vage, von Nebel umgeben – aber es ist schön.

Du bleibst ganz einfach froh, fließend, und schaffe keine Probleme. Dies ist der Weg – wenn du in Fluß bleibst, hilfst du mir. Wenn du in Fluß bleibst, wird, was immer in diesem Fließen geschieht, zu einer Hilfe für meine Arbeit, hm? Das ist die Art und Weise, wie meiner Arbeit geholfen werden kann. Wenn jeder in Fluß kommt und zufrieden wird, einfach den Augenblick genießt, dann ist meine Arbeit getan!

Ich will keine Missionare schaffen. Ich will wirkliche Menschen, wahrhaftige Menschen! Sie tragen keinerlei Mission mit sich herum – sie sind die Mission, sie sind selber die Botschaft. Wo sie auch hingehen, schafft ihre bloße Anwesenheit eine Atmosphäre. Du wirst das auch... hm?

*Ja, unerwartete Dinge geschehen, wenn du in der Gegenwart von Bhagwan Shree bist...*

*Leute, die Bhagwan zum erstenmal begegnen, spüren eine mächtige Energie. Diese Energie ist oft unbekannt und ziemlich überwältigend; die erste, vielleicht unbewußte Reaktion darauf besteht darin, die Energie in eine bekannte Quelle zu leiten – die für die meisten Leute aus dem Westen sexuell ist.*

*Einige Frauen fühlen sich zu gleicher Zeit zurückgestoßen und angezogen, weil die Kraft so stark ist. Nach einer gewissen Zeit stellt man sich darauf ein, und der sexuelle Beiklang verschwindet.*

*Paradoxerweise scheint Bhagwan um so weiter weg zu sein, je näher man ihm kommt; um so mehr hat es den Anschein, als sei er gar nicht da. Er ist wie ein Horizont. Angezogen von seiner Schönheit, kommst du näher und näher, bis du den Eindruck hast, er sei fast in deiner Reichweite. Du machst eine Bewegung, um es zu berühren, aber es ist nicht mehr da. Es ist sogar weiter entfernt als je zuvor.*

*Etwas entfernt von ihm zu sitzen ist wunderschön. Wenn du aber wirklich zu seinen Füßen sitzt, verschwindet alles aus deinem Kopf – nur du und er existieren. Dann bist du nicht mehr da, und er ist nicht mehr die Person, die du zu sehen glaubtest.*

*Sein Gesicht ist grenzenlos geworden, unscharf. Dann ist auch das verschwunden, und nur ein ozeanisches Gefühl bleibt zurück, als stündest du vor einem sich in ungeheuere Weiten erstreckenden Meer. Wenn du dich da hineinfallen lassen kannst, mit ihm verschmelzen, darin untertauchen kannst, dann verlierst du etwas, und etwas kommt hinzu. Nach Millionen von Jahren tauchst du wieder auf, doch bist du ein klein wenig weniger du und etwas mehr etwas anderes...*

*Abgesehen von der Energie, die er ausstrahlt, ist Bhagwan außergewöhnlich schön anzuschauen. Es ist schwierig, sich nicht sogleich in ihn zu verlieben. Photographien fangen vielleicht eine Spur von den vielen, subtilen Nuancen seines Ausdrucks ein, die über sein Gesicht hinwegspielen, sein rasch ausbrechendes Lachen, die Traurigkeit und der Humor in seinen Augen, die Anmut, mit der seine Hände sich bewegen, die Würde seines Ganges. Bäume können nicht gehen, aber wenn sie es könnten, würden sie etwas von der Würde Bhagwans an sich tragen.*

*Die Geschichte eines Zen-Schülers, dessen Meister starb, kommt mir in den Sinn. Die anderen Schüler und Dorfbewohner hatten sich in Schweigen um den Körper versammelt, aber dieser eine Schüler, der selber erleuchtet war, ließ seinen Tränen freien Lauf, ohne sich zu schämen.*

*Einige der anderen Schülter beeilten sich, ihm zu sagen, daß es ihm nicht anstehe, in Tränen gesehen zu werden. Hat er nicht selber gesagt, die Seele sei unsterblich? Er, der erleuchtet sei, weine? Was werden die Leute denken?*

*Der Schüler antwortete und sagte, ja, er wisse, daß die Seele nicht stürbe, aber trotzdem kämen die Tränen von ganz alleine. Und obwohl die Seele ewig sei, sei der Körper seines Meisters für immer dahin, und seine Augen könnten seine Schönheit nie mehr sehen. Nie mehr könnte er in diese freundlichen Augen schauen, das Lächeln sehen und die Art, wie er sich bewegte.*

*Bhagwan hat einmal gesagt, daß es in der Natur des Verstandes liege, nie mit dem zufrieden zu sein, was ist, daß der Verstand immer das Gefühl habe, es könne noch besser sein...*

*Er ist die Ausnahme. Wenn Gott die Gestalt eines Menschen annehmen müßte – und das hat ER getan – er würde aussehen wie Bhagwan...*

*Hammer auf den Fels*

# Sonntag den 21. Dezember

*Eine Besucherin – keine Sannyasin – fragt durch einen Übersetzer, ob Bhagwan ihr die Bedeutung einer Erfahrung erklären könne, die sie vor zwei Jahren gehabt habe.*

*Sie beschreibt eine Erfahrung, in der sie sich wie ein leeres Gefäß gefühlt habe, nichts sei dagewesen. Es erreichte einen Punkt, an welchem sie sich weder an ihren Namen erinnern konnte noch daran, wer sie sei. Sie konnte nicht funktionieren, konnte mit Leuten weder sprechen noch ihnen antworten, als sie fragten, was mit ihr vor sich ginge. Es sei eine wunderschöne Erfahrung gewesen.*

*Auf Bhagwans Frage, wie es dazu gekommen sei, antwortete sie, das wisse sie nicht; es sei einfach so gekommen.*

BHAGWAN: Hm, hm... schließ deine Augen und erinnere dich an die Erfahrung.

*Das Mädchen, ein hübsches, heiter aussehendes Mädchen von fünfundzwanzig Jahren, schließt seine Augen und sitzt bewegungslos da, während Bhagwan sie mit seiner Taschenlampe anstrahlt. Nach ein paar Augenblicken fährt Bhagwan fort:*

Es war sehr bedeutsam. Es ist immer so, daß du nicht funktionieren kannst, wenn du plötzlich in ein Vakuum hineinfällst.

Du mußt die Leute um dich herum bitten, daß sie dich für ein paar Tage, ein paar Stunden nicht stören sollen, wenn es wieder geschieht. Man sollte sich deiner annehmen. Entspanne dich einfach: schließ den Raum, leg dich auf dein Bett und in tiefer Dunkelheit löse dein Inneres. Fall in dies leere Gefäß, erlaube dir, hineingezogen zu werden. Das hätte eine große Selbstverwirklichung werden können. Es wird wieder geschehen – wann, ist nicht vorherzusagen – aber es kann jeden Augenblick wieder eintreten.

*Das Mädchen fragt, was die Erfahrung gewesen sei.*

Es war ein kurzer Einblick in Satori. Verstehst du, was Satori ist? Es ist ein winziger Moment, in dem man seine wahre Natur erfährt.

Die wahre Natur eines Menschen ist leer, sie ist so, als wäre man nicht. Sie ist wie Himmel, leerer Raum. Wann immer dieser Einblick möglich wird, verlierst du deine Identität, du weißt nicht, wer du bist. Dein Name ist einfach künstlich und unnatürlich – deine Form auch.

In diesem Körper trägst du Leere – diese Leere ist deine wahre Natur. Du hast sie also einen kurzen Augenblick lang erlebt. Und manche Menschen können verrückt werden, wenn sie es nicht verstehen. Kannst du es aber begreifen, so kommt deine wahre Gesundheit zum Vorschein.

Es war ein Segen, hm? Es war gut, sei dankbar dafür. Meditiere öfter, und es wird eines Tages wieder geschehen. Es mag wie der Tod erscheinen, aber fürchte dich nicht – er ist es nicht. Es ist wirkliches Leben. Sei glücklich darüber!

*Bhagwan fragte dann den Jungen, der für sie übersetzt hatte, ob er etwas über sich selber sagen wolle.*

NIMROD *Ich bin sieben Tage lang hier und mache die Meditationen, und jetzt fühle ich mich danach, wegzugehen, um dann wiederzukommen. Aber da ich mich selbst kenne, weiß ich, daß es schwierig sein wird, zurückzukommen, wenn ich mal gegangen bin... ich brauche bloß etwas, das mich stärker anzieht.*

Werde Sannyasin! Das wird dir helfen, hm? Schließe deine Augen, und wenn etwas geschieht, laß es zu.

*Nachdem er seinen neuen Namen niedergeschrieben und dem Jungen die Mala um den Hals gelegt hat, sagt Bhagwan zu ihm, er solle jetzt zu Orange übergehen – das sei eine Gedächtnishilfe. Er fährt fort:*

Man muß eines Tages vollkommen mit der Vergangenheit brechen. Dann ändern sich Gewohnheiten und alte Verhaltensmuster ganz von alleine.

Das wird dein neuer Name sein: Swami Anand Prabhat. Prabhat bedeutet Morgen und Anand Seligkeit – ein seliger Morgen. Der Morgen wird deine Meditationszeit sein; wo immer du bist, versäume nie den Sonnenaufgang.

Gerade fünfzehn Minuten, bevor die Sonne erscheint, wenn der Himmel ein wenig heller wird, warte und schaue, als würdest du auf eine Geliebte warten: so gespannt, von so tiefer Erwartung erfüllt, so hoffnungsvoll und erregt und dennoch still. Und laß ganz einfach die Sonne aufgehen und schaue zu. Es ist nicht nötig, sie anzustarren; du kannst die Lider bewegen. Empfinde, wie zur gleichen Zeit auch in dir etwas aufgeht.

Wenn die Sonne am Horizont erscheint, fühle, daß sie in der Nähe des Nabels ist. Sie steigt dort drüben auf, und hier im Innern des Nabels steigt es und steigt und steigt, langsam. Die Sonne geht dort drüben auf, und hier erhebt sich im Innern ein Punkt ans Licht. Zehn Minuten sind genug. Dann schließe deine Augen. Wenn du die Sonne zuerst mit offenen Augen anschaust, bildet sich ein Negativ, wenn du dann aber deine Augen schließt, kannst du die Sonne von innen her glänzen sehen.

Und das wird dich gewaltig verändern. Und du wirst zurückkommen... ich werde dich ziehen!

*Ein anderer Suchender kommt vor und setzt sich zu Bhagwans Füßen. Obgleich er schon in Orange gekleidet ist, fragt er sich, ob er für Sannyas bereit sei; er sagt, daß immer noch Zweifel da wären, allgegenwärtig.*

Sie sind immer da. Man muß den Schritt trotzdem tun. Wenn du darauf wartest, daß die Zweifel verschwinden, und wenn du glaubst, du tätest den Schritt dann, wirst du ihn niemals tun, weil sie nie weggehen.

Es passiert sogar das Gegenteil: Unternimmst du den Schritt, verschwinden sie. Und Zweifel sind menschlich; sie sollten da sein.

Wie kann man auch einfach so vertrauen? Aber man faßt Mut und bewegt sich vorwärts. So muß sich das ganze Leben fortbewegen. Wenn du dich in eine Frau verliebst, verliebst du dich total? Bleibt nicht ein Zweifel? Trotzdem setzt du dich in Bewegung, denn wenn du wartest, bis alle Zweifel sich aufklären, mußt du bis in alle Ewigkeit warten, und Liebe wird unmöglich.

Und dies hier ist eine Art Liebe. Tu den Sprung also trotzdem...

*Nachdem er Anand Prakash geworden ist, fragt der Junge, welche Meditation er üben solle, da er nämlich die Nataraj-Tanz-Meditation am liebsten möge; es sei sogar die einzige, bei der er sich wohl fühle. Er habe das Gefühl, daß er am Anfang zu viel Erwartungen gehegt hätte mit...*

Manchmal ist es so, daß die Meditation, bei der du dich am unbehaglichsten fühlst, vielleicht diejenige ist, die dir helfen wird. Das Unbehagen mag daher rühren, daß sie einige deiner Gewohnheiten und tief verwurzelte Eigenheiten bekämpft. Nach meiner Beobachtung ist es so, daß die Meditation, die du magst, nicht immer die beste ist, und diejenige, die du am wenigsten magst, nicht notwendig die schlechteste, denn du ziehst etwas vor, was deinem Kopf entspricht.

Deine Einstellung ist gleichbedeutend mit deiner Vergangenheit, und du versuchst, diese Einstellung zu ändern. Auf diese Weise schaffst du beinahe eine Situation, in welcher Wandel unmöglich wird. Tatsächlich aber wird dir etwas, das einen gewissen Konflikt in dir erzeugt, ein Unwohlsein, ein Ringen, eine Reibung, helfen. Kümmere dich also nicht darum, ob du es magst oder nicht. Mach die Kundalini und die Dynamische Meditation weiterhin im Ashram mit, und die Summ-Meditation (Nadabrahma) mach zu Hause und nimm an allen Gruppen teil, die erreichbar sind.

Eine zu große Erwartung schafft immer eine Schranke, erwarte deshalb nie etwas. Wenn du wirklich möchtest, daß etwas geschieht, dann halte dich einfach offen, sei in einer spielerischen Stimmung, nicht sehr ernst. Bist du ernst, verschließt du dich. Und wenn etwas geschehen wird, wird es geschehen, wenn du in einer fröhlichen Stimmung bist, entspannt und in Fluß, denn dann bist du wie ein Kind – unschuldig. Wenn du also diese Gruppen machst und meditierst, freue dich; mach es nicht zu ernsthaft!

Du hast einfach deinen Spaß daran. Gut!

*Es ist schön, beim Darshan zu sein, wenn jemand Sannyas nimmt, gleichgültig, wie oft du auch schon Zeuge davon warst. Es ist, als warte man darauf, daß ein*

*Kind geboren werde... Es herrscht eine gewisse Spannung, eine Art Aufregung. Ist die Zeit reif? Wird es ein schmerzhafter oder ein traumatischer Durchgang? Ist das Kind wirklich bereit? Will es geboren werden?*

*Einige kommen nur aufgrund vieler Schmeicheleien und Versicherungen. Ihr Obdach ist bequem und sicher gewesen. Es ist wahr, sie hatten angefangen, sich beschränkt zu fühlen, und weiteres Wachstum war schwierig geworden, aber wer wußte schon, was vor einem lag? Nur Dunkelheit und Leere – wahrscheinlich ohne jedes Ende; ein Abgrund, eine Welt, die man noch nicht begreifen konnte. Wenigstens dieser Mutterleib, obgleich einem Gefängnis gleich, ist vertraut, bekannt... kann man diesen großen und behutsamen Händen der Hebamme trauen?*

*Für andere wieder ist Sannyas nehmen wie ein Baby, das auf etwas ungewöhnliche Weise auf die Welt kommt – vielleicht ein Bein oder sogar ein Arm zuerst. Der Durchgang ist ein bißchen knifflig, es drückt ein wenig, aber sie sind wenigstens durchgekommen!*

*Wieder andere können kaum Bhagwans Einladung abwarten, Sannyasins zu werden. Sie sind wie Babys, die fast in die Welt hineinspringen, kaum fähig, sich selber zu halten, bevor sie in die wartenden Arme der Hebamme purzeln. Herausgespült, rosig, lebendig und um sich strampelnd!*

*Eine ältere Sannyasin sagt zu Bhagwan, daß sie sich sehr mit dem Universum verbunden fühle, wenn sie von der Natur umgeben sei. Aber sie fügt hinzu, sie habe ein paar Probleme, bei denen sie Hilfe brauche...*

PREM *Wenn mich jemand überrascht, und ich bin gerade in einem Zustand der Unbewußtheit, wenn mich jemand provoziert, gerate ich in schreckliche Wut... Ich sehe, daß es vollkommen blödsinnig und lächerlich ist, aber ich kann da nicht mehr heraus.*

Versuche nicht, herauszukommen...

PREM *Aber dann werde ich immer noch wütender!*

Sei es! Man muß alles durchleben, was passiert. Du schaffst eine Dualität in dir. Ein Teil von dir will wütend sein, ein anderer Teil versucht, die Wut zu beherrschen, zu manipulieren. Auf diese Weise schaffst du einen Konflikt...

PREM *einen schrecklichen Konflikt!*

... und dieser Konflikt ist pure Energieverschwendung, und niemals wird dir das helfen. Beide Teile sind du, ein Sieg ist also unmöglich. Das ist nicht der Weg. Der Weg muß einheitlich sein.

Wenn du also wütend bist, gibt es keine Notwendigkeit, auf irgend jemanden wütend zu sein; sei einfach wütend. Mach eine Meditation daraus. Schließe dein Zimmer ab, setz dich ganz alleine hin, und laß die Wut in dir hochsteigen, so stark wie möglich. Hast du das Gefühl, zuschlagen zu wollen, hau auf ein Kissen...

PREM *Das reicht mir nicht. Ich bin viel zu wütend, als daß es mir helfen könnte, ein Kissen zu schlagen.*

Tu, was immer du tun möchtest; das Kissen wird nie etwas einzuwenden haben. Willst du das Kissen töten, nimm ein Messer und töte es. Es hilft, es hilft ungeheuer. Man kann sich einfach nicht vorstellen, wie hilfreich ein Kissen sein kann. Schlag es, beiß es, wirf es an die Wand. Wenn du dich gegen jemand bestimmten auflehnst, schreibe seinen Namen auf das Kissen, oder klebe ein Bild von ihm darauf.

Du wirst dir lächerlich vorkommen, töricht, aber Wut ist lächerlich; du kannst daran nichts ändern. Laß es also, wie es ist, und freu dich daran, wie an einem Energiephänomen. Es ist ein Energiephänomen. Wenn du niemanden verletzt, ist an der Sache nichts auszusetzen.

PREM *Aber wenn man mit Leuten zusammen ist, möchte man sie verletzen.*

Wenn du das versuchst, wirst du sehen, daß der Gedanke, jemanden zu verletzen, nach und nach verschwindet. Mach es zu einer täglichen Übung – zwanzig Minuten jeden Morgen.

Dann beobachte dich den ganzen Tag über. Du wirst ruhiger sein, denn die Energie, die zur Wut wird, ist hinausgeworfen worden. Die Energie, die zu Gift wird, ist aus dem System hinausgeworfen worden. Mach das wenigstens zwei Wochen lang, und nach einer Woche wirst du überrascht feststellen, daß Wut, egal in was für einer Situation, nicht aufkommt. Versuch es einfach mal.

Und die Natur ist gut, bring dich mehr und mehr in Einklang mit ihr. Wann immer du in der Natur bist, werde mehr zum Kind. Sprich mit den Bäumen.

Mach zuerst das Experiment mit der Wut; dann, als nächstes, sprich einfach laut, führe einen Dialog, wenn du neben einem Baum oder einer Pflanze sitzt. Auch das wird am Anfang lächerlich sein.

PREM *Das finde ich gar nicht lächerlich.*

Das ist sehr gut. *(Zu Shiva, einem Sannyasin in seiner Nähe.)* Bring einen kleinen Blumentopf!

*(Eine kleine Topfpflanze wird vor die Sannyasin hingestellt. Bhagwan fährt fort:)*

Führ ein kleines Gespräch mit der Pflanze. Vergiß alle anderen. Nur dieses Wesen ist da, was immer du fühlst, sprich es ihr gegenüber aus. Du kannst sogar von ihrer Seite aus antworten. Laß dich einfach darauf ein.

*(Bhagwan lehnt sich zurück, schließt seine Augen.)*

PREM *(die Pflanze vermeidend und Bhagwan anredend) Oh, aber ich bin immer in der Natur und mit den Pflanzen zusammen, und sie helfen mir, wenn ich verwirrt bin.*

*(Bhagwan läßt die Augen geschlossen. Sie richtet ihre Augen auf die Pflanze vor ihr und sagt zögernd:)*

PREM *Du und ich, wir sind Natur, und wir sind dasselbe. Ich habe schönere Pflanzen gesehen... aber so bist du halt...*

*(Bhagwan schaut auf sie nieder, unter seinen Augenlidern hervor, und sagt mit seiner ›finsteren Stimme‹):*

Jetzt sag etwas von ihrer Seite aus! Bring dich mit ihr in Einklang, denn jetzt muß sie dir antworten.

*Sie sieht die Pflanze ein oder zwei Sekunden lang an, dann...*

PREM *Ich glaube, du hast noch viel zu lernen... (eine Pause)... aber ich hoffe, es wird eines Tages kommen.*

*(Sie schaut Bhagwan und dann die Gruppe an, die bestätigend lacht. Etwas erleichtert aussehend, stimmt auch sie in das Lachen ein.)*

*(noch immer schmunzelnd)* Gut, sehr gut. Sie hat dir gut geantwortet! Hm! Sie hat dir gut geantwortet. Das ist genau das, was sie sagen wollte. Und das, was du zu lernen hast, besteht darin, daß du nicht vergleichen sollst. Das ist es, was sie sagen wollte – daß du nicht sagen sollst, ›ich habe schönere Pflanzen als dich gesehen‹, denn das ist verletzend.

Vergleiche sind bedeutungslos, weil alles einzigartig ist. Vergleichen ist eine Sache des Verstandes: wenn Gedanken aufkommen und das Gefühl verlorengeht. Genau das hat dir die Pflanze sofort gesagt, und sie hat zu dir durch dein Unbewußtes gesprochen, denn dein Unbewußtes fühlt es genauso – du hast einen Vergleich angestellt, und das ist häßlich.

PREM *Man muß alles akzeptieren.*

Ja. Nicht nur akzeptieren, du mußt lieben.

PREM *Damit habe ich Schwierigkeiten. Sieh, du sagst, ›liebe Gott‹, aber ich denke, daß Gott so außerordentlich hoch über mir steht, daß ich so etwas wie Liebe nicht empfinden kann. Es ist wie mit einer Symphonie von Bach: in ihr ist keine Liebe... aber sie ist Reinheit.*

Ich verstehe, deine Frage ist bedeutungsvoll.

Es kommt darauf an, wie du dir Gott vorstellst. Wenn er Reinheit ist, ist er sehr weit weg. Wenn er als ein abstraktes Konzept gedacht wird, kannst du ihn nicht berühren, ihn nicht fühlen, nicht begreifen – und du kannst ihn nicht lieben. Wenn du Gott als in allen Dingen seiend begreifen kannst, auch in dieser Pflanze, dann gibt es kein Problem – dann kannst du lieben. Und wenn du diese Pflanze berührt hast, hast du Gott berührt.

Das habe ich heute morgen *(im Morgenvortrag)* gemeint, nicht den Gott der Philosophen, sondern den Gott von Abraham, den Gott von Jesus, von einfachen Menschen; nicht von Denkern, sondern von ganz gewöhnlichen, aber aufrichtigen Menschen.

In Indien kennt man den wirklichen Gott. Irgendwo ein Baum – sonst nichts – aber sie verehren den Baum als Gott. Irgendwo anders ein Stein – nicht einmal eine Statue –, sie färben ihn rot, und er ist Gott geworden. Das ist Wahrhaftigkeit. Und Indien hat sich wegen Gott keine grauen Haare wachsen lassen. Es hat einfach dankbar hingenommen, daß ER ist; es ist keine Frage, die entschieden werden muß. Er ist, also muß man damit etwas anfangen.

Sprich also weiterhin mit Pflanzen und Bäumen, und viel wird daraus hervorgehen. Mach die Wutmeditation, und später werde ich dir etwas für die Liebe geben... und es wird kommen!

# Montag den 22. Dezember

*Zwei Sannyasins, die nach England zurückkehren und dort ein Zentrum eröffnen wollen, fragen Bhagwan, ob sie an das örtliche Krankenhaus für Geistesgestörte herantreten sollen, um die Patienten mit Meditationen vertraut zu machen.*

BHAGWAN: Ja, ihr könnt ihnen helfen, verschiedene dynamische Meditationen zu machen. Das wird eine große Hilfe sein, denn verrückte Menschen brauchen nichts als Katharsis. Das ist die einzige Behandlung; deswegen, weil sie so unterdrückt wurden, daß es ihnen jetzt so schlecht geht. Wenn alles erlaubt ist, wenn ihnen erlaubt wird, verrückt zu sein, dann wird die Verrücktheit verschwinden.

Die ganze Welt ist verrückt, weil niemandem erlaubt wird, verrückt zu sein. Wir müssen grundsätzlich darauf bestehen, daß jedem Menschen ein gewisser Raum zugestanden wird, in dem er einfach irre sein kann; in dem es nicht nötig ist, wegen irgend jemand anderem Bedenken zu haben. Wenn ein Mensch jeden Tag eine halbe Stunde verrückt sein darf, dann wird er sich in den restlichen dreiundzwanzigeinhalb Stunden als völlig gesund erleben.

Irresein ist auch ein Teil des Menschseins; es handelt sich um ein tiefes Gleichgewicht. Wenn du zu ernsthaft wirst, brauchst du ein wenig Lachen, um wieder mit den Füßen auf den Boden zurückzukommen. Wenn du zu angespannt bist, brauchst du etwas, das dir hilft, dich zu entspannen. Es gibt in der Tat viele gesellschaftlich akzeptierte Mittel, mit denen wir den Leuten erlauben, verrückt zu sein.

Zum Beispiel werden die Leute bei einem Fußball- oder Volleyballspiel beinahe wahnsinnig. Aber es ist erlaubt, und sie fühlen sich ganz entspannt. Sogar beim Zuschauen am Fernseher werden sie fast verrückt – sie springen herum und regen sich schrecklich auf. Aber es ist eine anerkannte Sache.

Wenn jemand vom Mars kommen und zum erstenmal das sehen würde, wäre er nicht imstande zu glauben, was vor sich geht, denn es scheint keinen Grund dafür zu geben, sich so aufzuregen. Hm ...? – bloß ein paar Leute, die den Ball von hier nach dort werfen, und andere, die ihn zurückschießen – und

Millionen von Menschen sind so aufgeregt! Sie wissen nicht, daß es sich um ein gesellschaftlich zugelassenes Ventil der Entladung handelt, einen Trick. Und jedes Land hat seinen eigenen, stellt seinen eigenen Trick bereit.

Krieg ist auch ein Trick, der ständig gebraucht wird, damit Leute wahnsinnig werden können, damit sie hassen und zerstören können. Und sie dürfen für eine große Sache hassen und zerstören, dafür werden sie nicht verdammt! Du zerstörst also und fühlst dich gut dabei, bist glücklich und fühlst keine Schuld – und du wirst ganz einfach verrückt. Krieg wird es so lange geben, bis wir jedem ein bestimmtes Maß an Irresein zugestehen, das er genießen kann.

Geht also und macht die Meditationen und laßt die Geisteskranken zuschauen. Sie werden eine ungeheuere Freude daran haben und werden sagen: »Zwischen uns und euch gibt es keinen großen Unterschied.« Dann werden sie daran teilnehmen, und ihr werdet ihnen helfen können.

Ein Irrer braucht keinen Arzt, er braucht einen Freund. Ein Arzt ist zu unpersönlich, zu weit weg, zu technisch. Und ein Arzt sieht einen Verrückten immer wie ein Objekt an, das behandelt werden muß. In seinem bloßen Blick liegt Verurteilung: etwas ist falsch und muß zurechtgerückt werden. Ein Wahnsinniger braucht jemanden, der ihn liebt, der ihn umsorgt und freundlich ist; jemanden, der aus ihm keine Sache macht und der seine Individualität akzeptiert. Und nicht nur das, er braucht auch jemanden, der auch seine Verrücktheit akzeptiert, der nämlich zutiefst davon überzeugt ist, daß jeder Mensch einen vernünftigen und einen nicht-vernünftigen Teil hat.

Wahnsinn ist die Nachtseite des Menschen. Das ist natürlich, nichts ist falsch daran. Wenn du zu einem Verrückten sagen kannst, daß nicht nur er verrückt ist, sondern du auch, ist sofort eine Brücke geschlagen. Und dann ist er erreichbar, und es ist möglich, ihm zu helfen.

Geht also, das wird helfen ... und ich gehe mit euch!

*Mitglieder der Tathata-Gruppe hatten heute abend Darshan. Einer hatte entdeckt, daß er, obwohl er sich für alle erreichbaren Gruppen eingetragen hatte, sich doch nicht ändern wollte, und eine andere spürte immer noch einen Widerstand, obwohl sie wußte, daß Wachstum gut ist und Schmerz ganz einfach dazugehört.*

*Zu dem ersten sagte Bhagwan:*

Du möchtest dich ändern, und deshalb hast du dich der Gruppe angeschlossen, aber wenn die Dinge ins Rollen kommen, kriegst du Angst.

Wachsen ist schwer. Es tut weh, denn man muß sich von etwas trennen; denn nur dann kann etwas Neues wachsen. Etwas muß zerstört werden, und nur dann kann etwas Neues geschaffen werden. Ein Tod, wie gering auch immer, ist für eine Wiedergeburt nötig.

Du möchtest also wiedergeboren werden, willst aber nicht die Schmerzen durchmachen – so ist es doch. Du möchtest am liebsten den ganzen Himmel haben, willst aber die Bequemlichkeiten deines Hauses nicht aufgeben. Deshalb denkst du an dein Zimmer in Frankfurt – das ist ganz einfach symbolisch. Du machst dir andauernd Gedanken, was damit geschehen wird. Nichts wird mit irgendeinem Zimmer geschehen. Mit dir passiert nichts, was soll also mit dem Zimmer passieren!

Aber es ist nicht eine Frage des Zimmers. Es ist eine Frage von Sicherheit, von Komfort und Annehmlichkeit. Du hast dich daran gewöhnt, in einem Schneckenhaus zu leben, und wann immer die Angst auftaucht, das Schnekkenhaus könnte zerbrechen, schrumpfst du zusammen, ziehst dich zurück. Und du behauptest dann, du wolltest überhaupt nichts. Du willst dich nicht ändern. Aber du tust es!

Mach also auch die Marathongruppe mit und laß dich wirklich darauf ein. Wie sehr es auch immer weh tun mag, laß es zu und akzeptiere es, und bald wirst du feststellen, daß ein sehr schönes Gefühl daraus hervorgeht.

*Zu der Sannyasin, die Widerstände gegen die Schmerzen des Wachstums hat, sagt Bhagwan:*

Schmerz ist ein Teil des Wachstums; er ist sehr nötig. Niemand kann ohne Schmerz wachsen; wenn du also wachsen willst, mußt du das akzeptieren. Wächst du nicht, gibt es vielleicht keine Schmerzen, aber Leiden. Und das ist der Unterschied zwischen Leiden und Schmerzen.

Schmerz ist schön, denn ihm wohnt die Kraft des Wachstums inne, und er ist etwas, das in Bewegung ist. Leiden ist häßlich, kraftlos, unfruchtbar, nichts geht aus ihm hervor. Man leidet und leidet und leidet, und nichts kommt dabei heraus; es ist absolut unfruchtbar. Wähle immer den Schmerz, nie das Leiden. Das ist der Unterschied – verstehst du mich? Im Wörterbuch mag es keinen Unterschied geben zwischen Schmerz und Leid, im Leben aber gibt es einen Riesenunterschied. Schmerz ist schön – nimm ihn an, sei mutig. Nichts geht aus dem Leiden hervor, nimm es also niemals hin.

Suche einen Weg, wie du wachsen kannst, denn Leiden hinnehmen ist Hölle; Schmerz, ist er akzeptiert, wird zum Himmel, hm? *(sie lächelt versuchsweise.)*

Es war gut, jetzt kannst du lächeln!

*Ein anderer aus der Gruppe fragt, ob er versuchen solle, der Beobachter, der Zeuge in Gruppen zu sein.*

Nein, sei kein Zeuge, auf keinen Fall. Wenn du versuchst, Zeuge zu sein, bist du geteilt, du bist nicht eins, nicht einheitlich, und alles Wachstum muß einheitlich sein. Diese Gruppen werden alle Bedeutung verlieren, wenn du ständig ein Zeuge bleibst. Du bist nicht voll dabei; es ist, als würdest du eine Rolle spielen und auch die Rolle noch beobachten.

Sei in der Rolle, vollkommen in ihr drin; laß sie von dir Besitz ergreifen. Nur dann kannst du zum Narren werden; andernfalls bleibst du weise – und Weisheit hilft nie. Es gibt eine Weisheit, die aus der Narrheit stammt; nur sie hilft, und sie hat eine ganz andere Eigenart. Schiebe alles beiseite, was du über Psychoanalyse und über den Verstand weißt – vergiß, daß du irgend etwas darüber weißt. Folge der Gruppe und ihren Anweisungen einfach wie ein kleines Kind, vertrauensvoll. Dann wird viel geschehen.

Dieses Wissen ist später auch noch da, und du kannst es zurückrufen. Es kann nützlich sein, um zu verstehen, was vor sich gegangen ist, um es zu interpretieren. Wissen kann gut sein, wenn du zurückblickst; trägst du es aber in der Gegenwart bei dir, wird es zur Schranke. Auf diese Weise gebrauchst du das Wissen, und du wirst nicht von ihm gebraucht. Versuch es!

*Der Gruppenleiter in Ausbildung, der zusammen mit der letzten Gruppe zum Darshan gekommen war und zu dem Bhagwan über die Notwendigkeit gesprochen hatte, eine Struktur für das zu haben, was selber ohne Struktur ist, sagt, daß diese Gruppe eine erschütternde Erfahrung für ihn gewesen sei!*

Was hat dich so erschüttert?

CHAITANYA *Ich hatte ein Erlebnis, in dem ich mich einfach selber verloren habe... (er zögert, sucht nach dem richtigen Wort)... fast wie eine Benommenheit ohne jeden Verstand... ich war nicht in der Lage, irgend etwas beizusteuern... Schließlich gewann ich etwas Energie zurück.*
*Ich war kurz vorher hingefallen, und das hatte mich erschüttert, vielleicht war es das... Ich fühlte mich vollkommen unfähig, irgend etwas zu tun. Aber heute habe ich einen großen Teil meines Selbstvertrauens zurückgewonnen. Es war nicht genau Angst, aber der Gedanke, etwas zu tun, war fast – ich kann es nicht erklären. Doch ich glaube, es war ein Teil des Vorgangs...*

Hm, hm. Aber du hast es vollkommen falsch verstanden.

Zu der erschütternden Erfahrung kam es nicht, weil du unfähig warst, sondern weil du dich selbst für fähig hältst. Es geschah nicht, weil plötzlich Mißtrauen in dir aufkam, sondern weil du dir deiner selbst zu sicher warst. Und sich seiner selbst zu sicher zu fühlen ist eine Krankheit. Sie ist zertrümmert worden. Es ist ein Teil des Ego, zu sehr sich selbst zu vertrauen und sich für allzu fähig zu halten.

Man muß die Unfähigkeit akzeptieren, die Hilflosigkeit; man muß akzeptieren, was immer die Situation ist. Und heute hast du mit dem alten Muster wieder angefangen: du gewinnst wieder Selbstvertrauen. Und wieder wird die zertrümmernde Erfahrung eines Tages kommen.

Jetzt trenn' dich davon!

Versuche nicht wieder, selbstsicher zu sein!

Was ist verkehrt daran, nicht selbstsicher zu sein? Was ist verkehrt daran zu zögern? Im Zustand von Hilflosigkeit zu sein, unfähig? Das ist in der Tat die Realität. Jeder ist hilflos und muß es sein, denn jeder ist so ein winziges Teilchen, wie kannst du dich selbst für fähig halten? Eine so unendliche Zahl von Möglichkeiten umgibt dich; so viel Unbekanntes widerfährt dir jeden Tag und

muß von dir gemeistert werden. Wie du bis zum gegenwärtigen Augenblick leben konntest, ist ein reines Wunder. Es gibt keine Erklärung dafür.

Das Gefühl, zerschmettert zu sein, trat auf, weil dein Selbstvertrauen verlorengegangen war. Das Selbstvertrauen ist falsch; es herrscht nur an der Oberfläche, wie eine Kruste dünnen Eises. Die Kruste ist sehr trügerisch, und jeden Tag kannst du einbrechen, es ist also besser, davon zu wissen. Ganz nahe darunter ist der Ozean, eine unendliche Tiefe, ein Abgrund. Eine dünne Eisschicht kann dich nicht schützen. Es ist besser, sich dessen bewußt zu sein und die Gefahr zu kennen.

Es war keine Angst, es hatte nichts mit Angst zu tun. Man hat uns zu Unrecht gelehrt, selbstsicher und tüchtig zu sein – oder wenigstens so zu tun. Der Mensch ist hilflos! Die Starken sind genauso hilflos wie die Schwächsten; der Unterschied ist gering. Wenn ein Napoleon oder ein Alexander stirbt, ist er genau wie ein gewöhnlicher Mensch – genauso hilflos wie ein Bettler, es besteht absolut kein Unterschied. Der Unterschied war lediglich eine Anmaßung.

Gib diese Selbstsicherheit auf. Sogar wenn dieses Beben ein paar Tage lang anhält, laß es zu, versuche nur nicht, den alten dünnen Eisboden zurückzugewinnen. Wenn du bei deiner Unfähigkeit, deiner Hilflosigkeit verweilen kannst, sage ich nicht, daß du nie wieder schwach sein wirst. Die Schwäche entsteht aus der Vorstellung, du seiest nicht schwach. Dann hast du einen Vergleich, ein Bild, und wenn du es nicht erfüllst, kriegst du Schwierigkeiten.

Wenn du erst einmal akzeptierst, was auch geschieht, verschwindet plötzlich das Vergleichen: du bist ganz einfach allein und du selbst. Niemand ist wie du, niemand war jemals so oder wird so sein wie du; du bist einzigartig, unvergleichbar.

Diese Erfahrung war schön. Versteh' sie nicht falsch, sonst fängst du wieder an, dich zu rekonstruieren.

Alle diese Gruppen sind dazu da, dich zu destrukturieren, dich zu zerstören – so wie du bist – und der Spontaneität in dir freien Lauf zu lassen, zu erlauben, daß du so bist, wie du vor deiner Geburt warst und nach deinem Tode sein wirst.

Es war ungeheuer wertvoll, aber du hast es dir ganz verpatzt, und jetzt läßt sich kaum noch was draus machen. Du wirst vielleicht noch strukturierter als zuvor, denn jetzt weißt du, daß die alte Struktur nicht so hundertprozentig funktioniert; du kannst dich mit einer festeren Struktur umgeben.

Lebe ohne Struktur, ohne jegliches Schema, von Augenblick zu Augenblick, wie ein Strom. Diese Gruppen brauchen keinen Leiter, der selber beschränkt ist, strukturiert. Sie brauchen einen Leiter, der wie ein Fluß ist und der anderen helfen kann, auch in Fluß zu kommen; jemand, der um sich herum ein Milieu schaffen kann, in dem andere fühlen, daß sie auch fließen können, daß sie hilflos werden können wie Kinder, und daß alles hingenommen wird. Wenn du aber dich selber nicht akzeptierst, wie kannst du da anderen helfen, sich zu akzeptieren? Das erste, was ein Leiter braucht, ist, sich selbst bedingungslos zu akzeptieren, was es auch immer sei.

Alle großen Erfahrungen sind niederschmetternd. Und nur das, was schöpferisch ist, wird auch zerstörerisch sein. Nur aus dem Chaos wird ein Stern geboren. Sei also glücklich darüber, sei selig, hm?

*Eine Sannyasin, ganz durcheinander und in Tränen, sagt zu Bhagwan, daß ihr Besitzanspruch und ihr Sich-Anklammern ihrem Freund gegenüber zu ihrer Trennung geführt hätten. Ihr Freund, der auch anwesend ist, fügt hinzu, daß er einfach etwas mehr Zeit und Raum für sich selber brauche, und deshalb sei er ausgerissen.*

*Bhagwan legt ihnen ausführlich die Dynamik ihrer Beziehung in den vorangegangenen Monaten dar: Das Mädchen war krank, deprimiert, und ihr Freund war mehr ein Helfer als ein Liebhaber. Jetzt, nachdem sie wieder sie selbst und zufrieden wie sonst war, wollte sie Liebe von ihm, doch an die Stelle seiner Liebe schien während all dieser Monate, in denen er für sie gesorgt hatte, Mitleid getreten zu sein.*

*Sie hatte sich sehr an ihn geklammert, weil sie fühlte, daß er der richtige Mensch für sie sei, und weil er seine Zuneigung unter Beweis gestellt hatte; doch gönnte sie ihm keinen Freiraum, um einmal Luft zu holen, darum hatte er sie verlassen.*

*Bhagwan sagte weiter:*

Es kommt also nicht darauf an, euch zu trennen, sondern euch zu verstehen. Ihr liebt euch, ich kann es fühlen, aber eure Liebe ist in Schwierigkeiten.

Ghosha, du mußt ein paar Dinge bedenken. Das eine ist, daß jeder Mann etwas Raum für sich selber braucht. Willst du einen Mann lieben und ihn für immer lieben und möchtest du, daß er dich liebt, fülle seinen Raum nie ganz und gar aus. Wenigstens einen Teil, ein Viertel mußt du ihm geben. Der arme Mann braucht wenigstens so viel! Und das ist der Unterschied zwischen der weiblichen und der männlichen Auffassung. Der Geist einer Frau kann erfüllt sein von Liebe, das ganze Wesen einer Frau kann sich in Liebe baden, aber ein Mann hat auch noch andere Lieben. Er liebt vielleicht auch noch Literatur, Musik, Malerei, die Jagd und tausend andere Dummheiten. Für eine Frau ist eine Liebe genug.

Hat sie erstmal einen Liebhaber gefunden, umgibt sie ihn von allen Seiten. Sie möchte jeden Teil und jeden Winkel seines Wesens ausfüllen. Aber dann bekommt es der Geliebte mit der Angst zu tun, denn er hätte gerne etwas Unabhängigkeit; er wäre gern irgendwo alleine, er selbst. Du mußt ihm also ein Viertel übriglassen, wenn du drei Viertel haben möchtest. Das ist ein Handel, Ghosha!

Eines Tages verlierst du sonst alles. Für eine Frau ist die Liebe ihr ganzes Sein. Und das ist natürlich – man muß es einsehen –, dazu muß man die nötige Reife haben. Wenn die Frau könnte, würde sie ihren Liebhaber wieder in ein kleines Kind verwandeln und ihn in ihren Leib zurückbringen, damit sie ihn von allen Seiten umgeben kann, ohne fürchten zu müssen, daß er ihr entkommt. Aber das ist nicht zu bewerkstelligen, deshalb schafft sie einen psychischen Mutterleib um ihn herum – das ist die Bedeutung eines Heimes.

Und sogar, wenn er liest, befürchtet sie, daß er mehr Interesse am Lesen hat als an ihr. Oder wenn er auf seiner Flöte spielt, hat sie Sorge, er sei daran mehr interessiert. Alles scheint mit ihr zu konkurrieren. Sie will seine uneingeschränkte Aufmerksamkeit. Das aber ist für einen Mann unmöglich, und wenn du zuviel Zwang auf ihn ausübst, läuft er weg – oder er unterwirft sich, aber dann ist er tot.

Wenn sich ein Mann vollkommen einer Frau unterwirft, ist er tot. Ein Ehemann, aber kein Liebhaber mehr – er ist ein Sklave. Dann ist die Frau nicht mehr zufrieden, denn wer ist befriedigt mit einem Sklaven? Sie will jemanden, dem sie sich hingeben kann, nicht jemanden, der sich ihr unterwirft – mit dem läßt sich nichts mehr anfangen. Das also ist die Dichotomie, das Dilemma: eine Frau will, daß ihr Mann ihr vollkommen gehört, und sobald er ihr gehört, verliert sie das Interesse.

Es ist gut, daß Bhikshu sich nicht aufgibt, daß er unabhängig bleiben will und seinen eigenen Raum beansprucht – nur ein bißchen Raum, er verlangt nicht viel.

Und wenn du mit ihm zusammen sein willst, brauchst du dich nicht an ihn zu klammern. Er wird mit dir sein. Anklammern stößt die Leute weiter weg. Macht noch einen Versuch! Und dieses Mal werde ich euch begleiten. Wann immer ihr nicht klarkommt, kommt zu mir; versucht nicht, es selber zurechtzubiegen.

Versucht es noch einmal, heiratet! Seht euch jetzt an.

*Die beiden wenden sich einander zu, um sich ein paar Sekunden lang anzusehen, lächelnd.*

Gut! Haltet euch bei den Händen und geht auf euere Plätze!

# Dienstag den 23. Dezember

BHAGWAN Was ist mit dir? Wie steht's?

ALOK *Ich habe richtig gegen dich rebelliert und Widerstand geleistet. Wann immer du in deinem Morgenvortrag etwas sagst, was mir nicht gefällt, huste ich.*

*(schallendes Gelächter. Bei den täglichen Morgenvorträgen wird regelmäßig daran erinnert, nicht zu husten oder unnötige Bewegungen zu machen, weil dadurch die Energien, die von Bhagwan ausgehen, gestört werden.)*

ALOK *So absichtlich ist's nun auch wieder nicht, aber ich habe entdeckt, daß es eine sehr enge Verbindung gibt.*

Sehr gut! Das ist eine gute Entdeckung!

ALOK *Und...*

Und?

ALOK *Ich mag dich.*

Sehr gut. Wenn du mich magst, was tust du dann?
*(Alok schaut etwas stutzig drein, denkt ein wenig nach.)*
Da gibt's gar nichts zu tun?

ALOK *Tja, ich würd gern an dir lecken!*

Das ist gut. Kein Grund, dir Sorgen zu machen...

*Alok fährt fort und erzählt, daß er an diesem Nachmittag eine Unterhaltung mit dem Christen in ihm gehabt habe. Er wollte sich mit Christus in Verbindung fühlen, aber seine perfektionistische Einstellung und die Furcht vor dem ›Zorn Gottes‹ hielten ihn davon ab, sich von ganzem Herzen ins Leben und in den Sex zu stürzen, und deshalb ginge es ihm schlecht.*

Hm, hmm. Es ist gut, manchmal rebellisch zu sein; es ist ein Teil des Wachstums.

Es ist natürlich und menschlich, manchmal keine Übereinstimmung zu spüren, manchmal das Gefühl zu haben, nein zu sagen. Aber das ist gut so; auf diesem Weg wird das wahre Ja geboren. Wenn du zu leicht ja sagst, ohne irgendein Nein, wird dein Ja kraftlos sein. Wenn ein rebellischer Mensch gehorsam wird, ist der Gehorsam echt. Wenn ein gehorsamer Mensch gehorcht, ist das nicht viel. Das ist also sehr gut. Mach dir deswegen keine Gedanken und unterdrück' es nicht. Es ist in Ordnung, es ist in Ordnung. Es wird vorbeigehen.

Wenn du zu einem Prozent mit mir übereinstimmst, kannst du nicht entkommen. Du magst zu 99 Prozent nicht mit mir übereinstimmen, aber darauf kommt es nicht an. Wenn ich einen kleinen Raum in dir gewinnen kann, bloß ein Prozent, ist das genug. Dann werde ich tiefer eindringen, und du kannst nichts dagegen tun. Dann werden aus dem einen zwei Prozent, drei Prozent – und ganz allmählich wirst du sehen, daß du verschwunden bist.

Das Christentum schafft Verdammung – und alles Verdammen muß man aufgeben. Man muß damit aufhören, und zwar ohne jede Anstrengung. Wenn du Anstrengung dazu aufwendest, wird weiterhin etwas haftenbleiben, ein Katzenjammer wird zurückbleiben. Um eine Sache vollständig aufzugeben, reicht es, sie zu verstehen.

Du mußt begreifen, daß du ein Körper bist: im Körper eingewurzelt, körperhaft, im Körper lebend. Du bist vielleicht nicht der Körper, aber du lebst in ihm, und der Körper hat seine Bedürfnisse, die erfüllt sein wollen. Eine Religion, die den Körper nicht akzeptiert, ist nur eine halbe Religion und kann dir nur zu einer halben Umwandlung verhelfen. Die Hälfte von dir wird unentwickelt bleiben, und dieser Teil wird wie ein Felsblock wirken, der an deinem Halse hängt.

Man muß als ungeteilte Einheit wachsen. Und wenn man als eine ungeteilte Einheit wachsen muß, hat man alles zu akzeptieren, nichts darf verleugnet werden. Freilich wird alles für eine höhere Harmonie genutzt werden. Sex ist nicht einfach als Sex zu belassen – das ist ungehobelt. Sex ist in eine höhere Harmonie zu verwandeln, und dann wird er zu Liebe, und Liebe wird zu Gebet. Es geht immer, immer weiter; immer feinere Formen der Energie. Und zuallerletzt wird der Sex selber zu der Energie, die wir Gott nennen.

Sex ist der unterste Nenner derselben Energie, die wir Gott nennen. Er ist der erste Schritt zu demselben Tempel. Und wenn du den ersten Schritt verleugnest, kommst du nie zum zweiten – du kannst nie den Tempel betreten. Sex muß akzeptiert, genutzt und dann zurückgelassen werden; nicht darauf verzichten – zurücklassen. Und bedenke, der Unterschied ist groß: nicht entsagen, nicht fallen lassen – hinter sich lassen. Du fährst fort zu wachsen, und allmählich gehst du so weit weg, daß der erste Schritt längst hinter dir liegt und du im innersten Schrein bist. Aber dieser erste Schritt hat dir geholfen, dort anzukommen, und du bist dankbar.

ALOK *Aber ich akzeptiere den ersten Schritt weder vollkommen und wahrhaftig noch bin ich frei von ihm. Ich hänge dran fest.*

Ich verstehe. Ich verstehe – weil dennoch tief im Innern das Verdammen weitergeht. Du mußt das nur richtig verstehen.

Jemand erzählt dir zum Beispiel dreißig Jahre lang unentwegt, daß du, wenn du die linke Straße nimmst, zum Bahnhof kommen wirst. Und dreißig Jahre lang hast du das geglaubt. Jetzt gehst du diesen Weg und kommst nicht zum Bahnhof. Du triffst jemanden, der dir sagt, diese Straße führe überhaupt nicht zum Bahnhof; du mußt zur Kreuzung zurücklaufen und die Straße nehmen, die nach rechts führt. Was wirst du darauf sagen? Wirst du sagen, daß du dreißig Jahre lang geglaubt hast, daß dies die richtige Straße zum Bahnhof sei und daß du sie jetzt nicht verlassen kannst, daß du feststeckst? Du kannst selber sehen, daß kein Bahnhof da ist. Du wirst ganz einfach sagen: Ja, du hast recht. Jemand hat mir eine falsche Auskunft gegeben.

Und das ist alles, was es da zu verstehen gibt. Jemand hat dich über den Sex und andere Dinge falsch programmiert. Jetzt ist dein Bewußtsein gewachsen. Die Leute, die dich geprägt haben, mögen es selbst nicht besser gewußt haben, sie mögen unreif gewesen sein, sind vielleicht von anderen so geprägt worden. Sie haben vielleicht in derselben Klemme gesteckt wie du – sie haben einfach ihr Elend auf dich übertragen. Bitte – jetzt übertrage du es nicht auf irgend jemand anderen.

Der Verstand ist versucht, sich zu entlasten, indem er andere lehrt und überzeugt, mit ihnen argumentiert.

Wenn du das Bedürfnis danach hast, dann schließ dein Zimmer drei Tage lang ab und setz dich schweigend vor eine Wand und schau tief in alles hinein, was Prägung ist in dir. Sieh es dir einfach an – daß es dich nirgendwo hingeführt hat, daß du ganz einfach aufgespalten bist, zweigeteilt. Also entscheidet man sich. Man sieht, daß der Weg falsch war; man gibt ihn einfach auf. Und in demselben Augenblick fang an, dich in die entgegengesetzte Richtung zu bewegen. Denn allerdings, getan werden muß etwas, um deine Prägung rückgängig zu machen, um dich neu zu orientieren.

Fang also an, dich in Bewegung zu setzen: im Sex, in der Liebe, in deinen Beziehungen. Rühr dich und schau einfach genau hin, wo die Verdammung steckt. Es ist alles dummes Zeug, da gibt's nichts zu verdammen. Und wenn du ganz allmählich siehst, daß da nichts verkehrt ist, wird das zuvor Gelernte, die alte Gewohnheit, verschwinden. Du wirst befreit. Versuch es einfach, hm? Es wird funktionieren.

ALOK *Aber ich hab's schon so lange versucht.*

Weil du es falsch versucht hast. Du klammerst dich noch immer an die alten Begriffe. Wegen der alten Begriffe sagst du immerfort nein zu mir. Du stimmst nicht mit mir überein, weil du ganz bestimmte Vorstellungen hast.

ALOK *Ich habe Angst, wenn ich mich dir ausliefere, zeigt es sich dann eines Tages, daß du genauso bist wie der Jesus, den ich kannte.*

Du mußt es versuchen. Es gibt keinen anderen Weg. Du mußt mich ausprobieren.

ALOK *Ich bin hier.*

Hm, dann dringe tiefer in mich ein. Und mit mir nicht übereinzustimmen, wird dir nicht helfen, denn das bedeutet, daß du dich immer noch an deinen alten Vorstellungen festklammerst.

Sieh das doch ein, daß deine Vorstellungen dich dahin gebracht haben, wo du jetzt bist – elend, im Konflikt, im Zwiespalt. Jetzt klammerst du dich an dieselben Vorstellungen und stimmst dann ihretwegen nicht mit mir überein. Und fragst mich, wie du tiefer kommen kannst! Du klammerst dich weiterhin an das eine Ufer, während du tiefer und weiter weg an das andere Ufer gelangen möchtest. Sieh das doch einfach ein!

Wenn du mit mir gehen möchtest, dann wirst du dich mir ausliefern müssen – und das ist ein Risiko. Ich kann mich als falsch herausstellen. Eine Garantie ist nicht zu haben – denn wer wird sie geben? Ich werde sie geben – und wenn ich falsch bin, ist meine Garantie wertlos! Ich kann dir Tausende von Garantien geben, das macht keinen Unterschied. Du wirst mich ausprobieren müssen.

Versuch's mal mit mir!

ALOK *(akzeptierend) Tu ich doch...*

*Ein Sannyasin aus Äthiopien sagt, er habe festgestellt, daß er noch immer ein Schema wiederhole, das er als Kind gelernt habe. Wann immer seine Eltern ihn gescholten oder ihm etwas gesagt hätten, was er für negativ halten konnte, hätte er einfach abgeschaltet und sei davongerannt, um sich zu trösten und sich einzureden, er käme auch ohne andere Leute aus, er würde auch ohne sie fertig. Er findet, daß er sich seinen Freunden gegenüber genauso verhalte.*

Es ist bloß eine alte Gewohnheit, die erstarrt ist. Versuche, das Gegenteil davon zu tun. Immer wenn du merkst, du verschließt dich – öffne dich. Willst du weglaufen – tue es nicht; willst du nicht reden – rede. Willst du den Streit abbrechen, tue es nicht und stürze dich mit aller Kraft hinein.

Immer wenn eine Situation entsteht, die Angst erzeugt, gibt es zwei Möglichkeiten – entweder du kämpfst oder du fliehst. Ein kleines Kind kann normalerweise nicht fliehen – schon gar nicht in Ländern wie Äthiopien. In Amerika wird ein Kind so wild anfangen zu kämpfen, daß die Eltern die Flucht ergreifen! Aber in alten Gesellschaften, in traditionsgebundenen Ländern, kann ein Kind nicht kämpfen. Der einzige Ausweg besteht darin, sich zu verschließen, sich in sich selber einzuwickeln, um sich zu schützen. Du hast also den Trick der Flucht gelernt.

Die einzige Möglichkeit, die dir jetzt bleibt, wenn du das Gefühl hast, du möchtest fliehen: bleib, wo du bist, sei stur und liefere einen guten Kampf. Versuche einen Monat lang das Gegenteil zu tun, und dann wollen wir sehen! Wenn du das Gegenteil beherrschst, werde ich dir zeigen, wie du beides fallen lassen kannst. Beides muß fallengelassen werden, weil nur so ein Mensch furchtlos wird – und weil beides falsch ist; weil das eine Falsche zu tief in dich eingedrungen ist, muß es durch das Gegenteil ausgeglichen werden.

Sei also einen Monat lang ein richtiger Krieger – in allen Dingen. Und du wirst dich sehr gut fühlen, wirklich gut, hm?

Denn wann immer man ausreißt, fühlt man sich schlecht, unterlegen. Das ist ein feiger Trick – sich selber zu verschließen. Werde tapfer, hm? Danach lassen wir beides fallen, denn Tapferkeit ist im tiefsten Grunde nichts anderes als Feigheit. Wenn Tapferkeit *und* Feigheit verschwinden, dann wird man furchtlos. Also versuch es!

*Eine Sannyasin sagt, daß sie eine Menge Angst in sich erfahren habe und eine Verbindung damit sehe, daß sie sich selber nicht recht leiden könne – etwas, das sie erst vor kurzem entdeckt habe. Sie sagt, sie beurteile sich ständig mit den Augen der anderen und sei unzufrieden mit sich selbst.*

Was kannst du tun? Du bist du selbst, ob du es willst oder nicht. Du wirst niemand anderes werden, du bleibst, der du bist, es ist also einfach dumm, absurd. Ob du dich magst oder nicht, darauf kommt es nicht an; niemand fragt dich danach. Drum bleibst du also du selber; es gibt keinen Weg, da herauszukommen. Man muß es akzeptieren.

Und es ist nichts Verkehrtes daran, man selbst zu sein. Das Problem kommt daher, daß du ständig Vergleiche ziehst. Was sollen diese Vergleiche? Jedes Individuum ist so einzigartig, daß Vergleiche einfach bedeutungslos sind. Vergleich ist nur dann möglich, wenn jeder jedem gleicht. Du vergleichst keine Rose mit einem Lotus, das ist sinnlos – eine Rose ist eine Rose, ein Lotus ist ein Lotus. Jedes menschliche Wesen erblüht anders, und du kannst mit niemandem verglichen werden. Hör also mit dem Vergleichen auf und freue dich, solange du hier bist. Warum Zeit verschwenden!

Und laß die Furcht ruhig da sein, nach und nach wird sie verschwinden. Wenn du versuchst, etwas zu unternehmen, braucht sie länger, um vorüberzugehen. Furcht ist in gewissem Sinne natürlich, denn der Mensch wird sterben, und bevor du nicht etwas in dir erkannt hast, das unsterblich ist, bevor du nicht dem Unsterblichen begegnet bist, wird dir die Angst wie ein Schatten folgen. Nimm es einfach hin; es ist ein Teil des Menschseins.

Und ehe du Zeit auf diese fruchtlosen Probleme verschwendest, fange lieber an zu leben. Sei mit Leuten zusammen und fang' an, die kleinen Dinge zu genießen, denn das ist der Weg, auf dem man anfängt, sich selber zu mögen. Wenn du dich ablehnst, versperrst du dich der Freude, und weil du dich nicht freuen kannst, magst du dich noch weniger. Dann wird daraus ein Teufelskreis.

Steig aus! Es hat nichts zu bedeuten. In einem einzigen Augenblick, mit Hilfe einer einzigen Entscheidung, kann ein Mensch verwandelt werden – unverzüglich. Es handelt sich nicht um einen allmählichen Prozeß. In diesem Augenblick, wenn du es willst... Und darauf kommt es an, denn wenn ich will, daß du es tust, hilft es nicht. Wenn du herauskommen willst, kannst du es noch in diesem Augenblick, denn das Elend wird von dir geschaffen und ist absolut unecht.

Das elende Befinden kommt daher, daß du dich selbst nicht magst. Jemand muß dir das eingeredet haben – deine Mutter, dein Vater, deine Familie –, daß du wertlos seiest, und du hast ihre Meinung übernommen.

Wer sind sie, daß sie darüber entscheiden könnten? Niemand außer dir kann für dich entscheiden, wer du bist. Alle Urteile über dich sind einfach dumm, oberflächlich. Niemand kann in dich hineinsehen. Sie sehen alle nur die Oberfläche, und dann fällen sie ein Urteil – und du akzeptierst das Urteil!

Dann fängst du an, dich zu mögen oder dich abzulehnen. Beides ist unsinnig. Das Leben ist dazu da, daß du dich freust. Und die Leute machen nichts als Pläne, wie sie es eines Tages genießen wollen, und sie verschwenden es. Versuch es!

*Ein Sannyasin sagt, daß er kürzlich durch die Meditation entdeckt habe, wie sein Verstand läuft und läuft; wie unmöglich es sei, ihn anzuhalten.*

*Bhagwan meint, es bestehe keine Notwendigkeit zu versuchen, den Verstand zum Stillstand zu bringen, die Gedanken anzuhalten. Er sagt, genauso wie der Verkehr vorbeizieht und man selber auf dem Bürgersteig bleibe, nicht berührt davon, bloß ein Beobachter, so sollte man einfach Zeuge der Gedanken sein, wie sie an einem vorüberziehen. Wir sind nicht unsere Gedanken, und es reicht zu erkennen, daß wir der Zeuge sind.*

*Schon das Akzeptieren der Gedanken entspannt dich. Die Entspannung verhilft einem dazu, einen Abstand zu schaffen, sich selber davon zu lösen. Einen Gedanken als gut oder schlecht zu klassifizieren bedeutet, daß du an deinen Gedanken hängst – man sollte ihnen also keine Schilder umhängen.*

... Laß dich aus dem Spiel, setz dich unter einen Baum und beobachte den Verkehr. Bald, eines Tages verschwindet der Verkehr, und die Straße ist leer. Plötzlich entsteht eine Lücke, und in dieser Lücke ist Meditation. Doch diese Lücke kann man nicht hervorbringen oder pflegen. Du kannst den Verstand nicht beruhigen – du kannst nur in tiefer Betrachtung warten, und der Verstand beruhigt sich selber.

*Die nächste Sannyasin fragt, ob der Vorschlag, den Bhagwan diesem Mann gemacht habe, auch für sie gelte. Bhagwan sagt, daß das Zeuge-Sein ihr nicht helfen werde.*

*Er hat zuvor gesagt, daß die Methode des Zeuge-Seins nur für einen bestimmten Typ von Leuten geeignet sei. Für andere sei es hilfreicher, total aufzugehen.*

*Viele Leute, die Gurdjieffs Weg gegangen sind und versucht haben, seiner Methode des Zeuge-Seins zu folgen, sind schier verrückt geworden, denn für manche Leute führt Spannung zu Anstrengung. Frauen fällt es meist leichter, der Methode des vollkommenen Eintauchens zu folgen; es entspricht mehr ihrer Natur. Für Männer ist das Zeuge-Sein gewöhnlich hilfreicher.*

*Bhagwan empfiehlt Anurag, sich vollkommen in das Gewühl all ihres Tuns hineinzustürzen, und fügt hinzu: »Deine Erleuchtung wird auf dem Marktplatz stattfinden!«*

*Eine weitere Sannyasin fragt, ob sie die Methode des Zeuge-Seins ausprobieren solle, doch fügt sie noch hinzu, sie glaube nicht, daß sie die Methode richtig verstanden habe.*

*Bhagwan antwortet darauf:*

Du machst folgendes: Setz dich jeden Tag eine Stunde lang vor eine Wand und schau mit halb geschlossenen Lidern auf die Wand, so daß du grad die Nasenspitze sehen kannst. Setz dich ganz nah ran, so daß du nichts anderes sehen kannst. Entspanne dich, und wenn Gedanken kommen, sieh, daß sie zwischen dir und der Wand durchgehen. Du brauchst dich nicht darum zu kümmern, was sie beinhalten – Phantasien, Träume, irgendwas, Unsinn. Aber du bleibst bei dem Gefühl, daß sie zwischen dir und der Wand sind. Ganz allmählich, nach zwei Wochen, wirst du dir des Zeugeseins bewußt werden.

# Mittwoch den 24. Dezember

*Die Arica-Gruppe – etwa aus dreißig Mitgliedern bestehend – kam heute abend zum Darshan. Bhagwan sprach zuerst mit dem Leiter und fragte ihn, wie er die Gruppe gefunden habe.*

*Anup sagt, es habe sich im Vergleich zu anderen Gruppen, die er in den Vereinigten Staaten gemacht habe, sehr anders angefühlt, die Arica-Arbeit hier im Ashram zu machen. Er sagt, er habe das Gefühl gehabt, es hätte weit mehr Liebe gegeben, und die Gruppenleiter hätten sich bei allen Fehlern okay gefühlt, ohne sie als Schlappen zu empfinden, und wären fähig gewesen, den Dingen ihren Lauf zu lassen.*

*Der Ausdruck ›reduziert‹, ›Ego-Reduktion‹ wurde geprägt, um den Prozeß zu beschreiben, zu dem es in Arica-Gruppen gewöhnlich kommt, wenn sich die Gruppenleiter mit der Gruppe zusammensetzen, um den Verlauf der Gruppe zu diskutieren und um sich gegenseitig darüber zu verständigen, sich ein Feed-back darüber zu verschaffen, wie sie einander bei der Arbeit empfunden hätten. Jeder negative Kommentar oder jede Kritik kann potentiell als Ego-reduzierend empfunden werden. Anup sagt, sie hätten dieses Mal nicht das Bedürfnis gehabt, so etwas zu tun.*

*Er fährt fort und sagt, daß er herausgefunden habe, daß er auf einem Macht-Trip sei. Er fügt hinzu, daß er den Eindruck habe, das Training brauche mehr Zeit, diese drei Tage hätten bloß einen Vorgeschmack vermittelt.*

BHAGWAN: Techniken funktionieren nur, wenn tiefe Liebe da ist. Für sich allein funktionieren sie nie, denn in Wirklichkeit ist es die Liebe, die wirkt, nicht die Technik.

Techniken sind nur Vorwände, und wenn erst einmal Liebe vorhanden ist, gibt es keinen Unterschied zwischen den Leitern und den Geführten, dem Lehrer und den Lernenden. Sie werden eins und arbeiten zusammen; es ist eine Erfahrung, die man teilt. Nicht daß der Lehrer über dem Lernenden stünde – mag sein, daß er ein bißchen mehr weiß, aber auch er lernt.

Die Liebe kommt nie an den Punkt, wo du sagen könntest, daß du sie jetzt kennst. Die Liebe wird niemals weise – das ist ihre Weisheit. Sie lernt und lernt und lernt, bis ans äußerste Ende. Sie bleibt immer am Lernen.

Und wenn der Leiter selber lernt, dann gibt es keinen Machttrip. Der Macht-Trip, der Ego-Trip kommt auf, wenn der Lehrer anfängt zu glauben, daß er ans Ziel gekommen sei, daß er dazu bestimmt sei zu führen – nicht zu helfen, sondern andere zu leiten. Dann läuft die ganze Sache schief. Sobald Techniken dem Ego in die Hände fallen, werden sie zerstörerisch. Die gleichen Techniken in den Händen der Liebe werden schöpferisch. Je nachdem. Mit Liebe kann sogar Gift genutzt werden, und es wird zur Medizin; mit dem Ego wird sogar ein Elixier giftig. Es ist also eine sehr heikle Aufgabe, ein Leiter zu sein.

Der Führende übernimmt eine größere Verantwortung als der Geführte. Er ist nicht nur verantwortlich für die Gruppe, sondern auch für sich. Und seine Verantwortung ist größer, denn es besteht jede Möglichkeit, einen Macht-Trip daraus zu machen.

Wie viele Gurus auf der ganzen Welt befinden sich auf einem Macht-Trip! Und sie genießen es, doch eines Tages werden sie begreifen, daß sie ihr ganzes Leben verschwendet haben. Ob du dir durch Geld Macht sicherst oder durch Wissen oder Verzicht oder durch Meditation, darauf kommt es nicht an. Macht ist Armut, und früher oder später verschwindet die Illusion; man ist ernüchtert – man findet sich selber einfach leer.

Merke dir also von Anfang an folgendes: Wenn du wirklich helfen willst, laß das Ego vollkommen fallen. Im Augenblick, wo du dich fallen läßt, wirst du ein ungemein brauchbarer Gruppenleiter. Der Lenkende ist nicht mehr da, aber jetzt kannst du hilfreich sein. Und wann immer du hilfst, es wird keinen Widerstand gegen dich geben; der andere spürt, wie er sich öffnet. Wann immer du siehst, daß jemand dir Widerstand leistet, sag' ihm nicht einfach, daß er sich widersetzt, sondern finde bei dir heraus, wo du den Widerstand erzeugst, den er empfindet. Dein verstecktes Ego muß wohl einen Schatten zwischen dich und ihn werfen.

Immer wenn du siehst, daß jemand, dem du zu helfen versuchst, nicht empfänglich ist, schau in dich selbst hinein. Mach etwas mit dir, ändere dich, sei demütiger. Wenn du hier im Innern demütiger wirst, verschwindet dort der Widerstand. Es ist für einen Leiter sehr leicht, aggressiv zu werden, und wenn du es bist, kannst du zerstören, aber du kannst nichts aufbauen. Es ist eine gewaltige Übung für den Führenden – größer als für den Geführten. Es war gut, und noch viel mehr wird geschehen.

Und auch das ist richtig – drei Tage sind nicht genug. Die nächste Gruppe kann sieben Tage dauern.

Tatsächlich geschehen alle Veränderungen um den vierten Tag herum, denn der Verstand leistet einen bestimmten Widerstand. Am ersten Tag ist er sehr, sehr widerspenstig. Im Laufe des zweiten Tages merkt er, daß es einfach dumm ist, Widerstand zu leisten; man verschleudert nur seine Energie und seine Zeit; niemand außer einem selbst trägt einen Schaden davon. Am zweiten Tag lokkert man sich also ein wenig.

Am dritten Tag fängt man an zu begreifen, daß mehr möglich ist, weil man sich ein wenig gelockert hat, und warum sich mit weniger zufriedengeben? Am vierten Tag entspannt man sich. Das ist normal. Ein paar seltene Leute, die empfänglich sind, können am ersten Tag offen sein; ein paar wenige Leute, sehr egoistische, werden nicht einmal am siebten Tage offen sein. Aber als Faustregel gilt, daß der vierte Tag der wirksamste ist, und nach diesem Tag fangen die Dinge an, sich auf einer anderen Ebene zu bewegen.

*Anup sagt, daß diese Gruppe weit empfänglicher gewesen sei als andere Gruppen, die er in den Staaten erlebt habe.*

Hm, hm, es muß ja vollkommen anders sein, weil sie Sannyasins sind, sie sind nicht einfach neugierige Leute. Sie haben sich einem Ziel verpflichtet; sie sind ein Wagnis eingegangen. Sie versuchen bewußt, sich selber zu ändern; es ist nicht nur eine Frage des Lernens.

Du kannst auf zweierlei Arten lernen. Bei der einen Art bleibst du derselbe, und wenn du etwas lernst, wird es dich zusätzlich bereichern; es erfüllt und nährt das Ego. Du bleibst derselbe. Nur dein Besitzstand erhöht sich – du besitzt mehr Wissen.

Dann gibt es noch eine andere Art des Lernens, bei der du dich im Lernen auflöst. Anstatt mehr zu werden, wirst du weniger. Und wenn du wirklich verstanden hast, dann bist du nicht mehr, und nur das Lernen bleibt. Der wirklich Suchende ist nicht auf Anhäufung von Wissen aus.

Darum bestehe ich auf Sannyas, denn wenn jemand Sannyas nimmt, macht er eine bedeutsame Geste der Bestätigung, der Hingabe, des Ja-Sagens, der Empfänglichkeit. Durch die bloße Geste des Sannyas-nehmens hat er sich verändert. Derselbe Mensch wird die Dinge jetzt aus einer vollkommen anderen Perspektive sehen. Er wird weniger Widerstand leisten, kooperativer sein und mehr Verantwortung spüren. Es muß also anders sein.

Und dann entsteht eine Familie. Wenn diese zwanzig oder dreißig Leute (er zeigt auf die Gruppe vor ihm) einfach einzeln in die Gruppe kommen, dann verfolgen sie ihren eigenen Zweck, und die Gruppe gleicht einer anonymen Masse, die am Flughafen auf ihr Flugzeug wartet. Dreißig Leute sitzen beieinander, aber es gibt nichts, das sie verbindet. Sie sind immer noch voneinander getrennt; sie bleiben einfach eine zusammengewürfelte Menge.

Wenn aber jeder ein Sannyasin ist, sind sie keine Masse, sondern bilden eine Gruppe. Das ist der Unterschied zwischen einer Masse und einer Gruppe. Eine Gruppe besteht dann, wenn jeder auf die eine oder andere Weise mit den anderen in Beziehung steht – ein Fluß strömt, und ihr sitzt alle in dem gleichen Boot. Du suchst nicht dein eigenes Ziel, und der andere sucht nicht das seine, sondern ihr alle verfolgt ein gemeinsames Ziel. Es gibt keine Konkurrenz, sondern Kooperation.

Der Unterschied ist riesig – ein Familiengefühl, daß man ein gemeinsames Ziel hat; daß du eine bestimmte Identität hast. Eine Familie entsteht, eine Gemeinschaft. Eine Gemeinschaft oder Familie funktioniert anders. Die Energie multipliziert sich, und die Veränderung jedes Einzelnen berührt alle anderen. Ändert man sich in einer Masse, dann ändert sich nur ein Einzelner. Eine

Masse bleibt gleichgültig, denn jeder bildet für sich eine Insel, ohne Beziehung zu irgend jemand anderem.

Wenn in einer Familie – und Sannyas ist eine Familie – sich einer ändert, höhergelangt und in Beziehung zu anderen steht, werden die anderen mit hinaufgezogen.

Es ist eine unbekannte Kraft. Nach und nach wirst du spüren, daß, wenn sich ein Gruppenmitglied ändert, alle mitgezogen werden; jeder hat an Zutrauen gewonnen und an Widerstand verloren. Wenn einer zu einer Einsicht gelangt, teilt diese sich allen anderen mit. Es ist ein ganz unbewußter Vorgang, doch indem du mit den Leuten arbeitest, wird er dir nach und nach zum Bewußtsein kommen.

Ich habe zu vielerlei Arten von Versammlungen gesprochen. Ich habe zu Massen gesprochen, von denen mir jeder Einzelne zugehört hat, doch zwischen den Leuten gab es keine Beziehungen. Dann ist es so, als spräche ich zu einer Person. Es mögen zehntausend Leute vor mir sitzen, doch ich rede zu einem, weil jeder für sich ist; es gibt kein verbindendes Glied. Das hat mich darauf gebracht, daß es so nicht geht.

Daraufhin begann ich, eine Familie zu schaffen. Wenn ich jetzt zu dir rede, ist es nicht so, als würde ich zu einem Menschen sprechen; ich spreche zu einer ganzen Familie. Und ich kann zuschauen – es ist so sichtbar –, wie einer sich außerordentlich gut fühlt, und plötzlich spürt die ganze Gruppe die Ausstrahlung. Einer fängt an zu lächeln, und plötzlich breitet sich das Lächeln aus, seine Wellenbewegungen erreichen jeden. Ich kann sehen, wie einer, der unter ihnen sitzt und kein Sannyasin ist, wie ein Hindernis wirkt; die Strömung stockt bei ihm. Er ist nicht Teil des Ganzen.

Es muß also hier vollkommen anders sein. Und das ist es, was Sannyas bedeutet, aber man wird sich dessen erst ganz allmählich bewußt. Gut, Anup.

*Bhagwan wendet sich an die Darshan-Gruppe.*

Weil so viele Leute hier sind, kommen am besten diejenigen, die etwas über sich zu sagen haben, nacheinander nach vorn.

*Ein Suchender kommt nach vorn. Er ist derjenige, der Bhagwan in einem früheren Darshan gefragt hatte, ob ein Meister notwendig sei, um einem zu helfen, erleuchtet zu werden, und dem Bhagwan geantwortet hatte, er solle keine Zeit verschwenden, sondern einen Meister finden, dem er sich anheimgeben könne...*

EDWARD *Ich möchte gerne Sannyas nehmen. (Heiterkeit und vergnügtes Lachen aus der Gruppe.)*

Ich habe auf dich gewartet! *(noch mehr Gelächter)* Schließe deine Augen... und wenn etwas mit deiner Energie geschieht, laß es zu; erlaube jede Bewegung, die im Körper entsteht. Und entspanne dich tiefer und tiefer in dir.

*Nach wenigen Augenblicken gibt Bhagwan ihm eine Mala und seinen neuen Namen:*

Gut! Und das ist dein neuer Name: Swami Prem Ninad. Das bedeutet: Musik der Liebe. Prem heißt Liebe, Ninad heißt Musik – aber nicht gewöhnliche Musik. Es bedeutet natürliche Musik. Zum Beispiel ein Wasserfall – das ist ›Ninad‹. Es ist nicht ein Mann gemeint, der auf einer Gitarre spielt. Das ist nicht Ninad, das ist gewöhnliche Musik, nicht die Musik der Natur. Wind, der durch die Bäume streicht – diese Musik, das ist Ninad.

Ninad bedeutet Musik der Natur, nicht vom Menschen geschaffen, vom Menschen unberührt – wild, jungfräulich, hm?

*Ein deutscher Sannyasin sagt, daß zwei Freunde, die in der Gruppe waren, nicht anwesend seien, weil sie beide während der Gruppe krank geworden seien; der eine am ersten Tag, der andere am zweiten.*

Manchmal kommt es vor, daß der Körper reagiert, wenn die Einstellung anfängt, sich zu verändern. Etwas Ungewöhnliches ist da, und der Körper möchte es zurückweisen. Es kommt also öfter zu Erkrankungen.

Aber es ist gut und positiv. Nach ihrer Krankheit werden sie eine ganz neue Einstellung haben. Denkt in der Gruppe immer daran, daß ihr jemandem, der krank wird während einer Gruppe, einer Meditation oder einer Methode, das Gefühl gebt, es sei gut, und kein Grund, deprimiert zu sein. In Wirklichkeit zeigt es an, daß etwas angefangen hat zu arbeiten, und der Körper möchte sich mit der neuen Haltung wandeln; deshalb müssen ein paar Dinge hinausgeworfen werden. Vielleicht sind ein paar Gifte im Körper, und wenn er anfängt, sie auszustoßen, wirst du krank.

Sag ihnen, daß sie in zwei oder drei Tagen vollkommen in Ordnung sein werden – mehr noch als zuvor, hm?

Vani, wie geht es dir?

VANI *Gut jetzt! Draußen bin ich verloren. Ich hab' mich besonders heute verloren gefühlt, weil ich zum erstenmal ein paar Leute, mit denen ich zusammenarbeite, mitgebracht habe, ein paar Kollegen aus der Besatzung.*

*(Sie ist leitende Stewardess.)*
Sie waren heute morgen beim Vortrag?

VANI *Ja – und sie sind gegangen.*

Hm, hm, es muß über ihren Horizont gegangen sein.

VANI *Ich arbeite mit diesen Leuten sehr eng zusammen, und ich kann mich ihnen einfach nicht mitteilen. Ich fühle mich gut, wenn ich alleine bin. Aber wenn ich mit anderen zusammen bin, möchte ich mich mitteilen, möchte ich mit ihnen reden. Das ist unmöglich...*
*Diesesmal hab' ich's versucht – ich hab' sogar aufgehört zu meditieren, denn wenn ich meditiere, ist es noch unmöglicher. Und ich habe versucht, mit ihnen zu reden... es hilft nichts.*

Du mußt verstehen, daß zwischen dir und den Leuten, mit denen du arbeitest, ein Abstand entsteht, sobald du anfängst zu wachsen. Und dieser Abstand wird vielerlei Probleme schaffen, weil die anderen in der Mehrzahl sind und denken, du wirst ein bißchen verrückt und exzentrisch oder so etwas. Und was immer sie denken, hat ein bestimmtes Gewicht, denn sie sind in der Mehrzahl. Sie werden alle dasselbe denken – und du wirst allein sein.

Wenn du versuchst, sie zu überzeugen, mit ihnen zu reden, zu argumentieren, das wird nicht viel helfen, denn was immer ich sage oder tue, hat nichts mit Argumenten zu tun. Wenn man fühlen kann, fühlt man eben; du kannst in dieser Hinsicht niemanden überzeugen. Es ist keine Philosophie. Es ist eine vollkommen neue Art des Seins und des Lebens.

Bevor sie also nicht bereit sind, sich zu ändern, können sie nicht verstehen. Versuch nicht das Unmögliche. Du versuchst, sie zu verändern, ihre Einstellung zu verändern, so daß sie wie du leben können. Doch nur, wenn sie so leben wie du, können sie ihre Einstellung ändern. Einen anderen Weg gibt es nicht.

Das einzig Vernünftige, was du tun kannst, ist, dir ihretwegen keine Gedanken zu machen. Und während du mit ihnen zusammen bist, spiele – spiele eine Rolle. Es ist nicht nötig, wahrhaftig zu sein, denn wenn du es bist, wird der Abstand zwischen dir und ihnen sehr, sehr groß. Spiele einfach weiter, wie du es gewöhnt bist, dann gibt es kein großes Problem.

Und kümmere dich nicht um das, was sie sagen, denn jetzt weißt du, daß ein Größeres möglich ist. Doch es liegt jenseits ihres Fassungsvermögens. Empfinde Mitgefühl für sie, und mach dir keine Gedanken.

Die Sufis sagen, daß man meditieren und beten soll, wenn niemand einen beobachtet, nicht einmal dein Mann oder deine Frau. In der Nacht, um Mitternacht, wenn alle schlafen gegangen sind, setz' dich still auf dein Bett und meditiere – so daß niemand dein inneres Leben bemerkt. Wenn sie erst einmal aufmerksam werden, werden sie es zunächst verdammen. Das ist natürlich, denn alles, was nicht Teil der Masse ist, ist verdächtig.

Laß dir also keine grauen Haare wachsen und bring sie nicht her, denn das schafft Ärger. Niemand kann zu mir gebracht werden. Leute können kommen, aber niemand kann gebracht werden. Und mach das nie, denn wenn du es machst, bauen sie mehr Widerstände auf. Ja, sie werden sogar mir gegenüber fast taub sein, gegenüber dem, was ich sage, und wenn sie gehen, steht endgültig fest, daß Vani verrückt ist. Das wird die einzige Überzeugung sein, die sie gewinnen *(ein Schmunzeln)*.

Und während du arbeitest, spiele eine Rolle. Auch das ist gut. Die Fähigkeit, eine Rolle spielen zu können, ist gut. Bleib einfach ein Zeuge und fahr fort, Dinge zu tun. Und bald werde ich dir sagen... wenn ich das Gefühl habe, die Zeit ist reif, werde ich dir sagen, daß du alles zurücklassen sollst, aber warte noch etwas.

Zuerst werde mit der Situation fertig und dann verlasse sie. Verlaß nie eine Situation, in der du unterlegen bist, niemals, denn dann war die Erfahrung unvollständig. Werd' mit der Situation fertig! Wenn du mir erzählst, daß es jetzt kein Problem mehr gibt, daß alles jetzt gut geht, dann werde ich dich auffordern, von da wegzugehen – früher nicht! Und versuche nicht, mich zu täuschen – das ist nämlich nicht möglich, hm? Gut, Vani!

Wie war die Gruppe.

BOB *Die Gruppe war ausgezeichnet. Ich war am Anfang sehr blockiert, denn ich bekam viele Anrufe aus den Vereinigten Staaten, weil meine Lieben daheim sehr krank sind.*
*Ich war sehr abgelenkt... dann kam ich zurück in die Gruppe, und alles war so friedlich, daß ich gar keine Gelegenheit hatte, irgend etwas loszuwerden. Dann begann ich die Gruppe allmählich mehr und mehr zu schätzen, denn ich fand, anstatt die Energie aus mir hinauszuschleudern, konnte ich mich auch ebensogut sammeln; und die Nachrichten waren nicht von der Art, daß sie mich davon hätten abbringen können. Ich fühlte mich sehr gut dabei.*

Hm, hm, manchmal kommt es vor, daß in einer Situation, in der alles darauf angelegt ist, traurig zu sein, deprimiert, wütend oder negativ, es auch möglich ist, seinen kühlen Kopf und seine Fassung zu verlieren. Wenn du in so einer Situation nach einer bestimmten Technik arbeitest, mag es am Anfang so scheinen, als sei das unmöglich, weil die Situation so ungewohnt ist.

Aber das ist meine Beobachtung: daß Techniken in diesen Situationen sehr tief gehen, wenn du einfach beharrlich dabei bleibst, denn der Gegensatz macht die Dinge klarer. Es ist, als ob du mit weißer Kreide auf eine schwarze Tafel malen würdest – man kann es ganz klar erkennen. Du kannst das gleiche auf eine weiße Tafel mit weißer Kreide malen – und es wird verschwinden.

Es ist eine Beobachtung, die seit Jahrhunderten gemacht wurde, daß Menschen in den dunkelsten Nächten des Lebens die höchsten Gipfel der Seligkeit erreichen.

Wenn alles darauf angelegt ist, deprimiert zu sein, zutiefst deprimiert, und du arbeitest etwas aus, wird die Verstörtheit nicht zur Ablenkung; sie selber wird zum Hintergrund, und dein Bemühen erscheint als Kontrast dagegen.

Du bist ein Fotograf, du kannst das gut verstehen – daß der Hintergrund einen Kontrast bilden muß. Wenn der Hintergrund und die Gestalt sich nicht unterscheiden, dann verliert die Gestalt – ihre Intensität, ihre Schärfe, alles geht verloren.

Es war gut so. Am Anfang herrscht immer Widerstand, und es ist ein gutes Zeichen, daß dein Verstand unbewußt spürt, daß du dich in tiefe Wasser begibst: Angst ist da, und du fängst an, Widerstand zu leisten. Widerstand ist eine sehr symbolische Sache. Er zeigt an, daß etwas geschehen wird, in anderen Fällen widersetzt sich der Verstand gar nicht. Wenn der Verstand weiß, daß das Territorium bekannt ist, und du es zuvor oft bereist hast, kommt es zu keinerlei Furcht, und der Verstand ist nicht widerspenstig. Merkt er aber, daß du dich auf unbekanntes Gelände zubewegst, auf etwas Unerforschtes, etwas, das du noch nicht kennst, dann leistet er Widerstand.

Denke immer daran, wo Widerstand herrscht, liegt ein Schatz verborgen. Nimmst du den Widerstand wahr, fasse Mut, denn du steuerst auf irgend etwas zu. Irgend etwas wird sich ereignen. Vergiß alles und folge der Richtung, aus der der Widerstand kommt, und du wirst nie mit leeren Händen daraus hervorgehen. Aber die normale Tendenz des Verstandes geht dahin, daß er einfach ausreißt, wenn er den geringsten Widerstand gegen irgend etwas spürt. Du verpaßt viel Reichtum, den das Leben über dich ausschütten wollte.

Ein bequemes Leben ist immer das denkbar ärmste. Und mit bequem meine ich ein Denken, das immerzu Widerstände vermeidet und immer eine annehmliche Art zu leben findet. Dann vegetierst du, du lebst nicht. Gehst du bald zurück?

BOB *Nun, seit deinem Geburtstag bin ich mit all diesen Leuten hier zusammen gewesen. Ich war mit soviel Leuten zusammen, wie ich nur konnte; hier im Ashram und auch mit den Leuten aus dem weiteren Kreis – denjenigen, die vielleicht nicht alle Tage herkommen, aber praktisch dazugehören – und ich habe viel Zeit mit ihnen verbracht.*
*Jeden Morgen, wenn ich aufstehe, passieren die unglaublichsten Dinge; ohne Plan werde ich von einem zum anderen geführt. Ich hab' so viele Sachen hier entdeckt. Sehr, sehr reichhaltiger Stoff sammelt sich hier an. Ich glaube mehr denn je,... daß ein unglaublicher Film darüber gedreht werden kann.*
*(Bob ist ein Filmemacher.)*

Viel kann daraus werden. Schöne Leute sind gekommen, und noch schönere Leute werden bald kommen! Gut!

Und du selbst? *(Lautes Lachen von seiten der Gruppe; wir alle wissen, was das bedeutet!)*

Werde ein Sannyasin! *(Bob senkt langsam seinen Kopf, zum Zeichen seines Einverständnisses.)*

Schließe deine Augen...

*(Die Mala wird Bob um den Hals gelegt.)*

Das ist dein neuer Name: Swami Prem Samvada. Samvada bedeutet Dialog, und Prem bedeutet Liebe: Ein Dialog der Liebe. Und ich gebe ihn dir aus ganz bestimmten Gründen.

Alles, was schön ist, wirst du durch tiefe Beziehungen erreichen, hm? – mit Leuten, mit der Natur. Wenn du einen Dialog herstellen kannst, wirst du viel erreichen.

Ein Dialog ist keine Diskussion. Eine Diskussion ist ein Kampf; ein verbaler, intellektueller Kampf. Ein Dialog ist tiefe Sympathie, eine tiefe Verbundenheit mit dem anderen Menschen, so daß du früher oder später anfängst, mit der Energie des anderen mitzuströmen. Dann ist der andere nicht mehr der andere,

und du kämpfst nicht mehr; du kooperierst mit ihm, hilfst dem anderen, er selbst zu sein. Du bleibst du selbst, und der andere bleibt er selbst. Es kommt zu einer Begegnung, einer tiefen Begegnung – nicht zum Streitgespräch.

Samvada – es ist eines der schönsten Worte. Und ein Dialog ist eine sehr, sehr tiefe Liebe, er ist Sympathie, eine tiefe Verbundenheit. Du fühlst plötzlich Liebe für jemanden und fängst an zu fließen. Es ist unlogisch, aber sehr bedeutsam.

Kleide dich vollständig in Orange! Gut.

*Ein Sannyasin sagt, daß er sich faul findet.*

*Bhagwan sagt, diese Art von Vorstellungen, die wir über uns selber haben, sind das Resultat unserer Prägung, sie sind nicht unsere wahre Natur. Er erklärt, daß wir, wenn wir geboren werden, ohne jede Identität sind, und wir suchen nach einer – durch unsere Eltern, die Familie, Freunde. Irgend jemand, der Vater, vielleicht sagt, du seiest faul. Du magst diese Bezeichnung vielleicht nicht, aber immerhin, es ist wenigstens etwas. Es gibt dir eine Identität, das Gefühl, jemand zu sein. Oberflächlich gesehen, magst du es vielleicht nicht, aber tief im Innern fühlst du dich besser, denn du weißt, wer du bist.*

*Als Kind machst du dir diese Urteile zu eigen – beide, die positiven wie die negativen – und fängst an, sie zu glauben und entsprechend zu handeln. Es ist eine Hypnose. Und wenn du heranwächst, trägst du diese Vorstellungen in dir.*

*Jeder ist nichts als eine Leere. Wenn du Etiketts akzeptierst, bist du in der Falle; und mit jedem Tag verstärkst du sie. Das kann zu einem Schema werden. Es ist einfach eine falsche Benennung. Wenn du das begreifst, kannst du es in diesem Augenblick fallen lassen. Der Mensch ist totale Leere und Freiheit. Du bist frei, der zu sein, der du sein willst; zu sein, wie du sein willst.*

*Versuch also nicht, nicht faul zu sein, fährt Bhagwan fort, denn dann wiederholst du immer noch das Wort und die Vorstellung von Faulheit. Er sagt, wenn Rishi merkt, daß irgend etwas, das er tut, ihm das Gefühl verschaffe, er sei faul, solle er gerade das Gegenteil davon tun. Zum Beispiel, wenn er am Morgen um fünf Uhr dreißig wach würde und sich faul vorkäme, solle er in Zukunft um vier Uhr dreißig aufstehen.*

*Bhagwan sagt, daß er, als er jünger war, auch faul gewesen sei und es schwierig gefunden habe, am Morgen aufzustehen. Deshalb ist er in den nächsten Jahren – nicht bloß ein oder zwei Monate lang! – gewöhnlich um drei Uhr in der Früh' aufgestanden! Er sagt, er sei überrascht gewesen, sich selber so handeln zu sehen, denn er hatte sich für faul gehalten. Als es offenbar wurde, daß er es nicht war, stand er nicht mehr so früh auf.*

*Er sagt, es sei nicht verkehrt, lange zu schlafen, aber man solle bewußt die Wahl treffen, es so zu halten; es sollte eine Entscheidung sein und nicht etwas, das man unwillkürlich aus Faulheit täte.*

*Bhagwan sagt, daß er in seiner Kindheit immer lange Haare tragen wollte, aber seine Familie konnte es nicht leiden und brachte ihn davon ab. Eines Tages ging er daher fort und ließ sich alle Haare abschneiden – abrasieren.*

*Seine Familie war überrascht, sie sagten, sie hätten nicht gemeint, er solle sich den Kopf rasieren; aber er sagte, dies sei der einzige Weg für ihn gewesen, seinen Wunsch nach langen Haaren zu überwinden. Jetzt war er vollkommen frei davon!*

*Er sagt, das seien bloße Begriffe des Verstandes. Sie könnten leicht aufgegeben werden. Man könne nie frei sein, bevor man solche Vorstellungen nicht fallen ließe.*

# Freitag
# den 26. Dezember

*Ein Sannyasin, der den Tränen nahe ist, während er spricht, erzählt Bhagwan, daß er sich sehr traurig fühle und leicht verletzbar sei und daß es ihm seit mehreren Wochen so ginge; aber er sei unfähig zu sagen, was er fühle, was der Grund dafür sei.*

*Bhagwan fragt dessen Frau, die auch anwesend ist, ob sie etwas dazu sagen könne, da sich ihr Mann nicht im klaren darüber sei, was mit ihm vorginge. Bhagwan sagt, daß er vielleicht unbewußt vermeide, dem Problem ins Auge zu schauen aus Angst, er könnte nicht fähig sein, damit umzugehen. Er fügt hinzu, daß Frauen bei Beziehungsproblemen feiner beobachten als Männer, deshalb könne sie vielleicht etwas weiterhelfen.*

*Turiya sagt, daß sie in letzter Zeit das Bedürfnis habe, allein zu sein – ein Gefühl, das neu für sie sei –, sie habe den Eindruck, daß das ihren Mann belastet.*

*Sie fügt noch hinzu, daß sie sich fern von ihm fühle und sie ihren eigenen Freiraum benötige. Sie sagt, sie habe sich vorher ziemlich an ihn angeklammert.*

*Ihr Mann sagt, er fühle sich zurückgewiesen, ›ignoriert‹, doch könne er offensichtlich keinen Zusammenhang sehen zwischen diesen Gefühlen und dem Wunsch seiner Frau, alleine zu sein.*

BHAGWAN: Jetzt verstehe ich das Problem vollkommen *(zu dem Ehemann)*. Weil Turiya immer Angst davor gehabt hat, alleine zu sein, hat sie sich an dich angeklammert, und du hast es genossen, dein Ego hat sich gefreut. Das männliche Ego freut sich ungeheuerlich, wenn eine Frau sich anklammert.

Eine Frau ist wie eine Schlingpflanze, und der Baum genießt es ganz außerordentlich – daß die Frau abhängig ist, hm? Sie hatte Angst vor ihrem Alleinsein, darum hat sie sich an dich geklammert. Je meditativer sie jetzt wird, um so mehr verspürt sie den Wunsch, alleine zu sein – denn das ist der einzige Weg, die Angst loszuwerden. Sie möchte also alleine sein, alleine gelassen werden, und du hast das Gefühl, daß du nicht gebraucht, daß du zurückgewiesen wirst. Aber du wirst überhaupt nicht zurückgewiesen, und es heißt nicht, daß du nicht gebraucht wirst.

In Wirklichkeit versucht sie zum erstenmal, auf eigenen Füßen zu stehen, und wenn du es erlaubst und ihr dabei hilfst, nur dann wird Liebe möglich. Bis heute war es gar keine Liebe. Sie hat sich aus ihrer Angst heraus an dich geklammert, und du hast das aus deinem Ego heraus genossen – weder hast du noch hat sie tiefe Liebe empfunden. Jetzt wird Liebe zum allerersten Mal möglich.

Wenn du ihr hilfst, allein zu sein, ihre Angst loszuwerden, wird sie dir immer dankbar sein. Und wenn sie alleine sein kann und dich aus ihrem Alleinsein zu sich ruft, dann ist das Liebe, denn dann hat es nichts mehr mit Furcht zu tun. Nur dann kann sie mit dir teilen.

Und auch für dich wird es gut sein, denn es ist nur das Ego, das sich verletzt fühlt. Nichts sonst ist verletzbar; es ist immer das Ego. Das Ego ist wie eine Wunde – sehr empfindlich. Du berührst es, und schon fühlt es sich verletzt. Sie hat dein Ego erfüllt; jetzt möchte sie alleine sein, und das tut weh.

Versuche zu verstehen. Laß sie alleine sein, laß sie allein, und gib ihr mehr und mehr Raum. Wann immer du das Gefühl hast, daß sie es nötig hat, allein zu sein, geh einfach aus dem Weg – und sie wird dich dafür sehr lieben, denn das ist deinerseits eine Geste der Liebe. Wenn jemand es braucht, allein zu sein, dann solltet ihr ihn allein lassen. Wenn du sie liebst, verstehst du das Bedürfnis – es ist ein Bedürfnis des Wachstums. Und sie wird dankbar dafür sein, dankbarer denn je. Bedenke immer: daß, wenn jemand dich aus Angst liebt, diese Liebe Humbug ist, denn Liebe kann nicht aus Angst hervorgehen. Das ist eine leere Geste. Liebe kann nur aus tiefem Verständnis geboren werden, nicht aus Furcht.

Das wird also euch beiden helfen. Und es mußte so kommen. Wann immer ein Paar zu mir kommt, muß sich die Gesamtheit ihrer alten Verhaltensweisen ändern. Sie haben in einer bestimmten Art von Beziehung gelebt und fangen jetzt zu wachsen an. Diese alte Beziehung bietet euch nicht mehr genügend Raum; ihr werdet immer größer. Eure Kleider waren für Kinder zugeschnitten, und jetzt sind sie zu klein. Ihr fühlt euch beschränkt. Hängt also nicht an den alten Mustern; gebt sie auf. Hilf ihr, allein zu sein.

*(sich an Turiya wendend)* Und Turiya, du denk' daran, ihn nicht unnötig zu verletzen. Wenn du allein sein willst, sag ihm einfach, daß du allein sein möchtest. Auch das muß gelernt werden; denn viele Male wollen wir alleine sein, aber die Art, in der wir es ausdrücken, ist sehr häßlich. Wir sagen den anderen, sie sollen weggehen, oder sagen ihnen, wir brauchen sie nicht oder lieben sie nicht mehr. Wir sagen diese Dinge vielleicht, wo wir tatsächlich nichts anderes sagen wollten, als daß wir alleine sein möchten.

Wenn du also allein sein willst, frag' ihn einfach und sei sehr liebevoll, so daß er dich verstehen kann. Wenn er dich mißversteht, wird er dir Schwierigkeiten bereiten, und dann wird Wachstum unmöglich.

Ihr seid beide im Wachstum begriffen, und es wird viel Liebe geben. Ihr werdet bereit dafür. Es gehört einfach ein bißchen Warten und Geduld dazu, hm? Macht euch keine Sorgen. Im Laufe weniger Wochen werdet ihr sehen, wie eine vollkommen andere Form von Liebe zwischen euch entsteht, zwischen euch fließt, und viel Verständnis füreinander wird aufkommen. Alles wird gut werden.

*(Bhagwan berührt ihre Köpfe und erkundigt sich dann nach ihrer kleinen Tochter Tanya, die bei ihnen ist. Er sagt zu Turiya, sie möge Tanya helfen zu meditieren, indem er hinzufügt:)*

Wenn sie von diesem Alter an ein paar Meditationen machen kann, werden ihr viele Schwierigkeiten, die du hast, nicht begegnen. Und wenn sie von allem Anfang an meditativ wird, wird sie ein vollkommen anderes Leben haben. Ihre Wahl wird anders sein, ihre Liebe wird anders sein; ihr ganzes Wesen wird eine andere Dimension des Wachstums haben.

Das ist die richtige Zeit, mit der Meditation zu beginnen. Und in diesem Alter ist der Sinn noch fast völlig klar, rein, unschuldig; wenn jetzt eine Saat hineingelegt wird, geht das sehr tief. Die Früchte werden vielleicht nicht bald kommen, aber eines Tages werden sie da sein.

Wenn du etwas zu einem späteren Zeitpunkt lernst, funktioniert dein eigenes Wissen immer als eine Barriere; es weist andauernd viele Dinge zurück, hm?

*Bhagwan unterbricht sich, um Tanya ein Geschenk, ein Spielzeug, zu geben. Sie streckt schüchtern ihre Hand aus, um es an sich zu nehmen, krabbelt zurück an die Seite ihrer Mutter und sagt dann im Ton des kindlichen Sing-Sangs ein rasches ›thank you‹ – ihr einziges englisches Wort!*

PREM DHARMA *Ich habe in der letzten Woche eine Menge an Widerstreit erlebt. Ich fühle, wie mein Herz sich zu öffnen beginnt, es anfängt zu strömen, und wie es sich dann zusammenzieht und -ballt. Ich fühle mich also zugleich glücklich und traurig.*

Freue dich an beidem, hm? Und wähle nicht. Wenn du erst einmal auswählst, lädst du Schwierigkeiten ein. Traurigkeit ist genauso ein Teil des Lebens wie Glücklichsein. Sie darf nicht abgeweisen werden, sie muß verarbeitet werden.

Es ist eine wunderschöne Sache, wenn du dich in die Harmonie des Ganzen einfügen kannst.

Einem Menschen, der nicht unglücklich sein kann, der nicht traurig sein kann, fehlt etwas. Sein Glück besteht nur an der Oberfläche; Traurigkeit verleiht dir Tiefe. Weise sie also nicht zurück – denn der Verstand ist darauf trainiert worden, Traurigkeit zurückzuweisen, er ist darauf getrimmt worden, immer glücklich zu sein, was töricht ist!

Wenn du lachen willst, mußt du fähig sein zu weinen. Wenn dir keine Tränen kommen können, wird dein Gelächter bloß ein gemachtes Lachen sein. Nur wenn du in Tränen ausbrechen kannst, wird dein Lachen tief sein und aus deinem innersten Herzen kommen. Man wächst zu gleicher Zeit in beide Richtungen, wie ein Baum. Der Baum wächst hoch, und die Wurzeln reichen tief in die

Erde hinunter. Deine Wurzeln werden tief in die Traurigkeit hinab reichen, und deine Zweige werden hoch in dein Glück hinaufwachsen – und du bist beides. Akzeptiere beide und freue dich an beiden. Wenn ein Mensch die Gegensätze akzeptieren kann, gibt es weiter nichts zu lernen.

Wenn du mich nach der einzigen Lektion fragst, die gelernt werden muß, werde ich dir antworten: Sei auch mit dem Gegenteil zufrieden – das ist genug. Das ist alles, worauf es in aller Philosophie, in aller Religion ankommt. Versuch es! Gut.

Hm, wie steht's mit dir?

*Satya Radha sitzt ein paar Sekunden schweigend vor Bhagwan und blickt ihn nachdenklich an!*

(Ein kleines Lachen) Hm! Sag etwas!

SATYA RADHA *Ich weiß nicht... Ich lache, und dann fühle ich mich sehr traurig.... besonders, wenn ich dir zuhöre. Am Anfang war es so schön. Jedes Wort war wie Honig und eine große Freude, und jetzt habe ich das Gefühl, daß mich alles sehr verletzt. Die gleichen Worte vielleicht, aber sie dringen wie Messer in mich ein. Ich leide sehr viel.*

Hm, hm... leide – denn du mußt mit mir alle Phasen des Lebens durchqueren. Du mußt traurig mit mir sein, leiden mit mir und mit mir feiern. Du mußt alle Wetterlagen mit mir durchstreifen.

Ich bin keine bestimmte Jahreszeit, ich bin das ganze Jahr. Der Sommer wird kommen und der Winter; Frühling wird es geben und Herbst – und du mußt das ganze Jahr über bei mir sein.

Es gibt Menschen, die sind wie Jahreszeiten; sie schmecken immer gleich. Wenn sie Sommer sind, dann sind die Sommer; wenn sie Winter sind, dann sind sie Winter. Ich bin nicht in dieser Weise festgelegt. Und für mich sind Leute, die nur eine Jahreszeit haben, tot – sie wissen nicht, was Leben ist. Leben ist ein gewaltiger Wandel, ein gewaltiger Strom. Wellen über Wellen, und der Ozean reicht bis ins Unendliche, und die Wellen zerschmettern unaufhörlich an den Felsen, und ihr Gesang ist ohne Ende.

Du wirst mit mir zu verschiedenen Jahreszeiten leben müssen, in verschiedenen Stimmungen. Wenn du alle Jahreszeiten durchlebt hast und alle Stimmungen, dann wirst du begreifen, was Reichtum ist.

Erlaube also auch das. Wenn meine Worte wie Blumen waren, laß sie dich jetzt wie Messer durchdringen. Wenn meine Worte wie besänftigender Balsam waren, laß sie jetzt wie Feuer und Flammen sein. Denn letzten Endes mußt du durch all diese Gegensätze hindurchgehen, um nach Hause zurückzukommen, um den Punkt zu erreichen, an dem sich die Gegensätze treffen, miteinander vermischen und verschwinden.

Es wird eines Tages der Punkt kommen, wo du mir zuhörst und es weder Traurigkeit noch Glück gibt. Meine Worte werden nicht wie Blumen sein und nicht wie Flammen. Du wirst einfach in äußerster Stille zuhören, nicht ein einziger Ton, nichts wird geschehen. Du wirst sein, als wärest du nicht – und nur dann hast du die Botschaft empfangen. Davor aber – viele Wetterlagen, aber jedes Wetter ist gut, freue dich auch daran, hm? Wenn du mit mir am Tage lebst, wer wird bei mir sein in der Nacht? Akzeptiere alle Wege, die ich bin, und jede neue Phase wird etwas in dir aufbrechen, einen Block, eine Eisschicht – und wird dir helfen zu strömen. Ich werde dich auf mancherlei Weise behämmern. Und Hingabe bedeutet, daß du breit bist.

Wenn ich dir helfen soll, sei du bereit. Wenn du zu mir sagst, du hättest dich ergeben und willst mir folgen, sobald ich in den Himmel gehe, und wirst mir nicht folgen, wenn ich zur Hölle fahre, dann hast du dich mir nicht ergeben. Wenn du bereit bist, überall mit mir hinzugehen, nur dann bist du bereit, mit mir zu gehen.

Und so verstehe ich es: Bevor du nicht den Boden der Hölle selber berühren kannst, wirst du niemals erkennen, was der Himmel ist. Darum gibt es die Hölle – um dich zu reinigen, dich und alles, was überflüssig ist, zu zerstören, so daß der Himmel in dir aufblühen kann. Es ist paradox, es erscheint paradox, aber die Blume des Himmels blüht auf in der Hölle. Denke darüber nach! *(ein Schmunzeln)* Gut!

# Sonntag
# den 28. Dezember

GEET GOVIND *(ein Maler aus Berlin) Ich glaube, ein paar neue Dinge haben in mir ihren Anfang genommen, aber ich habe noch nicht angefangen...*

Hm, hm... fang an!

Es ist immer schwierig, irgend etwas Neues anzufangen, weil der Verstand immer versucht, es aufzuschieben. Mit dem Alten paßt der Verstand vollkommen zusammen. Mit dem Neuen spürt er ein gewisses Unbehagen. Aber schieb es nicht auf.

Wenn du das Gefühl hast, daß etwas Neues im Kommen ist, daß du etwas Neues tun möchtest, tu es – denn nur durch dein Tun wird es sich in deinem Wesen niederschlagen. Ja, nur durch das Tun erfahren wir, wer wir sind, und Handeln enthüllt dein Wesen. Durch Tanzen erfährst du, daß du ein Tänzer bist – einen anderen Weg, das zu erkennen, gibt es nicht. Wenn du niemals tanzt, wirst du niemals in Erfahrung bringen, daß du ein Tänzer bist; diese Dimension wird dir fehlen.

Tun ist vor dem Sein immer das Geringere. Was dein Sein angeht, bist du unendlich, bist du alles. Was aber dein Tun angeht, gibt es eine Begrenzung. Du wirst wählen müssen, etwas Bestimmtes zu tun, und wählen, etwas anderes nicht zu tun.

Du bist als Maler geboren; das ist dein natürlicher Fluß. Wenn also etwas neu und frisch in dir aufsteigt, zögerst du vielleicht, denn du bist ein wohlbekannter Maler – dein Name, deine Identität, deine Vergangenheit, die festgelegte Routine – und das kann zum Hindernis werden.

Manchmal ist es sehr gefährlich, berühmt zu werden, denn dann kannst du nicht mit dem Neuen spielen. Du bekommst Angst. Berühmt zu werden, heißt, daß du jetzt zuviel in die Vergangenheit investiert hast. Bleibe immer ein Amateur, werde nie zum Experten. Hör nie auf, mit dem Neuen zu spielen, und laß dein Leben ein Vergnügen sein und keine ernste Sache. Ernste Leute sind tot, bevor sie sterben.

Fang also sofort an und verschwende keine Zeit, was immer es ist – denn du kannst es nicht wissen, es sei denn, du tust es.

Es ist wie mit einer Frau, die ein Kind in sich trägt. Bevor das Kind nicht geboren ist, wird sie nicht wissen, wer das Kind ist – ein Junge oder ein Mädchen, hübsch oder häßlich.

Man kann es auf keine Weise erfahren. Du kannst es fühlen, eine Frau kann fühlen, daß sich etwas in ihrem Leib befindet, lebendig, um sich stoßend; aber wer ist das? Niemand weiß es. Nicht einmal die Mutter kann es wissen.

Sogar ein Künstler weiß niemals, was geboren werden wird. Nur wenn es zur Welt gebracht ist, kannst du es sehen. Dann erkennst du rückblickend, ja, du erkennst den Stoß von ihm wieder, ein ganz vages Gefühl davon – aber alles lag in tiefem Nebel.

Fang also an zu arbeiten, hm? Ich habe darauf gewartet! Sobald du meditierst, wird bald etwas hochkommen; es steigt an die Oberfläche.

GEET GOVIND *Ich bin mir nicht sicher, ob ich in Deutschland meinen Künstlernamen ändern kann. Ich werde es tun, ich möchte es tun, aber die Galerien werden sagen, daß ich das nicht machen kann.*

Du mußt es tun!

GEET GOVIND *Ich muß?*

Hm, weil dir das zu einem klaren Bruch mit der Vergangenheit verhilft. Du mußt es machen! Du kannst ihnen sagen, daß dieser alte Mann tot ist! Du kannst es in den Zeitungen drucken lassen, daß er tot ist *(ein Schmunzeln)*, und du fängst frisch an, ein neuer Maler. Du überläßt diese alten Bilder dem alten Mann – sie haben nichts mehr mit dir zu tun. Wenn es möglich ist, verändere ihn; wenn nicht, vergiß es.

Fange frisch an, vollkommen frisch. Wag es! Und Wagen zahlt sich immer ungeheuerlich aus. Es wird geschehen, hm? Gut!

PREM PRASTHAN *Ich habe das Gefühl, ich hab' mein Gleichgewicht verloren, und ich schwanke...*

Komm her zu mir, Erzähle, was ist geschehen.

PRASTHAN *Nun, hm, soviel ich weiß, erschreckt es mich nicht so sehr, aber es ist... es ist... Ich hab' das Gefühl, als würde ich vornüberfallen, und dann fang' ich mich wieder. Dann komm' ich zurück, und alles, was in mir ist, das Teil von mir ist, scheint in mir auf und ab zu schwingen. Als Ergebnis davon finde ich es ganz schön hart, mich dabei noch wohl zu fühlen.*
*Ich nehme an, ich kämpfe, aber ich bin mir nicht bewußt, wie; und zur gleichen Zeit halte ich mich, glaube ich, fest. Aber ich weiß nicht, wie ich das mache.*

Hm, ich verstehe. Wann immer du anfängst, dich zu verändern, gehst du durch ein Chaos, denn das Alte löst sich ab, und das Neue muß erst geboren werden. Das Alte stirbt, und das Neue ist noch nicht geboren. Eine Zwischenzeit entsteht, und in der Zwischenzeit fühlt man sich ganz aus dem Gleichgewicht, verliert alle Identität, allen Sinn dafür, wer man ist, vergißt vollkommen, wo man steht. Die Erde unter den Füßen verschwindet, als ob man sich in einem Abgrund befindet, fallend... fallend... und es gibt keinen Boden darunter. Und man würde sich gerne irgendwo festhalten.

Und das ist natürlich – dieser Wunsch, sich an irgend etwas festzuhalten. Klammerst du dich aber an etwas, verlängerst du nur die Zwischenzeit. Hältst du dich nicht fest, wird die Zwischenzeit bald vorüber sein; sie kann in diesem Augenblick verschwinden. Es ist keine Frage der Zeit. Es ist eine Frage deines Vertrauens.

Wenn du mir vertraust, klammere dich an nichts. Akzeptiere das Ungleichgewicht, die Unsicherheit. Akzeptiere die Unbehaglichkeit und die Unannehmlichkeit. Nimm es hin, und sofort wird es verschwinden. Es ist da, weil du immerzu denkst, vorher war es besser – wenigstens lagen die Dinge klar.

Es ist gerade so, wie wenn ein Kind unterwegs ist. Neun Monate lang hat das Kind im Leib der Mutter gelebt, vollkommen versorgt. Nie wieder im Leben wird es ihm so gut gehen. Die ganze Wissenschaft kann bis heute nicht solche Bequemlichkeit schaffen, wie der Leib der Mutter dem Kind geben kann: keine Verantwortung, kein Ärger, kein Kampf. Mit allem ist es versorgt. Noch bevor die Nachfrage entsteht, ist das Angebot da. Nicht, daß du danach fragst und das Angebot ist da. Dieses ökonomische Gesetz gilt hier nicht. Noch bevor du nachfragst, ist das Angebot da. Alles ist angenehm, es ist das Paradies.

Und das Kind liegt in vollkommenem Schlaf, vierundzwanzig Stunden lang, tief in Vergessenheit versunken, im Dunkeln, schweigend.

Und dann kommt die Geburt. Das Kind kann nicht sehen, was passieren wird. Alles, was es wahrnehmen kann, ist, daß alles durcheinandergerät; es wird aus seinem Heim hinausgeworfen – dem himmlisch bequemen.

In der Tat, die biblische Geschichte von Adams Vertreibung aus dem Garten Eden ist nichts anderes als eine Parabel für die Geburt des Menschen. Der Mutterleib ist der Garten und die Vertreibung die Geburt des Kindes, das Trauma. Und dem Kind ist unwohl zumute, ungeheuer unwohl, schrecklich unwohl; die ganze Sache ist wie ein Schock. Psychologen sagen, es sei ein Trauma. Bis zum Tod wird es nie wieder ein solches Trauma geben. Nur der Tod ist diesem Trauma vergleichbar, und sogar er ist kein so großer Schock, denn das Leben ermüdet einen, es erschöpft einen. In gewissem Sinne fängt man an, sich den Tod zu wünschen, bevor man wirklich stirbt. Nicht einmal der Tod wird so schrecklich sein wie die Geburt.

Auch das hier ist wieder eine Geburt. Religion ist nichts anderes als eine Art, wiedergeboren zu werden – in Bewußtheit. Wenn du also kämpfst, wenn du versuchst, dich anzuklammern, wird die Zwischenzeit verlängert. Entspanne dich einfach. Es gibt jetzt keinen Weg zurück.

Die Situation ist jetzt so, als sei der Kopf des Kindes aus dem Leib der Mutter herausgekommen und der ganze Körper ist noch drin – es gibt kein Zurück. Du kannst nur herauskommen. Und wenn du dich festhältst, verlängerst du einfach den Schmerz und das Leiden – und das ist nicht nötig. Hilf mit.

Nur der Tod ist angenehm. Das Leben hat seine Unannehmlichkeiten, und man wächst durch sie – Schmerz, Leiden. Alles hat seine eigene Bedeutung.

Aus meiner Sicht: Ich segne dich. Es fehlt an nichts; alles ist genau so, wie es sein sollte. Sei nur ein kleines bißchen mutiger, hm? Es wird vorübergehen. Verschwende keine Zeit und hilf dem Geschehen. Nimm es hin und bewege dich mit ihm.

Letzten Endes wirst du herausfinden, daß das, was am Anfang wie Unsicherheit aussah, die einzige Sicherheit ist. Und das, was zu Beginn beschwerlich aussah, wird sich als die einzige Glückseligkeit herausstellen, die es gibt. Aber du mußt dich in die Sache vertiefen, hm? Hab keine Angst!

Hm, Devesh! Etwas über Diana? *(Deveshs kürzlich angekommene und heftig erwartete Freundin aus England)*

DIANA *Ich bin sehr erfreut, hier zu sein. Ich bin im Grunde Zyniker, und ich habe niemals damit gerechnet, so berührt zu werden. Ich kam bloß her, um meinen Freund zu sehen! (Ein leichtes, scheues Lachen.)*

Hm! Viel wird geschehen – du weißt es noch nicht! Es hat dich erwischt! Hilf ihr, Devesh. Mach du es ihr erst einmal bequem, dann werde ich ihr Unannehmlichkeiten schaffen! *(lautes Gelächter)* Erschreck sie nicht von allem Anfang an; das überlaß lieber mir! hm? *(ein Schmunzeln)*

*(wendet sich an Dianas Freundin)* Wie steht es mit dir?

VIRGINIA *Nun, ich fühle mich auch sehr geehrt, hier zu sein. Ich war viele Male in Indien, aber dieses Mal bin ich gekommen, um zu versuchen, auf den richtigen Weg zurückzukommen und eine spirituelle Reise durch Indien zu machen; ich möchte eine andere Art Wissen kennelernen.*

Hm, sehr gut... hast du schon selbst etwas dafür getan?

VIRGINIA *Om, ja, ich war an dieser Seite des Lebens immer interessiert. Ich hatte Anleitung von, ich hatte das Glück, von indischen Leuten angeleitet zu werden. Aber dieses Mal bin ich hierher zurückgekehrt, weil ich in England meinen Weg verloren habe, und ich hoffe, daß ich ihn hier wiederfinden werde.*

Du wirst, du wirst ihn finden. Hm, gut. Die Suche selbst ist sehr, sehr schön – egal, ob man findet oder nicht, das ist sekundär. Man sucht, und darauf kommt es an, denn letzten Endes ist es gerade deine Suche, die zum Weg wird.

Es gibt keinen Weg außer deiner Suche. Die Intensität deiner Suche selber wird dein Weg. In der Tat, der bloße Gedanke an einen Weg ist irreführend.

Das vermittelt dir die Vorstellung, der Pfad existiere bereits irgendwo, daß du ihm nur zu folgen und ihn zu betreten brauchst. Das ist nicht wahr...

VIRGINIA *Oh, das ist nicht wahr?*

Nein, das ist überhaupt nicht wahr.

VIRGINIA *Es gibt keinen vorgezeichneten Weg?*

Nein, nein wirklich, es gibt keinen vorgefertigten Pfad. Indem du gehst, schaffst du deinen Weg, und jeder Mensch geht auf seinem eigenen Weg. Es gibt keinen öffentlichen Weg, keine Autobahn.

VIRGINIA *Aber wenn man fehlgeht, kommt man dann auf eine Hauptstraße zurück oder nicht?*

Es gibt keine Hauptstraßen. Wenn du dich verirrst, heißt das einfach, daß du unbewußt geworden bist. Wirst du dir deiner bewußt, bist du auf dem richtigen Weg. Bewußtheit ist richtig, und Unbewußtheit ist falsch. Wann immer du in deinem Leben etwas schläfrig wirst, benebelt, und die Klarheit verlorengeht; wann immer du nicht weißt, was du tust oder warum du überhaupt existierst – dann hast du dich verirrt, das ist alles.

Wenn du deine Klarheit zurückgewinnst und dein Sehvermögen und du wieder alles genau durchblicken kannst, dann hast du den Weg wiedergefunden. Es handelt sich wirklich nicht um irgend etwas außerhalb von dir.

Es ist etwas in dir, ein innerer Brennpunkt deiner Energie. Die Suche selber ist genug.

Es gibt einen Ausspruch von Jesus: »Bitte, und es wird dir gegeben, klopfe an, und es wird dir aufgetan, suche, und du wirst finden.« Die Türen sind in Wirklichkeit nicht verschlossen. Sie sind schon auf, du hast nur noch nicht angeklopft. Und das, was du suchst, ist bereits in dir gegenwärtig, du hast nur noch nicht hingeschaut.

Eine intensive, eine aufrichtige Suche wird zum Weg. Und bevor du das nicht begreifst, wirst du deinen Weg immer wieder und wieder verlieren, hm? Denn der Pfad, von dem du glaubst, daß du ihn gefunden hättest, ist nicht der wahre Pfad. Ein wirklicher Pfad kann nicht verlorengehen. Das, was gefunden und verloren werden kann, ist von vornherein gar nicht gefunden worden.

Und um den wahren Weg zu finden, brauchst du nirgendwo hinzugehen. Du brauchst nur im Innern zu sein, dich in dich selbst zu vertiefen. Das ist das wahre Indien – dein inneres Sein.

Indien ist nicht geographisch, und wenn du losziehst, um Indien zu sehen, hast du deine Zeit verschwendet. Indien ist ein innerer Raum. Es ist lediglich ein Symbol für inneren Raum. Wenn du anfängst, in dein Inneres zu reisen, dann bewegst du dich auf Indien zu. Wer immer bei sich selber ankommt, wird ein Inder.

Einfach dadurch, daß man in Indien geboren wird, wird man noch kein Inder.

Gut! Hilf ihnen, Devesh!

Ist irgend etwas, Pratiti?

*Pratiti sagt, daß sie in letzter Zeit beim Meditieren zu Hause das Gefühl einer würgenden Empfindung in ihrer Kehle spüre. Sie sagt, daß die ganze Energie sich an diesem Punkt sammelt, und es ihr schwerfällt, zu atmen. Sie fragt sich, was sie tun solle, wenn dieses Empfinden wiederkäme.*

Hast du das Gefühl zu sterben?

PRATITI *Absolut. Wenn ich mir nicht selber sage, daß ich aufhören soll und mich bewegen...*

Kein Grund, dir Sorgen zu machen. Du stehst genau am Abgrund, wo man dem Tod ins Auge schauen muß.

Irgendwann muß man ihm ins Auge schauen, und alles, was tief geht, führt dich an den Tod heran. Wenn du jemanden sehr tief liebst, wird die Liebe dich früher oder später dazu bringen, dem Tod ins Auge zu schauen. Das ist die Angst vor der Liebe. Deshalb ziehen die Leute es vor, mit der Liebe zu spielen, anstatt tief in ihr zu versinken. Wenn du dich ins Gebet versenkst, wird eines Tages der Tod da sein. Deshalb tun die Leute lieber nur so; sie beten nicht. Wenn du meditierst, wird das gleiche geschehen. Wo immer du dich in die Tiefe begibst, wirst du den Todespunkt passieren müssen; denn erst jenseits des Todes ist das Leben; diese Schranke muß überquert werden.

Wenn es das nächste Mal geschieht, stirb ganz einfach! Versuche nicht, es anzuhalten, und versuche nicht, dich herauszuholen. Fang nicht an, damit zu kämpfen. Löse deine Spannung, und wiederhole in deinem Inneren, daß du bereit bist zu sterben. Heiße es willkommen und sei empfänglich. Nicht die geringste Anstrengung, hm? Und wenn du es erst einmal geschehen läßt, wirst du plötzlich gewahr, daß der Tod vorübergegangen und das Würgegefühl verschwunden ist; die Energie strömt. Du hast eine neue Quelle der Energie berührt.

Und dieses Taschentuch *(er überreicht ihr eines seiner Taschentücher)* mußt du um deinen Hals legen, wo du fühlst...

Das soll dich daran erinnern, daß ich da bin, hab keine Angst, hm? Und es wird vorübergehen, fürchte dich nicht. Man muß ihm ins Angesicht schauen.

Man muß den Tod anschauen, um das Leben zu erkennen. Sieht paradox aus; aber so ist das Leben nun einmal. Man muß sich der Dunkelheit stellen, um den Morgen zu begreifen, und je dunkler die Nacht, um so näher ist der Morgen. Geh da hindurch, hm? Gut.

LEELA *Ich hab' große Angst.*

Das ist sehr gut. Komm her.

Hab Angst, daran ist nichts auszusetzen. Schließe deine Augen und fühle die Angst und laß geschehen, was immer es ist... laß es zu...

*Leela sitzt aufrecht vor Bhagwan, die Augen geschlossen. Ihr Körper fängt an, sich zu schütteln, zu zittern und sich in krampfhaften Zuckungen nach vorne zu beugen. Bhagwan schaut sie ein paar Sekunden lang an, leuchtet mit der Taschenlampe auf sie, dann...*

Hm, gut. Kein Grund zur Besorgnis, hm? Es ist natürlich. Etwas Neues fängt an zu wachsen, etwas Neues geschieht. Deshalb hast du Angst. Mit dem noch nicht Vertrauten kommt immer die Furcht; mit dem Fremden, mit dem Unbekannten geht die Angst einher.

Nur bei dem bereits Bekannten gibt es keine Angst, aber das Bekannte bedeutet nur das sich Wiederholende, die Routine. Etwas Unbekanntes tritt hinzu. Erlaube es und laß dich dadurch nicht verwirren. Du unterdrückst es, versuchst, es in dir zu behalten, so daß niemand erfährt, was mit dir geschieht. Du versuchst nicht nur, es vor anderen zu verbergen, sondern auch vor dir selber. Das kann nicht helfen.

Gib alles Versteckspielen auf, alle Spiele. Sei wahr und aufrichtig. Was immer geschieht, laß es zu, hm? Und von morgen an wird deine Meditation sehr tief gehen. Es ist nur, daß du es zurückhältst, und deshalb hast du Angst. Wann immer du etwas zurückhältst, hast du Angst, zu mir zu kommen, denn ich kann nicht getäuscht werden. Du warst ein Dieb... deshalb fürchtest du dich *(schmunzelt)*.

Versuche nicht, irgend etwas zu verbergen. Wir sind hier, um absolut wahr zu werden, authentisch, nackt – das ist der einzige Weg, rein zu werden und wieder unschuldig, hm

Welche Meditationen hat du gemacht?

LEELA *Ich hab' nicht viele gemacht, weil ich krank war.*

Bist du jetzt ganz gesund? Diese Krankheit mag auch ein Trick des Verstandes gewesen sein! Manchmal erfindet der Verstand Krankheiten, damit du dich verstecken kannst. Du kannst sagen: Ich bin krank, was kann ich tun? So kannst du Reißaus nehmen vor den Meditationen *(ein Schmunzeln)*. Mach dir keine Sorgen. Ab morgen fängst du an, hart zu arbeiten!

# Montag
# den 29. Dezember

*Die Primärtherapiegruppe hat Darshan, nachdem sie die Hälfte ihrer fünfzehn Therapietage hinter sich gebracht hat.*

*Der Kurs besteht insgesamt aus fünfundzwanzig Tagen, welche die zehn Tage Meditationscamp mit einschließen. An den letzten zwei Tagen des Camps bewahren die Gruppenmitglieder Schweigen und bleiben in Isolation (mit Ausnahme der Meditationen natürlich). Das wird während der ganzen Dauer der Gruppe beibehalten.*

*Die ganze Periode ist als eine Meditation gedacht, bei welcher jeder Gedanke und jede Aktivität beobachtet und in die Gruppensitzungen eingebracht werden soll. Je nach der aktuellen Situation werden individuelle und Gruppenmeditationen gemacht. Während der Gruppe wird einem dabei geholfen, die eigene Vergangenheit zu erinnern oder wiederzuerleben. Diese Wiederbelebung ist verbunden mit Körpergefühlen und Empfindungen. Es wird einem gezeigt, wie man den Körper und den Verstand vereinigt, um zu einer integrierten Erfahrung seiner selbst zu kommen.*

*Bhagwan sieht es nicht so sehr als eine Therapie an, sondern eher als eine Situation, in welcher die Leute ihre Ängste und Verrücktheiten, ihre Besessenheit und geheimen Sehnsüchte in einer sicheren und geschützten Umgebung zulassen können und wo ihnen Hilfe gegeben werden kann, über sie hinauszusehen.*

*Bhagwan wendet sich zuerst an eine Sannyasin, die gerade lernt, bei der Therapie zu helfen.*

*Sie sagt, daß sie es gerne tut, aber das Gefühl hat, sich noch nicht vollkommen eingebracht zu haben, daß sie sich selbst immer noch zurückhalte.*

BHAGWAN: Nein, du bist gewachsen, und ich bin glücklich darüber. Du macht weiter. Wenn du mit Leuten arbeitest, kannst du es aus Pflichterfüllung tun, oder du arbeitest mit ihnen aus Liebe. Zwischen beiden bestehen große Unterschiede. Pflicht ist lauwarm, Liebe ist leidenschaftlich. Pflicht kann helfen, aber Liebe kann verwandeln. Die Pflicht kann nur die Oberfläche des anderen Menschen berühren, denn sie kommt von deinem Kopf. Liebe kann verwandeln, denn sie kommt aus deinem Herzen.

Wann immer du mit Menschen arbeitest, bedenke, daß jeder einzigartig ist. Nie wieder wirst du so einen Menschen finden; er kommt nur einmal vor. Jeder Mensch ist historisch, denn er wird niemals wiederholt werden. Jeder Moment der Begegnung wird also historisch sein, weil er unwiederholbar ist; er ist ungeheuer wertvoll. Wann immer du also hilfst, hilf aus Liebe. Ströme einfach und vergiß das Helfen. Fang an, sie gern zu haben – das ist der Unterschied.

Wenn du hilfst, wirst du höchstens eine Krankenschwester sein. Wenn du sie gern hast, wirst du eine Mutter. Hilfe ist eine quantitative Sache; Liebe ist qualitativ und hat Intensität. Sie ist eine Flamme. Sei also zutiefst leidenschaftlich.

Jeder einzelne Mensch repräsentiert das Göttliche. Liebe ihn, verehre ihn, respektiere ihn, und was immer du tust, tu es in tiefer Demut. Dann wird dir mehr geholfen, als du selber hilfst. Dann wirst du mehr wachsen als derjenige, der durch deine Hilfe wächst.

Und es gibt auf der ganzen Welt keinen anderen Weg, etwas zu lernen, als ein Lehrer dafür zu werden. Doch sieh es als eine sehr, sehr heilige Sache an. Sei wirklich aufrichtig und authentisch. Ich sage nicht, du sollst ernst sein. Ich sage, sei aufrichtig, denn wenn du ernst bist, kannst du nicht helfen. Sei aufrichtig, aber nicht ernst, sei spielerisch. Nimm es als ein Vergnügen – aber vergiß nicht, daß es heilig ist. Wenn Spaß und Heiligkeit sich treffen, entsteht ein Zustand in dir, der helfen kann. Das ist die Alchemie der Hilfe: Spaß und Heiligkeit, die sich in dir begegnen.

Und das Gefühl, daß du noch nicht total darin aufgehst, hast du zu Recht. Das ist nie der Fall. Je mehr du dich hineinvertiefst, um so mehr wirst du spüren, daß etwas fehlt. Das Leben ist ein nicht abreißender Strom, und es ist niemals zu Ende. Etwas mehr ist immer möglich.

Es kommt zu keinem Ende, und das ist gut; andernfalls, wenn es zu einem Ende käme, wärest du tot. Doch das Gefühl ist gut, bemühe dich mehr, bring mehr Energie dafür auf. Du wirst immer mehr darin aufgehen, aber nie total. Kannst du mich verstehen?

Du wirst totaler, aber nie total. Niemand ist jemals total. Gut!

*Bhagwan wendet sich an den anderen Helfer, der sagt, er würde gerne wie ein Werkzeug handeln; Dingen gestatten, daß sie durch ihn geschehen. Doch dazu wären mehr Augenblicke der Stille und Inaktivität notwendig. Er fragt sich, ob die Struktur der Therapie, so wie sie sei, das zulasse.*

Hm, hm, mach es zu einem Teil der Arbeit! Es hilft! Aktivität hilft und Passivität auch. Nach jeder intensiven Erfahrung sind ein paar Momente, die von Passivität erfüllt sind, ungeheuer wertvoll und bedeutsam.

Ja, das ist überhaupt der ganze Sinn der aktiven Arbeit: dich an einen Punkt zu bringen, an dem du erschöpft bist, müde. Erschöpft von Aktivität, erschöpft von Aggressionen, erschöpft von diesem Streben nach außen; so erschöpft, daß du dich in dir selber ausruhen möchtest. Du würdest dich gerne einfach hinsetzen und nichts tun oder dich hinlegen, als würdest du für ein paar Augenblicke verschwinden wollen, dich zurückziehen.

Diese Augenblicke des Rückzugs sind also sehr, sehr bedeutungsvoll. Mach sie zu einem Teil deiner Arbeit. Sei zunächst sehr aktiv, denn nur dann sind diese Momente erreichbar. Die Aktivität sollte so intensiv sein und so leidenschaftlich, daß du wirklich ausgebrannt bist; denn wenn du dich einfach hinsetzt, ohne dich zuvor extrem verausgabt zu haben, wird gar nichts geschehen; du bist nicht bereit.

Nach der Aktivität setzt euch schweigend zusammen hin. Ihr könnt euch bei den Händen halten und im Kreis sitzen, ohne irgend etwas zu tun. Ein paar wenige Augenblicke werden genügen, um euch wieder aufleben zu lassen. Ihr werdet spüren können, daß die Energie nicht von euch kommt, sondern von etwas das tiefer ist als ihr, gewaltiger als ihr. Ihr seid am empfangenden Ende. Sie kommt nicht von euch; sie wird euch gegeben.

*Zwei Sannyasins hatten beobachtet, daß sehr starke Gefühle in ihnen aufstiegen, die mit ihren Eltern in Zusammenhang standen. Der erste, ein junger Mann von ungefähr siebenundzwanzig Jahren, sagt, er habe entdeckt, wie sehr er seine Mutter vermisse und daß er einen tiefen Riß in sich verspüre. Er ist sichtlich bewegt und den Tränen nahe, während er mit Bhagwan spricht.*

Das war sehr gut...

Die Mutter ist die erste Liebe, und durch die Mutter fängst du an, die Welt zu lieben. Durch die Mutter wirst du zur Liebe fähig, und wann immer du jemanden liebst, wird die Liebe deiner Mutter gegenwärtig sein.

Du hast etwas sehr Grundlegendes berührt. Weine und sei froh darüber. Unterdrücke es nicht. Viele Dinge werden dadurch in dir hochkommen. Wenn ein Mann seine Mutter nicht zutiefst lieben kann, dann kann er keine Frau lieben, denn alle Frauen repräsentieren seine Mutter, sie sind Spiegelungen von ihr.

In Indien haben wir ein Sprichwort, welches besagt, daß, wenn du eine Frau wirklich liebst, sie schließlich und endlich deine Mutter wird. Nur dann ist die Liebe erfüllt. Jeder Ehemann wird zum Kind, jede Frau zur Mutter. Das ist der Höhepunkt, und das ist der Punkt, wo Mann und Frau sich scheiden.

Ein Kind wird geboren und verläßt die Mutter; sie trennen sich. Dann kehrt das Kind zurück und wird wieder ein Kind; es hat eine zweite Kindheit und findet eine Frau, die sich wieder in eine Mutter verwandelt.

Jede Frau muß ihren Kreis vollenden, indem sie zur Mutter wird, und jeder Mann muß seinen Kreis vollenden, indem er zum Kind wird. Wenn der Kreis geschlossen ist, ist die Liebe erfüllt.

Schau hin, selbst ein kleines Mädchen ist mütterlich. Sie fängt an, mit Puppen zu spielen, spielt Haushalten und derartige Dinge. Sie ist schon eine Mutter, eine Miniatur. Im Westen fehlt etwas, und deshalb ist das ganze Familienleben auf Grund gelaufen, es ist fast verschwunden. Die Familie ist verschwunden, denn ihre Grundlage besteht darin, daß der Mann seine Frau so sehr lieben sollte, daß er ihr Kind wird und die Frau seine Mutter.

Aber das ist nur möglich, wenn du eine Frau liebst, intensiv, tief und intim. Wenn du fortwährend deine Frau jeden Tag wechselst, wird es nicht dazu kommen; dann werden alle Beziehungen einen Gelegenheitscharakter behalten. Das ist der Punkt, wo der westliche Mann und die westliche Frau einander verfehlen. Der Konflikt und die Verwirrung und das Chaos sind so groß, daß beide glauben, sie würden voneinander betrogen. Keiner betrügt – der Kreis ist nur nicht geschlossen, bevor er sich vervollständigt.

Wenn du nicht wieder zum Kind werden kannst, wirst du nicht fähig sein, dein eigenes Kind zu lieben. Wenn eine Frau ihren Mann nicht so tief lieben kann, daß sie ihm eine Mutter wird, wird sie nicht in der Lage sein, ihre eigenen Kinder zu lieben. Und dann setzt sich der Teufelskreis fort.

Du hast etwas sehr Tiefes berührt. Grabe tief danach und laß es fließen, hm? Gut!

*Die nächste Sannyasin sagt, daß sie sehr, sehr traurig sei, aber sie wisse nicht, warum.*

*Bhagwan richtet den Strahl seiner Taschenlampe auf ihr Gesicht und sitzt ein paar Minuten mit geschlossenen Augen vor ihr. Sie weint weiter…*

Du kannst nicht fühlen, was es ist, worüber du traurig bist? Kannst du nicht einen Hinweis geben, wo es angefangen hat und warum?

*Sie sagt, es mag etwas mit ihrem Vater zu tun haben, als er das Haus verließ und sie sechs Jahre alt war. Es sei ein Schock für sie gewesen, weil sie keine Ahnung gehabt habe, daß er weggehen würde…*

*Bhagwan sagt, daß der einzige Weg, alte Wunden loszuwerden, darin bestehe, sich ihrer bewußt zu werden…*

Wenn sie dir bewußt werden, lösen sie sich auf. Andernfalls verbergen sie sich immerzu und hören nicht auf, dein Leben zu beeinflussen – obwohl du es nicht weißt.

Wenn du zum Beispiel deinen Vater geliebt hast, hat das eine tiefe Wunde zurückgelassen. Es ist natürlich und muß so sein, denn ein Kind, und im besonderen ein Mädchen, vermißt den Vater sehr tief. Wenn sich die Eltern trennen, ist es für sie selbst nicht so schwierig; ja, es mag sogar das Bequemere sein. Es gibt Konfliktmomente, Augenblicke von Gewalt, so daß zwei Leute zu dem Schluß kommen können, es sei nicht mehr sinnvoll zusammenzuleben, wenn sie einander verletzen – unnötigerweise. Sie fühlen sich vielleicht erleichtert. Aber niemand denkt an das Kind.

Das Kind ist beides, Vater und Mutter. Die Hälfte des Kindes kommt von der Mutter, die Hälfte vom Vater. Das Kind ist eine Synthese der männlichen und weiblichen Polarität. Wenn der Vater und die Mutter sich trennen und das Kind noch nicht erwachsen ist, entsteht ein Riß in dem Kind. Es ist nicht nur eine Scheidung zwischen Vater und Mutter. Es ist eine Scheidung zwischen dem Männlichen und dem Weiblichen im Kind, und das wird zu einer Wunde.

Sobald das Kind erwachsen ist – und mit erwachsen meine ich, sobald ein Mädchen sich in einen Mann verliebt hat –, gibt es kein Problem. In diesem Mann hat es eine neue Synthese von Mann und Frau gefunden. Wenn Vater und Mutter sich trennen, wird es keine so tiefe Wunde geben. Aber ein kleines Mädchen ist hilflos, und die Wunde ist so tief. Sie verbirgt es und verbirgt es und verbirgt es, bis sie es eines Tages vergißt. Man muß vergessen. Um zu leben, muß man viele Wunden vergessen, aber sie sind da, im Innern. Sie wirken beständig aus dem Raum hinter der Bühne und flüstern dir deine Rolle zu.

Du liebst einen Mann, aber dein Vater hat dich verlassen, als du noch sehr klein warst. Jetzt kannst du einem Mann nicht glauben, kannst ihm nicht vertrauen, denn der erste Mann, dem du vertraut hast, hat dich betrogen. An der Oberfläche glaubst du, den Mann zu lieben, aber dahinter waltet ein tiefes Mißtrauen. Es hört nicht auf, dir einzureden, wachsam zu sein und dich nicht wieder täuschen zu lassen.

Das sind unbewußte Dinge, die sich in deinem Innern abspielen. Du weißt nicht, daß sie da sind, aber sie beeinflussen dich. Du kannst dich nicht vollkommen anvertrauen, du kannst dich nicht gänzlich hingeben. Du kannst dich nicht unbeschränkt bewegen – du gehst immer einen Schritt vorwärts und bist bereit, einen Schritt zurückzugehen, immer voller Furcht, zweigeteilt.

Diese tiefen Wunden müssen durchlebt werden, darum bist du so traurig. Versuche nicht, es zu unterdrücken. Sei traurig, so traurig wie möglich. Sei bewußt traurig. Geh in deiner Phantasie hinter die Bühne, und du wirst wissen, was los ist, und es kann etwas getan werden. Wenn du etwas kennst, kannst du es angehen, denn es ist kein wirkliches Problem mehr. Die Vergangenheit ist vergangen, und man kann sie nicht ungeschehen machen – aber deine Wunde kann zum Verschwinden gebracht werden.

Dein Vater und deine Mutter können sich nicht treffen, aber das Weibliche und das Männliche können sich in dir treffen, und der Spalt kann geschlossen werden. Und wenn das geschehen ist, kannst du deinem Vater vergeben. Du magst sogar fähig sein, tiefes Mitgefühl für ihn zu empfinden. Denn der arme Mann muß gelitten haben, welcher Mann würde sonst die Frau verlassen, die er liebt?

Gurdjieff hatte an sein Haus geschrieben – und alle seine Schüler konnten es lesen –, daß du, bevor du hier eintrittst, fähig sein mußt, deinem Vater und deiner Mutter zu vergeben. Es sieht töricht aus. Was für eine Bedeutung soll das haben? Doch es ist bedeutsam, denn zu einem Meister gehen, heißt zu einem Mann kommen, der beides ist, Vater und Mutter. Wenn du deinem Vater und deiner Mutter noch nicht vergeben hast, wie kannst du mir vergeben? Unmöglich!

Und der Meister ist sogar noch wichtiger, denn er ist beides, Vater und Mutter. Er ist eine Vereinigung, eine Synthese von männlich und weiblich, yin und yang. Wenn man fähig wird, ein Schüler zu werden, nur dann kann man mit dem eigenen Vater und der eigenen Mutter seinen Frieden machen. Erst dann kann man zu einer liebevollen Beziehung zurückkehren.

Aber dein Knoten kann gelöst werden, deine Verwirrung ein Ende haben. Sie werden von alleine verschwinden. Versuche nicht, ihnen zu entkommen, hm?

Möchtest du etwas sagen?

DEVANAND *Ich habe die Gruppe verlassen und gehe in ein paar Tagen nach Hause.*

Hm, hm . . . geh nach Hause. Hm? Geh nach Hause, und weil du gegangen bist, gibt es nichts zu sagen.

DEVANAND *Ich hatte das Gefühl, ich hab' etwas von der Gruppe gehabt.*

Nein, du bist vor der Situation geflohen. Du bist ein Feigling, und Feiglinge versuchen immer, Ausreden zu finden. Du warst gerade dabei, einige Ebenen in dir zu berühren, und dann bist du geflohen. Deine Schläue wird dir nicht helfen; im Gegenteil, sie ist dein Feind. In genau dem Augenblick, wo du einer Wunde näher kamst, einer Schicht, die sehr wichtig und bedeutsam für dich gewesen wäre, hast du die Flucht ergriffen.

Wenn du das nächste Mal kommst, sei bereit – du wirst die Gruppe wieder machen müssen. Du mußt sie einmal ganz durchmachen, weil sie dir soviel helfen wird. Du kannst es nicht sehen, das ist das Übel. Du bist fast blind, du kannst nicht sehen. Was hast du dadurch gewonnen, daß du ausgestiegen bist? Einfach nach Hause gehen, was tust du? Auch wenn es ein bißchen schmerzhaft gewesen wäre, diese Leute hätten dich nicht umgebracht. Wann immer jemand wachsen möchte, gibt es einige Unannehmlichkeiten. Man muß verletzt werden, aber andere gehen auch hindurch, du warst also nicht alleine.

Darum besteh' ich so sehr auf Gruppen-Therapie – weil die Menschen so feige geworden sind, daß sie nicht alleine wachsen können. Früher waren die Leute wirklich tapfer. Sie haben alleine gearbeitet, es gab nichts Derartiges wie eine Gruppe. Nach und nach wurden die Menschen feige und verloren allen Mut, und man mußte anfangen, mit Gruppen zu arbeiten.

Wann bist du aus der Gruppe ausgeschieden?

DEVANAND *Gestern... ich habe also einen Tag versäumt, nein, zwei.*

Das war deiner nicht würdig. Es hätte dir viele wertvolle Erfahrungen vermittelt. Wenn du Mut fassen kannst, finde ich, solltest du sie zu Ende machen. Oder ist es schwer, Mut zu fassen? Du hast wirklich sehr, sehr große Angst.

*Die ganze Zeit über saß der Sannyasin bleich und buckelig da, ohne viele Gefühle zu zeigen. Für einen gewöhnlichen Beobachter schien er nicht allzu bestürzt durch Bhagwans Worte oder bei dem Gedanken, die Gruppe fortzusetzen.*

DEVANAND *Ich hab' gar nicht so große Angst. Ich hatte nur das Gefühl... mein Verstand hat mir empfohlen, die Gruppe nicht zu machen. Ich bin eines Morgens einfach aufgewacht, und mein Verstand hat gesagt, geh nicht in die Gruppe zurück.*

So hör nicht auf den Verstand! Du hast dein ganzes Leben lang auf den Verstand gehört, und wohin hat er dich gebracht, was hat er dir gegeben?

Nichts als Unrat – was du den Verstand nennst! Das hat nichts mit dir zu tun, das ist eine bloße Ansammlung; angehäuftes Gerümpel, was du deinen Verstand nennst. Wer zwingt dich, auf ihn zu hören?

Du sagst dem Verstand einfach, daß du sieben Tage lang *(das sind die noch verbleibenden Tage der Gruppe)* nicht auf ihn hören wirst. Und dann hör auch nicht auf ihn, geh einfach jeden Tag in die Gruppe. Versuch's, hm? Es wird eine gute Erfahrung sein, und du wirst dich in deiner Haut wohler fühlen.

Du wirst deine Sklaverei loswerden, die Knechtung durch den Verstand. Du wirst dich frei fühlen. Der Verstand ist dein Sklave, nicht dein Meister. Wer ist dieser Verstand, daß er dir sagen könnte, du sollst die Gruppe nicht mitmachen? Wenn du sie machen willst, mach sie, und der Verstand hat dir zu helfen. Wenn du sie nicht machen willst, tu es nicht, und der Verstand hat dir dabei Hilfe zu leisten.

Wenn du die Gruppe nicht machen willst, sag es mir. Aber laß den Verstand beiseite.

DEVANAND *Ich kann den Unterschied zwischen mir und dem Verstand nicht ausmachen.*

Du kannst! Warum hast du diese Gruppe angefangen? Du wolltest sie machen! Dann bekam es der Verstand mit der Angst zu tun, weil er allmählich merkte, daß die Dinge anfingen, gefährlich zu werden – darum hat er dir gesagt, es besser bleibenzulassen.

Es gibt hier einen Sannyasin, dessen Verstand ihm jeden Morgen sagt, die Dynamische Meditation nicht zu machen. Aber er geht und macht sie, und es ist eine schöne Erfahrung, denn jetzt ist ihm bewußt geworden, daß er seinen Verstand beiseite lassen kann. Du kannst deinen Verstand, dem die Angst im Nacken sitzt, beiseite lassen; damit gewinnst du deine Macht und deine Meisterschaft zurück. Versuch es einfach!

DEVANAND *Ich habe das Gefühl, daß ich mein ganzes Leben lang versucht habe, mich anzustrengen und mich in allen Dingen, die ich tat, selber hart anzutreiben. Aber ich kann den Unterschied zwischen mir und meinem Verstand nicht finden.*

Wer sagt das – du oder dein Verstand? Schließe in diesem Moment deine Augen, und sei ehrlich.

*Devanand sitzt einen Augenblick mit geschlossenen Augen da und sagt dann, daß er den Unterschied nicht feststellen könne.*

*(Lachend)* Es ist dein Verstand. Die Anstrengung hast *du* unternommen, denn alle Anstrengungen zum Wohle des Wachstums kommen von deinem Sein, und alle Faulheit kommt aus dem Verstand.

Schau es dir morgen früh noch einmal an und entscheide dich. Wenn es dein Verstand ist, schieb ihn beiseite und geh in die Gruppe und mach sie zu Ende.

Und wenn du das Gefühl hast, *du* bist es, der die Gruppe nicht machen will, vergiß sie. Es liegt an dir, etwas Klarheit in die Sache zu bringen, hm? Und sei ehrlich.

Wenn *du* es bist, wirst du sehr glücklich darüber sein, die Gruppe nicht zu machen, und wenn der Verstand es sagt, wirst du unglücklich sein. Du siehst unglücklich aus, darum bestehe ich darauf – das ist ein Zeichen des Verstandes. Wenn wirklich dein inneres Wesen dafür plädiert hätte auszusteigen, solltest du sehr, sehr glücklich sein, denn wenn du deinem Wesen folgst, wirst du glücklich. Aber du mußt es klären. Viel hängt davon ab – dein zukünftiges Wachstum. Wenn du anfängst, auf deinen Verstand zu hören, wird dein Wachstum zum Stillstand kommen, hm? Versuch es, streng dich an herauszufinden, was was ist. Gut.

# Dienstag den 30. Dezember

*Eine Sannyasin, die auf Bhagwans Anraten mehrere Monate enthaltsam gelebt hatte, sagt, daß sie sich in letzter Zeit sexuell sehr angeregt fühle und nicht wisse, wie sie darauf reagieren solle.*

BHAGWAN: Mach folgendes, wann immer du dich so fühlst, setz dich mit geradem Kreuz, aber locker und nicht verspannt, auf einen Stuhl oder auf den Boden.

Atme langsam und tief ein. Sei nicht hastig; atme ganz langsam ein. Der Bauch wölbt sich zuerst; du atmest weiter ein. Die Brust wölbt sich als nächstes, und schließlich kannst du spüren, wie die Luft dich bis zum Hals ausfüllt. Dann halte den Atem ein oder zwei Augenblicke lang an, so lange, wie du es ohne Anstrengung aushältst, dann atme aus. Atme auch sehr langsam aus, aber in der umgekehrten Reihenfolge. Wenn der Bauch leer ist, zieh ihn ein, so daß du die Luft herausbekommst.

Das mußt du siebenmal wiederholen. Bleibe dann ruhig sitzen und wiederhole ›aum, aum, aum‹: Während du diesen Laut wiederholst, konzentriere dich auf dein drittes Auge – den Punkt zwischen den Augenbrauen. Denk nicht mehr an den Atem, und fahr in einer ganz einschläfernden Art fort, ›aum, aum, aum‹ zu sagen – wie eine Mutter, die ein Wiegenlied singt, damit das Kind einschläft. Der Mund sollte so weit geschlossen sein, daß die Zunge den Gaumen berührt, und deine ganze Konzentration gilt dem dritten Auge. Mach das zwei oder drei Minuten lang, und du wirst spüren, daß sich der ganze Kopf entspannt. Sobald er anfängt, sich zu entspannen, wirst du sofort spüren, wie sich in dir eine Verkrampfung löst, wie ein Druck von dir weicht. Konzentriere dich dann auf die Kehle; wiederhole weiterhin ›aum‹, aber jetzt mit der Konzentration auf der Kehle. Du wirst sehen, daß sich deine Schultern, deine Kehle und dein Gesicht entspannen und daß der Druck von dir weicht, wie eine Last, die abfällt; du wirst schwerelos.

Dann laß dich tiefer fallen, konzentriere dich auf deinen Nabel und sage weiterhin ›aum‹. Du gehst tiefer und tiefer und tiefer... schließlich kommst du zum Sex-Zentrum. Das wird allerhöchstens zehn, fünfzehn Minuten dauern, tu es langsam, es besteht kein Grund zur Eile.

Wenn du beim Sex-Zentrum angekommen bist, wird der ganze Körper entspannt sein, und du wirst einen Glanz spüren, wie wenn dich eine Aura, ein Licht umgibt. Du bist ganz von Energie erfüllt, aber die Energie ist wie ein Stausee, randvoll mit Energie, nicht eine Welle kräuselt sich. In diesem Zustand kannst du so lange sitzen bleiben, wie du magst; die Meditation ist beendet – jetzt genießt du nur noch. Hör auf mit dem ›aum‹ und sitze einfach nur da. Wenn du lieber liegen möchtest, leg dich hin, wenn du dich jedoch in dieser Position bewegst, wird der Zustand früher abklingen. Sitz also ein wenig da und freue dich daran.

Das ist das, was die Wissenschaftler die Alphawellen im Gehirn nennen. Es ist ein bestimmter Rhythmus – zehn Frequenzen in der Sekunde –, das ist zugleich der Rhythmus des Magnetfeldes der Erde. Wenn du im gleichen Rhythmus schwingst, wirst du ein Teil des Magnetfeldes der Erde. Das ist es, was man unter Entspannung versteht.

Manchmal kommt es ohne jede Anstrengung dazu. Es passiert, während du mit jemandem schläfst oder meditierst; manchmal während du tanzt oder singst und manchmal ganz ohne Grund. Aber wann immer ein Rhythmus mit dem Magnetfeld der Erde übereinstimmt, fühlst du dich sehr, sehr glücklich und leuchtend, einfach wunderschön. Einfach zu *sein*, ist ein Segen.

Ob man also durch Sex oder Meditation oder Tanz, durch Musikhören oder durch den Anblick einer schönen Landschaft oder durch das Betrachten der Sterne dahin gelangt, ist nebensächlich. Worauf es ganz allein ankommt ist, daß du es tust, sobald dein Körper sich zu sehr anspannt – was immer der Grund dafür sein mag. Tu es einfach, und es wird dich ganz und gar entspannen.

Wenn unser Rhythmus und der Rhythmus der Erde voneinander abweichen, entsteht Spannung. Ein Kind ist nicht sexuell, weil sein Rhythmus noch mit dem der Erde übereinstimmt. Mit seinem Größerwerden wird es sich weit von seiner Natürlichkeit entfernen, wird es Teil der Gesellschaft werden und wird anfangen, verspannt und verstört zu sein. Zerrissenheit wird entstehen und schließlich Sexualität. Je gespannter eine Gesellschaft ist, desto mehr Sexualität gibt es in ihr.

Darum ist die Sexualität im Westen so in den Vordergrund getreten. Es gibt so viele Spannungen, die sich entladen müssen, und es scheint keinen anderen Weg zu geben, sie loszulassen. Doch in Wirklichkeit gibt es Tausende von Möglichkeiten. Du versuchst also diesen Weg, hm?

*Der nächste Sannyasin spricht mit Bhagwan in Hindi und Englisch. Nur was er in Englisch gesagt hat, wird hier wiedergegeben:*

RAJ *... Ich möchte springen, und doch bin ich noch nicht gesprungen. Ich möchte tun, was du von mir verlangst, und doch gibt es einen Teil in mir, der Widerstand leistet, und ich bin so durcheinander...*

> *Manchmal gehe ich einfach in mein Zimmer und möchte etwas zerschlagen. Dann sage ich zu mir: Nein, ich gehöre dir vollkommen…*
> *… und du hast einmal gesagt, wir sollten uns keine Probleme machen, deshalb denke ich dann, es gibt kein Problem, und ich werde in den Ashram gehen. Dann komme ich für zwei Tage, und am nächsten Tag ist es wieder ein Riesenproblem… Ich habe Hunderte von Fragen und Antworten… Ich kann jetzt nur an Sonntagen kommen, und neulich hast du gesagt, man solle keine Meditation versäumen, weil man etwas verpassen könne. Deshalb dachte ich, ich bin wieder in Schwierigkeiten… und so geht es immer weiter, Bhagwan…*

*(lachend)* Ich weiß, das ist natürlich so. Niemand kann sich total hingeben. Wenn du dich total hingeben kannst, wirst du noch in diesem Augenblick erleuchtet. Dann gibt es nichts mehr zu tun.

Du kannst also am Anfang nicht total sein; es ist nicht so leicht. Es ist schon mehr als genug, wenn nur ein Teil sich hingeben kann. Man sollte froh darüber sein.

Wenn ich sage: ›Mach kein Problem daraus‹, meine ich folgendes: Ein Teil von dir hat sich ergeben, ein anderer Teil nicht – deshalb kommt es zum Konflikt. Der Konflikt ist natürlich, denn durch ihn bist du geteilt. Der Teil, der sich ergeben hat, hat die Schönheit dieser Hingabe erkannt und möchte, daß sich auch der andere Teil ergibt. Doch der andere Teil ist sich dessen überhaupt nicht bewußt und hat Angst; so entsteht der Konflikt.

Schenke dem anderen Teil nicht soviel Aufmerksamkeit. Ein kleiner Teil hat sich ergeben – freu dich darüber, sei dankbar. Millionen von Leuten erfahren nicht einmal das. Sie verschwenden ihr ganzes Leben und bringen nie in Erfahrung, was Liebe ist, was Hingabe und Vertrauen ist.

Durch deine Dankbarkeit werden allmählich andere Teile folgen. Die Betonung sollte auf dem Teil liegen, der sich ergeben hat – er sollte dein Zentrum sein. Die anderen Teile, die sich nicht ergeben haben, sollten am Rande bleiben. Bleib einfach gleichgültig.

Und das zweite ist folgendes: Wann immer du meditierst, werden viele Dinge geschehen, und der Gedanke, etwas sei mit dir vorgegangen, kommt zwangsläufig. An dem Gedanken ist nichts auszusetzen. Auch das ist natürlich. Man fängt an, sich heiler, heiliger zu fühlen; daran ist nichts verkehrt. Ein Problem wird erst dann daraus, wenn du es zu einem Ego-Trip machst. Nichts ist verkehrt daran. Bleib einfach bei der Tatsache, der bloßen Feststellung stehen. Es ist so, aber hafte nicht so daran – du brauchst es niemandem zu beweisen. Bewerte nicht, urteile nicht.

Das Problem kommt zustande, wenn du anfängst, dich pharisäerhaft zu fühlen; Heiligsein ist gut, aber wenn es sich zu vergleichen beginnt, wird es schlecht. Kannst du mir folgen?

Wenn du badest, fühlst du dich kühl und erfrischt – daran ist nichts auszusetzen. Wenn du aber einen Bettler siehst – schmutzig, und du fühlst, wie du ihn verurteilst; wenn du die Menschlichkeit dieses Mannes nicht sehen kannst, wenn du bloß Schmutz siehst, und kein Mitgefühl in dir aufkommt, du ihn statt dessen sogar verdammst, wenn du dich reiner fühlst als dieser Mann – dann ist es falsch. Dann hast du einen Ego-Trip daraus gemacht.

Und es ist gut, auch diesem Mann dazu zu verhelfen, daß er sich baden kann; eine Situation zu schaffen, in der er, wenn man ihn dafür interessieren kann, ein Bad nimmt. Gut, sei also mitfühlend mit anderen Menschen und verurteile niemanden. In beiden Fällen fühlst du dich heilig, aber im einen Fall schaffst du dir selber Schwierigkeiten. Früher oder später wird diese Reinheit verschwinden, und nur das Ego bleibt zurück. Im anderen Fall, wenn du Mitgefühl empfindest, wird deine Heiligkeit wachsen, wird deine Reinheit wachsen mit jedem Tag. Ego ist der einzige Schmutz, den es auf der Welt gibt.

Ich sage also, mach aus solchen Dingen kein Problem. Freu dich an allem, was sich natürlicherweise ergibt.

*Der nächste Sannyasin sitzt mit aufgerissenen Augen und krummem Rücken vor Bhagwan...*

DHEERENDRA *Neulich in der Nacht bin ich furchtbar erschrocken. Ich war in meinem Zimmer, lag auf meinem Bett, und aus irgendwelchen Gründen fing ich an zu denken, daß ich nicht bloß mein Körper sei. Der Raum trat stark hervor, alles in dem Zimmer hob sich stark voneinander ab. Aber es war nicht warm, es war kalt.*

*(lächelnd)* Es war ein Hotelzimmer?

DHEERENDRA *Ja.*

*(lachend)* Dann muß es ja kalt sein! Hm, und dann?...

DHEERENDRA *(immer noch verspannt und heftig dreinschauend) Ich hatte das Gefühl, ich laufe weg von dir... Ich weiß, daß ich verschlossen bin.*

Es war eine unbeabsichtigte Meditation. Es passierte plötzlich, und darum bekamst du Angst. Jetzt aber versuche es absichtlich und bewußt – heute abend. Im gleichen Raum, leg dich hin und fang an zu denken, daß du nicht der Körper bist, daß du vom Körper getrennt bist. In dem Moment, in dem du anfängst zu denken, daß du nicht der Körper bist, wird alles sehr gegenwärtig und kalt werden; denn Wärme ist gebunden an die Identifikation mit dem Körper. Plötzlich bist du in einem fremden Land: es gibt nur Gegenstände, und dein eigener Körper ist wie ein Leichnam geworden – darum hast du Angst bekommen. Versuch es heute abend wieder. Versenk dich tiefer und tiefer und habe keine Angst. Wenn du sehr große Angst bekommst, nimm das Bild der Mala *(Bhagwans Bild, das der Sannyasin an einer Kette ständig um den Hals trägt)* in die Hand und denk an mich. Fahre fort in dem Gefühl, daß du nicht der Körper bist, und geh nach und nach einen Schritt weiter – daß du auch nicht dein Denken bist. Die Gedanken sind da, aber du bist nicht sie. Du bist der, der sowohl Körper wie Gedanken beobachtet, du bist ein Zeuge. Fahr in diesem Gefühl fort, so tief du kannst. Am Anfang wird es aussehen wie der Tod – er ist es. Aber bald wirst du sehen, daß ein neuer Sinn von Leben aufsteigt. Die Furcht wird verschwinden, und statt dessen wirst du eine Schwerelosigkeit spüren. Du wirst eine neue Form der Freiheit fühlen, als wären dir plötzlich Flügel gewachsen, und du kannst fliegen, und die ganze Welt gehört dir. Aber bevor du dahin gelangst, wird es Furcht geben, und sie wird sehr, sehr erschreckend werden. Man muß durch sie hindurch. Tu das jetzt sieben Nächte lang und bekomm soviel Angst, wie du kannst, aber lauf nicht vor ihr weg, flüchte nicht. Gehe tiefer. Du wirst glauben, zu sinken, zu sterben, zu ersticken. Nimm das Bild der Mala in die Hand und akzeptiere es. Und akzeptiere, daß es in Ordnung ist.

Um zu sich selber zu kommen, muß man viele Ängste durchmachen. Nach der dunklen Nacht erscheint die Dämmerung, der Morgen.

Es war gut. Du solltest dich glücklich schätzen. Wann wirst du es tun, um wieviel Uhr? – damit ich dich beobachten kann.

DHEERENDRA *Zehn Uhr.*

Zehn Uhr. Dann sei pünktlich – genau um zehn Uhr. Und wenn du meine Anwesenheit dort spürst, erschrick nicht. *(ein Schmunzeln)* Hm? und krieg keine Angst!

# Mittwoch
# den 31. Dezember

BHAGWAN *(zu einem Neu-Initiierten)*: Deine Energie bewegt sich wirklich wunderschön. Das wird dein neuer Name sein: Swami Dharmananda.

Dharma bedeutet das Höchste Gesetz, welches das Leben erhält, was sie im Chinesischen Tao nennen. Ananda bedeutet Seligkeit. Dharmananda bedeutet Seligkeit, die du erfährst, wenn du im Einklang mit dem Gesetz lebst. Wenn du in den Klang des Höchsten Gesetzes einfällst, bist du plötzlich selig. In der Tat, alles Elend rührt daher, daß du mit dem Gesetz nicht übereinstimmst, daß du es verfehlst. Je weiter du dich von ihm fortbewegst, um so schlechter geht es dir. Die Hölle ist der am weitesten von diesem Gesetz entfernte Punkt; oder von Gott oder von der Natur – und der allernächste Punkt ist der Himmel. Mit dem Gesetz einswerden, ist das Überschreiten von beiden, von Himmel und Hölle. Das nennen wir in Indien ›moksha‹ – die totale Freiheit.

Wenn du in das Gesetz hineinfällst, so wie ein Fisch in den Ozean fällt und Teil von ihm wird, dann wirst du selig. Dharmananda – behalte die Bedeutung gut, denn das wird deine ›sadhana‹ werden, dein Weg. Werde so natürlich wie möglich, so spontan wie möglich, und lebe von Augenblick zu Augenblick, hm? Sehr gut!

*Eine Suchende, noch keine Sannyasin, antwortet auf Bhagwans Nachfrage, ob sie es bereits mit der Meditation versucht habe, ja, sie habe es versucht und es habe ihr gefallen. Bhagwan spricht über Meditation und ihre umwandelnden Wirkungen.*

... wir leben so minimal, daß man sagen kann, fast gar nicht. Das Leben kann ein Höhepunkt von Seligkeit werden, es kann zu Gipfeln von Glück aufsteigen.

Im Talmud heißt es, wenn du wieder vor Gott stehen wirst, wird er dich nicht fragen, was für Fehler du begangen hast. Er wird dich fragen, wie viele Gelegenheiten du versäumt hast, selig zu sein. Das ist die einzige Sünde – eine Gelegenheit zum Seligwerden zu verpassen. Denn bevor du nicht so selig wirst,

daß eine natürliche Dankbarkeit in dir entsteht, wirst du nicht an Gott glauben.

Wenn du dich ganz, ganz selig fühlst, jeden Augenblick des Lebens feierst, fängst du allmählich an, dich dankbar zu fühlen – nicht für irgend etwas Bestimmtes, einfach dankbar gegenüber dem Ganzen. Das ist Gebet. Du kannst nicht an Gott glauben, bevor du nicht an einen Punkt gekommen bist, wo du andächtig wirst. Die Leute glauben normalerweise, daß sie durch das Gebet zu Gott kommen; normalerweise glauben sie, wenn sie beten, verstehen sie Gott. Aber einfach durch Beten kann niemand Verständnis gewinnen.

Das Gebet muß sich einstellen, und das ist nur möglich, wenn dein Leben so wunderschön und so glücklich geworden ist, daß du mit jedem Atemzug dankbar bist. Ausgesprochen oder unausgesprochen, darauf kommt es nicht an. Du magst vielleicht nie das Wort Gott erwähnen, du magst niemals niederknien, um zu beten – darauf kommt es nicht an. Aber mit jedem Atemzug fühlst du tiefe Dankbarkeit, du bist dankbar, daß du bist – und das Gebet hat begonnen. Dieses Gebet ist nicht etwas, das du tust, es ist eine Art zu sein. Dann wirst du lernen, das Ganze zu erkennen, und wenn wir das nicht erkennen, leben wir umsonst.

Wie ich sehe, steckt da eine große Möglichkeit, hm? Du kannst wachsen. Du hast ein ganz einfaches, unschuldiges, liebendes Herz: es kann den Sprung sofort tun und dann zu einer Flamme werden und aufblühen... und Sannyasin werden!

*Das Mädchen sagt, ihr einziger Einwand, Sannyasin zu werden, sei das Tragen safranfarbener Kleider. Bhagwan spricht über die Bedeutung der Farbe. Doch zuvor sagt er, daß es, da ihr Mann Sannyasin ist, für sie beide hilfreich wäre, wenn auch sie Sannyas nähme.*

Nach meiner Beobachtung entsteht ein ganz kleiner Riß, wenn nur der Mann oder die Frau Sannyas nimmt und der andere nicht. Am Anfang bemerkt man es vielleicht gar nicht, aber man hat begonnen, sich in verschiedene Richtungen zu bewegen, und ich finde das nicht gut, hm? Denn später können daraus Schwierigkeiten entstehen. Darum betone ich immer, daß es schöner ist, wenn ein Paar sich gemeinsam in Sannyas hineinbegibt.

Mein Sannyas ist kein Verzicht auf das Leben oder eine Flucht vor ihm. Im Gegenteil, es heißt, das Leben so intensiv und so leidenschaftlich wie möglich zu leben. Wenn ein Paar Sannyas nimmt, wachsen die Dinge sehr schnell, und sie kommen sich näher als je zuvor. Du kannst nie jemandem nahekommen, es sei denn, du fängst an, in dieselbe Richtung zu gehen. Du magst jemanden lieben, und ihr könnt in verschiedene Himmelsrichtungen gehen, doch dann werdet ihr euch nur manchmal begegnen, und zwar lediglich an der Peripherie – danach setzt du deinen eigenen Weg fort.

Wenn ein Paar so tief in Einklang miteinander kommt, daß beide in die gleiche Richtung wachsen, dann wächst auch ihre Liebe und wird mehr und mehr göttlich und immer weniger sinnlich. Dann wird die Liebe rein, zu einem Duft, sie wird ewig. Du kannst sterben, aber die Liebe stirbt nie.

Doch warte, bis du es voll und ganz akzeptieren kannst. Die Safrankleidung ist ein Teil davon, sie leistet ungeheure Arbeit. Sie verändert deine ganze Person; es handelt sich nicht bloß um einen Kleiderwechsel. Ein Kleid ist nicht nur ein Kleid, es ist ein Lebensstil. Deine Kleider sind du: sie bringen deine Wahl zum Ausdruck, deinen Sinn, und sie sind nicht zufällig.

Ein Mensch, der es sich gut gehen läßt, der entspannt ist, wird immer lockere Kleider tragen. Jemand, der in Spannungen lebt, der immer streitet und kämpft, wird feste Kleider anhaben. Wenn du kämpfen willst, sind lose Kleider lästig. Sie behindern dich. Und wenn du dich entspannen möchtest, werden enge Kleider dir das nicht erlauben. Schau dir an, wie jemand, der lockere Kleider trägt, geht. Er hat einen anderen Gang, er bewegt sich anmutig in ihnen. Ein Mensch, der enge Kleider anhat, geht so, als versuche er, sich selbst zu überholen.

In den alten Palästen gab es für den König bestimmte Treppen, und für die Dienerschaft gab es andere. Die Stufen für die Diener waren ganz schmal, für den König hatte man ganz breite Stufen, denn er trug so weite Kleider, daß er sich ganz langsam bewegen mußte.

Alles und jedes, was du tust – deine Kleider, deine Möbel, dein Zimmer, dein Haar –, bist du. Alles trägt deine Handschrift. Wenn ich also deinen Namen und deine Kleider ändere, versuche ich, deine ganze Lebensweise zu verändern. Auf eine ganz subtile Weise versuche ich, einen Bruch zwischen deiner Vergangenheit und deiner Gegenwart herzustellen, so daß die Vergangenheit von dir abfällt und du frisch anfangen kannst.

Wenn du deinen Mann liebst, wirst du bald anfangen, orangefarbene Kleider zu lieben, hm!

*Mitglieder der Enlightenment-Intensive-Gruppe sind anwesend. Nachdem Bhagwan mit denjenigen im Darshan gesprochen hat, die nicht an der Gruppe teilgenommen haben, wendet er sich jetzt an die Gruppenmitglieder…*

Warst du in der Gruppe? Komm her! Hast du etwas zu sagen, irgendwelche Erfahrungen?…

SHANTIDHARMA *Ich hatte am ersten Tag Schwierigkeiten, weil mein linkes Auge ganz blutunterlaufen war, aber danach wurde es gut. Ich identifizierte mich immer weniger mit meinem Verstand. Ich bin auch einigen Ärger losgeworden… ein paarmal hab ich geschrien und einige Beklemmungen aus meiner Magengrube rausgelassen.*

Es kann vorkommen, daß deine Augen in Mitleidenschaft gezogen werden, wenn du deinen Ärger losläßt. Genau in dem Moment, in dem du sehr ärgerlich wirst, schießt dir das Blut in die Augen. Nur ein Auge war blutunterlaufen, das bedeutet, daß nur ein Teil deines Gemütes, die rechte Seite, Wut enthält. Wenn die rechte Hälfte des Gemütes mit Wut geladen ist, dann wird das linke

Auge rot – aber das ist ein gutes Zeichen. Es weist darauf hin, daß die Wut sich gelöst hat.

Wenn du Wut loswerden kannst, ist auch die Beklemmung automatisch aufgelöst. Die Beklemmung ist nämlich nichts anderes als ein gesellschaftliches Nebenprodukt, weil dir nicht gestattet wird, wütend zu sein. Wenn du wütend sein willst, kannst du es nicht, wenn du liebevoll sein willst, kannst du es nicht; wenn du tanzen oder weinen oder lachen willst, kannst du es nicht – und das schafft Beklemmungen.

Beklemmungen haben ist etwas ausschließlich Menschliches. Kein Tier kennt so etwas. Wenn du Angst hast und gerne vor einer Situation davonlaufen würdest, kannst es aber nicht, weil es als ›unmännlich‹ gilt, dann kämpfst du. Tiere würden sich nie so verhalten. Zuerst führen sie einen Scheinkampf durch, um herauszufinden, wer der Stärkere ist, hm? Denn wenn die Sache auf diese Weise geregelt werden kann, warum sollte man dann unnötig kämpfen? Sie sind klüger als Menschen.

Sobald der eine Hund mitkriegt, daß der andere stärker ist, zieht er seinen Schwanz ein und verschwindet.

Niemand wird sagen, er sei ein Feigling. Nein, er ist intelligent, ganz einfach intelligent.

Doch wenn du Angst bekommst, kannst du sie nicht akzeptieren, du verleugnest sie immerzu – daher die Beklemmungen. Wann immer du etwas Natürliches bekämpfst, entsteht Beklemmung. Versuche deshalb, das Natürliche mehr und mehr zu akzeptieren. Versuche, natürlicher zu sein. Oder besser, versuche, eher wie ein Tier zu sein. Die Religionen haben die Menschheit korrumpiert, indem sie die Menschen lehrten, wie Engel zu werden; dabei fallt ihr, wenn ihr versucht, wie Engel zu sein, tiefer als die Tiere. Werdet natürlicher, so natürlich wie Tiere; und plötzlich werdet ihr feststellen, daß ihr in eurer Ursprünglichkeit zu Engeln geworden seid.

Mit deiner religiösen Ausbildung *(dieser Sannyasin ist ein ehemaliger katholischer Priester)* hast du dir viele Beklemmungen eingehandelt. Wenn du das eines Tages durchschaust, werden sie sich entladen.

Es gibt einen Ausspruch von Chuang Tzu: ›Leicht ist richtig.‹ Das ist zutiefst wahr. Schwierig ist falsch, leicht ist richtig. Werde mehr und mehr wie ein Kind, wie ein Tier. Die Tiere haben eine ungeheuere Schönheit, die dem Menschen abhanden gekommen ist. Sie haben nichts dazugewonnen; statt dessen sind sie gehemmt, wahnsinnig und auf tausenderlei Art neurotisch geworden.

Laß alle unnatürlichen Ideale fahren. Wenn du dich so akzeptieren kannst, wie du bist, verschwinden die Beklemmungen. Darin besteht meine ganze Lehre – sich selber so annehmen, wie man ist. Höre auf, dir selber Wachhund zu sein. Wenn es zum Kampf kommt, zwischen dem Wachhund und der niederen Natur – was die Religionen so niedrig nennen –, höre nie auf den Wachhund, denn das ist das Ego. Höre immer auf die Natur und folge immer ihr. Diese Erfahrung war gut, aber es gibt noch viel zu tun.

*Shantidharma sagt, daß er als nächstes die Encountergruppe mitmache. Bhagwan meint, er solle in der Gruppe nicht schüchtern sein...*

Man muß sich in aller Nacktheit herzeigen. Wenn du nichts mehr zu verbergen hast, verschwindet alle Ängstlichkeit. Das ist das Schöne an der Wahrheit. Wenn du lügst, hast du Angst. Bist du aber aufrichtig, hast du keine. Wann immer du die Wahrheit sagst, brauchst du dich an nichts zu erinnern. Aber wann immer du eine Lüge aussprichst, mußt du sie im Gedächtnis behalten. Und eine Lüge zieht tausenderlei Lügen nach sich.

SHANTIDHARMA *Eine meiner Schwierigkeiten besteht darin, daß ich in einer Situation arbeite, in der diese totale Offenheit und das vollkommene Akzeptieren nicht gegeben sind. Wenn ich also in so einer Situation arbeite, ist es sehr schwer für mich, ganz offen zu sein. So leicht wie es hier ist, ist es doch sehr schwer, wenn ich meinen Beruf ausübe.*

Es wird nicht schwer sein. Wenn du erst einmal gemerkt hast, wie leicht es geht, stellt sich nicht mehr die Frage des Hier oder Dort. Wenn du es erst einmal lebst und weißt, wie es sich anfühlt, dann ist es immer leicht, wo du auch bist – denn es zahlt sich ungeheuer aus.

Im Augenblick weißt du nicht, wie das ist. Deshalb hast du Angst. Sobald du gemerkt hast, wie schön und beseligend es ist, natürlich zu sein, bist du bereit, alles dafür herzugeben und jeden Preis dafür zu zahlen. Wenn du dein Ansehen, deine Macht, dein Geld dafür verlierst: du bist bereit, weil das alles nichts wert ist.

Es ist, als hättest du Kieselsteine mit dir herumgetragen, und ich zeige dir plötzlich einen Schatz, Diamanten. Wirst du mir erzählen, es falle dir schwer, die Kieselsteine wegzuwerfen? Du wirst sie augenblicklich fallen lassen! Du warst in dem falschen Glauben, es handle sich um Diamanten. Weil du noch nie richtige Diamanten gesehen hast, gab es nichts, womit du sie hättest vergleichen können. Kennt man aber richtige Diamanten, wen kümmern dann noch Kieselsteine?

Es gibt in Indien eine ganz alte Geschichte von einem Premierminister, der anfing, sich für Meditation zu interessieren. Er verließ seinen Posten und ging in den Wald. Der König wurde neugierig und wollte wissen, was mit diesem Mann los sei, der eine so bedeutende Stellung aufgegeben hatte; er ging, um ihn aufzusuchen.

Der Premierminister saß mit ausgestreckten Beinen unter einem Baum. Als der König kam, blieb er sitzen. Der König sagte, er habe angenommen, daß er religiös geworden sei, doch sei er bloß unhöflich geworden und habe überhaupt seine Manieren verloren.

Der Premierminister lachte und antwortete: ›Wen kümmert's? Nicht dir hab' ich Respekt gezollt, das hab' ich getan, weil ich auf einem Egotrip war. Jetzt hab' ich diesen Egotrip aufgegeben. Wie immer du mich siehst – gesittet oder rüpelhaft, höflich oder unhöflich –, das ist mir egal. Ich spiele das Spiel einfach nicht mehr mit.‹ Der König soll sehr beeindruckt gewesen sein.

Dieser Mann muß etwas entdeckt haben, das ihm wertvoller erschien, denn das ist der einzige Weg, auf dem du bestimmte Dinge loswerden kannst. Wann immer du auf einen höheren Wert stößt, läßt du den niederen fahren. Wann immer du eine beglückendere Art zu leben findest, fällt die elende Lebensweise von dir ab. Wenn sie nicht abfällt, ist es lediglich ein Hinweis darauf, daß du sie noch nicht gefunden hast, das ist alles.

Denke nicht mehr an deinen Beruf, an deine Welt da draußen. Laß dich hier so vollkommen auf mich ein, daß du etwas von der Natürlichkeit, der Spontaneität spüren kannst. Wenn du dann zurückgehst, kann nichts dich zerstören. Du kannst alles von dir werfen, nur das nicht.

Wenn du begriffen hast, was Freiheit ist, kann dich kein Gefängnis mehr locken, wie schön es auch immer ausstaffiert sein mag. Sei einfach natürlich. Gut!

*Bhagwan führt das, was er zu Shantidharma gesagt hat, noch weiter aus, als er mit dem nächsten Sannyasin spricht, der von sich sagt, er könne sich, so wie er ist, nicht leiden.*

KLAUS *... meine Energie tendiert immer zum Negativen hin, und die positive Seite ist nie stark genug, um sich durchzusetzen. Das Ego ist hier so stark. (Er zeigt auf seinen Kopf.)*

Hm, hm... es ist nicht stark genug.

KLAUS *(ungläubig) Was?*

Es ist nicht stark genug, und du hast noch nicht genug gelitten. Du brauchst ein bißchen mehr Elend. Das ist der Punkt, den du verstehen mußt: Wenn etwas uns wirklich elend macht, ertragen wir es niemals. Du hast noch immer deine Freude daran. Du sagst das bloß so – es sei negativ und häßlich und deine Energie ginge verloren –, aber im Grunde deines Herzens freust du dich noch immer darüber. Denn wer sollte dich zwingen? Niemand!

Wenn dir wirklich so elend zumute ist, befreie dich davon! Und erzähle nicht, du seiest es seit jeher so gewohnt. Es ist keine Frage der Gewohnheit. Wenn das Haus in Flammen steht, rennst du ins Freie. Du sagst keineswegs, daß du seit dreißig Jahren in dem Haus gelebt und dich so sehr daran gewöhnt hast, daß du es nicht verlassen kannst. Wenn du so etwas sagst, zeigst du lediglich, daß du noch gar nicht mitbekommen hast, daß dein Haus Feuer gefangen hat. Dir ist das Gerücht zu Ohren gekommen, aber mit eigenen Augen gesehen hast du es noch nicht. Und du bist dir selber gegenüber nicht ehrlich genug. Deshalb hörst du auf das, was andere sagen.

Mein Vorschlag lautet: Versuche bitte nicht, aus dem Haus zu laufen, bevor du das Feuer nicht selber spürst. An deinem Sosein ist nichts auszusetzen, freu dich daran! Wenn du negative Sachen machst, freu dich. Wenn du wirklich in der Hölle gelandet bist, wirst du sie unverzüglich verlassen. Wenn du mich um

Rat fragst, werde ich dir sagen, gehe tiefer in deine Hölle hinein – und tue es fröhlich. Laß es dir ein Vergnügen sein, und tue es mit vollem Bewußtsein. Das ist meine ganze Lehre – alles bewußt zu tun. Halte dich nicht für verkehrt – das spaltet dich. Was soll denn falsch daran sein? Mache dir ein Vergnügen daraus.

KLAUS *Andere Leute zu verletzen?*

Aber es macht dir doch Spaß, andere Leute zu verletzen, dann tue es auch. Wenn sie dich verletzen wollen, werden sie es schon tun; das ist ihre Sache. Du habe deinen Spaß daran. Und es macht dir Spaß. Ob ich das sage oder nicht, darauf kommt es nicht an; denn wenn dir eine Sache keine Befriedigung mehr verschafft, kannst du mit ihr gar nicht weitermachen. Es ist keine Frage von Gewohnheit oder sonst etwas.

Es handelt sich um einen simplen Trick des Verstandes: Du genießt es immer noch, willst aber gleichzeitig beweisen, wie klug du bist, denn du weißt ja, daß es ganz schlecht und verwerflich ist, jemanden zu verletzen, aber was kannst du dagegen schon tun? – Du kannst dich davon nicht lösen. Das ist nicht wahr. Ich kann sehen, daß du dich daran freust. Ich bin niemals gegen irgend etwas. Ich bin für absolut alles, deshalb genieße es.

KLAUS *(versuchsweise) Ich trau' mich nicht, das ist mein Problem.*

Davon rede ich ja. Dein Ego ist nicht stark genug! Dir fehlt der Mut. Du glaubst nicht wirklich, daß du andern weh tust, es aber nicht willst. Du bist ein Feigling. Die andern kümmern dich nicht, du hast Angst, daß sie dich verletzen, daß sie zurückschlagen. Deshalb versteckst du dich hinter einer Philosophie, einer guten Philosophie, die lautet: Du willst andere nicht verletzen.

Tatsache ist aber: Alles, was du willst, ist verletzen, aber nicht verletzt werden – das ist das ganze Spiel. Sieh es, wie es ist. Ich mag hart erscheinen, aber ich will, daß die Dinge genauso begriffen werden, wie sie sind; dann kann man sich unbeschwert bewegen.

Du bist nicht der einzige negative Mensch auf der Welt, und wenn du die Leute nicht verletzt, wird es jemand anderes tun. Und niemand kann einen anderen verletzen, wenn derjenige nicht bereit ist, sich verletzen zu lassen.

Es gibt Leute, die wollen verletzen, und solche, die verletzt werden wollen, also laß das nicht deine Sorge sein. Hauptsache, du akzeptierst dich.

Ich weiß, daß du es eines Tages bleiben lassen wirst, aber das wird nicht dank deiner Anstrengungen passieren. Wenn du eine solche Hölle um dich herum erschaffen hast, daß du es keine Sekunde länger darin aushältst, wirst du rausspringen, und keine Spur wird an dir hängenbleiben. Das ist der einzige Weg, akzeptiere ihn also!

Gott scheint durch dich ein paar negative Dinge auszuprobieren. Dich hat er dazu ausersehen. Was kannst du schon dagegen tun? *(Die Gruppe lacht.)*

Und der Versuch, dich selber zu verändern, ist egoistisch; höre also mit all diesem Unsinn auf. Und freue dich an deinem Wesen, wie es ist. Eines Tages wirst du plötzlich den ganzen Unsinn einsehen. Ich sage nicht, daß es Unsinn ist. Ich sage, daß du es eines Tages durchschauen wirst. Mein Verständnis kann nicht deines sein. Ich kann es dir nicht geben, und du kannst es von mir nicht borgen.

Ich möchte daher, daß du dich selbst begreifst. Der einzige Weg dorthin besteht darin, dich mit aller Intensität zu erfahren. Ich sehe die Sache so: Wenn jedem Kind von klein auf erlaubt wird, wirklich wütend zu sein, wird die Wut aus der Welt verschwinden. Das Kind wird das Gift der Wut von alleine begreifen. Es wird sich fast ausgebrannt fühlen und die Wut ganz durchleiden. Niemand leidet gerne, und so wird es mit dem Unsinn von selbst aufhören.

Weil ein Kind immer und immer wieder dazu angehalten wird, nicht wütend zu sein, wird es zwar wütend, aber die Wut ist lauwarm; sie ist nie stark genug, um es aus der Wut wirklich herauszubringen.

Laß die Dinge also so intensiv werden wie möglich. Und dann verdunsten sie von ganz alleine. Versuche es! Renne nicht gegen dich an. Es ist vollkommen in Ordnung – sei negativ!

*Der Frager fängt an, sich zu entspannen, zu lächeln.*

Du fühlst dich ja schon wohl!

Wer war noch in der Gruppe? Komm her zu mir!

ANUBHUTI *(mit Tränen in den Augen und sanft) Seit fast zwei Monaten lebe ich in einer Beziehung, und im Moment bin ich ganz durchgebrannt, weil ich solche Angst davor habe, mich nicht hingeben zu können. Heute ist mir etwas passiert, wir haben miteinander gespielt, einen Ringkampf gemacht, und ich habe ihm weh getan (ihrem Freund), an einer sehr empfindlichen Stelle. Es kam ganz aus meinem Körper, nicht mit Absicht, und im selben Augenblick hab' ich solche Angst gekriegt, daß er mich erwischen könnte, daß er wütend werden würde und ich... hab' einfach ausgeblendet... hab' angefangen zu weinen, und ich hab' einfach am Boden gelegen...*
*Ich habe so riesige Angst davor, daß ich mich nicht ergeben kann (sie schluchzt), und ich möchte es doch so sehr.*

Er hat überhaupt nicht reagiert?

ANUBHUTI *Er hat nicht gewußt, warum ich so geweint und mich so verhalten habe.*

Erzähle ihm alles.

ANUBHUTI *Ich hab's ihm gesagt...*

Und sag ihm auch, daß du es schwierig findest, dich hinzugeben, aber daß du es gerne möchtest, hm?

Es wird dir helfen, mit ihm zu reden. Verbirg es nicht in deinem Innern.

Wenn du jemanden liebst, mußt du ihm alles sagen. In der Liebe sind Geheimnisse nicht erlaubt. Sogar dieses bißchen Privatheit ist nicht gut. Du solltest deine Wunden nicht alleine tragen. Wenn er dich liebt, wird er dich verstehen.

Hingabe ist niemals leicht, denn bevor man sich hingibt, muß das Ego ganz aufgegeben sein. Solange du dich nicht hingibst, ist gar nichts erreicht – keine Liebe, keine Meditation, kein Gebet. Hingabe ist der Schlüssel. Und deshalb geht es der ganzen Welt so schlecht – weil sich die Leute nicht hingeben können. Sie haben den Schlüssel verloren. Sie bleiben Bettler, wo sie Könige hätten werden können.

Strenge dich nicht zu sehr an, vielleicht hattest du deshalb Schwierigkeiten. Wenn du es zu sehr versuchst, wird Hingabe fast unmöglich, denn Hingabe – und das muß man verstehen – kann nicht gewollt werden. Der Wille ist gegen Hingabe. Es ist, als würdest du dir zu große Mühe geben, um einzuschlafen. Je heftiger du es versuchst, um so mehr wird dein Schlaf gestört, denn die Anstrengung selber ist es, die dich wachhält. Die richtige Art einzuschlafen besteht darin, es überhaupt nicht zu versuchen. Hingabe geschieht auf die gleiche Weise.

Rede einfach mit ihm, hm? Legt euch zusammen hin, kuschelt euch aneinander und versucht gar nichts, wollt nichts. Es wird kommen... überlaßt es mir.

*Ein anderer Teilnehmer der Enlightenment-Intensive-Gruppe sagt, daß er sich am ersten Tag sehr negativ gefühlt habe; und am zweiten Tag habe er es tatsächlich – zwar erst nur fünf Minuten lang – bleibenlassen, bis er begriffen hätte, daß ihm das nicht helfen würde. Die Dinge hätten sich zunehmend gebessert, sagt er, und jetzt fühle er sich ganz offen.*

*Er fährt fort:*

*Das äußere ›Ich‹ verschwand... dann hatte ich das Gefühl, daß, naja... Ich bin ich... es ist nicht zu erklären. Aber es war wunderschön.*

Es war schön.

Es muß immer so sein: Erst das Negative und dann das Positive. Wenn du ins Negative davonläufst, verfehlst du das, worauf es ankommt – und du hättest es beinahe verpaßt. Wenn du aber diese Periode des Schmerzes verlängern kannst, kommst du zwangsläufig an einen Wendepunkt, denn jedes Tal hat einen Gipfel, jeder Gipfel ein Tal. Jede Nacht hat einen Morgen, und je dunkler die Nacht ist, um so schöner wird der Morgen sein. Man muß also die dunkle Nacht durchstreifen, den negativen Teil, in dem Haß und Wut und alle Aspekte der Negativität hochkommen.

Das ist es, was man Ausdauer und Mut nennt: Gegen die Hoffnung anhoffen, immer weiter und weiter und weiter gehen – bis plötzlich der Wendepunkt kommt. Man weiß nie, wann er kommt. Man kennt nie den Tiefpunkt seiner eigenen Negativität, hast du ihn aber berührt, bewegst du dich plötzlich wieder aufwärts.

Es war wirklich gut. Du hast Glück gehabt, daß du nicht ausgestiegen bist, denn wenn das Positive kommt, wird es ungeheuer schön und beseligend. Jetzt versuche, diese Erfahrung zu Hause fortsetzen.

Nimm dir einmal im Monat vierundzwanzig Stunden für ein Enlightenment-Intensive. Stelle dir immerfort die Frage, und du wirst immer den gleichen Kreis von Negativität und Positivität durchschreiten. Es wird schneller gehen. Du wirst in Sekundenschnelle vom Negativen zum Positiven übergehen können, weil du an Geschicklichkeit gewonnen hast, sofort zum Boden der Negativität hinabzutauchen; du kennst ihn jetzt und hast keinerlei Angst mehr vor ihm.

Versuche, damit weiterzumachen. Das wird dir auf deinem Weg eine ungeheuere Hilfe sein. Widme ihm einmal im Monat vierundzwanzig Stunden; das wird deine allerschönste Zeit werden.

*Siddharth fragt, ob er zur zweiten Frage ›Was ist ein anderer?‹ übergehen solle. Er sagt, er habe das Gefühl, es sei dieselbe Frage wie ›Wer bin ich?‹ – die erste Frage, die im Enlightenment-Intensive gestellt wird.*

Es ist die gleiche. Wenn du durch die eine Frage das Positive berührt hast, werden alle Fragen gleich. Immer und immer wieder wirst du den gleichen Punkt berühren. Die Frage ist ein und dieselbe; sie hat tausenderlei Formen.

Die Frage ist ein und dieselbe und die Antwort auch; es gibt nicht zwei Fragen und zwei Antworten. Du wirst durch beide an den gleichen Punkt geraten. Das Fragenstellen ist nur dazu da, um gründlich in dein Wesen einzudringen.

Es ist genauso, als ob du an einem Ort gräbst und nach dreißig Fuß auf Wasser stößt. Dann gräbst du an einer anderen Stelle und stößt wieder nach dreißig Fuß auf Wasser.

Du bist das Wasser, und dein Verstand ist die Erde, die dich umgibt. Manchmal ist die Erde steinig, manchmal ist die Erde vielleicht weich, und du kommst eher an das Wasser, aber du erreichst immer dasselbe. Bleibe ruhig bei einer Frage, es gibt keine Notwendigkeit, sie zu ändern.

*Die nächste Sannyasin, Smrati, sagt, daß sie, obwohl sie die meisten Therapien, die es im Ashram gibt, mitgemacht habe, immer noch kleine Stellen in ihrer Brust, ihren Hüften und Schenkeln habe, die sich verkrampft anfühlten.*

*Die Therapie, auf die sich die folgende Unterhaltung bezieht, ist als Rolfing oder Strukturelle Integration bekannt. Eine sehr harte und tiefe Massage, die auf das weiche Gewebe des Körpers einwirkt und Spannungen in den Muskeln löst sowie dem Körper erlaubt, seine natürliche Gestalt wiederzufinden.*

*Besonders in der Kindheit werden geistige Überanstrengungen und Belastungen sowohl im Körper als auch im Gemüt festgehalten. Diese Überanstrengungen und Belastungen geben dem Körper eine ganz bestimmte Form. Wenn zum Beispiel Wut zurückgehalten wird, steht die Schultermuskulatur unter Spannung und eine Fehlhaltung bildet sich aus, wie schwach sie auch immer sein mag. Mit fortschreitender Arbeit – gewöhnlich in Kursen von je zehn Sitzungen – kommt es zu großen emotionalen Katharsen, weil Dinge, die jahrelang verdrängt waren, zur Entladung kommen. Die Technik an sich ist außerordentlich wirkungsvoll, und zusammen mit den täglichen Meditationen und Bhagwans Ausstrahlung steigert sich ihr Potential noch mehr.*

*Rolfing kann man von einem Sannyasin erhalten, der zur Zeit auch andere Sannyasins in seine Arbeitsweise einführt.*

Du mußt das Rolfing durchmachen... es wird dir helfen. Es wird sehr schmerzhaft sein, und deshalb habe ich es dir noch nicht aufgetragen – du mußtest durch all die anderen Therapien erst hindurchgehen.

Rolfing ist schmerzhaft, weil es die Körperstruktur entspannen muß. Wenn du ein Gefühl viele Tage lang mit dir herumträgst, wird es zu einem Teil deines Körpers. Es ist nicht mehr nur ein Teil des Verstandes, kann also nicht einfach durch den Verstand aufgelöst werden. Es muß sich auch im Körper lösen. Der Körper und die Muskeln nehmen eine bestimmte Struktur an, diese Struktur muß gebrochen, destrukturiert werden.

Irgend etwas ist in deiner Kindheit mit der Sexualität passiert und hat sich dem Körper so tief eingeprägt, daß alle erotischen Zonen – die Brüste, die Hüften, die Schenkel – vereist sind. Die Vereisung ist lediglich ein Schutz, wie eine Rüstung, die den Körper umgibt, und so ist es, als ob du asexuell geworden wärest. Du bist eine fast vollendete Jungfrau.

Das ist es, was alle zölibatären Menschen der Welt getan haben. Sie frieren bestimmte Stellen ihres Körpers ein – sie haben bestimmte Methoden entwikkelt, um es dahin zu bringen –, und wenn diese Teile erst einmal eingefroren sind, macht ihnen die Sexualität keine Schwierigkeiten mehr, weil die Energie nicht mehr vorhanden ist. Aber das ist nicht gut, denn sie sind abgetötet und stumpf. Man sollte über den Sex hinausgelangen, nicht nach unten ausweichen; und das hier heißt, nach unten ausweichen. Das kommt manchmal vor, ganz besonders bei Frauen, weil sie ein passives Geschlecht haben.

Du bist in deiner Kindheit vielleicht verletzt worden, dir ist auf irgendeine Art Gewalt angetan worden, doch du erinnerst dich daran vielleicht nicht oder nicht mehr, denn manchmal vergißt du das, woran du dich nicht erinnern willst. Du hast solche Angst bekommen, daß genau jene Teile, in denen du den sexuellen Reiz verspürst, erstarrt sind. Das kann nur durch das Rolfing aufgelöst werden.

Wenn du dir das Rolfing hier geben lassen kannst, wird es besser für dich sein, denn der Rolfer ist ein Sannyasin, und er wird mit den Dingen behutsamer umgehen. Rolfing ist lediglich eine Entspannungstechnik, doch wenn der Rolfer meditativ ist, kann er tiefer arbeiten als ein normaler Rolfer.

# Donnerstag
# den 1. Januar 1976

*Ein Sannyasin hat seine Gitarre mit in den Darshan gebracht und singt und spielt für Bhagwan. Er singt ein Lied voll von ›hare krishnas‹ und LSD, kama sutras und kosmischem Bewußtsein. Bhagwan sitzt da und hört zu, von Zeit zu Zeit schließt er die Augen oder schaut auf den Sannyasin oder wirft gelegentlich einen Blick auf die Gesichter in der Gruppe, die den Gitarrenspieler beobachten.*

*Das Lied ist zu Ende. Bhagwan sagt, es sei gut gewesen, hätte aber besser sein können.*

Du bringst deinen Verstand zu sehr ins Spiel; es sollte mehr von Herzen kommen. Sogar unsinnige Lieder sind schön. Es ist nicht nötig, Chemie, Physik und Philosophie hinzuzuziehen, es gibt keinen Grund dafür. Du bringst zu viel Verstand hinein, und dann verfehlst du völlig die Musik.

Musik ist keine Sache des Verstandes. Der Kopf ist ein Mißton in der Musik, eine Abweichung. Du kannst dich in ihr nicht verlieren; sie wird mehr zum Denken als zum Gesang. Singe irgend etwas Wildes, irgend etwas über die Liebe, sogar sinnloses Kauderwelsch, aber nichts, was mit dem Verstand zu tun hat.

Du kannst ›hare krishna, hare ram‹ singen – bloß zwei Worte – auf verschiedene Arten, verschieden angeordnet, daß dein Gesang sich in Wellen bewegt und zu einem wilden Ozean wird, der an den Klippen zerschellt und in dem du dich verlierst. Es ist nicht nötig, daß du lenkst, daß du manipulierst. Überlaß der Musik die Kontrolle über dich. Verliere dich ganz einfach in ihr, und du wirst zu einem tiefen Orgasmus gelangen, wirst zerspringen. Du wirst zum Universum. Selbstverständlich zum »kosmischen Bewußtsein«: aber das sagst du dann nicht. Kannst du mich verstehen? Sei in so vollkommenem Einklang mit der Musik, daß sie dich an die entferntesten Ufer des Seins verschlägt.

Im anderen Fall mißbrauchst du die Musik; es ist eine Beleidigung. Du trägst etwas vom Verstand herbei und gießt es hinein. Das bedeutet, daß du sie korrumpierst. Die Musik ist eine unschuldige Sache. Sie weiß nichts von Philosophie, nichts von Chemikalien, nichts von Marihuana. Sie weiß nichts von LSD und vom »kosmischen Bewußtsein«. Das sind bloße Worte, nichts als Scheiße.

Vertiefe dich in die Musik. Werde eins mit ihr! Fang an zu tanzen! Verliere dich in ihr, und wovon du jetzt nur redest, wird dann geschehen. Du wirst in eine gänzlich neue Dimension des Seins hineinexplodieren, in der die Sterne kreisen und wo pure Existenz ist.

Musik ist eine Meditation, und sie ist heilig. Wenn du sie mit deinem Verstand vermischst, ist das ein Sakrileg. Tue es nicht; laß den Intellekt fallen.

Aber es war gut. Wenn du das nächste Mal kommst, werde wild mit der Musik. Gib einfach den Kopf auf, das genügt!

*Eine Sannyasin, Volkswirtin bei den Vereinten Nationen in Genf, sagt, sie wisse nicht, ob sie bei Bhagwan in Poona oder bei ihrer Arbeit in Genf bleiben solle.*

*Sie frage sich, ob sie falsche Prioritäten setze, indem sie sich verantwortlich fühle für ihre Arbeit. Sie fügt noch hinzu, daß ihre Arbeit nicht wichtig sei und daß sie ohnehin niemand lesen würde.*

Nein, fühle dich verantwortlich. Es gibt keinen Grund, es als eine Last oder eine Spannung zu empfinden. Man sollte sich immer verantwortlich fühlen, egal, was man tut, ob die Arbeit für jemanden nützlich ist oder nicht; denn durch das bloße Gefühl der Verantwortlichkeit reifst du.

GAYATRI *Ich habe das Gefühl, immer verantwortlich gewesen zu sein, so daß ich eine reine Fassade von Verantwortlichkeiten bin.*

Du mußt deine Verantwortung auf eine sehr falsche Art und Weise getragen haben. Verantwortung ist keine Last.

Wenn du dich verantwortlich fühlst, hat das nichts mit anderen Leuten zu tun – es ist keine Pflicht. Nicht, daß du etwas beweisen müßtest oder daß dein Leben davon abhinge; nichts dergleichen. Verantwortung ist lediglich die Aufrichtigkeit des Herzens – so daß all dein Tun von Herzen kommt. Wenn man etwas tut, sollte man vollkommen dabei sein – dann wird daraus eine Meditation.

Sobald du etwas ohne Verantwortung tust, verschenkst du eine Möglichkeit, meditativ zu sein. Du arbeitest vielleicht sechs Stunden im Büro und verrichtest deine Arbeit gleichgültig. Mir geht es nicht darum, ob die Arbeit darunter leidet. Es kann wirklich unnütze Arbeit sein – denn fast neunzig Prozent aller Regierungsarbeit ist nutzlos, und was die Vereinten Nationen betrifft, ist die Arbeit zu hundertprozent nutzlos – darauf kommt es nicht an.

Wenn du deinen Verstand sechs Stunden am Tag in einem Dämmerzustand hältst, ist es nicht leicht, diese Dumpfheit wieder loszuwerden. Ganz allmählich wird sie zu einem Teil von dir, ganz und gar dein Lebensstil. Wenn diese Schicht von Abgestumpftheit sich über dein ganzes Leben ausbreitet, vergiftest du dich selbst.

Verantwortlich sein, bedeutet, deine Arbeit bewußt und liebevoll tun. Leg dich voll ins Zeug, so daß diese sechs Stunden in dir zu einer Zeit scharfer, intensiver Bewußtheit werden, und danach trägst du diese Bewußtheit in die anderen Gebiete deines Lebens. Nach und nach wird dein Leben zu einem Leben der Ansprechbarkeit, der Lebendigkeit.

Das Wort ›Verantwortung‹ ist sehr schön – es bedeutet lebendig sein, stets dem Leben antworten. Ein toter Mann ist nicht verantwortlich. Wenn er dir mitten im Wege liegt, und du fragst ihn, warum, wird er dir keine Antwort geben. Er ist ja nicht verantwortlich; er schuldet niemandem eine Antwort. Wenn du verantwortlich bist, wirst du lebendig.

Du siehst, meine Betonung liegt nicht auf der Arbeit; sie liegt auf dir.

Gurdjieff empfahl seinen Schülern, dusselige, absurde Arbeiten zu tun – und dabei verantwortlich zu sein. Er befahl zum Beispiel einem Schüler, ein Loch zu graben. Den ganzen Tag über gräbt der Schüler. Die Arbeit ist hart; er schwitzt. Am Abend kommt Gurdjieff vorbei und sagt, er solle es wieder zuschaufeln. Die Erde muß also zurückgeschaufelt werden.

Am darauffolgenden Tag sagt Gurdjieff ihm wieder, er solle ein anderes Loch graben. Der Schüler fragt sich, was wohl passieren werde. Aber wieder kommt Gurdjieff am Abend vorbei und sagt, er solle es wieder auffüllen.

Und er hat immer gesagt, man solle verantwortlich sein! Gurdjieff will damit sagen, daß dein ganzes Leben nutzlos ist, wenn du auf Nützlichkeit bedacht bist. Es ist nichts als Löcher graben und sie wieder zuschaufeln. Jeden Tag essen und es wieder ausscheiden; das Loch im Magen füllen und alles wieder hinauswerfen. Jeden Abend schlafen gehen, jeden Morgen wieder aufstehen. Und das geht so Tag für Tag für Tag, bis du eines Tages stirbst.

Nichts anderes als das. Doch Gurdjieff sagt, darauf käme es nicht an. Er sagt, mache deine Arbeit so verantwortlich wie möglich, als ob ganz viel davon abhängt – tue sie mit vollem Bewußtsein. Er erlaubte jemandem immer erst dann, mit einer derart absurden Arbeit aufzuhören, wenn er sah, daß der Betreffende verantwortungsbewußt geworden war. Manchmal dauerte es Monate; drei Monate schaufelt jemand ein Loch und schüttet es wieder zu. Manchmal rissen die Leute vor Gurdjieff aus, weil es sie wahnsinnig machte – man wußte von Anfang an, daß es sinnlos war.

Bliebst du aber bei der Sache, entstand allmählich eine ungeheure Schönheit. Das Loch wurde nebensächlich; das, worauf es ankam, war jetzt das Bewußtsein. Während du es liebevoll tust, vergißt du allmählich das Ende. Du genießt ganz einfach den gegenwärtigen Augenblick.

Verantwortlichkeit bedeutet, in diesem Augenblick lebendig zu sein, was immer du gerade tust, hm?

Nach zwei Wochen geh also und sei verantwortlich – in meinem Sinn des Wortes –, und freue dich daran. Wenn sonst schon niemand, freue du dich wenigstens daran.

Wie steht es mit dir? Trägst du irgend etwas Schweres in deinem Kopf herum?

*Die Sannyasin vor ihm schluchzt verzweifelt.*

Hm, erzähle es mir, erzähle... sprich es aus.

VEETMAYA *Ich weiß überhaupt nichts.*

*(mit einem freundlichen Schmunzeln)* Du weißt doch wenigstens, was in deinem Kopf vor sich geht, hm?

VEETMAYA *Das ist alles verrückt in meinem Kopf, alles verrückt.*

Hm, hm. Es kann nicht verrückter sein als alle diese Leute hier *(er zeigt auf die Gruppe)*. Hm? Sieh sie dir an! Kannst du noch verrückter sein als sie? *(die Gruppe lacht)* Nein, das kannst du nicht! *(lacht)*

VEETMAYA *Ich hab' das Gefühl, daß alles, was ich zu sagen habe... dumm ist.*

Wundere dich nicht über Dummheit. Erzähle es mir.

VEETMAYA *Ich weiß wirklich nicht, wo ich bin oder was ich bin. Ich hab' immer das Gefühl gehabt, es ist ein Riesenkino (ein Wehklagen), aber ich weiß nicht, wo ich stehe.*

Du bist unter den Zuschauern! Es ist ein Riesenkino, und du bist eine Zuschauerin.

VEETMAYA *Ja... aber ich weiß nicht, was ich will... ich weiß nicht, was ich tun soll... ich weiß nicht, was wirklich und was unwahr ist... ich weiß es nicht.*

Niemand weiß es im Grunde. Man muß folgendes begreifen: daß man leben muß, ohne es zu kennen. Indem du lebst, wirst du es ganz allmählich begreifen. Einen anderen Weg gibt es nicht. Man weiß nie, was wahr ist und was nicht. Lebe das Leben – nach und nach stellt sich heraus: Was dich glücklich macht, ist wahr, und was dich quält und leiden läßt, und sonst nichts, ist unwahr.

Ich weiß, nichts ist klar, ich kann deine Schwierigkeit verstehen – es ist jedermanns Schwierigkeit. Jeder sitzt in diesem Boot. Ich glaube nicht, daß du dumm bist. Es ist gut, daß du einsiehst, daß du nichts weißt. Das ist gut. Man muß im Dunkeln herumtasten. Wahrheit ist nichts, was dir gegeben werden könnte; du mußt suchen und forschen.

VEETMAYA *Aber ich weiß nicht, wo ich suchen soll und wie...*

Liebe, weine, lache, tanze – diese Dinge kannst du tun. Ganz allmählich wirst du es spüren.

VEETMAYA *Ich fühl' mich nicht wirklich glücklich und nicht wirklich unglücklich in allem, was ich tue.*

Dann ist es das, was du versuchen mußt! Sei wirklich unglücklich. Fühlst du dich nie richtig unglücklich? Ich kann dir ein paar Leute verschaffen, die dich wirklich unglücklich machen, hm? *(er lacht)*

VEETMAYA *Ich habe mich mit meinem Freund in Deutschland oft sehr unglücklich gefühlt.*

Warst du unglücklich mit ihm? Dann wird dir die Liebe etwas geben... wenigstens ein herzhaftes Unglücklichsein. Wenn du ganz, ganz unglücklich sein kannst, dann wirst du fähig, sehr glücklich zu sein.

Was immer du also bist, sei es ganz. Wenn dir nach weinen zumute ist, weine von Herzen. Mußt du lachen – dann lache von ganzem Herzen – sei authentisch. Bewege dich immer auf die tiefste Stelle zu.

VEETMAYA *Ich hab' solche Angst davor...*

Dann sei total verrückt vor Angst. Auch daran ist nichts auszusetzen! Was immer du bist, was immer du deinem Gefühl nach bist, sei es ganz. Fange nicht an, darüber nachzudenken; lebe es aus. Allmählich wirst du ein Gefühl davon kriegen, wer du bist.

Sogar, wenn du erst am Ende deines Lebens herausfindest, wer du bist, ist das früh. Erwarte niemals, daß dir am Anfang jemand erzählen könnte, wer du bist. Wenn es so leicht wäre, würde jeder es wissen. Man muß sich anstrengen dafür. Man muß tasten. Man muß viele Male fehlgehen. Es gibt viele Gefahren, viele Fallgruben unterwegs; tausenderlei falsche Türen und eine richtige. Es ist ein Geduldsspiel.

Das Leben ist ein Labyrinth, hm? Aber wenn man weitergeht, nicht aufgibt, öffnet sich eines Tages die richtige Tür. Das ist der Lohn für all deine Mühen.

Das Leben öffnet sich in seiner unermeßlichen, unendlichen Fülle und seinem herrlich strahlenden Glanz!

Doch das kann dir nicht gegeben werden. Du mußt es suchen, du mußt nach ihm forschen. Aber sei deswegen nicht deprimiert – genauso muß es sein, hm? Hm... Gut!

*Alles, was in der Gegenwart eines Meisters geschieht, muß außergewöhnlich sein. Besonders für Leute aus dem Westen ist es an sich schon außergewöhnlich, in der Gegenwart eines erleuchteten Wesens wie Bhagwan Shree zu sein. Es ist im wörtlichen Sinne »unvorstellbar« und eine Erfahrung, die einen den Verstand kostet...*

*Das einzige, was man entfernt damit vergleichen könnte, ist das, was mit jemandem geschieht, der sich verliebt hat. Wenn jemand noch nie erfahren hat, was Liebe ist, wird ihm das ganze Phänomen unglaubwürdig erscheinen, vielleicht ein bißchen verrückt, schwärmerisch. Aber noch der allerskeptischste Mensch muß anerkennen, daß die Liebe die Macht hat zu verwandeln.*

*Zu einer der allerbewegendsten und machtvollsten Erfahrungen in Bhagwans Nähe kommt es, wenn ein Schüler vor ihm kniet oder seinen Fuß berührt.*

*Wiederum ist es für Leute aus dem Westen ein besonders bedeutungsvolles Verhalten – das Ego symbolisch aufzugeben, sich selbst in einer Haltung der Ehrerbietung und Verletzlichkeit, der tiefen Dankbarkeit und Liebe einem anderen Menschen darzubringen.*

*Die Energie strömt ganz besonders stark von den Händen und den Füßen aus. Aus diesem Grund legt Bhagwan seine Hand auf den gesenkten Kopf eines Sannyasins, um ihn zu segnen. Der Körper des Sannyasin liegt tiefer, was den Energiefluß von Bhagwans Körper zu dem seinen erleichtert. Dadurch, daß man mit dem Boden in Berührung ist, kann überschüssige Energie sicher in die Erde abgeleitet werden.*

*Vor einigen Monaten berührte Bhagwan den Fuß eines Sannyasin mit seinem eigenen Fuß und übte einige Sekunden lang Druck auf ihn aus. Er sagte nicht, was geschah; doch nach einigen Tagen kam der Sannyasin zurück, um ihm zu erzählen, daß er auf seinen Händen und Füßen und am unteren Teil seines Körpers einen Ausschlag bekommen hätte, in Form kleiner Wundstellen. Bhagwan bestätigte dessen Gefühl, daß es mit der Übertragung von seiner Energie auf den Sannyasin zu tun gehabt habe.*

*Bhagwan erwähnte dann die Geschichte, wie Meher-Baba ein ganzes Jahr lang in einen unbewußten oder halbbewußten Zustand verfiel, als er von Baba Jan, der einzigen erleuchteten Frau dieses Jahrhunderts, berührt worden war. In seinem späteren Leben wurde Meher-Baba erleuchtet.*

*Wenn auch nicht ganz so dramatisch und handgreiflich, spüren viele Leute, daß ihnen etwas ganz Wunderschönes und Übermächtiges widerfährt, während sie vor Bhagwan knien.*

*Er strahlt eine Wärme aus, die in die allerinnerste Tiefe des eigenen Seins hinabzudringen scheint und die dabei ein Gefühl von Verletzlichkeit und Offenheit und Empfänglichkeit erzeugt. Man fühlt einen Ansturm von ungeheurer Freude, überwältigender Traurigkeit, fühlt das Eins-Sein mit dem, wovon man niemals getrennt war.*

# Freitag
# den 2. Januar

*Ein Sannyasin sagt, er müsse nach Hause zurückkehren, weil es ihm nicht gut ginge. Er habe Angst vor der Abreise und habe den Eindruck, daß er Bhagwans physische Gegenwart vermissen werde. Er habe auch Angst davor, in seine alten Verhaltensmuster zurückzufallen...*

Nein, nein, das werde ich nicht zulassen, mach dir keine Sorgen. Das fällt in meine Verantwortung, hm? Du wirst nicht zurückfallen.

Wenn du erst einmal anfängst zu wachsen, kannst du nicht zurückfallen, aber die Angst davor entsteht. Ja, je mehr du wächst, um so größere Angst hast du, zurückzufallen. Diese Furcht ist natürlich, aber nur diejenigen verspüren sie, die etwas erreicht haben. Diejenigen, die gar nichts erreichen, sind furchtlos; sie sind schon Bettler und haben nichts zu verlieren.

Sobald du anfängst, etwas zu erreichen, mußt du diesen Schatz bewahren, deshalb kommt die Furcht auf – doch es ist ein gutes Zeichen. Immer, wenn ein Mensch anfängt zu fürchten, er könne etwas verlieren, bedeutet es, daß er etwas gewonnen hat.

Doch geh zurück – du wirst es nicht verlieren. Das ist eines der Kriterien: Wenn etwas erreicht ist, kann es nicht wieder verlorengehen. Wenn du jetzt etwas erkannt hast, wie sollte es sich deiner Kenntnis wieder entziehen? Gibt es einen Weg, das, was du erfahren hast, ungeschehen zu machen? Nein, den gibt es nicht. Und eine spirituelle Erfahrung ist ein so tiefes und intensives Phänomen, daß du niemals derselbe sein wirst, nachdem die spirituelle Reise ihren Anfang genommen hat. Sogar wenn du in die Dunkelheit zurückgeworfen wirst, wird dieses Leuchten immer noch da sein.

Es ist gut, manchmal in die alte Situation zurückzugehen, zu den alten Leuten, den alten Freundschaften. In die alte Welt zurückzukehren, wo du gelebt hast, bevor etwas in dir zu wachsen begann, bevor die Saat in dir aufzubrechen begann – ist gut. Gehe zurück zur Vergangenheit, in der jede Möglichkeit gegeben ist, wieder der alte zu werden.

Es ist gut zu gehen, denn es wird dir zeigen, ob du wirklich etwas erreicht hast. Du gehst zwar in die alte Welt zurück, aber der alte werden kannst du nicht, und im Gegensatz zu deiner alten Umgebung wirst du dein Wachstum noch heller aufleuchten sehen. Du wirst sehen, daß du etwas erreicht hast, was nicht verlorengehen kann. Das, was man verlieren kann, war nicht wert, gewonnen zu werden. Nur, was du nicht wieder verlieren kannst, war der Mühe wert, denn einzig und allein das ist deine wahre Natur.

Beobachte also genau, was passiert, und du wirst sehr, sehr glücklich zurückkehren ... und dadurch daß du gehst, wird diese Furcht verschwinden. Ich bin dafür, daß die Leute wieder und wieder in ihre alte Situation zurückgehen, denn es gibt ihnen ein Urteilskriterium.

In der Vergangenheit ist es im Osten zu einer Tragödie gekommen. Die Leute fingen an, solche Angst vor der Welt zu entwickeln, daß sie ihr entflohen. Sie wanderten hinauf in die Berge des Himalaya, in die Klöster, dort begannen sie, ein wenig stiller zu werden, sich glücklich und sorglos zu fühlen – sie lebten in einer so friedlichen Atmosphäre. Schließlich bekamen sie Angst, in die Welt, zum alten zurückzukehren. Diese Angst ist schlecht, denn sie zeigt, daß sie nicht wirklich die Erleuchtung erlangt hatten. Vielleicht waren es die Berge des Himalaya – das Schweigen, der Friede, die natürliche Schönheit; die ungeheuere Ausstrahlung von Ewigkeit, die der Himalaya hat – sie fielen der Täuschung anheim, daß sie etwas erreicht hätten. Das ist nur ein widergespiegelter Glanz; sie spiegelten lediglich die Schönheit des Himalaya wider.

Für mich gilt folgendes als grundlegende Übung: Sie sollten immer und immer wieder in den Bazar, auf den Marktplatz zurückgeschickt werden, um zu prüfen, was sie erreicht haben. Wenn es auch auf dem Marktplatz bei dir bleibt, ist es deines. Wenn du es beim Gang auf den Marktplatz verlierst, war es nicht deines; es war der Widerschein des Himalaya in dir.

Jahrhundertelang waren die Leute im Osten so ängstlich, daß Religion etwas vom Leben vollkommen Getrenntes wurde. Das Leben wurde zu einer Angelegenheit des Marktplatzes, die Religion zu einer Sache des Klosters; der Gegensatz zwischen ihnen war nicht mehr zu überbrücken; beide wurden einseitig. Ein Marktplatz, auf dem es keinerlei Meditation gibt, wird ungeheuer häßlich. Er wird lebendig sein, aber häßlich.

Ein Kloster, dem es an Mut fehlt, auf den Marktplatz zu gehen, ist still – aber tot. Die Klöster starben ab, und der Marktplatz blieb lebendig, zu lebendig – überschäumend vor Wahnsinn.

Diese Situation ist im Osten eingetreten, und auch im Westen kann es dazu kommen, denn der Westen bewegt sich zur Zeit in die gleiche Richtung; die gleiche spirituelle Suche hat ihren Anfang genommen. Bevor es zu dieser Tragödie kommt, möchte ich gerne auf eine vollkommen andere Richtung hinarbeiten, damit das Leben, das gewöhliche Leben, nie mehr von dem religiösen getrennt und abgespalten wird.

Hast du gesehen, wie ein Seiltänzer seine Balance hält? Das ist wirkliche Meditation. Wenn er spürt, daß er sich zu weit nach links gelehnt hat, verlagert er sein Gewicht sofort nach rechts, um seine Balance wiederzugewinnen. Hat er sie, merkt er, daß er sich jetzt zu weit nach rechts gebeugt hat, und lehnt sich sofort wieder etwas nach links, um abermals die Balance wiederzugewinnen. Und so wird es gemacht – sich zwischen rechts und links ständig hin und her bewegend, bleibt er gerade in der Mitte.

Beobachte einen Seiltänzer – das ist das ganze Lebensgeheimnis des Sannyasin. Man muß sich immer nach beiden Seiten hin bewegen und immer seine Balance wiedergewinnen.

Gehe also, hm? Und ich werde mitgehen!

*Bhagwan spricht als nächstes mit einem Sannyasin, der bald anfangen soll, im Ashram Massagen zu geben.*

Mache weiter mit deiner Arbeit, hm? Massieren ist etwas, das du anfangen kannst zu lernen, aber du kommst nie an ein Ende. Es geht immer weiter und weiter, und die Erfahrung wird ständig tiefer und tiefer, höher und höher. Massage ist eine der subtilsten Künste – und ist nicht einfach nur eine Sache der Gewandtheit. Es ist mehr eine Sache der Liebe.

Lerne zuerst die Technik. Prageet wird sie dir beibringen – und das Verbleibende werde ich dich lehren *(schmunzelt)*.

Lerne die Technik – und dann vergiß sie wieder. Danach fühle nur und laß dich von deinem Gefühl leiten. Wenn dein Lernen tief geht, werden neunzig Prozent dieser Arbeit durch die Liebe geschehen, zehn Prozent erledigt die Technik. Durch die bloße Berührung, eine liebevolle Berührung, entspannt sich etwas im Körper.

Wenn du liebst und für den anderen mitempfindest und dir seines allerhöchsten Wertes bewußt bist; wenn du ihn nicht wie einen Mechanismus behandelst, den man in Ordnung bringen muß, sondern wie eine unendlich kostbare Energie, wenn du dankbar bist, daß er dir vertraut und dir erlaubt, mit seiner Energie zu spielen, dann wirst du ganz allmählich das Gefühl haben, als spieltest du auf einer Orgel. Der ganze Körper wird zur Tastatur der Orgel, und du kannst spüren, wie im Innern des Körpers eine Harmonie geschaffen wird. Nicht nur dem anderen wird geholfen sein, sondern auch dir.

Die Welt braucht Massage, weil die Liebe aus ihr verschwunden ist. Früher genügte eine bloße Berührung aus Liebe. Eine Mutter berührte ihr Kind, spielte mit seinem Körper, und es war Massage. Der Mann spielte mit dem Körper seiner Frau, und es war Massage; das war genug, mehr als genug. Es war tiefe Entspannung und gehörte zur Liebe.

Doch das ist aus der Welt verschwunden. Nach und nach haben wir vergessen, wo wir jemanden berühren müssen, wie wir ihn berühren, wie tief wir ihn berühren müssen. Wirklich, Berührung ist eine der am meisten in Vergessenheit geratenen Sprachen. Wir sind geradezu linkisch in der Berührung, denn schon das Wort selbst ist von sogenannten religiösen Leuten korrumpiert worden. Sie haben ihm eine sexuelle Färbung gegeben. Das Wort ist sexuell geworden, und die Leute haben Angst entwickelt. Jedermann ist auf der Hut davor, berührt zu werden, wenn er es nicht ausdrücklich erlaubt.

Jetzt ist es im Westen zum anderen Extrem gekommen. Berührung und

Massage sind sexuell geworden. Jetzt ist die Massage nur ein Deckmantel für Sexualität. Dabei sind weder Berührung noch Massage sexuell. Sie sind Äußerungen der Liebe. Wenn die Liebe aus ihrer Höhe hinunterstürzt, wird sie zur Sexualität, und dann wird sie häßlich.

Sei also andächtig. Wenn du den Körper eines Menschen berührst, sei andachtsvoll – als ob Gott selber anwesend wäre und du ihm nur dienst. Ströme mit aller Energie. Und wann immer du spürst, wie der Körper in Fluß gekommen ist und die Energie eine neue Harmonie schafft, wirst du ein Entzücken spüren wie niemals zuvor. Du wirst in tiefe Meditation verfallen.

Während du massierst, massiere nur. Denke nicht an irgendwelche anderen Dinge, denn das sind alles Ablenkungen. Sei in deinen Fingrn, in deinen Händen, als würde dein ganzes Sein, deine ganze Seele sich dort sammeln. Laß es nicht nur eine Berührung des Körpers sein. Deine ganze Seele tritt in den Körper des anderen ein, durchdringt ihn, löst die tiefsten Verspannungen.

Und mache es zu einem Spiel. Übe es nicht wie einen Job aus; laß es ein Spiel und ein Vergnügen sein. Lache und bringe auch den anderen zum Lachen.

Du wirst bald vielen Leuten helfen...

# Samstag
# den 3. Januar

*Bhagwan spricht mit einem Sannyasin, während wir die Veranda betreten. Anup sagt gerade, er habe einen Freund, der gelähmt sei, und er frage sich, ob irgend etwas für ihn getan werden könne, um ihm zu helfen. Bhagwan schlägt vor, der Freund solle ein Sannyasin werden, und überreicht Anup eine Mala und ein Blatt Papier mit dem neuen Namen für ihn; dann fährt er fort...*

Wenn du Tag für Tag im Bett liegst und dich nicht bewegen kannst, wirst du ununterbrochen den Wunsch danach haben, denn Bewegung ist Leben. Nichts ist so bedeutsam wie die Bewegung. Felsen sind tot, weil sie sich nicht bewegen können. Bäume sind ein bißchen lebendiger, weil sie sich ein wenig bewegen können, doch sie sind in der Erde verwurzelt. Tiere haben keine Wurzeln in der Erde, sie sind noch lebendiger, sie können frei sein.

Und der Mensch ist noch lebendiger, denn er hat nicht nur in der Erde keine Wurzeln, er hat auch keine Wurzeln in der Materie. Sein Bewußtsein ist frei, ein Himmel ohne Grenzen. Bewegung ist also für das Leben sehr wesentlich und grundlegend.

Wenn du gelähmt bist, wird diese Lähmung selber vierundzwanzig Stunden am Tag zu einer Auto-Suggestion. Wieder und immer wieder erinnerst du dich daran, daß du dich nicht bewegen kannst. Wieder und immer wieder sagst du zu dir selbst, es sei dir unmöglich, dich zu bewegen – und dieses ständige Erinnern unterstützt die Lähmung. Man muß also gerade das Gegenteil davon tun.

Immer, wenn er spürt, daß er sich nicht bewegen kann, sollte er seine Augen schließen und in der Phantasie einen langen Spaziergang machen oder rennen. Während du spazierengehst, regnet es vielleicht – die Regentropfen rinnen an dir herunter und machen dich vollkommen naß. Worauf es am meisten ankommt, ist, daß alle Sinne beteiligt sind – der Geruch, die Berührung, das Sehen – alles. Eine solche Kur wird Wunder wirken.

Wenn er gerne tanzt, dann wunderbar – denn der Tanz bildet genau den Gegenpol zur Lähmung. Menschen, die nicht tanzen können, sind bereits zur Hälfte gelähmt. Lähmung ist keine Bewegung, und Tanz ist absolute Bewegung. Um wirklich lebendig zu sein, muß man Tänzer sein. Darum ist es so schön, einen Tänzer zu beobachten. Plötzlich begreifst du die Ekstase der Bewegung – so vor Leben sprühend, so zart, so zutiefst erschütternd – als gäbe es keine Schwerkraft. Wenn er ein wirklicher Tänzer ist, spürst du, daß er fliegen kann.

Einer der größten Tänzer, Nijinsky, machte Sprünge, die man physikalisch für unmöglich hielt. Wissenschaftler beobachteten ihn und stellten fest, daß ein so großer Sprung unter den Gegebenheiten der Schwerkraft nicht möglich sei. Sie fragten ihn, wie es dazu käme. Er antwortete, das wisse er nicht, außer daß es einen Moment gäbe, in dem er nicht vorhanden sei; in dem er das Gefühl habe, er könne fliegen.

Wenn er sprang – und die Höhe des Sprungs war ein Wunder –, war es das noch größere Wunder, wie er wieder zurückkam. Er schwebte so langsam herunter, als wenn ... ein trockenes Blatt sich vom Baum löst und sich behutsam der Erde nähert ...

*Bhagwan hatte einen Moment lang innegehalten, um einen passenden Vergleich für die Bewegung des Tänzers zu finden. Er sah nach den Bäumen, die vor der Veranda stehen, und fuhr fort zu beschreiben, wie ein Blatt zur Erde fällt, indem er dessen sanfte Zick-Zack-Bewegung mit seinen Händen nachahmte ... Als er den Satz vollendet hat, raschelt ein trockenes Blatt in den Zweigen und gleitet sacht zur Erde nieder.*

... nicht wie ein Stein. Es ist, als trotze er dem ganzen Gesetz der Gravitation.

Erzähle ihm also, daß die Kur darin bestehen wird, sich vorzustellen, daß er tanzt.

Schon viele Male ist es vorgekommen, daß jemand zehn Jahre lang gelähmt war und daß ihm die Ärzte gesagt hatten, er werde sich für den Rest seines Lebens nicht mehr bewegen können. Eines Tages steht das Haus plötzlich in Flammen, und alle rennen auf die Straße. Der Gelähmte vergißt sich, und aus lauter Angst rennt auch er aus dem Haus.

Die Leute sehen ihn rennen und können es nicht glauben: ›Aber das ist doch unmöglich, du kannst doch nicht rennen!‹ Dann fällt ihm auf, was er tut, und er fällt hin. Wie kann er rennen? – Man kann sich nicht anders verhalten, als es die Ärzte von einem erwarten! Doch er ist gerannt!

Jeder gelähmte Mensch kann hypnotisiert werden, und unter Hypnose fängt er an zu laufen. Das bedeutet, daß der Körper funktioniert, nur der Glaube geht an irgendeiner Stelle nicht mit.

Erzähle ihm das, hm? Und ich werde mit ihm arbeiten ...

DHARMA CHETNA *(Versucht, ihre Tränen zurückzuhalten.) Mein Leben scheint von Furcht regiert zu werden. Kürzlich hab' ich geglaubt, es sei ein wenig besser geworden, aber es ist immer noch sehr stark da. Kannst du mir helfen?*

*(ein leichtes Schmunzeln)* Hm, ich werde dir helfen, deshalb bin ich hier! Das Leben jedes Menschen ist mehr oder weniger von Angst beherrscht, denn es

gibt nur zwei Wege, das Leben zu leben. Es wird entweder von der Liebe gelenkt oder von der Angst. Normalerweise lenkt es die Angst, es sei denn, du hast lieben gelernt.

Ohne Liebe muß Angst auftauchen. Sie ist nur die Abwesenheit von Liebe. Sie stellt selber nichts Positives dar; sie ist bloß das Fehlen der Liebe. Sobald du lieben kannst, verschwindet die Angst. Im Augenblick der Liebe gibt es nicht einmal den Tod. Es gibt nur eine Sache auf der Welt, die den Tod besiegt, und das ist die Liebe. Alle Angst hat den Tod zum Inhalt – und nur die Liebe kann den Tod besiegen.

Was ich dir also sagen möchte, ist folgendes: Achte nicht zu sehr auf die Angst, denn sonst machst du daraus eine Selbsthypnose. Wenn du immerzu vor dich hinsagst, daß du in Angst lebst, daß dein Leben von Angst regiert wird, daß du von Furcht beherrscht bist – und Angst, Angst und nochmals Angst –, dann unterstützt du sie. Nimm zur Kenntnis, daß dein Leben von Angst beherrscht ist – Schluß, aus! Es zeigt nur, daß die Liebe noch nicht mächtig genug geworden ist, um die Angst zum Verschwinden zu bringen.

Angst ist bloß ein Symptom, keine Krankheit. Es gibt kein Mittel gegen sie; das ist auch gar nicht nötig. Sie ist also lediglich ein Anzeichen, und zwar ein sehr nützliches, denn es zeigt dir, daß du dein Leben nicht länger verschwenden solltest. Es weist dich nur darauf hin, daß du mehr lieben solltest.

Ich werde deshalb nicht über die Angst reden. Ich werde dir helfen, mehr zu lieben – und die Angst verschwindet als Konsequenz davon. Wenn du anfängst, direkt mit der Angst zu arbeiten, verstärkst du sie, denn deine ganze Aufmerksamkeit konzentriert sich auf sie. Es ist, als würde jemand versuchen, die Dunkelheit zu zerstören; er wird ganz besessen von der Idee, wie er die Dunkelheit zerstören kann. Du kannst Dunkelheit nicht zerstören, denn es gibt sie in Wirklichkeit überhaupt nicht. Nimm die Tatsache zur Kenntnis, daß Dunkelheit vorhanden ist – und dann richte dein Bemühen darauf, wie du Licht in sie hineinbringen kannst.

Dieselbe Energie, die du darauf verwendest, die Angst zu bekämpfen, kann zum Lieben genutzt werden. Achte mehr auf die Liebe. Wenn du jemanden berührst, tue es so liebevoll wie möglich; als ob dein ganzes Sein allein in deiner Hand läge und du durch deine Hand hindurchströmst. Du wirst spüren, wie Energie durch sie hindurchfließt, eine gewisse Wärme, ein Glühen. Wenn du mit jemandem schläfst, werde wild und vergiß alle Zivilisation. Vergiß alles, was dir je über das Lieben gesagt worden ist; seid einfach wild wie die Tiere.

Wenn du erst einmal spürst, daß die Anwesenheit von Liebe zur Abwesenheit von Furcht wird, hast du begriffen, worauf es ankommt, und es gibt kein Problem mehr. Sei diese sechs Wochen lang so liebevoll wie möglich, ohne jeden Grund – sei einfach liebevoll, hm? Und es wird aufhören...

KAMAL *Ich hatte solche Spannungen in meinem Kopf, wie ein Druck, ein Krampf... und ich bin einfach durcheinander.*

Hm, hm. Was ist das Durcheinander?

KAMAL *Ich bin nicht sehr liebevoll und... ich hab' kein gutes Gefühl von mir.*

Hm... das könnte die Spannung sein – denn Liebe ist eine Entladung. Wenn du liebevoll bist – bleibst du entspannt. Bist du nicht liebevoll, wirst du verspannt. Spannung heißt ganz einfach, daß Energie da ist, die es zu teilen gilt. Wenn du sie nicht teilen willst, häuft sie sich an, und es werden Kopfschmerzen daraus. Denke immer daran, daß um so mehr frische Energie in dir fließt, je mehr du teilst.

Ich las gerade die Lebensgeschichte eines Dichters. Er sagt, er habe in einem sehr alten Haus gelebt, zweihundert Jahre alt. Es war in einem ganz primitiven Zustand – keinerlei moderne Bequemlichkeiten, keine Elektrizität, kein fließendes Wasser. Das Haus hatte einen schönen Brunnen, mit wunderbar frischem, reinem Wasser.

Als in der Stadt Elektrizität verlegt wurde, deckten sie den Brunnen zu, in der Hoffnung, daß sie, wenn es eines Tages nötig würde, ihn wieder in Gebrauch nehmen könnten. Nach fünfzehn Jahren deckte der Mann den Brunnen auf, nur aus Neugierde, um zu sehen, wie es ihm ginge. Es war einer der ältesten Brunnen in dieser Gegend, und er hatte immer Wasser geführt. Wenn alle anderen Brunnen ausgetrocknet waren, war die ganze Stadt gekommen, um aus ihm zu trinken.

Als er hinuntersah, war er vollkommen trocken. Er konnte sich das nicht erklären und fragte einen Fachmann. Der erzählte ihm, wenn man dem Brunnen nicht unaufhörlich Wasser entnimmt, wird er früher oder später austrocknen, denn die kleinen Quellen, die ihn mit Wasser speisen, schließen sich. Nach und nach verdunstet das Wasser und läßt den Brunnen trocken zurück. Jeden Tag muß der Brunnen sein Wasser teilen – dann kann er unaufhörlich mit frischem Wasser sprudeln, da es ständig in ihn einströmt.

Das gleiche gilt auch für die menschliche Energie. Jeder Mensch ist ein Brunnen von Energie. Liebe bedeutet, daß du jemandem erlaubst, einen Eimer in dich hineinzuwerfen und etwas von deiner Energie abzuschöpfen. Sei kein Geizhals, sonst spürst du bald, wie du austrocknest. Dann wirst du verspannt, und eine tote Atmosphäre lagert sich um dich her. Du bekommst immer größere Angst vor dem Teilen, denn du glaubst, daß du noch stärker austrocknest, wenn du teilst. Du bist in einen Teufelskreis geraten.

Die ganze Logik ist verkehrt. Immer, wenn du spürst, daß sich so etwas wie eine Spannung in dir zusammenzieht, teile, greife dir irgendeinen Fremden, denn in Wirklichkeit sind alle Fremde. Einige dieser Fremden kennst du seit ein paar Jahren, einige seit ein paar Monaten, einige seit ein paar Tagen, einige lernst du im Moment gerade kennen, alle aber sind Fremde. Sogar dein Mann, mit dem du seit Jahren zusammenlebst, ist ein Fremder. Zwei Fremde, die miteinander leben, werden sich nach einiger Zeit vertraut, das ist alles.

Lauf und teile es mit irgend jemandem; sei nur niemals geizig. Ich habe dich beobachtet: Du bist dabei, ein bißchen geizig zu werden. Und du kannst dich nur dann selber mögen, wenn du liebst. Dabei kannst du nur dann, wenn jemand anderes dich liebt, dich auch selber leiden.

Jede Beziehung ist ein Spiegel. Sie enthüllt dir deine Identität. Jede Beziehung trägt dir ein Stück deines inneren Herzens zu, das du zuvor noch nicht gekannt hast. Der Mensch ist eine solche Unendlichkeit, daß Tausende von Beziehungen benötigt werden – der Vater, die Mutter, der Bruder, die Schwester, der Mann, die Frau. Tausenderlei verschiedene Beziehungen werden gebraucht, um dich von allen Seiten zu beleuchten, alle Aspekte deines Wesens zu enthüllen, damit du alle deine Gesichter kennst. Auch dann noch wird alles, was du über dich selber weißt, weniger als das sein, was du bist. Es kann niemals mehr sein als du und kann dir niemals gleichen, denn du bist eine solche Unendlichkeit, daß alle Spiegel der Welt dich nicht erschöpfen können. Etwas wird sich immer dem Zugriff entziehen.

Teile mehr und laß das Teilen dein einziges Gesetz sein.

Ein Geizhals sein, heißt ein Sünder sein. Das ist meine Definition von einem Sünder. Hm? Wir sind für so eine kurze Zeit hier; warum sollten wir Geizhälse sein? Teile, und was immer du gibst, gib es von ganzem Herzen, und vieles wird von ganz alleine kommen. Nicht, daß du danach fragst oder es forderst; es kommt ganz einfach. Die ganze Schöpfung gibt dir dein Echo zurück.

Versuche es also einen Monat lang. Sei einfach ein Gebender, und dann schau ... Dann wirst du dich selber lieben, denn das ist der einzige Weg; wenn du andere liebst, liebst du dich selbst. Wenn du andere nicht liebst, wirst du ganz allmählich anfangen, dich selber zu hassen.

PRABHU PRAKASH *Etwas, das mir gerade passiert, ist... Ich habe das Gefühl, als würde ich höher kommen, weißt du, leichter und gegenwärtiger und besser werden.*
*Aber jedesmal, wenn das geschieht, ist es zuviel für mich. Jedesmal, wenn es dazu kommt, finde ich einen Weg, wie ich mich selber wieder runterbringen kann, und ich weiß nicht, wie ich damit umgehen soll.*

Nein, versuche nichts daran zu machen – akzeptiere es. So, wie es ist, akzeptiere es! Wenn es hochsteigt, laß dich mit hinauftragen. Wenn du anfängst, dich selber wieder herunterzubringen, beobachte auch das, und akzeptiere es völlig.

Unnötig, da irgendwie einzugreifen.

Nimm es einfach hin, zur Höhe hinaufzusteigen und wieder ins Tal hinunterzugleiten. Akzeptiere beides, als kümmerte dich weder hoch noch niedrig. Schau es dir an, als würde es jemand anderem widerfahren, nicht dir. Dann wird es sofort verschwinden.

Wenn du weiterhin etwas unternimmst, wird es nicht verschwinden, weil Anstrengung in diesem Falle nichts ausrichten kann. Es gibt in deinem inneren

Wachstum Punkte, an denen Anstrengungen nötig sind, und solche, an denen sie ein Hindernis darstellen. Das hier ist ein Punkt, wo Anstrengung dir nicht hilft.

Akzeptiere einen Monat lang alles, was passiert, und du wirst sehen, daß deine Höhen immer höher hinaufreichen und deine Tiefen zur gleichen Zeit immer tiefer werden – doch jetzt wirst du fähig sein, sie beide zu genießen.

Wenn du dich nur über die Gipfel freust, wer wird die Täler genießen? Wenn du nur die Tage genießt, wer wird sich an den Nächten freuen? Sei nicht von den Tagen besessen. Bleibe flexibel, so daß du beide genießen kannst, den Tag und die Nacht – und bleibe gleichgültig.

PRABHU PRAKASH *Es ist schwer, gleichgültig zu bleiben, denn ich hab' das Gefühl, ich schade mir selbst.*

Nein, nein, das tust du nicht. Gerade dadurch, daß du *nicht* gleichgültig bist, schadest du dir. Versuche einen Monat lang, ganz einfach gleichgültig zu sein. Das ist etwas, das du erst erfahren mußt, bevor du den Sinn meiner Worte verstehst. Das sind nur Stimmungen, die kommen und gehen; du bleibst gelassen, ein Zuschauer. Alles läuft gut. Diese Phase muß jeder durchmachen...

PRABHU PRAKASH *Mir kommt es wie Furcht vor. Wenn ich in einem bestimmten Zustand bin, mit dem ich nicht richtig umgehen kann, weil er neu ist, weil er anders ist... dann krieg' ich Angst, weißt du?*

Von nun an stellt sich die Frage gar nicht, wie du damit umgehst. Du mußt gleichgültig sein. Laß es geschehen. Wo immer es dich hinführt, es ist gut. Akzeptiere beides, ob es höher oder niedriger ist, und schau einfach zu, was daraus wird.

# Sonntag den 4. Januar

*Bhagwan wendet sich als erstes einer Suchenden aus Holland zu. Leute aus ganz verschiedenen Ländern werden zu Bhagwan hingezogen – von Afrika und Amsterdam, von Liverpool und Luxemburg, Melbourne und Montreal. Sie kommen, sie werden hergezogen.*

*Bhagwan hat gesagt, daß er die ganze Zeit Leute zu sich ruft, die in früheren Leben mit ihm gegangen sind und die bereit sind, mit ihm zu arbeiten und wieder mit ihm zu gehen; oder Suchende, die in diesem oder einem früheren Leben umfassend an sich selber gearbeitet haben. Die weitreichende Wirkung von Bhagwan ist augenscheinlich. Oftmals haben Sannyasins ein Gefühl der Vertrautheit, wenn sie Bhagwan zum ersten Mal begegnen, ein Gefühl der Richtigkeit, auch mit anderen Sannyasins – ein Gefühl, sich schon einmal begegnet zu sein.*

Hast du in deiner Heimat irgendeine Art von Meditation gemacht?

SHARON *Yoga.*

Gut, sehr gut. Dann bist du bereit, meditiere jetzt. Yoga allein ist nicht genug. Es ist eine gute Vorbereitung, doch eine Vorbereitung für etwas anderes.

Es bereitet deinen Körper und deinen Verstand vor. Aber wenn du immerzu nur vorbereitest und vorbereitest und niemals das tust, worauf Yoga dich vorbereitet, kann es zu einer Besessenheit werden. Vielen Leuten ist es in Indien so gegangen – sie treffen immerfort ihre Reisevorbereitungen, treten aber die Reise nie an. Die Reise wird ständig aufgeschoben, und die Vorbereitungen dauern an. Yoga ist vollkommen in Ordnung, sehr wesentlich und notwendig, aber es reicht nicht. Es gibt dir das Sprungbrett, aber du mußt weiter springen, hm?

Wie lange kannst du hier in Indien sein? Bleibe hier. Wenn du wirklich an deinem inneren Wachstum interessiert bist, bleibe ein paar Monate hier. Ich kann sehen, daß vieles möglich ist – du bist bereit, um aufzubrechen. Aber du scheinst ein bißchen Angst zu haben, hm? Worin besteht die Angst? Schließe deine Augen, damit ich die Energie fühlen kann.

*Sharon schließt die Augen und wird von einem lautlosen Schluchzen erschüttert, während Bhagwan den Strahl seiner Lampe einige Minuten lang auf ihr Gesicht richtet.*

Hm, gut, die Energie ist wirklich gut. Aber da ist etwas, das du tun mußt. Möchtest du eine bestimmte Frage stellen?

SHARON *Ich glaube ja, aber ich weiß nicht, was es ist.*

Ja, die Frage ist da, aber sie ist dir noch nicht bewußt. Doch sie wird dir zum Bewußtsein kommen... Hast du angefangen, hier zu meditieren?

*Sharon nickt bejahend.*

Viel wird bald in dir aufsteigen. Und wie steht es mit Sannyas? Oder zögert dein Verstand noch ein wenig?

SHARON *Ich versteh' es nicht, aber ich glaube, ich möchte es nehmen.*

*(schmunzelnd)* Hm, hm, du wirst es verstehen, indem du es nimmst. Es gibt zwei Arten von Leuten: Die einen versuchen Sannyas erst zu verstehen, und nehmen es dann; die anderen nehmen es erst und verstehen es später – und das ist besser! Hm? Soll ich es dir geben, und du verstehst es später?

*Sharon nickt zustimmend mit verweinten Augen. Bhagwan legt ihr die Mala um den Hals...*

Gut! Werde orange. Das wird dein neuer Name sein: Ma Prem Marga. Marga heißt der Weg, und Prem heißt Liebe – Weg der Liebe. Liebe ist der Weg.

Werde immer liebevoller – das ist dein wahrer Yoga. Wenn du immer liebevoller wirst, bleibt Yoga nicht mehr nur Körpersache – es geht über den Körper hinaus. Andernfalls kann Yoga zu einer bloßen Technik werden. Mache ihn zur Liebe!

Wer ist dein Lehrer?

*Marga sagt, daß sie hauptsächlich allein gearbeitet habe.*

Du hast alleine gearbeitet? Das ist sehr gut, sehr gut.

Jetzt fange an zu meditieren, und bald wird eine Frage in dir hochkommen. An dem Tag, an welchem sie in dir aufsteigt, komme sofort zu mir, hm?

Kleide dich in Orange und werde der neue Name und der neue Mensch. Dann wirst du ganz allmählich verstehen. Es besteht kein Grund zur Eile...

*Bhagwan spricht als nächstes mit einer Sannyasin, die vor einigen Wochen im Darshan war, nachdem ihre Liebesbeziehung sie ganz in Aufruhr versetzt hatte. Bhagwan hatte damals mit ihr über die Unbeständigkeit von Beziehungen gesprochen, er hatte ihr gesagt, ihre Meditation solle sein, im Hier und Jetzt zu leben, und sie solle nicht nach Sicherheit streben.*

ASHA *Ich hab' mir zugesehen... und ich finde mich wirklich unecht.*

Unecht?

ASHA *Hm. Ich will mich überhaupt nicht wirklich ändern. Ich hab' in mich reingeschaut, und worauf ich in Wirklichkeit aus bin, ist, meine Umgebung an mich anzupassen und die meiste Zeit zu manipulieren, während ich mich selber gut verschanzt halte.*

*Nur wenn die Dinge außer Kontrolle geraten, fühle ich mich nicht mehr sicher in meiner Verteidigungsstellung; wenn die Leute abhauen und das machen, was sie sowieso wollen; solche Sachen.*

*Ich stelle fest, daß ich ziemlich stark auf dich reagiere. Dinge, die du sagst und die ich zuvor akzeptiert habe – ich kann sie in meinem Innern fühlen. Ich war nur in zwei Morgenvorträgen, und in einem hast du über irgendeinen Minister gesprochen, der gesagt hat: ›Nun, was gibt es da zu verändern?‹ Und, ähm … ich habe mich zutiefst verletzt gefühlt, weißt du, weil ich gemerkt habe, ›Das bin ich, das sage ich auch, genau das ist es, was ich sage.‹ Ich glaube, daß ich wirklich nur das will.*

Hm, es ist gut, daß du dir dessen bewußt geworden bist. Du hast es zuvor nicht gewußt, und das ist eine gute Einsicht. Jetzt werden die Dinge anfangen, anders zu werden.

Wenn du einmal begreifst, daß du versuchst zu manipulieren, dann verschwindet die Grundlage dafür. Manipulation ist eine so unnütze und vergebliche Sache. Hast du Erfolg, ist nichts gewonnen; hast du keinen, bist du furchtbar frustriert. Was immer das Ergebnis ist, ob du Erfolg hast oder nicht, das letztendliche Resultat ist immer Frustration.

Du kannst nur dann weiter manipulieren, wenn du dir dessen nicht bewußt bist. Es handelt sich um einen unbewußten Prozeß. Du kannst immerfort manipulieren im Namen irgendwelcher anderer Dinge – Liebe, andern Leuten helfen, Ordnung schaffen –, du brauchst eben nur einen Namen, einen guten Namen, hinter dem du dich verstecken kannst. Wenn du die Wahrheit dahinter siehst, dann wirst du erkennen, daß du unecht bist. Zu sehen, daß man unecht ist, ist eine bedeutende Einsicht, und wenn du dem auf der Spur bleiben kannst … Ich will dir nicht raten, es fallen zu lassen, authentisch zu werden, nein – bleibe bei dem Unechten, und du wirst sehen, daß es verschwindet, verdunstet.

Wenn du erst einmal verstehst, daß etwas unwahr ist, kannst du mit ihm nicht leben; es muß verschwinden. Mache also nichts daran, denn was immer du tust, wird unecht sein, wird abermals eine subtile Manipulation sein. Sieh einfach weiterhin ein, daß dieses oder jenes unecht ist, und akzeptiere es. Sei bewußt unecht, und was du als nächstes einsehen wirst, ist folgendes: Wenn du versuchst, unecht zu sein, wenn du den bewußten Versuch unternimmst, andere Leute zu manipulieren, wirst du eines Tages plötzlich sehen, daß du unfähig geworden bist zu manipulieren.

Ich bin glücklich … das ist eine gute Einsicht, eine sehr wesentliche Einsicht. Du hast kapiert, worauf es ankommt, du hast deine eigene Krankheit diagnostiziert. In der Welt des Innern ist die Diagnose die Behandlung, eine andere Therapie erübrigt sich.

Versuche jetzt nur eines: Vergiß es nicht. Ich sage nicht: Unterlaß es – manipuliere weiterhin –, aber jetzt schau zu und unternimm gar nichts, um es zu verändern; bleibe dabei. Es wird schwierig sein, dabei zu bleiben – sogar wenn es nur drei Tage sind, wird es schwierig sein, mühsam – aber es muß sein. Man muß es durchmachen. Gut, Asha.

*Ein Sannyasin sagt, er sehe, wie sein Verstand ständig Urteile fälle – über andere Leute. Die Urteile beträfen unbedeutende und geringfügige Dinge.*

Mache eines: Immer, wenn du fühlst, daß irgendwelche Urteile in dir aufkommen, ändere dein Atemschema, und du wirst sofort eine Veränderung wahrnehmen und feststellen, daß die Urteile verschwunden sind.

Wann immer du ein Muster des Verstandes ändern willst, das zu einer anhaltenden Gewohnheit geworden ist, ist Atmen das beste Mittel. Alle Angewohnheiten des Verstandes sind eng mit dem Atemschema verknüpft. Ändere dein Atemschema und der Verstand ändert sich sofort, unverzüglich. Probiere es aus!

Immer, wenn du merkst, daß sich ein Urteil bildet und du in eine alte Gewohnheit verfällst, atme sofort aus – als ob du das Urteil mit dem Atem aus dir hinauswirfst. Atme ganz tief aus, ziehe den Bauch dabei ein, und während du die Luft ausstößt, fühle, stelle dir sichtbar vor, daß das ganze Urteil aus dir hinausgestoßen wird.

Dann atme tief frische Luft ein, zwei- oder dreimal, und schau zu, was geschieht. Du wirst dich vollkommen frisch fühlen; die alte Gewohnheit hat dich nicht in Besitz nehmen können.

Fange also mit der Ausatmung an, nicht mit der Einatmung. Wenn du etwas in dich aufnehmen möchtest, fange mit der Einatmung an. Möchtest du etwas aus dir hinausstoßen, beginne mit der Ausatmung und sieh dir an, wie der Verstand sofort davon betroffen wird.

Und mach dir nichts daraus. Denn der Ärger darüber betont und verstärkt es noch. Mache es einfach so, und du wirst sofort beobachten können, daß der Verstand irgendwo andershin gewandert ist; eine frische Brise hat geweht. Du bist nicht mehr in der alten Fahrrinne, deshalb wirst du die alte Gewohnheit nicht wiederholen. Und das trifft auf alle Gewohnheiten zu. Wenn du zum Beispiel rauchst, wenn der Drang nach dem Rauchen kommt, und du willst es nicht, atme sofort tief aus und wirf diesen Drang aus dir hinaus. Atme frisch ein, und du wirst sofort feststellen, daß der Drang verschwunden ist. Das kann zu einem sehr, sehr wertvollen Werkzeug inneren Wandels werden. Versuche es nur!

# Montag
# den 5. Januar

*Ein englisches Mädchen, noch keine Sannyasin, hatte Bhagwan vor dem Darshan einen Brief geschickt, der ihre Beziehung zu Devesh betraf, einem Sannyasin, mit dem sie in England eine Beziehung hatte.*

Deinen Brief habe ich gelesen. Ich kann deine innere Unentschiedenheit verstehen. Immer, wenn es etwas sehr Wichtiges gibt, zögert der Verstand, denn bei allem, was wichtiger ist als er, wittert er Gefahr für sich.

Der Verstand möchte alle Dinge manipulieren und kontrollieren, doch es gibt ein paar Sachen, die er nicht kontrollieren kann. Sein einziger Ausweg besteht in diesen Fällen darin, sich nicht in die betreffende Richtung zu bewegen. Deshalb stoppt er.

Liebe ist eine jener Angelegenheiten, die größer sind als der Verstand, höher als der Verstand, jenseits seiner Reichweite, jenseits allen Begreifens. Liebe ist für den Verstand etwas Absurdes – sie sollte in einer logischen Welt nicht vorkommen. Wenn die Leute rational wären, würde so etwas wie Liebe überhaupt nicht passieren. Weil die Leute immer noch darauf bestehen, irrational zu sein, kommt Liebe immer wieder vor. Immer, wenn ein Mensch vollkommen durchrationalisiert ist, ist sein Herz verschwunden, und innerlich wird er zu einem geschrumpften Etwas. Er ist wie ein toter Felsen. Er lebt – und lebt doch nicht.

Das ist also immer ein Problem: Liebe ist da – und der Verstand zögert. Er fängt an, Wege und Mittel und Ausreden zu finden, um sie zu vermeiden – und er ist ein großer Erfinder von Ausreden. Er kann dich sogar überzeugen, daß gar keine Liebe da ist.

Dasselbe passiert mit allen Dingen, die nicht rational sind – und das Leben selbst ist irrational. Die Schöpfung ist absurd; wirklich, es gibt keinen Grund dafür, daß wir sind. Die Existenz wird einem ohne jeden Grund gegeben: plötzlich existieren wir, und dann plötzlich verschwinden wir. Die ganze Sache ist eher wie Zauberei.

Mein Vorschlag ist also – ich bezeichne es als einen Vorschlag, denn du bist noch keine Sannyasin, sonst könnte ich dir befehlen ... *(Zurufe und Gelächter von der Gruppe)* –, daß du auf den Verstand nicht hören sollst. Liebe aus tiefstem Herzen!

Wie ich euch beide sehe, paßt ihr irgendwie zusammen. Wenig Leute passen zueinander, aber ihr tut es, versäumt daher nicht die Gelegenheit.

*Diana sieht bewegt aus. Sie hatte höflich zugehört, doch jetzt wird sie ein wenig rot im Gesicht, es wird sanfter, eine Spur von Sich-los-Lassen, ein Entspannen...*

Lasse deinen Verstand völlig im Stich. Du liebst, aber nur sehr ungern, hm? Einen Schritt vorwärts, einen zurück. Du gehst ein bißchen auf Devesh zu und bist alle Zeit bereit, dich zurückzuziehen. Hm?

DIANA *Das ist wahr.*

Dieser Rückzug gestattet dir nicht, in Erfahrung zu bringen, was Liebe ist, denn Liebe braucht dich ganz – entweder alles oder nichts. Aber eine Teilliebe ist nie zufrieden mit dem Teil, sie verlangt immer nach dem Ganzen.

Wenn du weiterhin so zögerst, wird daraus eine Angewohnheit, ein unbewußter Mechanismus, dann bist du verwirrt, ob du nun liebst oder nicht. Wenn du halbherzig liebst oder bloß teilweise, sieht es mehr wie ein bloßes Mögen anstatt wie Liebe aus. Mögen hat nicht viel Wert, in ihm steckt keine Leidenschaft, kein Leben.

Höre also jetzt auf damit und bewege dich! Es ist gefährlich, ich weiß, denn du begibst dich in das Territorium des anderen, du verlierst deine Kontrolle. Du wirst nicht mehr alleine von dir abhängen, und das Ego, diese Autarkie des Egos, wird es nicht mehr geben. Doch sobald du deine Kontrolle aufgibst, wird der andere im selben Augenblick auch aufhören, Kontrolle auszuüben. Wenn du mit einem anderen Menschen zusammenlebst, handelt es sich durchaus nicht um eine Hingabe der Frau an den Mann oder des Mannes an die Frau. In Wirklichkeit sind beide der Liebe ergeben, etwas, das zwischen ihnen besteht. Beide sind bereichert, keiner hat verloren.

Du hast lange genug deine Zeit vertan. Jetzt laß das alles fallen! Man kann eine Gelegenheit versäumen. Es kommt eine Zeit, eine richtige Zeit, und es kommt ein richtiger Mensch – doch du kannst sie verfehlen. Du kannst weiter suchen, aber niemand weiß, ob du wieder in der Lage sein wirst, im richtigen Augenblick den richtigen Menschen zu finden.

Und Devesh liebt dich. Es gibt keinen Grund, irgendwelche Fesseln anzulegen, euch mit irgendeiner legalen Institution zu umgeben. Ich bin nicht fürs Heiraten – das ist nicht nötig. Es gibt eine höhere Vereinigung, die mehr bedeutet als heiraten...

DIANA *Was ist mit Kindern?*

Komme erst zu so tiefer Liebe wie irgend möglich. Bis dahin vermeidet es, Kinder zu haben, denn Kinder sollten aus einer ungeheuer großen Liebe kommen, sonst nicht. Du kannst gewöhnliche Kinder zur Welt bringen, die einfach ein

Nebenerzeugnis einer physiologischen und biologischen Begegnung von Mann und Frau sind, doch sie sind anonym.

Wenn zwei Leute sich in ihrer Liebe höher und höher hinaufbewegen und sie an einen Punkt kommen, an dem ihre Persönlichkeiten nicht mehr voneinander getrennt sind und ihre Grenzen sich auflösen, dann geben sie Kindern das Leben. Dann kommen die Kinder von einer höheren Ebene. Ihre Persönlichkeit besteht aus Liebe – sie sind nicht bloß Nebenerscheinungen von Sex. Sie tragen eine tiefe Harmonie in sich, und wenn du bewußter wirst, kannst du sehen, ob ein Kind das Erzeugnis einer sexuellen Begegnung oder einer Liebesbeziehung ist. Eine andere Aura umgibt das Kind, eine andere Schwingung, denn es trägt notwendig jene ursprüngliche Qualität des Einsseins in sich.

Wenn ein Kind aus der Liebe heraus geboren wird, gibst du der Welt etwas. Geht es lediglich aus einer sexuellen Begegnung hervor, trägst du nur zur Überbevölkerung der Welt bei, du gibst gar nichts. Bedenke auch, wenn du aus tiefer Liebe heraus, aus Hingabe und Meditation, einem Kind das Leben schenkst, wird zur gleichen Zeit auch etwas in dir geboren. Du wirst eine Mutter.

Nicht jede Frau, die ein Kind zur Welt bringt, ist damit auch schon eine Mutter. Es reicht nicht, nur ein Kind zu gebären. Um eine Mutter zu werden, muß dein eigenes Herz aufgeblüht sein. Es gibt viele Frauen, die Kinder zur Welt gebracht haben, doch es gibt nur wenige Mütter. Eine Mutter zu sein, ist eine seltene Harmonie und eine einzigartige Erfahrung. Das ist meine Beobachtung: Wenn eine Frau wirklich mütterlich werden kann – sie mag ein Kind gebären oder nicht, darauf kommt es nicht an –, wenn sie mütterlich werden kann, ist das ihre Erleuchtung, und keine andere ist nötig. Das ist ihre Buddhaschaft.

Liebe also zuerst und mache dir keine Gedanken über Kinder, denn dann wirst du früher oder später anfangen, ans Heiraten zu denken. *(Lachen von der Gruppe)* Zunächst liebt einander und gebt euch unbegrenzte Freiheit. Laßt euch nicht besitzen und besitzt einander nicht. Gib dem anderen allen Raum, damit er aufblühen kann. Hm? Teile, soviel du kannst, und das Teilen selbst wird zu einem sehr, sehr feinen Besitz, der keine Spur von Besitzanspruch an sich hat; du bist dir des anderen so sicher, du kannst ihm vertrauen. Meditiere, liebe, und wenn du eines Tages das Gefühl hast überzuschäumen, es nicht mehr fassen zu können, und du dir eine Seele wünschst, die die Last deiner Erfüllung mit dir gemeinsam trägt, dann schenke einem Kind das Leben, vorher nicht. Man sollte warten, bis man vollkommen erwachsen ist. Die Welt wäre so schön, wenn die Leute auf den richtigen Augenblick warten könnten.

Und es hat den Anschein, daß du zu sehr von deiner Familie beherrscht wirst.

DIANA *Sehr wahr.*

Hm? Man muß sich ganz allmählich von seiner Familie fortbewegen.

*Diana scheint darauf zu reagieren, ein wenig aus der Fassung zu geraten.*

Nicht, daß du sie nicht lieben solltest; nur so kannst du sie lieben. Es ist die einzige Art. Es ist gerade so, wie wenn ein Kind geboren wird und sich von der Mutter fortbewegt, und eines Tages nimmt es dann die Brust nicht mehr. Und es kommt der Tag, an dem es groß genug ist, um in die Nachbarschaft zu laufen und dort zu spielen und schließlich in die Schule zu gehen. Und eines Tages kommt es nach Hause und ist vollkommen anders als zu der Zeit, in der es das Haus verließ; es ist erwachsen geworden. Wenn es sich in eine andere Frau verliebt, hat es den von seiner Mutter am weitesten entfernten Punkt erreicht. In der Tat, an jenem Tag, an dem das Kind seinen Partner oder seine Partnerin wählt, an diesem Tag wird das Kind wirklich geboren, an diesem Tag verläßt es tatsächlich den Mutterleib. Davor aber umgibt der Mutterleib das Kind auf tausenderlei Arten.

Jeder muß aus seiner Familie herausgehen, sonst wird er nicht zu sich selber kommen, sonst wird man immer unreif bleiben. Um zurückzukehren, muß man zuvor fortgegangen sein; das muß man begreifen. Wenn du dich dir selber angeeignet hast, ein authentisches Wesen geworden bist, dann kannst du in dein Zuhause zurückkehren. Dann kannst du deinen Vater, deine Mutter, deine Geschwister wieder lieben. Jetzt gibt es dich erst, auf daß du sie lieben kannst, doch vorher gab es dich nicht. Wie kannst du lieben, wenn es dich gar nicht gibt?

Das ist die Schwierigkeit – daß die Familie das Kind zu sehr beherrscht und immer Angst hat, es könnte sich zu weit von ihr entfernen. Deshalb zwingen sie es, suchen subtile Wege, um es zu beeinflussen, festzulegen. Das Kind leistet in seinem tiefsten Innern Widerstand dagegen, und wegen dieses Widerstandes kann es sie nicht lieben, sie nicht wirklich lieben.

Nur ein unabhängiger Mensch kann lieben, und eine Familie hat sich erfüllt, sobald ein Mensch erwachsen geworden ist. Höre also nur auf dein Herz. Du bist erwachsen, und was immer dein Herz sagt, riskiere es.

Devesh ist ein Vagabund, das ist vollkommen richtig, aber ein schöner Vagabund, hm?

*Gelächter. Devesh schaut scheu in seinen Schoß.*

*Der Vagabund hat die englische Oberschicht, Politik und die britische Armee zum Hintergrund, er ist also ein ziemlich seltenes Wesen. Selten, weil er davon völlig unverdorben ist und eine wundervolle, kindhafte Naivität an sich hat, eine un-verfälscht fragende Miene und einen Sinn für Humor – nicht den typisch trockenen Humor des Engländers, sondern einen Humor, der zugleich tief und sanft ist.*

*Er nahm vor einiger Zeit Sannyas, ohne viel zu zögern, was man wirklich anerkennen muß, und er hat es fertiggebracht, seine Freundin dafür zu gewinnen, herzukommen und sich Bhagwan selber anzusehen.*

*Auch sie hat einen ähnlichen Hintergrund, auch sie ist ein wenig reserviert und vorsichtig, doch Bhagwan hat ihr bereits im letzten Darshan versichert, daß es sie erwischt habe!*

*Bhagwan fährt fort:*

Noch etwas?

DIANA *Das einzige, was mich ärgert, ist, daß wir so wenig Zeit miteinander verbringen – bloß drei oder vier Monate im Jahr.*

Was machst du dort genau?

DIANA *Nun, im Augenblick betreue ich eine Ausstellung für den Arts Council. Doch das ist im Juli vorbei. Danach habe ich keinen Job...*

Dann laß Devesh deinen Job sein!
*Bhagwan wendet sich an Devesh, der neben Diana und vor ihm sitzt.*
Also Devesh, nach dem Juli sei ihr Job!

DEVESH *(höflich und ruhig) In Ordnung! (Gelächter)*

Nimm die Verantwortung auf dich, sei ihr Job! *(jetzt an Diana gewandt)* Wenn Devesh hier ist, sei hier, ist er in England, sei mit ihm dort.

Aber jetzt fangt an, beieinander zu bleiben. Es wird schön werden! Ich segne euch, hm? Gut!

Und komm bald wegen Sannyas!

Pratima, was ist mit dir?

PRATIMA *(versucht die Tränen zurückzuhalten) Ich scheine mich immer und immer wieder in Kreisen der Selbstzerstörung zu drehen.*

Was ist los?

PRATIMA *Genau dasselbe, was vor drei Monaten mit Siddesh passiert ist und mit dem ganzen...*

Was passierte mit Siddesh?

PRATIMA *Naja, wir hatten uns wieder miteinander angefreundet und kamen uns sehr nah, und ich fühlte mich nicht so aggressiv. Ich hatte das Gefühl, er öffne sich, und ich wurde offener, und wir haben eine Menge Zeit miteinander verbracht.*
*Dann wollte ich mehr. Ich war mit dem, was geschah, nicht zufrieden, besonders im Sexuellen, weil er daran nicht interessiert ist. Er sagte, er sei mehr daran interessiert, mich wie eine Freundin, eine Schwester zu sehen, aber sexuell habe er kein solches Interesse. Ich wurde einfach rasend vor Wut, und ich hab' genau das getan, was ich vorher schon gemacht habe... (sie weint)*

Was ist also jetzt die Situation, hm? Erzähle mir. Ich werde es schon hinkriegen, mach dir keine Sorgen.

PRATIMA *Die Situation ist die, daß ich mich vollkommen blöde finde. Es schien, als ob etwas geschah, von dem ich wollte, daß es passiert, und dann, ohne jeden Grund, trat ich es nieder... ich ging darauf los und trampelte es nieder (in heftiges Weinen ausbrechend).*

Hm... wann ist es passiert, dieses Niedertrampeln?

PRATIMA *Ich weiß es nicht, ich glaube, es war gestern. Er ließ ein paar Sachen in meinem Zimmer zurück, und ich gab sie ihm alle. Ich wurde einfach völlig verrückt und warf sie ihm hinterher, und es war wegen nichts und wieder nichts! (sie weint noch mehr)*

*(schmunzelt freundlich)* Und wann hast du deine geistige Gesundheit zurückgewonnen?

PRATIMA *(lacht zwischen ihrem Schluchzen) Ich wüßte nicht, daß ich überhaupt welche hätte.*

*(lachend)* Wie könntest du sonst fühlen, daß du durchgedreht hast? Jetzt bist du wieder normal, nun bitte ihn um Verzeihung, hm?

PRATIMA *Das hab' ich gemacht, und er hat gesagt, daß er das alles satt hat, daß ich eine vollkommen Fremde für ihn sei und daß ich Sachen aus der Luft greife und daß er mit mir nichts zu tun haben will...*

Denke immer daran, daß er genau wie du seine Wahnsinnsaugenblicke hat. Das sind seine Wahnsinnsworte, mache dir ihretwegen keine Sorgen.

Jedem muß gelegentlich ein bißchen Wahnsinn eingeräumt werden. Wenn man selber verrückt ist, hat man dafür Verständnis, aber wenn der andere verrückt ist, hat man keines. Er sagt solche Sachen zu dir, weil du ihn verletzt hast, deshalb hat er die Nase voll von all dem Zeug. Vollkommen richtig – wem hängt das Verrücktspielen nicht zum Halse raus? Hm? Wenn du wieder anfängst, normal zu werden, macht er die Dinge, die du zuvor getan hast; dann kommt sein Moment der Negativität auf. Während du dich am Tag befindest, ist er in der Nacht; wenn er in der Nacht steckt, bist du am Tag.

Sieh dir das ganze Theater an, das sich abspielt! Weil er gesagt hat, er sei an Sex nicht interessiert, war dein Ego verletzt. Im tiefsten Innern sind die Frauen zu sehr mit dem Sex identifiziert. Sie denken, daß jemand, der an ihnen interessiert ist, am Sex auch Interesse haben muß. Wenn jemand sagt, er sei am Sex nicht interessiert, glaubt die Frau, er könne an ihr nicht interessiert sein!

Sieh dir das Paradoxon an. Wenn jemand ganz einfach sagt, er sei an Sex interessiert, ist die Frau beleidigt. Sie meint, dann sei man an ihr nicht interessiert. Sie ist gekränkt. Wenn jemand nur an dir interessiert ist, dann bist du auch verletzt. Tief im Innern herrscht eine Verwirrung. Sie besteht darin, daß du gerne möchtest, daß jemand sich für dich interessiert und *deshalb* am Sex Interesse hat; durch dich sollte er am Sex interessiert sein.

Die Leute kommen jeden Tag zu mir: Der Mann ist interessiert am Sex, die Frau nicht. Die Frau glaubt, sie würde benützt, und dann bildet sie sich ein, daß der Mann bloß am Sex interessiert ist, und fängt an, sich zurückzuziehen. Wenn das immer so weitergeht, kriegt der Mann irgendwann zuviel davon; er fängt an, sich nicht mehr für den Sex zu interesssieren. Dann springt die Frau auf, denn das ist ihre letzte Chance – wenn der Mann ihr entwischt, ist er weg. Faß ihn! Dann fängt sie an, sich für Sex zu interessieren – doch jetzt sagt der Mann, er sei nicht interessiert.

Du hast sein Ego verletzt, jetzt hat er die Chance, deins zu kränken. Du hast verrückt gespielt, ihm Sachen nachgeworfen, und du mußt ihm sehr häßliche Dinge gesagt haben, also ist er gekränkt. Jetzt, wo du zurückkommst, rächt er sich. Laß ihm also ein wenig freien Lauf, damit auch er etwas durchdrehen und was anstellen kann. Allmählich werdet ihr beide herausfinden, daß ihr Zeit verschwendet.

Seid also offen zueinander und bringt das Spiel zu Ende. Es ist so ein simples Spiel, aber ihr macht so viel daraus. Auch das ist eine der Rollen des menschlichen Egos: aus kleinen Sachen Riesenprobleme zu schaffen. Mit kleinen Problemen kann nur ein kleines Ego einhergehen. Wenn du also kämpfst und streitest, um dies und das, und große Probleme in die Welt setzt, fühlst du dich wunderbar. Große Probleme gibt's – und nichts gibt es; nur das Pratima und Siddhesh miteinander streiten, sonst nichts.

Sprich mit ihm, nimm seine Sachen wieder an dich; und du hast häßliche Sachen gesagt, nimm auch die wieder zurück. Gestatte ihm, etwas häßlich zu sein, damit er sich wohl fühlt, und dann Schluß damit! Werde dir bewußt, was du dir selber antust und warum.

Nichts weiter als ein negatives Tonband in deinem Kopf. Wenn die Spur erstmal einrastet, wiederholt es sich permanent. Wenn dieses negative Tonband also das nächste Mal anfängt abzulaufen, schließe dein Zimmer ab und setz dich hin und erzähle dem negativen Tonband, daß du ihm zehn Minuten geben wirst, daß du ihm zehn Minuten lang zuhörst, dann hat es dich nicht länger zu stören; daß du genug von ihm hast.

Anstatt von Siddhesh genug zu haben, hab lieber genug von dieser negativen Angewohnheit, und wenn du in einer negativen Stimmung bist, meide Siddhesh. Niemand hat an der Negativität von irgend jemand anderem Interesse. Nimm ein Kissen und sprich mit ihm, schlage es, schreibe häßliche Sachen drauf und werde sie los. Wenn du mit deinem Mist fertig bist, geh lachend zu Siddhesh; ruf ihn zu dir und erzähle ihm die ganze Geschichte, was den Tag über passiert ist – und er wird sich dabei amüsieren, wird Verständnis haben.

Jeder ist hier, um sein eigenes Glück zu suchen – werdet Partner in eurer Suche. Warum Streitereien schaffen? Das hat überhaupt keinen Sinn ... und ihr seid doch nicht verrückt! Ihr versteht die Sache, und die Leute, die dafür Verständnis haben, daß sie manchmal verrückt spielen, sind nicht verrückt. Du kannst einen Irren nicht davon überzeugen, daß er verrückt ist. Wenn du es kannst, ist er bereits dabei, gesund zu werden!

Man wächst aus diesen Leiden heraus – du wächst, das ist alles. Und spiele manchmal verrückt, aber mach nicht so ein Riesenaufhebens davon, hm? Es gibt so viele verrückte Leute hier, alle Verrückten der Welt kommen hierher *(Gelächter von der Gruppe)*, deshalb kann niemand von sich behaupten, er sei der Verrückteste. Unmöglich!

Sprich einfach mit ihm, und wenn alles in Ordnung ist und wieder im Fluß, kommt zusammen zu mir, hm? Gut!

Samvada, komm her. Wie war die Gruppe?

SAMVADA *Ich fing mit einer Menge Widerstand an, aber du hast mir das letzte Mal gesagt, daß das in Ordnung sei und ich dem nachgehen sollte, und ich war fähig dazu.*
*Es ergab sich, daß, nachdem ich Sannyas genommen hatte, innerhalb von zwölf Stunden Leute kamen, die meine ganze Filmausrüstung kaufen wollten. Sie wollten mir meine ganze Vergangenheit wegnehmen!*

*Alle lachen. Samvada kam erst vor zwei Monaten nach Poona, um angeblich über Bhagwan und den Ashram einen Film zu drehen. Er hatte Bhagwans Geburtstagsfeierlichkeiten am 11. Dezember gefilmt, und wie er im letzten Darshan erzählte, hatte er mehr und mehr Zeit mit Sannyasins verbracht, bis er vor zwei Wochen selbst den Sprung tat.*

SAMVADA *Ich habe ein Gespür dafür bekommen, was es heißt, alle diese Dinge loszulassen – meinen Sinn für mein Eigen-Image, wer ich bin, und mein Kleben an all diesen Dingen. Ich verstehe das alles noch gar nicht, aber ich habe nicht das Gefühl, es bedeute, daß ich keine Filme mehr machen werde oder daß ich kein Künstler mehr sein werde oder...*

Nein, nein.

SAMVADA *Ich habe nicht das Gefühl, daß es das Ende davon ist, sondern eher, daß ich auf eine andere Art damit von vorn anfange.*

Der Anfang einer völlig neuen Art. Und zum erstenmal wirst du in der Lage sein, viel schöpferische Arbeit zu leisten. Etwas Besseres, etwas Tieferes wird kommen, wie aus blauem Himmel.

Alle schöpferische Arbeit kann nämlich nur auf zweierlei Arten zustande kommen: entweder du tust sie mit dem Verstand oder durch den Nicht-Verstand. Du kannst sie mit Hilfe deiner Gedanken tun, aber alle Gedanken sind geborgt. Wie sehr du auch immer versuchst, sie originell und neu zu machen – es bleibt allerhöchstens eine Abwandlung – nichts Neues wird geboren.

Wenn du anfängst zu meditieren, kommst du an einen Punkt, an dem du nicht mehr darüber nachdenkst. Aus einer gedankenlosen Leere treten Dinge in dir zutage, etwas von dir nimmt Gestalt an. Es überrascht dich genauso, wie es andere überrascht. Alle großen Künstler sind überrascht, wenn etwas Neues in ihnen entsteht; was immer das Medium ihrer Arbeit ist, sie können nicht glauben, daß es von ihnen stammt. Es ist etwas von jenseits ihrer selbst.

Alle großen Künstler haben gespürt, daß eine unbekannte Kraft von ihnen Besitz ergreift. Es ist nichts als deine eigene Tiefe – doch du bist dir dessen nicht bewußt. Die ganze Wirkung der Meditation besteht darin, dich in deine ursprüngliche Tiefe zurückzuwerfen, so daß etwas Neues aufsteigt. Dann wirst du dich zum allerersten Mal glücklich und selig fühlen – denn eine andere Seligkeit als schöpferisch zu sein gibt es nicht. Unschöpferische Menschen können nicht selig sein, sie können allerhöchstens Vergnügen empfinden, Genugtuung. Nur schöpferische Leute können eine reine und ungetrübte Seligkeit empfinden.

Denke also nicht an die Vergangenheit. Es ist gut, daß sie vorüber ist, laß es zu. Das ist die ganze Bedeutung von Sannyas – daß du der Vergangenheit gestattest, dich loszulassen, und du dich in etwas Neues hineinentspannen kannst.

Der Mensch ist eine Unendlichkeit, aber nach und nach fixieren wir uns in einer bestimmten Spur, einer bestimmten Routine – dann funktionieren wir von da aus. Es ist, als hätte dein Zimmer viele Fenster, doch du hast nur eines geöffnet, und du schaust von diesem Fenster aus immer in die gleiche Richtung. Allmählich vergißt du, daß es auch noch andere Fenster und Türen gibt. Der Osten ist schön, der Westen ist es auch. Der Morgen und der Sonnenaufgang haben ihre Schönheit, doch der Sonnenuntergang ist auf seine Art schön – beide sind einzigartig. Du mußt alle Fenster öffnen und in alle Blickrichtungen schauen.

Die Vergangenheit loslassen, heißt ganz einfach, ein neues Fenster zu schaffen. Die Vergangenheit ist dir noch zugänglich. Du kannst sie immer noch benützen, doch wird sie nicht mehr das einzige Fenster sein. Du wirst immer biegsamer, flüssiger, fließender. Wenn du vieldimensional wirst, trägt das, was du tust, viele Ebenen von Bedeutung in sich. Wenn du auf eine Dimension festgelegt bist, auf eine gewohnheitsmäßige Form, wiederholst du immerzu dich selbst.

Ich habe gerade etwas über einen Mann gelesen, der sich ein Bild von Picasso anschaffen wollte. Er hatte ein wenig Sorgen, ob es ein nachgemachtes oder ein echtes war. Deshalb fragte er einen Kritiker; der sagte, es sei absolut authentisch und er könne sich dafür verbürgen, denn als Picasso es gemalt habe, sei er Gast in dessen Haus gewesen.

Der Mann, der dieses Bild kaufen wollte, ging daher zu Picasso und fragte ihn, ob es wahr sei. Picasso sagte, es sei wahr, der Kritiker sei zu Gast gewesen, aber das Bild sei eine Nachahmung.

Der Mann konnte es nicht glauben! Er fragte Picasso, ob er es nun gemalt habe oder nicht. ›Ich hab' es gemalt‹, antwortete Picasso, ›aber manchmal male ich falsche Picassos. Es ist gefälscht, weil ich mich bloß wiederholt habe, es ist nicht authentisch. Es kam nicht von jenseits, es war lediglich eine technische Wiederholung – deshalb ist es gefälscht!‹

Laß dich einfach strömen, und laß die alte Struktur zurück, und viele Straßen werden sich vor dir auftun. Das Alte wird dabei enthalten sein, denn nichts von dem, was du gelernt hast, kann verlorengehen – doch besteht keine Notwendigkeit, sich darauf festzulegen. Auf eine sehr feine Weise bleibt alles, was du einmal gelernt hast, ein Teil von dir, doch es wird nicht dein ganzes Wesen ausmachen. Du wirst immer in der Lage sein, dich davon wegzubewegen, darüber hinauszugehen, auch in die entgegengesetzte Richtung. Dann bist du in deinem Inneren frei. Gut!

SAMVADA *Als ich kam, hast du mich gefragt, wie lange ich bleibe, und du sagtest, ich solle so lange bleiben, bis ich es als mein Zuhause empfände...*

Richtig!

SAMVADA *Nun, vor ein paar Tagen, kurz vor dem Morgenvortrag, fand ich eine Frage; ich wollte, daß du sie mir beantwortest, aber ich konnte sie nicht mehr rechtzeitig einreichen. Sie stand in meinem alten Tagebuch und lautete:*
*Gesetzt, eine Rose ist eine Rose ist eine Rose. Ist eine Rose noch Rose, wenn sie weiß, sie ist Rose?*
*Und ich kam an diesem Morgen, und du sprachst von dem Rosenbusch und vom Nichtwissen, und ich dachte, ich muß wohl zu Hause angekommen sein!*

(lachend) Du bist nach Hause gekommen! Gut, Samvada.

*Bhagwan wendet sich an die Mitglieder der Encountergruppe, die anwesend sind.*

*Encounter-Therapie ist die Grundlage der meisten anderen Therapien im Bereich der humanistischen Psychologie, die gegenwärtig im Westen angewandt werden und jetzt auch hier im Ashram.*

*Sie stellt einen völlig neuen therapeutischen Zugang dar, bei welchem die Leute nicht als ›krank‹ angesehen werden und somit abhängig. Im Gegenteil, die Betonung liegt eher darauf, für sich selber Verantwortung zu übernehmen.*

*Die Verantwortung liegt beim einzelnen; wie weit und wie tief er bereit ist, sich einzubringen.*

*In einer bestimmten Gruppenanordnung wird den Leuten geholfen, jene Bereiche in sich zu konfrontieren – die gewöhnlich mit Angst, Ärger oder Sex verknüpft sind –, wo sie alleine zu große Angst haben, in sie hinabzutauchen oder von denen sie gar nicht wissen, daß sie überhaupt existieren. In einer Atmosphäre von Teilnahme und Hilfsbereitschaft werden die Mitglieder dazu ermutigt, ihre Blockierungen, ihre Probleme, ihre aufgeschobenen Sachen aufzuarbeiten, und zwar anders als bei der Psychotherapie, mehr auf einer Ebene der Erfahrung als auf der des Intellekts. Die Probleme werden nach ihrer Erscheinungsform in der gegenwärtigen Situation zum Ausdruck gebracht, mehr im Hier und Jetzt als durch ein Zurückgehen auf die Vergangenheit und auf assoziierte Traumata – das wird eher in der Primärtherapie gemacht. Die vielen verschiedenen Hilfen, die gebraucht werden, sind: Körperarbeit, Massage und Bioenergetik, Gestalt und Phantasie, Psychodrama, Psychosynthese und di-*

*rekte Konfrontation. Meditationen werden in den Gruppen im Ashram ebenfalls eingesetzt.*

*Die Gruppe dauert sieben Tage; sie findet zweimal im Monat statt und ist halb-stationär.*

Alok, wie war die Gruppe?

*Alok schaut Bhagwan ein paar Minuten lang an, ohne etwas zu sagen.*

ALOK *In deinem Vortrag gestern morgen... nun, ich huste nicht mehr...*

*Das wurde mit Gelächter und Applaus begrüßt. In seinem letzten Darshan hatte Alok zugegeben, daß er immer husten würde, sobald Bhagwan in seinem Vortrag etwas sage, das ihm nicht passe oder womit er nicht übereinstimme.*

Ich weiß! Ich habe beobachtet, ob Alok wohl hustet oder nicht!

ALOK *Nun ja, gestern in dem Morgenvortrag, gegen das Ende hin, hab' ich zu dir aufgeschaut und in meinem Herzen... mein Herz tat weh, und die Worte, die mir kamen, waren, daß ich Jesus in meinem Herzen empfinge. Und dann hatte ich das Gefühl, nun ja, daß ich nach Hause gekommem bin.*

Sehr gut, sehr gut, Alok.

ALOK *Und, ähm, ich hab' gestern mit Gott in der Gruppe gesprochen. Teertha (der Gruppenleiter) hat Gott gespielt, und ich glaube, ich muß entweder mein Sexproblem gegen eine neue Garnitur von Problemen eintauschen oder sie einfach beiseite legen und mit ihnen herumspielen, wenn mir danach zumute ist!*

Hm, gut... entspanne dich einfach. Mache keine Probleme daraus, sei einfach gelöst. Sie lösen sich von ganz alleine.

Wenn du dir wegen einer Sache zu viele Gedanken machst, bohrst du immer mit deinem Finger in der Wunde herum, und das erlaubt ihr nicht zu heilen. In Wirklichkeit gibt es kein Problem. Der Mensch ist ein Problemerzeuger. Man kann ohne Probleme leben, aber das Ego kann es nicht. Deshalb erfindet es immerzu etwas Neues.

Laß sie, freue dich einfach an dir selber, und sie werden verschwinden. Die Freude selbst löst alle Probleme. Das bloße Vergnügen zu leben, der Spaß an den kleinen Dingen – essen, laufen, reden, sich baden, sich mit Freunden treffen, sich verlieben oder bloß dasitzen und in den Himmel gucken – kleine Dinge, doch wenn du dich an ihnen freuen kannst, ist keine Energie vorhanden, um dich mit Problemen herumzuärgern. Verstehst du mich? Die ganze Energie fließt in diese Freuden, und kein Problem bleibt übrig. Das Problem rührt daher, daß du deine Energie nicht auf schöpferische Weise nutzt. Der Mensch braucht Erleichterungen und ein ständiges Teilen, genieße also einfach. Sei hier und genieße!

Jesus hat an dein Herz geklopft, deshalb hast du aufgehört zu husten! Der Teufel war's, der in dir gehustet hat! *(lacht)* Gut, Alok!

PRATITI *Eine Angst vor Männern kommt in mir hoch, ich habe Angst vor Männern...*

Pratiti und Angst vor Männern? Die Männer sollten Angst haben!

*Lachen von seiten der Gruppe. Pratiti ist die Mutter eines Sannyasins, der zur Zeit auch im Ashram lebt. Sie sieht überhaupt nicht aus wie eine Mutter. Als Italienerin ist sie immer voller Energie und voller Worte – lustige, treffende Worte, die so schnell umherlaufen und herumkrabbeln, daß es schwer ist, sie einzufangen.*

Keine Frau hat nämlich wirklich Angst vor einem Mann, nur Männer haben Angst vor Frauen.

PRATITI *Ja, was ist es denn dann, was ich fühle?*

Eine bloße Idee, eigentlich nichts. Es gibt einen bestimmten Grund für die Angst des Mannes, denn er ist der aktive Teil, und er kann versagen. Er muß etwas beweisen – daß er potent ist. Die Frau ist passiv, sie braucht nichts zu beweisen. Sie ist immer erfolgreich. Für einen Mann stellt jede Frau eine Krise dar: er kann vor ihr einen Erfolg oder einen Fehlschlag davontragen. Er zeigt die Angst vielleicht nicht, er zeigt vielleicht sogar das Gegenteil, aber im tiefsten Grunde hat jeder Mann Angst vor der Frau.

Es kommt sehr auf die Frau an, ihm eine Gewißheit, ihm die Sicherheit zu geben, daß alles in Ordnung und er ein liebenswerter Mann ist.

Du brauchst also über solche Erscheinungen nicht beunruhigt zu sein, hm?

ANAND PREM *In der Gruppe kam ich in Berührung mit Wut in mir und einem Teil meiner Realität, den ich zuvor nicht gespürt habe. Ich fing an, die Dinge anders zu sehen... wenn ich einfach die Straße hinunterlief, die Bäume... und alles schien anders auszusehen.*

Hm, ... immer, wenn es dazu kommt, daß irgendwelche angehäufte Negativität sich löst, ist es, als würde ein Vorhang vor den Augen weggezogen, und jeder einzelne Sinn wird schärfer.

Du siehst die gleichen Farben, aber sie leuchten anders, sie strahlen. Grün ist nicht einfach grün; es gibt tausend verschiedene Grüns, und du kannst ihre Unterschiede sehen. Jedes Geräusch hat seine musikalische Tonart; sogar der Verkehrslärm wird Teil einer Harmonie. Je mehr deine Negativität von dir abfällt, um so bewußter erlebst du eine wunderschöne Welt um dich herum. Du hast in ihr gelebt, und du hast sie verfehlt!

Mache es ab jetzt zu einer grundlegenden Sache. Es gibt viele Vorhänge, und sie müssen fallen. Genau wie die Wut gibt es Eifersucht, Besitzansprüche, Haß. Laß sie nach und nach fallen, und sieh ganz einfach zu, wie das Leben unendlich reicher wird.

Unseretwegen sind wir arm; niemand zwingt uns irgendeine Armut auf. Wir können Könige sein, doch wir haben uns dafür entschieden, Bettler zu sein.

# Dienstag
# den 6. Januar

*Ein Sannyasin sagt, er fühlte sich seit dem letzten Darshan weit besser, nachdem Bhagwan ihm empfohlen hatte, sich körperlich viel zu bewegen – zu rennen, zu laufen, zu schwimmen; oder was immer ihm Spaß mache.*

Du hast viel Energie und hast sie nicht schöpferisch genutzt. Immer, wenn man seine Energie nicht schöpferisch nutzt, wird sie zerstört, sie stagniert, und ganz allmählich entsteht um dich herum ein solides Felsengefängnis.

Es gibt zwei Arten von Leuten – solche mit einem hohen und solche mit einem niederen Energieniveau. Wenn die Leute mit der starken Energie ihre Kraft nicht benützen, entstehen Probleme: Aggressionen, Ärger – Ärger ohne jeden Grund, gegen alles und jeden – Gewalt, Haß, Eifersucht.

Leute mit schwacher Energie haben eine andere Sorte von Problemen – Traurigkeit, Lethargie, Desinteresse am Leben und eine Art, sich träge und stumpf dahinzuschleppen. Die Probleme eines Menschen mit geringem Energieniveau müssen anders behandelt werden. Er braucht eher Entspannung und Methoden, die keine Kraft verbrauchen, sondern ihm eher erlauben, sich in eine Nicht-Spannung hineinzubegeben, so daß keine Kraft verschwendet wird. Buddhistische Methoden, Vipassana, sind für Leute mit schwacher Energie. Für jemanden mit einer starken Energie sind solche Methoden problematisch. Er wird nicht wissen, was er anfangen soll – so viel Kraft, und nichts gibt es zu tun, also wird die Energie unterdrückt. Für Leute mit einem hohen Energieniveau sind dynamische Methoden und Katharsen gut.

Der Osten hat im Grunde eine schwache Energie: Armut, Unterernährung und viele Jahrhunderte von Passivität. Der Westen hat viel Energie. Du kannst es in männlich und weiblich aufteilen, yin und yang. Männlich bedeutet ein Mensch mit hoher Energie, und weiblich bedeutet ein Mensch mit geringer Energie – das hat nichts mit Mann und Frau zu tun.

Du bist ein Mensch mit starker Energie, denke immer daran. Wann immer du merkst, daß ein Problem entsteht, ist das lediglich ein Zeichen dafür, daß du mehr arbeiten, schöpferischer sein solltest. Es ist egal, was du tust, aber etwas Körperliches sollte es sein – jede körperliche Arbeit ist gut. Wenn du es nicht tust, wird dein Verstand diese Energie benützen, um dich im Kreise herumzuführen.

Schwimme also oder tanze – mache etwas mit deinem Körper. Körperliche Bewegung wird dir ungemein helfen. Es war gut, und du siehst wunderbar aus. Aber denke dran, vergiß es nicht!

*Eine Sannyasin sagt, daß viele Probleme, die sie hatte oder zu haben glaubte, von ihr abfallen.*

Das tun sie – man muß nur ein bißchen Geduld haben. Alles löst sich von sich aus, denn es ist überhaupt erst von sich aus entstanden.

Das sollte man nicht aus dem Gedächtnis verlieren: daß alles von alleine kommt und von alleine geht. Du bist bloß ein Zeuge, der am Ufer sitzt, und der Fluß strömt vorbei. Manchmal führt er viel Wasser – wenn es regnet; manchmal fließt er ruhig dahin – im Sommer. Du bist nur sein Beobachter, es geht dich nichts an.

Das ist die Haltung eines Menschen, der meditiert – sich alles anzusehen, aber nicht hineinzuspringen. Was immer vorbeizieht, ist gut; manchmal Glück, manchmal Trauer, manchmal Wut, Eifersucht – du brauchst sie nicht zu deinen Problemen zu machen. Du hast eine Haltung dazu, als würdest du an einer Eisenbahnstation im Warteraum warten. So viele Leute kommen und gehen – gute und schlechte, Heilige und Sünder – dich geht es nichts an; du sitzt auf deiner Bank, es berührt dich nicht. Du wartest auf deinen Zug, und diese Leute kommen nicht deinetwegen – du weißt nicht einmal, wer sie sind. Du bist nicht in der Stimmung zu beurteilen, wer gut und wer schlecht ist, denn du urteilst nur dann, wenn du dich zu Hause glaubst.

Laß die ganze Welt einen bloßen Warteraum sein. Wir warten auf unseren Zug, und früher oder später fahren wir. Wann immer dein Zug eintrifft, ziehst du weiter...

Der Verstand ist nichts anderes als ein Wartezimmer, sei dir dessen bewußt. Du wirst bald zu der großen Einsicht kommen, daß alle Dinge von alleine entstehen, und wenn du eingreifst, verzögerst du den Prozeß. Laß dies daher dein Motto sein: Akzeptieren – nicht eingreifen. Was kannst du tun? Es regnet, Wolken haben sich am Himmel zusammengezogen. Der Donner dröhnt gewaltig, und Blitze leuchten auf; doch was kannst du tun? Du schaust zu, und früher oder später verschwindet alles.

Auch dein Sinn ist ein Himmel. Du befindest dich jenseits von ihm. Du kannst deinen Gedanken genauso zusehen, wie du den Wolken nachschaust. Du bist der Zuschauer – und wenn du das siehst, wirst du erkennen, daß kein Problem zurückbleibt.

Verstehst du mich? Versuche es!

*Die Tao-Gruppe hatte heute abend Darshan. Es war die erste Gruppe, die diesen Prozeß durchgemacht hat, und man hatte das Gefühl, es sei eine positive Erfahrung gewesen.*

*Der Gruppenleiter beschreibt die Struktur – oder die Strukturlosigkeit – der Gruppe folgendermaßen: Das Wesen, der Zweck und der Ablauf der Tao-Gruppe dient dem Nichts, keiner im vorhinein geplanten Ordnung oder Methode. Das Geschehen in der Gruppe und ihre Entwicklung gehen aus jedem einzelnen Moment hervor; sie müssen entdeckt werden. Was immer geschieht, wird geschehen.*

*Die Tao-Gruppe trifft sich an sieben aufeinanderfolgenden Tagen und wird zweimal im Monat durchgeführt.*

Amida, komm her! Möchtest du etwas sagen?

*Amida ist ein wunderbarer Mensch. Nachdem sie viele Jahre lang mit Hilfe von Arica und EST ausgiebig an sich selber gearbeitet hat, hat sie – seit sie in Poona ist – unglaubliche Veränderungen durchgemacht. In ihrem ersten Darshan war sie lebhaft, energiegeladen, doch sah sie aus, als hätte das Leben seinen Tribut von ihr gefordert. Es war eine gewisse Nervosität und Schärfe an ihr.*

*Heute abend sind die Züge der Gequältheit von ihrem Gesicht verschwunden. Sie strahlt und sieht heiter und gesammelt aus…*

AMIDA *(schaut Bhagwan ein paar Minuten lang unverwandt an) Ich bin vollkommen glücklich…*

Du machst mich auch glücklich!

VIPASSANA *Ich habe nach Bereichen in mir geschaut, in denen ich arbeiten könnte, und ich hab' keine gefunden! (lachend)*

Da ist auch nichts. Das muß man einsehen: Manche Leute brauchen manchmal viele Leben, um eine ganz einfache Sache zu begreifen – daß es nichts zu tun gibt. Man braucht nur von diesem Augenblick an anzufangen; nichts fehlt. Aber die Vorstellung ist nun mal da, daß man sich erst vorbereiten müsse.

Es ist genau so, wie wenn ein Kind geboren wird. Es ist fähig zu atmen – keinerlei Vorbereitungen müssen getroffen werden, alles ist bereit. Bloß ein kräftiger Schrei, und die Lungen fangen an zu arbeiten, der Atem kommt. Manchmal ist es nötig, daß der Arzt dem Kind leicht auf den Po klopft, um ihm einen Anstoß zu geben.

Das ist alles, was ein Meister tun kann. Er kann dir einen Klaps geben, einen Anstoß, damit du anfängst zu atmen. Alles übrige ist bereits da.

Vorbereitung ist eine falsche Vorstellung, die die Gesellschaft erfunden hat. Wenn du ein Examen ablegen willst, mußt du dich jahrelang vorbereiten, doch das hier ist keine Prüfung. Das Leben ist keine Prüfung! Es braucht keine Vorbereitung. Bäume leben in der schönsten Ordnung, Tiere auch. Nur der Mensch verpaßt sein Ziel, weil er glaubt, er müsse sich erst vorbereiten.

Fange einfach an zu leben, und plötzlich wirst du sehen, daß alles jederzeit erreichbar ist. Es gibt nichts zu tun, nichts vorzubereiten, um fähig zu werden – du bist fähig. All die Anstrengung hier zielt lediglich darauf, dir auf möglichst viele Weisen bewußt zu machen, daß du fähig bist zu leben, ekstatisch zu sein, dich zu freuen und zu feiern. Gut, Vipassana!

*Sambodhi sagt, sie hätte sich vor der Gruppe etwas befangen gefühlt, etwas unwohl, weil die Gruppe unstrukturiert sein sollte, und sie habe sich gefragt, ob sie sich jedenfalls zum Teil dafür verantwortlich fühlen müsse, daß etwas passiere.*

*Bhagwan fragt, wie sie sich während und nach der Gruppe gefühlt habe. Sie sagt, sie sei zu der äußersten Tiefe von Traurigkeit hinabgestiegen, aber sie habe das Gefühl, es sei im großen und ganzen gut gewesen und der Gruppenprozeß hätte eine Menge Dinge zerstreut.*

Hm, du siehst ruhig und still aus. Befürchtungen gehen in Wirklichkeit nie in Erfüllung, und wir verschwenden unser Leben damit, über sie nachzudenken. Neunzig Prozent der Ängste, die man hat, werden nie wahr. Darum habe ich dich gefragt, ob du diese Befürchtungen vor oder während der Gruppe hattest, denn du konntest dich mit gehenlassen, die ganzen Beklemmungen waren also grundlos. Laß das ein fest in dir verankertes Verständnis werden, damit du das nächste Mal oder wann immer du etwas Neues beginnst, nicht wieder mit den Beklemmungen anfängst.

Alle Befürchtungen sind nutzlos, weil die Zukunft unbekannt ist. Sie kommt niemals so, wie du es erwartest oder befürchtest. Sie hat ihre eigene Art, sich anzunähern, und sie fragt dich nicht. Warum solltest du dir unnötigerweise den Kopf zerbrechen?

Warte, und wenn sie kommt, sieh . . . was immer du tun kannst, tue. Jeder ist in der Lage, Dinge zu bewältigen, wenn es nötig ist. Das Leben schickt dich vollkommen vorbereitet in jede vorstellbare Situation.

Du kannst in Fluß sein, und wenn du es bist, verlange nie nur nach den Höhen, denn das ist offenkundige Dummheit. Wenn du nur nach den Höhen verlangst, wo sollen dann die Tiefen hin?

Wenn du nur nach Fröhlichkeit verlangst und vor der Traurigkeit Angst hast, wie kannst du dann fließen? Fließen bedeutet, in die Tiefen hinabzugehen, aber so total, daß es keinen Widerstand mehr gibt. Fließen bedeutet, zu den Gipfeln aufzusteigen, aber so total, daß man sich an nichts klammert. In Fluß sein bedeutet, frei sein für Weiterbewegung: sich mit dem Leben fortzubewegen, wo immer es einen hinführt, was immer sein unbekanntes Ziel ist. Wenn du anfängst, dein Ziel dem Strom des Lebens entgegenzustellen, dann bist du nicht mehr in Fluß.

Wenn das Leben will, daß du traurig bist, sei traurig – das Leben weiß mehr als du. Wenn das Leben will, daß du weinst und schreist, dann weine und schreie – das Leben weiß mehr. Versuche nicht, schlauer zu sein als das Leben selbst. Das ist die Dummheit des Menschen. Ströme einfach mit ihm mit. Sei wie ein kleines Kind, das hinter seinem Vater herläuft. Vielleicht hat der Vater vor dem Angst, wo er hingeht, aber das Kind ist glücklich und singt, denn es weiß, der Vater ist mit ihm und weiß, wo sie hingehen.

Das ist die Schönheit einer religiösen Einstellung. Ich nenne die Einstellung religiös, die dem Leben vertraut und sagt: ›Wo immer es hingeht, das Leben weiß es besser als ich. Ich bin gerade erst eingetroffen, ein Spät-Ankömmling, und das Leben war immer und immer und immer da.‹ Traue ihm einfach.

Das ist die ganze Bedeutung der Tao-Gruppe – zu fließen. Wenn du eine Wahl triffst, wenn du sagst, du willst nicht traurig sein, du willst nur Glück empfinden, kannst du nicht fließen. In Fluß kannst du nur dann sein, wenn du alles so akzeptierst, wie es ist, bedingungslos.

Du hättest noch tiefer eindringen können, wenn es nicht diesen geringfügigen Widerstand dagegen gegeben hätte, in die Tiefe zu steigen. Dringe ein in die Tiefe, und du wirst aus ihr aufsteigen: je tiefer du steigst, um so höher erhebst du dich. Es ist genauso wie mit den Bäumen. Je tiefer ihre Wurzeln in die Erde hinabreichen, um so höher strecken sie ihre Zweige in den Himmel; das Verhältnis bleibt sich immer gleich. Wenn ein Baum nicht tief reichen will, Angst hat vor der unbekannten Erde, der dunklen, mysteriösen, todesgleichen Tiefe – dann kann sich der Baum nicht zur Sonne hinaufstrecken.

Das ist die Art und Weise, auf die alle Wesen wachsen. Ein wirklich reifer Mensch ist immer bereit, dorthin zu gehen, worauf sich das Leben zubewegt. Das nenne ich Reife – die Einsicht, daß das Leben größer ist als du, daß du nur ein winziger Teil davon bist.

Warum sich also Sorgen machen? Es gibt keinen Grund! Schließ dich dem Leben an...

SUGEETA *Ich fand mich selbst... ich hatte heute morgen dieses Gefühl... einfach zu sein.*

Das ist alles, worauf es ankommt.

SUGEETA *Ich glaube, ich hatte in der Gruppe die beste Meditation meines Lebens.*

Das ist Meditation – einfach zu sein. Dann gibt es kein Problem. Wenn du einfach sein kannst, ist alles gelöst, aufgelöst.

Wie steht's mit dir?

PRASHANTI *Ich bekomme mehr, als ich mir hätte träumen lassen.*

*Prashanti hatte sich lange überlegt, ob sie eine Sannyasin werden sollte oder nicht. Viele Male äußerte sie Zweifel an der Sache und erzählte Bhagwan, ihr Vater habe sie gewarnt und ihr gesagt, sie solle niemals jemandem folgen.*

*Schließlich hatte Bhagwan gesagt, sie könne ihre Unentschiedenheit über Sannyas aufgeben, er würde es ihr nicht geben, sie hätte das Schiff verpaßt. Ein paar Wochen später erschien sie wieder im Darshan, bat um Sannyas, und Bhagwan ließ sich erweichen! Von diesem Tage an schien Prashanti ein rundum anderer Mensch zu werden...*

Das ist wahr. Das Leben ist schöner als irgendein Traum, und es hat mehr zu geben, als irgend jemand träumen kann, doch wir geben uns mit weniger zufrieden. Wir geben uns mit nichts zufrieden und glauben, das sei das Leben. Erst wenn wir neue Welten betreten, die immer da, uns aber nicht bewußt waren, erst dann fangen wir an, die Verschwendung zu spüren; was für eine kriminelle Verschwendung. So viele Leute leben weiterhin in der Dunkelheit, und nicht nur das, sie widersetzen sich jedem Bemühen, ihnen etwas Licht zu bringen.

Gut. Noch viel mehr ist unterwegs.

DHARMA *Als ich den Raum betrat, war mein stärkster Eindruck von der Gruppe der von Endlosigkeit: Es schien keinen Anfang und kein Ende zu geben. Das war wie eine Intensivierung des Lebens.*

Sehr gut... du hast begriffen. Nichts hat irgendeinen Anfang, und nichts hat irgendein Ende. Alle Anfänge und alle Enden sind willkürlich, sie sind menschlich und nicht wirklich wahr. Es ist gut, daß die Gruppe das Gefühl gibt, Teil eines fortlaufenden Lebensprozesses zu sein. Sie vermittelt euch nur einen kleinen Einblick; aber so ist das Leben. Sehr gut!

DHARMA *Ich komme mit allen möglichen Arten von Fragen hier an, was ich mit mir selber tun soll. Gleichzeitig stelle ich gewöhnlich fest, daß sich diese Fragen in dem Maße klären, wie die Zeit voranschreitet.*

Hm, hm. Zeit ist nötig und Geduld – dann klären sich die Dinge von allein.

Wenn ich deine Fragen beantworte, tue ich das ganz bewußt, denn in Wirklichkeit können keine Antworten gegeben werden. Es hilft dir nur, ein bißchen länger auszuharren.

Die Fragen stammen aus dir, wie können dann meine Antworten helfen? Deine Antwort muß kommen – doch du bist in Eile und kannst nicht warten –, deshalb gebe ich dir Spielzeug, mit dem du spielen kannst, hm? Die Zeit vergeht, du tust dies und das, bis dir ganz allmählich bewußt wird, daß diese Fragen sich gelöst haben, es gibt sie nicht mehr. Wenn eine Frage unbeantwortet bleibt, hinterläßt sie keine Spuren. Eine Antwort kann eine Frage unterdrükken, aber sie kann sie nicht auflösen. Ich kann dich und deine Frage zum Schweigen bringen, doch sie wird untergründig dableiben, und sie wird Wege und Mittel suchen, um wieder aufzutauchen. Sie wird versuchen, sich in verschiedenen Formen, in verschiedenen Termini zu behaupten.

Meine Antworten sind also alle dazu da, um euch vor Verzweiflung zu bewahren, damit ihr wartet. Das Leben gibt Antworten, nur das Leben gibt Antworten. Gut!

NAYANA *Ich bin mit der Gruppe nicht sehr mitgegangen, ich fühle mich selber sehr festgefahren und verspüre einen Widerstand dagegen, mich zu öffnen.*

Bleibe, wie du bist... das Bemühen selber schafft mehr Widerstand. Akzeptiere dich, wie du bist. Akzeptiere, daß du verschlossen bist, feststeckst, Punkt. Es gibt keine Notwendigkeit, irgend etwas zu tun.

Nimm an den Gruppen teil, sitze einfach ruhig dabei und sage der Gruppe, es sei dir gestattet, so zu sein, wie du bist. Eines Tages wirst du plötzlich finden, daß alles zusammengebrochen ist – und dann wirst du da herauskommen.

Nicht dein Bemühen wird es sein, was dich herausbringt, denn dein Bemühen ist immer Stückwerk. Einerseits bemühst du dich, da herauszukommen, andererseits ziehst du dich dadurch noch mehr hinein. Du machst einen Schritt nach vorne, und der andere Fuß ist bereit, sich zurückzuziehen. Das ist vergeblich, bedeutungslos, und dir geht es unnötig schlecht.

Ich habe auf den heutigen Tag gewartet und habe beobachtet, was ich tun soll. Das ist meine Botschaft an dich: Nimm dich so an, wie du bist, es gibt keine Notwendigkeit, irgend jemand anders zu sein. Gott scheint etwas durch dein Wesen im erstarrten Zustand bewirken zu wollen. Hinter deinem verschlossenen Wesen scheint ein Zweck zu stecken.

Höre auf zu kämpfen, und im gleichen Moment, in dem du es aufgibst, wird der Widerstand verschwinden – denn es gibt keinen Grund, Widerstand zu leisten. Du wirst dich nicht allmählich, sondern plötzlich öffnen.

Es gibt Blumen, die sich allmählich, und Blumen, die sich plötzlich, mit einem Geräusch öffnen. Du wirst dich plötzlich öffnen, mach dir also keine Sorgen!

# Mittwoch
# den 7. Januar

VIMAL KIRTI *(der Vater von Tanya, der fünfjährigen deutschen Sannyasin) Ich soll dir sagen, daß sie dich liebt, und dich fragen, ob du ihr Bild bekommen hast und ob du aus ihm Kraft und Liebe empfängst.*

*(Shantidharma fragt Bhagwan, ob die religiöse Bewegung, der er in Amerika angehört, zu der geistigen Entwicklung der Welt einen allgemein positiven Beitrag leiste und ob er dabeibleiben solle.*

*Er sagt, er habe den positiven Eindruck, daß die Leute, die darin arbeiten, wirklich daran interessiert seien, Gott den Leuten näherzubringen, doch auf der negativen Seite habe er das Gefühl, sie seien ziemlich moralisch und hätten rigide und festgelegte Charaktere.*

*Bhagwan sagt, daß es sich dabei nicht um zwei verschiedene Dinge handle...)*

Leute, die ein Interesse daran haben, andere Leute zu Gott zu bringen, sind immer engstirnig, immer moralisch, puritanisch.

In Wirklichkeit geht es ihnen gar nicht um Gott, Gott ist bloß eine Ausrede. Sie wollen Leute verurteilen, wollen sie quälen. Diese gottesliebenden, sogenannt gottesliebenden Leute haben die Hölle geschaffen. Sie sind Sadisten, und ihre Moralität hat nichts mit Moral zu tun. Es ist ein Ego-Trip.

Du kannst die negativen Dinge nicht verbergen, wenn du nicht irgend etwas Positives hast, hinter dem du es verstecken könntest; wahre Positivität muß man daher richtig verstehen – ob sie rein ist, ob sich hinter ihr nicht irgend etwas verbirgt.

Es ist sehr einfach und leicht, einen wirklich religiösen Menschen zu beobachten. Wenn er wirklich religiös ist, ist er niemals engstirnig oder moralisch. Eine der grundlegendsten Eigenschaften eines religiös eingestellten Menschen besteht darin, daß er niemanden verurteilt. Er wird von so tiefer Liebe erfüllt sein, daß er niemanden verdammen kann, er kann niemanden einen Sünder nennen, das ist für einen wirklich religiösen Menschen unmöglich.

Aber die religiösen Leute haben die ganze Welt eine Welt von Sündern genannt, und sie waren sehr erfinderisch darin, wie sie Leute quälen könnten.

Nur wenn du den anderen frei sein läßt, kannst du lieben. Wenn du das Wesen des anderen so akzeptieren kannst, wie es ist, nur dann hast du Liebe in dir. Wenn du die Göttlichkeit des anderen akzeptieren kannst, ohne ihm irgend etwas aufzuzwingen, nur dann liebst du – sonst nicht.

Die Liebe braucht keine Theologie und weiß nichts von Ideologien. Das sind Tricks; der Verstand hat seit so langer Zeit Tricks angewandt, und du verstehst sie nicht einmal jetzt...,

Schau dir die Leute an, die du religiös nennst. Sie mögen sich einen bestimmten Charakter zugelegt haben, sie versuchen vielleicht sogar, moralisch zu sein, doch die ganze Sache ist ein Ego-Trip. Es dient nur dazu, andere zu verurteilen, sich höher zu fühlen als andere, besser als andere, überlegen. Du kannst in ihren Augen eine ungeheuere Verurteilungsbereitschaft wahrnehmen. Sie werden immerzu immer heiliger – und wenn du nur auf ihre Heiligkeit schaust, übersiehst du das, worauf es ankommt.

Ein wirklicher Heiliger wird überhaupt nicht wie ein Heiliger aussehen, weil er so gewöhnlich ist. Er wird überhaupt kein Programm haben, wie er die Welt verändern könnte. Alle diese Programme sind politisch, sie haben nichts mit Religion zu tun. All diese Kirchen und Tempel und sogenannten Propheten erzeugen nur mehr Politik und mehr Krieg und Gewalt. Doch das ist die Saat – und die Schwierigkeit besteht darin, daß sie altruistisch sind. Sie sind große, ›gottesfürchtige‹ Menschen und so auf das Wohl der Welt bedacht, daß jeder ihr Opfer werden kann.

Das war immer so. Die Mohammedaner haben so viele Menschen getötet, genau wie die Christen. Sie versuchen alle, gut zu sein, und sie versuchen alle, den Menschen zu helfen, aber sie sehen ihren eigenen unbewußten Ego-Trip nicht. Es geht nicht darum, die Welt zu ändern oder den Menschen helfen zu wollen – das sind unwesentliche Dinge. Man sollte einsehen, daß diese Spiele lange genug gespielt worden sind; hab' acht auf sie. Aber die Dummheit der Menschen ist dergestalt, daß sie immer und immer wieder in die gleiche Falle gehen.

Ein wirklich religiöser Mensch wird niemandem auf irgendeine Weise irgend etwas aufzwingen. Er kann nicht moralisch sein, kann keinen Gedanken an Sünde haben. Er wird dich mit all deinen Gegebenheiten akzeptieren. Er wird keine eigenen Vorstellungen haben, keine Bedingungen nennen und sagen, daß du in den Himmel kommst, wenn du sie erfüllst, und in die Hölle, wenn du sie nicht erfüllst.

Kein religiöser Mensch wird je fanatisch sein – denn es gibt gar nichts, dessentwegen er fanatisch sein könnte! Er wird selber ein weiter, offener Himmel sein. Du kannst an ihm keine Schranken finden, keine Begrenzungen.

Wenn das die negativen Seiten sind, ist das, was du die positiven nennst, nichts als Humbug! Wenn diese positiven Eigenschaften wahrhaft stimmen, können diese negativen nicht bestehen. Finde du es heraus. Du bist vielleicht von den positiven in gewisser Hinsicht fasziniert, doch das allein ist nicht genug – denn der Weg zur Hölle ist mit guten Vorsätzen gepflastert.

SHANTIDHARMA *Sie scheinen nicht auf eine authentische Art menschlich zu sein, nicht ganz integer. Es ist, als sei ihre Spiritualität auf ein schwaches Fundament gebaut; sie durchdringt nicht ihr ganzes Wesen.*

In der Tat, Spiritualität ist nichts, was gesondert von deinem Wesen existiert. Es ist die ganze Fülle deines Seins. Es ist nichts, was du erreichen müßtest und was über dir steht. Du bist es, dein Aufblühen. Du bist es, entspannt, integriert, total. Spiritualität ist kein Ziel. Wenn sie ein Ziel darstellt, wirst du immer eine Superstruktur von Geistigkeit vorfinden, und irgendwo ganz drinnen das verkrüppelte menschliche Wesen. Alle diese Arten von Spiritualität sind einfach verrottet.

Sei ein totaler Mensch. Wenn ich sage, total, meine ich niemals perfekt. Ein totaler Mensch kann niemals perfekt sein, weil so jemand immerzu wächst, es ist ein Prozeß. Totalität ist ein Prozeß, der niemals irgendeine Perfektion erreicht, oder er ist in jedem Augenblick perfekt und bewegt sich auf viele Arten von Vollkommenheit zu. Er wird immer vollkommener, vollkommener als vollkommen, doch es ist und bleibt ein Prozeß. Ein perfekter Mensch ist tot. Ein totaler Mensch ist ein lebendiger Prozeß, eine dynamische Kraft.

Spiritualität ist nichts, was über den Menschen schwebt. Sie ist der Blütenduft der Menschheit. Wenn du wirklich menschlich bist, bist du spirituell. Wir können auf das Wort ›Spiritualität‹ verzichten – wir brauchen es nicht. Es ist nicht nötig, der Sache einen bestimmten Namen zu geben; der besondere Name nützt nur dem Ego. Du fängst an, mit deiner Menschlichkeit zu kämpfen, sie zu unterdrücken, und versuchst, ihr eine Superstruktur aufzusetzen. Sie ist pure Dekoration und hauchdünn.

Wenn du tief in deine Heiligen hineinschaust, wirst du ganz gelähmte, verkrüppelte Menschen finden, die überhaupt nicht blühen – sie stinken!

Ein spirituelles Wesen ist ein unschuldiges Wesen, und Unschuld verlangt, daß du nicht geteilt bist. Du solltest also kein Ziel und keine Vorstellung davon haben, irgend jemand zu werden, sondern nur ein tiefes Hinnehmen und Entzücken darüber, was du bist, und ein freudiges Feiern – auf daß du fließen kannst, daß du sein kannst. Du wirst auf unbekannten Wegen spirituell – nicht aufgrund deiner Versuche. Spiritualität ist die Konsequenz davon, daß du total bist.

Wenn du unter der Spiritualität ein verkrüppeltes menschliches Wesen entdeckst, weißt du, daß etwas schiefgelaufen ist. Wenn du einen Menschen finden kannst, der total menschlich ist, lebendig, dynamisch, strömend – er braucht das Wort ›Spiritualität‹ nicht einmal gehört zu haben, ist vielleicht nie in einem Tempel gewesen, hat nie die Bibel oder die Gita gelesen –, dann hast du einen Menschen vor dir. Verbeuge dich vor ihm und berühre seine Füße, denn in ihm ist etwas aufgeblüht.

Religiös sein bedeutet nicht, sich eine Struktur aufzusetzen; eher umgekehrt. Es bedeutet, daß du das Wesen, welches du bereits bist, enthüllst.

Gehe also und denke darüber nach. Es liegt bei dir. Was immer ich sage, ist nicht auf dich gerichtet. Wenn du dich danach fühlst, weiterhin in dieser Gruppe zu sein, bleibe in ihr, sie scheint dir etwas zu geben. Du scheinst es zu brauchen, noch ein bißchen länger dabeizubleiben. Wenn du jedoch das Gefühl hast, es sei der Mühe nicht wert, wenn du das Gefühl hast, du müßtest etwas opfern – dann opfere es und steige aus. An irgendeiner Sache teilzunehmen, von der du das Gefühl hast, sie sei falsch, ist selbstmörderisch, denn dadurch wirst du allmählich heuchlerisch. Verharre nie in einer Situation, in der du nicht total sein kannst. Reiße aus vor ihr, sie ist gefährlich, denn sie zerteilt dich.

Ich kenne einen katholischen Missionar, der von seiner Arbeit die Nase voll hat und den ganzen Unsinn einsehen kann – aber er kann nicht aussteigen! Er hat ein gutes Gehalt, ein schönes Haus, ein Auto, Ansehen. Wie ich es sehe, ist die Sache jetzt sehr gefährlich. Das gibt ihm vielleicht einige Sicherheit, einigen Komfort und ein paar Annehmlichkeiten, aber man muß den Mut fassen, ehrlich zu sich selber zu sein.

Wenn du das Gefühl hast, daß es falsch ist, befreie dich davon. Verkaufe deine Seele nie für irgendwelchen Komfort.

Wie geht es dir? Möchtest du etwas sagen?... Erzähle es mir.

ANANDMURTI *Als ich das letzte Mal hier war, hab' ich Sannyas genommen. Ich war nicht sicher, ob ich es nehmen wollte, doch ich bin deinem Rat gefolgt. Ich habe Sannyas genommen, und ich bin froh. Es war gut.*

*Und heute abend gehe ich in eine Gruppe – ›Bedingungsloses Akzeptieren‹. Bhagwan, ich glaube, ich brauche... weißt du, ich glaube, ich muß akzeptieren... du sprichst davon, total zu sein... und ich habe das Gefühl, nicht vollkommen ein Sannyasin zu sein... denn es gibt Dinge...*

Ich verstehe.

ANANDMURTI *Es gibt Dinge, wenn ich logisch über sie nachdenke, die... ich stell mir mich selber in Orange vor (er sieht befangen an seinem hellen, neuen orangefarbenen Gewand herunter), ein Sannyasin zu sein, es sitzt nicht ganz richtig. Ich weiß nicht... drum denke ich einfach nicht darüber nach; und das ist in Ordnung, aber ich habe nicht das Gefühl, daß es total ist.*

Das wird es werden. Du hast den ersten Schritt getan, die anderen Dinge werden folgen. Mache diese Gruppe – sie wird dir sehr, sehr helfen; sie wird dir viele Dinge zu Bewußtsein bringen. Und nach der Gruppe wirst du dich ganz, ganz entspannt fühlen.

Sei also in der Gruppe weder scheu noch verlegen. Was immer wahr ist, laß es zu und akzeptiere es. Verurteile es nicht und sage nicht, ›das ist nicht gut, das sollte ich nicht sagen, ich sollte nicht hinnehmen, daß das wirklich in mir steckt‹.

Wenn du Haß in dir vorfindest, nimm ihn hin. Wenn keine Liebe da ist, nimm hin, daß keine Liebe da ist. Die Leute geben vor, daß Dinge vorhanden seien, die nicht da sind, und glauben, daß Dinge nicht vorhanden seien, die da sind. Auf diese Weise werden wir innerlich zerteilt. Akzeptieren bedeutet, daß du automatisch zusammenwächst. Wenn du dich so akzeptierst, wie immer du bist, gibt es keine Zweigeteiltheit. Es steckt niemand in deinem Inneren, der dich verurteilt; es gibt keinen Beherrscher und keinen Beherrschten.

Diese Dinge sind natürlich, und du kannst sie nicht so einfach fallen lassen. Der einzig bequeme Weg ist, sie zu verstecken, vorzugeben, sie seien nicht da. Du kannst sie im Hintergrund halten, damit du sie nicht zu sehen brauchst, und ganz allmählich vergißt du sie. Doch sie bleiben ein Teil von dir, und sie beeinflussen dich immerzu. Dein ganzes Leben wird allmählich in den Händen deines Unbewußten sein, und du wirst ein Sklave, eine Marionette.

Akzeptiere es, damit du keinerlei dunkle Ecken in dir hüten mußt, und du wirst in die Grundlagen deines Seins eindringen können. Du kannst dir alles anschauen, denn du verdammst ja nichts. Wenn du erst einmal alles akzeptierst, wirst du in deinem Innern einheitlich. Der ständige Konflikt verschwindet, und du wirst ganz einfach natürlich.

Im Auge zu behalten, daß man natürlich ist, ist die einzige Tugend. Außer ihr gibt es keine.

*Die Tanzgruppe mit ihren vierzehn Mitgliedern und ihrem Leiter Neeraj tanzt heute abend für Bhagwan. Bhagwan hat beim letzten Darshan vorgeschlagen, daß sie versuchen sollen, in Paaren zu tanzen anstatt in einer Reihe oder einem Kreis, wie sie es zuvor getan haben.*

*Er sagt, diese Tänze seien in gewisser Weise eine Art, sich den Hof zu machen, und daß die Tänzer mehr davon hätten, wenn die männlichen und die weiblichen Energien zusammenfließen würden.*

*Die sieben Paare gehen hinunter auf den Platz vor der Darshanveranda, auf der Bhagwan sitzt, und führen die Schritte des äthiopischen Tanzes vor, die Neeraj ihnen beigebracht hat. Dann wandelt sich die Musik zu brasilianischen Rhythmen, und die Tänzer richten sich nach keinerlei Ordnung mehr und bewegen sich ganz nach ihrem eigenen Gefühl.*

*Eine Sannyasin verliert sich fast vollkommen in ihrem eigenen Tanz. Sie ist wie ein Waldgeist – sie besteht nur mehr aus Armen und Beinen und schwarzem Haar, in sich überschlagenden, federnden Bewegungen, sich drehend, dukkend, springend, tanzt sie im Zickzack durch die anderen hindurch, ohne auch nur einen einzigen von ihnen zu berühren!*

*Nach ungefähr zehn Minuten verklingt die Musik, und die erschöpften Tänzer kehren langsam auf ihre Plätze zurück. Ein paar Minuten lang sitzen alle mit geschlossenen oder offenen Augen, einige mit gesenkten Köpfen da, die Tänzer und diejenigen, die ihnen zugeschaut haben – schweigend, man hört nur das heftige Atmen der ermüdeten Tänzer und irgendwo im Hintergrund der Gruppe das lautlose Schluchzen des Waldgeistes...*

*Etwas ist heute abend in diesen wenigen Sekunden für alle Anwesenden geschehen. Die Energie schien noch weiterzuschwingen, sie schien noch etwas in der Luft stehen zu bleiben, unmutig darüber, daß sie so schnell verklingen sollte.*

# Donnerstag den 8. Januar

Mm... wie steht's mit dir?

DEVA VEENA *Ich bin in letzter Zeit ganz schön verwirrt. Es fühlt sich nicht übel an. Ich hab bloß überhaupt keine Kontrolle mehr darüber, was eigentlich passiert. Ich weiß nicht mal mehr, wer ich bin.*

Das muß auch nicht sein! Dieses Bestreben ist das ganze Übel. Es gibt keinen zwingenden Grund, es zu wissen. Man sollte einfach immer mitgehen, wohin das Leben einen führt. Vertrau dem Leben! Der Verstand fährt dir dazwischen und versucht, Kontrolle auszuüben, zu regeln und zu manipulieren. Das sind Bedürfnisse des Egos.

Du bist zu dem Verständnis einer grundlegenden Tatsache vorgestoßen. Vergiß es nicht wieder. Alle Dinge nehmen ihren Lauf. Niemand hat Macht. Der ganze Machttrip ist pure Einbildung. Niemand hat Macht. Alle Dinge geschehen von allein. Du kannst bestenfalls kooperieren oder dagegen ankämpfen. Kämpfst du, dann geschieht es ohnedies, aber du verfehlst die Seligkeit, die du hättest empfinden können. Kooperierst du, geschieht es auch – nicht wegen deiner Kooperation, es wäre sowieso passiert. Du wirst dich selig fühlen, außer dir sein vor Freude. Kooperiere also mit deinem Leben, setze keinen Konflikt in die Welt, dann fügt sich alles von selbst; alle Dinge regeln sich von ganz allein.

Bloß diese Vorstellung ist falsch, hm? – daß du ein bißchen Macht brauchst. Die zweite Vorstellung hängt auch damit zusammen, daß du es wissen mußt. Wissen ist immer eine Suche nach Macht. Wissen ist nichts als ein Forschen, wie man mächtiger werden kann. Deshalb ist die Naturwissenschaft so bedeutungsvoll geworden: Wir fangen an, uns mächtig zu fühlen, und bilden uns ein, wir hätten die Natur besiegt. Nichts haben wir besiegt, nichts kann je besiegt werden. Die Wissenschaft entdeckt lediglich, wie die Natur funktioniert, und dann kooperiert sie mit ihr – und es laufen Prozesse ab. Das bedeutet nicht, mächtig zu sein.

Sauerstoff und Wasserstoff bilden z. B. in ihrer Verbindung Wasser. Es war immer so, ob wir es wissen oder nicht. Als noch niemand es wußte, war es auch schon so. Die Wissenschaft hat herausgefunden, daß Wasser auf diesem Wege zustande kommt; wenn man jetzt also der Regel folgt, kann man Wasser herstellen. Das Wasser macht sich selbst! Du kooperierst bloß mit ihm. Es ist kein Besiegen, sondern ein tiefes Mitgehen.

Und dasselbe gilt für Religion. Die Wissenschaft entdeckt, wie man mit der Natur kooperiert, und die Religion entdeckt, wie man mit Gott kooperiert – der allerhöchsten Natur. Aber für beide trifft zu, daß du um so weniger Wissen brauchst, je mehr du erkennst und verstehst.

Laß diesen Trip sausen und freu dich an dem, was du gerade bist und was immer geschieht.

DEVA VEENA *Ich habe manchmal das Gefühl... naja, wenn ich im Ashram bin, scheinen alle ruhig und gelassen zu sein. Ich habe Lust herumzuspringen, Krach und Witze zu machen, aber wenn ich es tue, hab' ich ein schlechtes Gewissen und möchte es ändern.*

Nein, nein, versuch nicht, es zu ändern. Laß es geschehen und hab kein schlechtes Gewissen! Still sein ist gut, aber lachen und herumspringen und Unsinn treiben sind auch gut. Beides bereichert einander. Wenn du nicht lachen und Witze machen kannst, wird dein Schweigen ärmer. Wenn du nicht still sein kannst, wird dein Lachen oberflächlich.

Daran ist nichts verkehrt. Mach kein Problem daraus. Geh mühelos vom Lachen zum Schweigen über, vom Schweigen zum Lachen. Was immer geschieht, laß es geschehen. Möchtest du herumspringen, dann spring. Und hast du das Bedürfnis, einfach dazusitzen und nichts zu tun – dann setz dich halt hin. Gut.

MALLIKA *Ich weiß nicht, warum ich keine Fortschritte mache. Vielleicht weiß ich es, aber es ist nicht gerade schön.*

Hm, hm, erzähle, was weißt du?

MALLIKA *Ich habe so ein schwaches Vertrauen in mich selbst. Ich weiß nicht... Ein Teil von mir ist immer gegen den anderen, immer! Ich hab' so die Nase voll davon. (Sie guckt sehr trübsinnig.)*

(Schmunzelt.) Nicht wirklich.

MALLIKA *(Reißt die Augen auf.) Nicht wirklich?*

Sonst hättest du kein Problem!

MALLIKA *Aber warum hört es dann nicht auf?*

Weil du immer noch nicht genug davon hast. Wenn es dir wirklich reicht, genügt es, die Nase voll zu haben. Wenn es dir wirklich zum Hals raushängt, hörst du auf damit; weiter nichts! Das Bemühen, es fallen zu lassen, ist selbst ein Zeichen dafür, daß du dich noch daran klammerst. Man redet von Veränderung, aber man will sich nicht wirklich ändern.

MALLIKA *Es ist drollig, denn ich erinnere mich, daß ich einmal eine ganz weise Person war – vor vielen Jahren. Ich kann mich nicht daran erinnern, wann ich so wurde. Ich meine, was hab' ich für eine Wahl getroffen, um so ein masochistisches Wesen zu werden?*

Man trifft seine Wahl ganz allmählich. Es ist kein Sprung, sondern ein sehr langsamer, schleichender Vorgang, deshalb kriegst du nie richtig mit, was du wählst. Nach und nach wählt man immer weiter die falsche Richtung, und eines Tages hat es sich angestaut. Eines Tages siehst du, daß du die falsche Wahl getroffen hast, und du bist so lange in diese Richtung marschiert, daß es dir schon fast zur Gewohnheit geworden ist.

Aber man kann zurückgehen; das ist kein Problem. Ein Problem besteht eher darin, wirklich die Nase voll zu haben, und ich habe den Eindruck, das ist noch nicht der Fall bei dir. Es macht dir immer noch Spaß!

MALLIKA *Ich hab' herausgefunden, wie ich meine Befriedigung dabei finde, indem ich in die Rolle eines Feiglings schlüpfe. Aber ich war nicht immer ein Feigling. Wenn ich zurückdenke...*

Auf deine Erinnerung kannst du dich auch nicht recht verlassen, hm? Das mag wieder ein Trick sein, denn woran du dich erinnerst, unterliegt ebenfalls einer Auswahl; du erinnerst dich nie an das Ganze. Dir fallen nur die schönen Dinge über dich ein, die häßlichen läßt du aus deinem Gedächtnis verschwinden. Deshalb bildet sich jeder ein, als Kind sei er geradezu göttlich gewesen. Du behältst nur die glücklichen Momente, und auch die verherrlichst du noch.

Das beruhigt dich und tröstet dich ein wenig darüber hinweg, daß diese Situation nicht deiner wahren Natur entspricht, hm? Du warst schön und gut und weise – der Zustand, der jetzt herrscht, ist lediglich ein Unfall, und er wird vorbeigehen. Eine andere Art, dich zu trösten, besteht darin, daß du dir sagst, du würdest in Zukunft weise sein, du würdest erleuchtet werden; du wirst dies sein und das. Das sind alles Tricks deines Verstandes, entweder auf die Vergangenheit oder auf die Zukunft zu schielen, um die Gegenwart zu vermeiden. Aber man muß sich mit der Gegenwart befassen. *Sie* muß verwandelt werden.

Hör auf, an die Vergangenheit und die Zukunft zu denken. Guck dir das ganze Durcheinander an, das du produziert hast!

Niemand anders als du ist dafür verantwortlich. Auch da liegt ein Trick verborgen. Du denkst immer noch, deine Mutter treffe die Verantwortung oder einen Mann, der dir nachstellt und dich vom fernen Europa her beeinflußt und deine Gedanken fesselt. Das sind alles Tricks. Niemand kann so etwas tun, niemand hat die Macht dazu. Du bist mit dir vollkommen allein.

Das sind Strategien zur Vermeidung von Verantwortung – man hält die ganze

Welt für verantwortlich, nur sich selber nicht. Plötzlich fühlst du dich dann hilflos, weil dich ja keine Verantwortung trifft, was also kannst du tun?

Du bist verantwortlich, alles kannst du tun. Niemand hat dich zerstört. Du hast eine falsche Entscheidung getroffen, ein Fehlurteil gefällt, das ist alles. Das ist durchaus keine Sünde, bloß eine verkehrte Einschätzung. Keiner weiß im vorhinein, wo er sich hinbewegt. Es gleicht einem Geduldsspiel, einem Rätsel...

MALLIKA *Dabei habe ich immer gewußt, daß ich einen Fehler mache, mich für das Falsche entscheide, aber ich dachte, es macht mich besonders interessant.*

Hm, hm, wenn man außergewöhnlich sein will, wird man also verrückt, denn nur Verrückte sind außergewöhnlich. Gesunde Leute sind ganz einfach normal.

Wenn du die Nase voll hast, werde einfach normal. Entspanne dich, und werde ein ganz normaler Mensch. Es ist schön, ein gewöhnlicher Mensch zu sein. Und es ist sehr häßlich, außergewöhnlich zu sein, es ist eine Art Krankheit, und du kannst dabei niemals entspannt sein.

Mir scheint, du hast das Elend satt, das du dir mit deinem Trip von Außergewöhnlichkeit einhandelst, aber du willst das Ziel nicht aufgeben. Du würdest gerne alle Wohltaten, die einem außergewöhnlichen Menschen zukommen, für dich in Anspruch nehmen, und möchtest obendrein den Segen erfahren, den nur ein gewöhnlicher Mensch erleben kann. Diese beiden Sachen können nicht zusammenkommen. Mit der Außergewöhnlichkeit, mit dem Ego, geht das Elend einher. Wenn du dich für die Außergewöhnlichkeit entscheidest, akzeptier' auch das Elend. Verrücktheit wird dir wie ein Schatten folgen, und früher oder später wird sie dich vollkommen zermalmen. Nur der Schatten wird übrigbleiben, du wirst verschwinden...

MALLIKA *Das passiert bereits.*

... oder, wenn du es richtig verstehst, hör mit diesem Quatsch einfach auf. Werde gewöhnlich und freu dich an alltäglichen Dingen. Mach' die Normalität zu deiner Religion. Essen, Schlafen, Sonnenschein, Blumen, Leute, der Marktplatz – sei einfach normal und freu dich an diesen Sachen. Dann wirst du beobachten können, daß der Schatten verschwindet.

Aber es ist dir überlassen, wofür du dich entscheidest. Denk einfach drei Tage lang darüber nach. Du kannst außergewöhnlich sein...

MALLIKA *Ich hab' nicht das Zeug dazu.*

Das ist nicht die Frage. Die Leute, die das Zeug dazu haben, scheren sich nicht darum, ob sie außergewöhnlich sind. Sie haben ihre volle Freude daran, normal zu sein. Nur diejenigen, die keine besonderen Eigenschaften haben, versuchen, ungewöhnlich zu sein. Der bloße Gedanke weist darauf hin, daß etwas fehlt. Gib den Gedanken auf!

Um glücklich zu sein, braucht man keine tollen Eigenschaften. Du mußt kein großer Maler oder Dichter sein, um dich glücklich zu fühlen. Ein gewöhnlicher Mensch ohne alle Besonderheiten kann glücklich sein. Dem einfachen Wohlbehagen liegt etwas anderes zugrunde. Einfach zu sein, ist glücklich sein.

MALLIKA *Ich erzähl' mir immer etwas über mich selbst mit der Möglichkeit, verkehrt zu liegen, du aber kannst sehen, was das wahre Problem ist.*

Nichts ist ein Problem. Du begreifst immer noch nicht, wie du dein eigenes Elend schaffst. Du mußt es einsehen. Du kannst fortfahren, herumzuspinnen und es zu vermeiden, aber sieh es! Wenn du wirklich die Nase voll hast, verschwindet es noch in diesem Augenblick. Es gibt keine Notwendigkeit, die Sache irgendwie aufzuschieben. Hör auf! Es gibt keine Methode dafür. Du verstehst die Sache und lachst ganz einfach, weil der Unsinn zu Ende ist, das Trauma war einmal!

*Mallika nickt schweigend und geht in Gedanken versunken an ihren Platz zurück.*

DHARMANANDA *In den letzten Wochen hat mein Atem angefangen, manchmal stillzustehen. Ich finde, daß ich Angst kriege, weil es sich anfühlt, als würde ich ersticken. Es fühlt sich gut an – als ob etwas in mir hochkommt, dem ich mich hingeben sollte –, aber ich hätte gerne eine Rückversicherung, daß das normal ist.*

Nichts ist falsch daran, es ist wunderschön. Wenn du anfängst, dich darüber zu freuen, wirst du Schönheit darin entdecken. Es handelt sich um eine tiefe Ruhe. Sobald der Atem stillsteht, kommt alles zum Stillstand, auch die Zeit und das Denken. Kriegst du aber Angst, fängt alles wieder an. Wenn der Atem also still steht, bleibe ruhig und beobachte den Spalt, der sich auftut, den Zwischenraum, in welchem kein Atem sich regt. In diesem Intervall wirst du den ersten Einblick in das Wesen der Meditation gewinnen.

Aber normalerweise bekommt es jeder mit der Angst zu tun und fürchtet sich, weil wir den Atem mit dem Leben identifizieren und das Nicht-Atmen dem Tod zurechnen. Wegen dieser Verknüpfung entsteht plötzlich die Angst zu sterben, die Angst vor dem Tod. Du stirbst gleich. Die kleine Welle, die du darstellst, ist dabei, in dem Ozean eines größeren Lebens aufzugehen, aber das ist kein Tod – das ist wirkliches Leben.

Es gibt zwei Arten von Leben. Die eine Art ist sehr oberflächlich und hängt vom Atmen ab: es ist das Leben des Körpers und des Verstandes. Und dann gibt es noch eine andere Art, die nicht auf dem Atmen beruht. Sie ist tiefer als der Atem und kann ohne ihn bestehen. Dieses Leben ist geistig (spirituell) – nenne es göttlich oder wie immer du willst.

Es ist also natürlich, am Anfang Angst zu haben, aber laß es nach und nach zu. Empfinde den freien Raum und das tiefe Schweigen, die sich über allem ausbreiten, wenn der Atem stillsteht. Nichts regt sich, denn alle Bewegungen kommen aus der Bewegung deines Verstandes.

Steht er still, bewegt sich auch nichts ringsumher. In dieser Reglosigkeit öffnet sich eine Tür. Wenn du aber Angst kriegst, verfehlst du sie, hm? Dann bist du so um deinen Atem besorgt, daß du die Tür verfehlst, die gerade in dir aufgegangen ist. Wenn es das nächstemal geschieht, sei selig und dankbar. Sei dankbar dafür, daß dir eine große Gelegenheit gegeben wurde, und mach dir um deinen Atem keine Sorgen.

Schau einfach in dich hinein – eine Tür ist lautlos aufgegangen. Hast du auch nur einen kurzen Blick hinübergeworfen, verändert sich die ganze Gestalt. Deine Aufmerksamkeit gilt nicht dem Atem, sondern der Tür. Du gleitest einfach durch diese Tür in eine andere Welt.

DHARMANANDA *Sollte ich versuchen, dabei tapfer und aufrecht zu sein?*

Nein, versuche niemals, tapfer zu sein, hm? Tapferkeit ist ein Teil von Feigheit, und du verfehlst die Hauptsache. Entspanne dich einfach und akzeptiere es. Wenn du versuchst, tapfer zu sein, fängst du an zu kämpfen, und schon hast du wieder das gleiche Problem.

Entspanne dich einfach. Hast du das Gefühl, sterben zu müssen, sage: ›In Ordnung, ich bin bereit zu sterben.‹ Das genügt. Tapfer zu sein, ist gleichbedeutend damit, in das andere Extrem zu fallen, und das bringt überhaupt nichts. In Wirklichkeit befindest du dich irgendwo dazwischen, wo es weder Feigheit noch Tapferkeit gibt.

DHARMANANDA *Da ist noch etwas. Ich hab' herausgefunden, daß ich meinen Blick auf Gegenstände konzentrieren kann. Es fing in den Morgenvorträgen an, als ich dich betrachttete und fhh!... Es macht mir jetzt ungeheuren Spaß, den Mond anzuschauen und Blumen, aber mein Körper fängt an... (er fängt an, sich zu wiegen, um zu zeigen, was er meint.)*

Hm, das ist gut, er bewegt sich.

DHARMANANDA *Soll ich die Bewegung zulassen? Sollte ich nicht lieber stillsitzen?*

Nein, bewege dich ruhig. Laß deine Freude wie einen inneren Tanz sein. Ein sachtes Tanzen keimt in dir, wenn du eine Blume siehst, und der Körper bewegt sich, laß ihn. Sei anmutig und freue dich. Auf diese Weise versucht dein ganzes Wesen, an der Schönheit der Blume teilzuhaben. Wenn du dich im Schauen bewegst, bedeutet dies, daß du den Mondstrahlen erlaubst, in dich einzudringen und eine Art des Tanzens in dir zu wecken, die du zuvor nicht gekannt hast.

Es ist, wie wenn die Gezeiten den Ozean in Bewegung bringen, sobald der Mond aufgeht. Dein Körper gerät in Schwingung, in eine zarte Bewegung, die zuvor geschlafen hat und die jetzt erwacht. Erzwinge nichts, laß es einfach zu. Dann wirst du die Blumen nicht nur mit dem Verstand begreifen, dein ganzes Wesen wird die Freude spüren, auch der Körper. Solange die Freude nicht allumfassend ist, ist nur der Verstand beteiligt, und das ist nicht viel.

DHARMANANDA *Wenn ich drei Stunden am Tag auf solche Dinge schaue, gibt mir das eine Art unnatürliche Energie, die mir schaden kann? Kann ich es so lange machen, wie ich will? – denn ich fühle mich danach beruhigt.*
*Ich war ungeheuer gierig, aber im Laufe der letzten Woche hat es sich etwas gelegt. Zur gleichen Zeit hab' ich das Gefühl, als trocknete ich selber aus, indem ich selbst Druck dahinter setze.*

Nein, nein, nicht drängen; setze nicht zu viel Druck dahinter, sonst bist du ganz von der Habgier besessen, und die Sache ermüdet dich. Wenn du übertreibst, verschwindet die ganze Schönheit; es ist aus. Übertreibe es nie – und das heißt: Tue es nie von dir aus. ›Du‹ heißt hier, dein Kopf, deine Habgier.

Wenn es eintrifft, laß es geschehen. Es kann niemals zuviel werden, weil der Körper für sich selbst Sorge trägt. Wenn du auf den Körper hörst, wirst du sehen, daß er nie in irgendein Extrem fällt. Der Körper hält sich immer an die Wirklichkeit.

Wenn du gegessen hast, und der Bauch ist voll, der Appetit gestillt, sagt der Körper: ›Halt!!‹ Der Kopf dagegen sagt: ›Ein kleines bißchen mehr Eiskrem kann nicht schaden!‹

Sobald du auf den Körper hörst, kommt alles in die richtige Ordnung. Der Körper sollte der Lehrer sein, er sollte den Ton angeben. Aber es tut sich etwas, gut.

# Freitag
# den 9. Januar

ANAND HEEREN *Ich hab' Schwierigkeiten, den mißbilligenden Blick anderer Leute zu ertragen, besonders jetzt, seit ich Orange trage. Ich scheine sehr empfindlich dafür zu sein. Ich hab' gedacht, daß du mir vielleicht etwas vorschlagen kannst, das ich tun könnte.*

Das ist der ganze Sinn und Zweck von Orange – daß du dich nicht verstecken kannst, sondern auffällst. Du mußt mit jedem Blick, der dir begegnet, fertig werden.

Normalerweise verstecken wir uns in der Konformität. Gehst du konform mit der Gesellschaft, wirst du ein Teil der Menge, und niemand schaut nach dir im besonderen. Du lebst ein anonymes Leben – das ist der Grund dafür, daß Leute in der Menge leben, in Gesellschaften, Sekten, Gruppen, Parteien.

Allein dazustehen und ein Brennpunkt für die Blicke der anderen zu sein, ist eine der mutigsten Handlungen. Das Grundlegende an der Sache, das du verstehen mußt, ist folgendes: Du hast zu vergessen, was andere sagen. Du mußt sie ignorieren, und sie dir gleichgültig sein lassen. Es geht sie nichts an. Du fühlst dich gestört, weil du ihrer Aufmerksamkeit immer noch deine Aufmerksamkeit schenkst. Nicht ihre Meinung stört dich, sondern deine Erwartung, daß sie dir wohlgesonnen sein mögen. Daß diese Erwartung sich nicht erfüllt, das stört dich.

Um genau dem entgegenzuwirken, gebe ich dir Orange: um dich abzutrennen, so daß du entweder verrückt wirst oder alle diese falschen Erwartungen bleibenläßt. Warum solltest du erwarten, daß andere dich anerkennen? Du bist vollkommen in Ordnung, so wie du bist; von niemandem brauchst du Anerkennung. Richtest du dich im Leben nach dem Beifall der anderen, lebst du unwahrhaftig. Du kommst niemals dazu, dein Leben zu leben; du lebst immer nur das, was die anderen gutheißen. Das macht dein Leben falsch und unecht; du fängst an, dich schlecht zu fühlen, und kommst dir wie ein Schwindler vor. Du bist enttäuscht, daß das Leben keinen Sinn hat. Es kann aber nur einen Sinn haben, wenn es wahrhaftig gelebt wird. Und ein wahrhaftig gelebtes Leben bedeutet, sich nicht darum zu kümmern, was andere sagen. Du verwirklichst ganz einfach das, was du sein kannst, und nicht, was sie von dir erwarten oder an dir gutheißen.

Vergiß die anderen ganz einfach – als wärest du allein. Bewege dich mit der Menge, aber werde nie ein Teil von ihr. Warum sollten sie sich mit dir befassen? Sie sind neurotisch, und daß du dich um sie kümmerst, ist es auch – eine gespiegelte Neurose. Ein gesunder Mensch macht sich keine Gedanken über andere; er fällt keine Urteile über sie. Wenn sie sich schöpferisch zum Ausdruck bringen wollen, gut. Wenn sie verrückt sein wollen, ist das auch in Ordnung. Es ist ihr Leben, und letztlich haben sie es zu verantworten. Wer gesund ist, hat es nicht nötig, andere zu beurteilen, und fragt sie nicht nach ihrer Meinung. Die Frage selbst ist ein Anzeichen für dein inneres Schwanken, ein Zeichen dafür, daß du an deinem eigenen Sein keinen Halt hast und Krücken brauchst.

Gerade heute habe ich eine Anekdote gelesen. Ein Mann steigt in einen Zug, auf dem geschrieben steht, daß er nach London fährt. Doch er fragt jemanden in seinem Abteil: ›Fährt dieser Zug nach London?‹ Der Betreffende bestätigt es ihm, doch er will seine Zeitung lesen, und die Antwort klingt sehr gleichgültig, nicht so ganz sicher, so daß der Mann nicht überzeugt ist. Der fragt den gleichen Mann noch einmal: ›Sir, geht er wirklich nach London?‹ Der andere entgegnet: ›Ja, er geht wirklich nach London‹, aber jetzt ist er erst recht verärgert, weil er wirklich gestört wurde.

Ein anderer Mann im Abteil fragt den Herrn, ob er denn nicht lesen könne, weil überall geschrieben stehe, daß der Zug nach London geht! Schließlich ist der Fragende überzeugt. In diesem Augenblick hält der Zug an einer Station, und ein anderer Fahrgast betritt das Abteil und fragt den ersten Mann: ›Geht dieser Zug nach London?‹, worauf dieser zurückgibt: ›Mein Gott, jetzt machen Sie mich wieder unsicher!‹

Genauso machst du es mit dir, hm?

Jeder kann dich unsicher machen, ob du wohl gut oder schön bist. Das ist kein wahrhaftiges Sein; es ist falsch, und du hast es aus den Meinungen anderer Leute zusammengetragen.

Der ganze Zweck von Sannyas besteht darin, damit aufzuhören und aus dir selbst heraus zu leben; gut, schlecht oder was immer, aber sei du selbst, lebe ein wahres Leben aus deiner eigenen Quelle heraus. Du wirst bald sehen, wer du bist, und hast du das erst einmal begriffen, vergißt du allmählich, was die anderen sagen. Es zeigt nur, daß sie dich billigen oder mißbilligen, weil sie in der gleichen Welt von Werturteilen leben.

Mag sein, daß sie – wenn sie dein Orange sehen, dein Anderssein, deine Nonkonformität – Angst kriegen. Da gibt es jemanden, der sie verunsichern kann. Du weckst einen Verdacht in ihnen. Sie denken plötzlich daran, daß es vielleicht eine andere Art zu leben gibt; mag sein, daß sie ihr Leben nicht richtig führen. Um sich selbst zu verteidigen, kritisieren sie dich. Du hast in ihrer Welt ein neues Fenster aufgemacht. Sie wollen durch dieses Fenster aber nicht hinausschauen, weil sie in das Leben, wie sie es nach bestimmten Regeln führen, einiges investiert haben. Jetzt kommst du mit einer anderen Welt und anderen Regeln. Das hieße ja, es gibt eine Alternative, und der alternative Weg mag sogar besser sein. Mag sein, sie haben die Wahrheit verfehlt...

Sie haben das Richtige verfehlt, deshalb sind sie so unsicher. Sie versuchen ganz einfach, ihre eigene Lebensart zu verteidigen. Wenn sie es schaffen, daß du dich schlecht fühlst, geht es ihnen gut, und sie sind sich ihrer selbst wieder sicher. Dann haben sie die Gewißheit, daß der Zug nach London geht!

Behältst du aber dein Lachen bei und läßt dich durch ihre Meinung nicht von dir abbringen, werden sie dich früher oder später fragen, was du dabei gewonnen hast. Wenn du darauf bestehst, dein Leben zu leben, werden sie dich fragen, wie sie ihr Leben führen sollten und daß, falls du einen Weg gefunden hast, wie man sich nicht elend fühlt, du ihnen diesen Weg zeigen mögest. Zuerst werden sie dich auslachen und sich über dich lustig machen, werden dich kritisieren; wenn du aber darauf bestehst, wenn du den Mut und die Stärke dazu besitzt, werden sie dir ganz, ganz allmählich folgen.

Doch es kommt nicht darauf an, ob sie dir folgen oder dich kritisieren. Wichtig ist, ob du dein Leben lebst oder ob du den Ideen anderer und dem, was sie vom Leben halten, folgst. Und es ist so einfach. Du brauchst überhaupt nichts zu tun, nur ein bißchen Verständnis aufzubringen. Versuche es, von diesem Augenblick an! Gut!

KABIR *Ich wollte mal fragen, ob wir, wenn du das Gefühl hast, wir seien soweit, einen Namen für die Musikgruppe haben könnten?*

Ich werde euch einen Namen geben... Nadam. Er bedeutet: ›der allerletzte Ton‹.

Wenn jeder Ton, alles Geräusch aufhört, können wir den Ton jener Lautlosigkeit hören, den Ton der Stille. Das ist nad.

Nad bedeutet der Urton, aus welchem alles hervorgegangen ist. In der Lehre des Yoga nimmt man hypothetisch an, daß alle Dinge aus Tönen bestehen, aus Tonteilchen. In gewisser Weise stimmen Yoga und die Wissenschaft überein, denn die Wissenschaft sagt, daß der Ton aus elektrischen Teilchen bestehe, und Yoga sagt, daß Elektrizität nichts anderes sei als eine bestimmte Kombination von Tonteilchen. Sie sind also zu der gleichen Wirklichkeit vorgedrungen. Aber weil Yoga durch das Schweigen, durch das Fallenlassen aller Gedanken und Geräusche, die der Verstand verursacht, darauf gekommen ist und die allerinnerste Stille hat hören können, sagt Yoga, daß alles aus Tönen gemacht ist.

Deshalb werde ich euch die Nadam-Musik-Meditationsgruppe nennen, hm? Gut.

*Eine Sannyasin erzählt Bhagwan, daß sie mit Pujari zusammenlebt, dem Leiter der Tathata-Gruppe, und daß sie ihm in der letzten Nacht bei der Gruppe geholfen habe.*

*Bhagwan meint, es sei keine gute Idee gewesen – soviel beisammen zu sein.*

Die Liebe geht kaputt durch zu häufiges Beisammensein. Ich rate dir deshalb davon ab, Pujari zu helfen. Du hast deine Arbeit und Pujari seine. Ihr könnt zusammen leben... aber euer Zusammensein sollte keine Vierundzwanzig-Stunden-Angelegenheit werden.

Du wirst außerdem ein Hindernis für Pujari in der Gruppe sein, weil die Gruppe eine bestimmte Freiheit braucht; und Liebende geben einander diese Freiheit nicht. Du wirst Pujaris Gruppe und seine Freiheit zerstören – und letzten Endes auch eure Liebe. Aber die Entscheidung liegt bei dir.

Es ist immer gut, jeden Tag ein paar Stunden getrennt zu sein, so daß ihr füreinander bereit seid, wenn ihr euch trefft. Es handelt sich um ein einfaches Gesetz des Lebens. Vergleiche es mit dem Essen: Du ißt, und dann denkst du sechs oder acht Stunden nicht mehr daran. Dann erst meldet sich wieder Hunger und du bekommst Appetit. Du wirst niemals Appetit haben, wenn du den ganzen Tag über ißt. Euer Arbeitsleben solltet ihr deshalb nicht zusammen verbringen, weil ihr dann keine Möglichkeit mehr habt, euch einander zu entziehen. Die Freiheit und das Alleinsein gehen verloren, und jeder braucht seinen eigenen Raum.

Pujari, möchtest du etwas dazu sagen?

PUJARI *Ich fühlte wirklich einen Ausgleich, als ich sie in der Gruppe hatte.*

Jeder Verliebte fühlt so am Anfang; darin besteht die Torheit aller Verliebten! Jeder hat das Gefühl, in vollkommenem Einklang zu sein, und meint, beide seien genau füreinander geschaffen. Schon nach einer Woche fangen die Dinge an, sich zu verändern.

Aber wenn ihr es als ein Experiment versuchen wollt, arbeitet zusammen...

PUJARI *Ich hab' das schon mal gemacht – es hat nicht funktioniert; dagegen sind jetzt viele Sachen in mir hochgekommen in der Gruppe, und ich möchte ihr gern andere Seiten von mir zeigen.*

Liebe sollte niemals ein Teil irgendeiner Technik werden. Sie sollte sich eine eigene Welt bewahren, ein Heiligtum. Sie darf nicht ein Teil der Arbeitswelt werden, niemals. Sie sollte Poesie bleiben und nicht auf den Marktplatz getragen werden.

PUJARI *Es regt mich ungeheuer an, mir vorzustellen, daß wir mit allen Problemen, die zwischen uns aufkommen, zu dir gehen können. Wir sind bereit, alles zu tun, was du sagst...*

Hm, hm, kommen könnt ihr immer; aber ihr solltet auf mich hören! Wenn ihr auf euch hört, ist es witzlos. Das also ist der Anfang des Auf-mich-Hörens: ihr arbeitet getrennt.

*Bhagwan fährt fort, darüber zu reden, wie man seine Energie schöpferisch nutzen kann...*

Gebrauche deine Energie, um so mehr wird dir gegeben werden. Das Leben vertraut auf Überfluß. Alles, was lebt, ist ungeheuer reich. Blumen wären nicht unbedingt nötig, und Schmetterlinge muß es nicht unbedingt geben, weder Vögel noch Gesang, noch Pfauentanz und den Ruf des Kuckucks. All das scheint überflüssig. Aber auf tausenderlei Art blüht die Schöpfung, ohne je zu enden. Das Leben will reich sein und überfließen. Wer mit dem Leben gehen will, muß verschwenderisch und überschäumend bleiben. Sei kein Geizhals, sondern ein Verschwender!

PUJARI *Noch eine letzte Frage: Ich möcht' gern wissen, ob wir eine Woche frei bekommen und nach Goa fahren können.*

Nicht nötig. Fahre niemals in Flitterwochen, denn das setzt allem ein rasches Ende. *(Gelächter von der Gruppe)*

In Indien haben wir die Klugheit von Jahrhunderten gesammelt. Scheidung war unbekannt, weil die Ehe mit einem Trick versehen war: Es gab keine Flitterwochen am Anfang; außerdem hatten die Eheleute tagsüber keine Gelegenheit, beisammen zu sein. Die Leute lebten in Großfamilien, und es wurde als taktlos angesehen, wenn Mann und Frau sich vor den Augen der Älteren begegneten.

Es gibt Fälle, wo ein Ehemann das Gesicht seiner Frau über Jahre hinweg nicht hat sehen können, weil sie sich nur in der Nacht, im Dunkeln, treffen konnten, und auch das nur, als wären sie Diebe. Ihre Liebe blieb immer ein Diebesgut. Das hatte durchaus seinen Reiz. Wann immer eine Liebe verstohlen ist, ist sie von erstaunlicher Schönheit.

Im Westen ist die Ehe zerstört worden, weil die Großfamilie sich aufgelöst hat und Mann und Frau allein übrigblieben. Niemand ist mehr da, mit dem sie sich anlegen könnten, und so fangen sie an, sich gegenseitig zu bekämpfen, bis sie einander satt haben. Kennt man sich erst einmal, wird alles abgedroschen, wiederholt sich und erstarrt zur Routine. Der Sinn fängt über kurz oder lang an, sich nach einer anderen Frau, einem anderen Mann umzuschauen – denn er ist immer auf der Suche nach etwas Neuem, nach frischem Reiz.

Ich sehe es so: Wenn die Liebe gerettet werden soll, muß man früher oder später wieder auf die Weisheit des Ostens hören.

Überlaßt es also ruhig mir. Verdient euch die Flitterwochen erst, hm? Sobald ich sehe, daß ihr sie euch verdient habt, schicke ich euch fort. Flitterwochen sollten nicht am Anfang einer Ehe stehen, sie könnten sonst das Ende bedeuten! Sie sollten ein Höhepunkt gemeinsam verbrachten Lebens sein, nicht der Anfang. Nach meinem Gefühl sollte es nur alten Paaren erlaubt werden, in Flitterwochen zu gehen, denn sie haben es sich verdient! Gut!

DHARMA CHETNA *Ich fühle mich sehr alt und in meiner Art sehr festgelegt, und es fällt mir schwer, daran etwas zu ändern.*

Nein, es ist nicht schwer, sich zu verändern; hast du aber die fixe Idee, daß es schwierig sei, so ist es das wirklich. Diese Idee kann dir zu schaffen machen – sonst nichts. Du kannst den alten Adam genauso leicht ablegen, wie du deine alten Kleider ausziehst; es gehört nicht viel dazu.

Niemand ist fest und starr. Dein Wesen bleibt immer frei – weil deine innere Natur Freiheit ist, nichts kann dich gefangennehmen. Schon diesen Augenblick bist du vollkommen frei, weil du der Handelnde bist, und du bist größer als dein Tun, weiter als deine Handlung. Womit du dich auch beschäftigt haben magst, du bist frei, frei seit eh.

Wenn du wütend gewesen bist, und die Wut ist verraucht, bist du frei. Es gibt keinen Grund, dich darüber zu ärgern, daß du wütend gewesen bist, wie kannst du sonst frei davon sein? – du bist schon frei, die Wut ist vorüber. Es war eine Sache des Augenblicks, die du durchlebt und überwunden hast. Wenn du es nochmal tun willst, steht es dir frei, aber das ist eine neuerliche Entscheidung. Sage nicht, du bist wütend, weil du zuvor so oft wütend gewesen bist. Du bist keine Maschine. Es ist eine frische Entscheidung, ein frisches Einverständnis damit, wütend zu sein. Du hast jederzeit die Freiheit, mit der Vergangenheit zu brechen; niemand kann dich halten, niemand kann dich jemals halten. Das Bewußtsein ist absolute Freiheit. Hast du das erst einmal von Grund auf verstanden, wirst du aufhören, dir diese falschen Vorstellungen zu machen.

Wenn du morgen früh aufstehst, stehe wie neu auf und fang' an, dich so zu verhalten, als wärest du neu. Fasse die neue Entscheidung, daß du alle alten Entscheidungen aufhebst, und du wirst ein frisches Leben beginnen. Es gibt keine Schranken. Ich sage dir das aus meiner eigenen Erfahrung und aus der Arbeit mit Tausenden von Leuten – daß nichts eine Schranke ist.

Die Leute machen sich was vor und hören nicht auf, sich etwas vorzumachen, wenn sie sagen: ›Wie kann ich mir die Sache jetzt abgewöhnen. Ich habe diese Angewohnheit jetzt schon 30 Jahre; es braucht nochmals 30 Jahre, um sie wieder abzulegen!‹ Dann sagen sie: ›Jetzt sind es schon 60 Jahre. Wie kann ich es denn jetzt loswerden? – 60 Jahre wird es dauern, bis ich das überwinde.‹ Dann sagen sie, hundertzwanzig Jahre ...

Nie sind sie so in der Lage, es aufzugeben. Mach dir einfach den Mechanismus klar. Entweder du läßt es sofort bleiben, oder du schaffst es nie. Es ist deine Entscheidung; niemand zwingt dich. Aber merke dir eines, wenn du an einer Gewohnheit festhalten willst, geschieht es allein durch deine Entscheidung, immer wieder aufs neue. Du bist frei, den Vertrag mit deiner Gewohnheit zu brechen, wann immer du willst. Die Gewohnheit ist etwas Totes – du aber bist lebendig! Wie kann ein totes Ding deine Lebendigkeit zurückhalten? Nein, nichts kann sie halten.

Denke über die Sache nach, hm? Meditiere darüber. Gut, Chetna.

PRABHU PRIYA *(mit glühendem Gesicht) Ich würde dir gerne erzählen, was mit mir in der Gruppe passiert ist.*

Hm, erzähle!

PRIYA *Es war das Alleraufregendste, was mir je im Leben zugestoßen ist! Ich habe dreißig Jahre lang in einer sehr schmutzigen, dunklen Gefängniszelle gelebt. Ich hab' mich immer gefragt, wer mich dort eingesperrt hat und den Schlüssel besaß; und wie ich dort bloß herauskäme. Seit ich in Poona bin, wird mir klar, daß ich dem Schlüssel ganz nahe bin.*
*Als ich die Gruppe mit all diesen Leuten machte, und all ihre Liebe und Energie spürte, besonders von ihm (sie zeigt auf Gopur, einen früheren Hilfs-Gruppenleiter, der diese Gruppe zum erstenmal geleitet hat), begriff ich, daß ich den Schlüssel in meiner Tasche trug.*

Sehr gut.

PRIYA *Dann steckte ich ihn ins Schloß und öffnete die Tür – und bekam Angst, denn den einzigen Platz, den ich kannte, das war meine Zelle. Dann drang deine Gegenwart und Liebe zu mir durch und sagte: ›Schiebe es nicht auf!‹ – und ich ging hinaus in die Sonne!*

Sehr gut! Die Ekstase ist dir noch anzusehen! Es war gut – jetzt behalte es gut im Gedächtnis und sei dir dessen ständig gewahr; andernfalls kann man zurückwandern in die Zelle.

PRIYA *Die Sache ist die, ich glaube, es hat sich aufgelöst, weil...*

Nein, es ist gelöst.

PRIYA *... es meine Vorstellung ist.*

Ja, es liegt an deiner Einbildungskraft. Das Problem besteht darin, daß du, so wie du glauben kannst, es sei aufgelöst, dir ebenso einbilden kannst, es sei da! Also vergiß das nicht.

Ich beobachte, daß viele Leute oftmals zu einer Einsicht kommen, die sie dann wieder vergessen. Die Schläfrigkeit des menschlichen Geistes ist ungeheuerlich. Viele Male kommst du an den Punkt, wo du merkst, daß du ihr entkommen bist, und schon hast du es wieder vergessen. Deshalb erinnere dich ein paar Tage lang ständig daran, daß du heraus bist aus deinem Gefängnis. Du brauchst nichts weiter zu tun – bleibe einfach ekstatisch, hm? Sobald du den Eindruck hast, du verlierst es wieder aus dem Griff, gib deiner Energie einen Ruck und werde wieder wach und ekstatisch. Tue es ein paar Tage lang, so daß es ein anhaltendes Gefühl wird, ein ununterbrochenes Fließen, und eines Tages geht es von selbst.

Es war sehr, sehr schön für dich... und ich bin immer da!

ANAND GEET *Meine Sache hat mit dem Schlüssel zu tun, den Gopur uns angeboten hat – einfach akzeptieren. Ich hatte die Angewohnheit, nur mich selbst zu sehen, so daß ich weder sehen noch fühlen konnte, was um mich herum geschah. Ich habe damit aufgehört.*

*In der Gruppe wurde mir klar, wie ich das mit meinem Körper zuwege bringe, wie sich mein Körper dabei anfühlt und wie ich andere Leute empfinde.*

*Ich fühle es noch bei meinen tiefsten Emotionen, besonders in meinen Beziehungen zu anderen Leuten, wenn es darum geht, sie zu akzeptieren, dann baue ich Mauern auf.*

Gut.

GEET *Ich möchte gern noch etwas anderes erwähnen, es hat nichts mit der Gruppe zu tun, aber es ist heute nachmittag passiert.*

*Ich habe bemerkt, daß ich jetzt anderthalb Monate hier bin und daß ich ein hübsches, kleines Kartenhaus errichtet habe und mir eine feste Vorstellung von allem hier zugelegt habe, dich eingeschlossen. Ich dachte mir: ›Gut, ich werde ein paar Gruppen machen, und Bhagwan wird sich um alles kümmern. Alles wird schön und einfach sein ...‹*

*Dann fiel das Ganze in sich zusammen, und ich bekam Angst vor der Offenheit des Lebens ...*

(schmunzelt ein wenig) Hm, hm ...

GEET *... daß man sich auf nichts verlassen kann.*

Es war gut, hm? Das erste, was du zu tun hast, nachdem dir klar geworden ist, daß du eine Mauer um dich herum ziehst, besteht darin, daß du sie fallen läßt! Nicht nur, daß sie da ist – du mußt sie ständig schaffen –, sonst verschwindet sie nämlich von ganz allein. Merke dir also, daß sie nicht immer da ist, sondern daß du mit ihr zusammenarbeitest, *du* setzt sie in die Welt.

Bei dieser Art von Gefangenschaft bist du der Wärter und der Gefangene – weil es bloß dich gibt! Diese Unterteilungen sind lediglich deine Spiele. Schaue also genau hin und versage der Wand alle weitere Zusammenarbeit. Und sei weder ein Wärter noch ein Gefangener. Dann bist du frei. Es ist sehr leicht, mal ein Gefangener und mal ein Wärter zu sein; dann bist du sehr zufrieden, weil der Egoismus voll zum Zuge kommt. Aber die Mauer bleibt, und du bist immer noch geteilt. Weder der Gefangene noch der Wärter sind nötig – dann verschwindet die Wand ganz von allein. Unterteile dich also nicht. Akzeptiere deine Ganzheit, das, was du bist. Die erste Einsicht hat zur zweiten Einsicht geführt. Leute, die sich mit Mauern umgeben, die in Gefängnissen leben, schaffen sich zunehmend mehr geistige Sicherheiten, weil sie nicht wirklich leben. Sie halten immer Ausschau nach einem friedlicheren Leben; einem bequemen Leben voller Annehmlichkeiten. Tatsächlich aber bitten sie um den Tod, denn das Leben ist beschwerlich, ein Kampf – und der kann schön sein!

Es ist ein Sturm, aber ein schöner – gewaltiger ...

ANAND GEET *Ich habe aufgehört, Urteile zu fällen.*

Ja, höre auf zu urteilen und dich mit falschen Sicherheiten zu umgeben, denn das alles gehört zu deiner Gefangenschaft. Lebe einfach ein offenes Leben.

Ich weiß natürlich, daß ein offenes Leben Furcht mit sich bringt. Du lebst wie unter freiem Himmel.Niemand weiß, wann der Regen kommt, und du hast keinen Regenschirm, nichts, womit du dich schützen könntest. Man ist der Gefahr der Elemente ständig ausgesetzt. Aber so ist das Leben nun mal, und man wächst durch die Stürme.

Allmählich hörst du auf, nach einem bequemen Leben zu verlangen, weil du begreifst, daß selbst im wildesten Sturm ein Punkt in deinem Inneren vollkommen unberührt bleibt – der Mittelpunkt des Wirbelsturms. Wenn du gemerkt hast, daß der Sturm überall um dich herum wütet und mitten drin ein Punkt ist, vollkommen friedlich, dann hast du begriffen.

Dann gibt es keine Probleme mehr und keine Furcht. Dann ist auch der Tod nicht mehr, denn dein Leben ist so ungeheuer lebendig geworden, daß der Tod in ihm aufgeht. Jetzt ist sogar der Tod schön geworden. Habe also keine Angst. Nur ein paar Schritte noch, und die Angst verschwindet von allein. Gut!

*Bhagwan wendet sich als letztem Gopur zu, der die Gruppe geleitet hat und der Bedenken hatte, Gruppen in den USA zu leiten. Bhagwan entgegnet ihm, daß er ihn – sobald er soweit sei zu gehen – vorbereiten würde...*

Denk immer daran, daß du ein Medium für mich bist. Hab also keine Angst. Erlaube mir einfach, durch dich hindurch zu wirken. Und dann werden sich die Dinge wie von selbst ergeben. Du mußt es nur zulassen. Wenn du es als Last auf deine eigenen Schultern nimmst, wirst du befangen, und Ängste entstehen. Man zögert, und dies Zögern schafft immer eine negative Atmosphäre. Mm? Wenn du eine Gruppe leitest und dann zögerst, wird die ganze Gruppe zögern. Aber das ist natürlich, wenn du die ganze Last auf deinen Schultern trägst. Überlaß sie also ruhig mir. Jedesmal wenn du glaubst, daß es ein Problem gibt, das du nicht lösen kannst, dann sag der Gruppe, sie soll sich ein paar Augenblicke lang still verhalten, schließe die Augen und erinnere dich an mich. Dann öffne die Augen wieder und fang mit der Arbeit an, und sofort wirst du einen Wandel in der Energie spüren. Mm? Gut!

Pujari, möchtest du etwas über Gopurs Gruppe sagen?

PUJARI *Ich fand, es war bisher die beste!*

Ausgezeichnet! Hilf ihm, daß er bald soweit ist!

# Samstag
# den 10. Januar

BHAGWAN: Wie steht's?

PREM ANAND *Nun, ich bin selbst schuld, wenn es nicht gut steht. Ich isoliere mich – und ich habe das Gefühl, ich sollte etwas anderes tun. Zuerst habe ich mich ganz wohl gefühlt, aber jetzt hat sich das geändert.*

Dann kleb nicht dran. Man sollte immer auf der Hut sein, denn wenn man sich in irgendeiner Situation oder einer Stimmung nicht wohl fühlt, sollte man aus ihr herausgehen. Sonst wird sie dir zur Gewohnheit, und allmählich verlierst du dein Empfinden dafür. Dir wird immer noch elend zumute sein, und du lebst weiter in diesem Elend – und das ist nichts als ein Symptom tiefer Abgestumpftheit.

Wozu! Wenn du dich in der Isolation nicht mehr wohl fühlst, gib sie auf. Triff dich mit Leuten, freue dich an ihrer Gesellschaft, erzähle und lache – aber sobald du das Gefühl hast, es reicht dir, gehe wieder ins Alleinsein.

Denke immer daran, alles an deinem Gefühl innerer Seligkeit zu messen. Hast du das Gefühl, selig zu sein, ist alles in Ordnung. Fühlst du dich nicht selig, dann ist an dem, was immer du tust, irgendwo etwas faul. Je länger du dabei verharrst, um so weniger wirst du dir dessen bewußt bleiben, bis du schließlich vollkommen vergißt, daß das anhaltend elende Gefühl durch dein Mitwirken zustande kommt. Es braucht deine Unterstützung, allein kann es nicht existieren.

Das Wachstum des Menschen erfordert die Bewegung von einem Pol zum anderen. Manchmal ist es ausgezeichnet, allein zu sein: man braucht Raum für sich selbst, man muß die ganze Welt vergessen und bei sich selbst sein. Der andere ist abwesend, und du spürst keine Grenzen um dich herum – der andere schafft deine Grenzen, ohne ihn bist du unendlich.

Wenn man mit anderen Leuten zusammenlebt und sich in der Welt bewegt, in der Gesellschaft, fühlt man sich nach und nach beschränkt, begrenzt, so als gäbe es Wände um einen herum. Es wird zu einem subtilen Gefängnis, und man muß weiterziehen. Man braucht es manchmal, vollkommen allein zu sein, so daß alle Grenzen schwinden – so als ob der andere überhaupt nicht existierte und das ganze Universum und der ganze Himmel nur für dich da sind. In diesem Augenblick des Alleinseins begreift man zum erstenmal, was Unendlichkeit ist.

Wenn du aber zu lange darin verharrst, fängt die Unendlichkeit an, dich zu langweilen, sie verliert ihren Reiz. Sie ist Reinheit und Stille – aber nicht Ekstase. Ekstase kommt immer durch den anderen. Man fängt an, sich hungrig zu fühlen nach Liebe, und möchte dem Alleinsein entrinnen, dieser riesigen Ausdehnung des Raumes. Man möchte einen gemütlichen Platz, wo einen die anderen umgeben, so daß man sich selbst vergessen kann.

Das ist die grundlegende Polarität im Leben – Liebe und Meditation. Leute, die versuchen, nur durch Liebe zu leben, werden nach und nach sehr begrenzt. Sie verlieren an Reinheit und Unendlichkeit und werden oberflächlich. Immer in Beziehungen leben, heißt immer an der äußeren Grenze zu leben, wo du den anderen treffen kannst. Du stehst immer an der Pforte und kannst nie in deinen Palast hineingehen, denn nur an der Pforte, an der er vorbeikommt, kannst du dem anderen begegnen. Leute, die also immer in einem Liebesverhältnis leben, werden allmählich oberflächlich. Ihr Leben verliert an Tiefe. Und Leute, die immer bloß meditieren, werden zwar sehr tief, aber ihr Leben verliert an Farbe, verliert den ekstatischen Tanz, die orgiastische Seite des Seins.

Im Osten haben die Leute versucht, allein von der Meditation zu leben, und inzwischen langweilen sie sich ungeheuer. Heute probiert man im Westen das Gegenteil aus: Man versucht einfach, von Liebe zu leben. Das Leben ist so außerordentlich oberflächlich geworden: nur Oberflächen reiben aneinander, die Mitte ist verschwunden.

Die wirkliche Menschheit, die Menschheit der Zukunft, wird sich nach beiden Polen ausrichten, und das ist mein ganzes Bemühen. Das meine ich mit Sannyas – mit beiden Polen leben: in Liebe und in Meditation. Man sollte so frei sein, daß man von dem einen zum anderen übergehen kann, wobei keines zu einer Beschränkung werden sollte. Ihr solltet keine Angst vor dem Marktplatz haben und solltet euch auch nicht zu sehr vor dem Kloster fürchten. Ihr solltet euch die Freiheit nehmen, vom Marktplatz ins Kloster zu wandern und vom Kloster auf den Marktplatz.

Diese Freiheit, diese Leichtigkeit der Bewegung, nenne ich Sannyas.

Je weiter das Pendel schwingt, um so reicher wird dein Leben. Es gibt Gründe, sich auf eine der beiden Polaritäten zu beschränken: das Leben wird einfacher. Wenn du immer unter Leuten bleibst, in der Menge, ist das recht einfach. Die Vielfältigkeit kommt durch das Widersprüchliche, durch den Gegen-Pol. Wenn du ein Mönch wirst oder in die Berge gehst und einfach so vor dich hin lebst, wird das Leben furchtbar einfach. Aber ein einfaches Leben, das keine Vielfalt in sich trägt, verliert viel an Reichtum.

Das Leben sollte beides sein: vielgestaltig und einfach. Man muß diese Harmonie ständig suchen, sonst wird das Leben zu einem einzigen Ton, eintönig.

Du kannst ihn immerzu wiederholen, aber du kannst aus ihm kein Orchester schaffen.

Jedesmal, wenn du merkst, daß dir etwas schwerfällt, setz dich sofort in Bewegung, ehe du anfängst, es zu verdrängen. Fühle dich nirgendwo zu Haus – weder in Beziehungen noch im Alleinsein. Bleibe immer in Fluß und heimatlos und verharre bei keinem der Pole.

Freue dich daran, genieße es in vollen Zügen, aber wenn es vorüber ist, bewege dich zum anderen Pol – laß es zu einem Rhythmus werden.

Du arbeitest tagsüber, in der Nacht ruhst du dich aus, so daß du mit Anbruch des nächsten Tages wieder bereit bist zu arbeiten, nachdem du deine Kraft zurückgewonnen hast. Stell' dir nur einmal einen Menschen vor, der alle Tage und alle Nächte arbeitet oder der tagsüber und nachts schläft – was ist das für ein Leben? Das eine ist Verrücktheit, das andere Koma. Zwischen beiden gibt es ein Gleichgewicht, eine Harmonie. Arbeite hart, so daß du dich entspannen kannst. Entspanne tief, so daß du fähig wirst zu arbeiten und du schöpferischer sein kannst. Gut! Hm?

*Viele Suchende mögen auf ihrer Wanderschaft und ihrer Suche nach einem Lehrer Bhagwan zufällig über den Weg laufen. Manchmal sind es reife Leute, die viele verschiedene Techniken erforscht haben und auf vielen Pfaden allein gegangen sind; die reiche und vielfältige Lebenserfahrungen haben und wissen, was das Leben zu bieten hat, aber weiterhin unzufrieden unterwegs sind...*

*John war gerade zwei Tage in Poona, als er Bhagwan begegnete. Er ist zwanzig Jahre lang herumgereist und hat ausgiebige Erfahrungen beim Theater, als Autor, Schauspieler, Produzent und Regisseur gesammelt, er ist ausgebildeter Architekt und Ingenieur.*

*Er hat sich zehn Jahre lang in Amerika mit Zen befaßt und hatte davor etwas Kontakt mit Trungpa Rinpoche. In jüngerer Zeit leitete er Encounter-Gruppen in Holland.*

*Seine Neugier, sein Interesse an Bhagwan wurde verstärkt, als er hier einen alten Freund wiedersah, einen Sannyasin, den er unglaublich verändert fand. Er bat um einen Darshan für heute abend...*

Wann bist du angekommen?

JOHN *Vor zwei Tagen, Bhagwan.*

Und du wirst ein paar Tage oder ein paar Wochen bleiben?

JOHN *Das kommt auf dich an! Ich kam nach Indien, um mich einem Lehrer auszuliefern...*

Das ist sehr gut!

JOHN *Ich möchte fragen, bist du mein Lehrer?*

(lächelnd) Schließe deine Augen, und wenn in deinem Körper irgend etwas passiert, laß es zu; wenn sich irgend etwas bewegt, die Energie in Bewegung gerät, laß es zu.

*John fängt fast unmittelbar darauf an, tief zu atmen. Bhagwan richtet den Strahl seiner Taschenlampe auf Johns Stirn, auf sein drittes Auge. John läßt seinen Kopf langsam in eine Stellung sinken, als wolle er zum Kopfstand ansetzen. Statt dessen rollt er sich langsam in die gelöste Haltung eines Ungeborenen, legt sich langsam auf den Rücken, ausgestreckt zu Bhagwans Füßen.*

*Bhagwan, der seine Augen für ein paar Momente geschlossen hatte, öffnet sie wieder...*

Gut! Komm her, ich bin dein Lehrer! (viel Gelächter) Komm her... und werde orange! Ich werde deinen Namen ändern, damit du jetzt ein vollkommen anderer Mensch bist. John ist gestorben!

JOHN *Gut!*

Hm, hm, viel wird passieren, das ist bloß der Anfang! Das ist dein neuer Name: Satprem. Sat bedeutet ›Sein‹ – prem heißt ›Liebe‹.

SATPREM *Das ist es, was ich brauche.*

Das brauchst du... und viel wird noch geschehen. Überlaß es ganz einfach mir und...

SATPREM *... sei einfach nur!*

... Sei einfach nur! Gut!

*Eine der Therapien, die in jüngster Zeit im Ahsram durchgeführt werden, ist die Hypnotherapie.*

*Hinter dieser Technik steht die Absicht, Leuten dabei behilflich zu sein, unliebsame Erinnerungen, die sie in die unzugänglichen Teile ihres Hirns verbannt haben, freizusetzen. Wenn die entsprechenden Gefühle wieder auftauchen, werden die Gruppenteilnehmer dazu ermutigt, diese Gefühle und die alten Situationen im Lichte ihres gegenwärtigen Wachstums anzuschauen und zu erfahren.*

*Bhagwan sprach kürzlich in einem der Morgenvorträge über Hypnotherapie und sagte, sie könne hilfreich sein, Einsichten und Einblicke in frühere Leben zu gewinnen. Die Konsequenzen, die sich daraus ergeben, sind für das eigene Wachstum sehr bedeutsam, denn wenn einem so offenbar wird, daß man Muster aus vielen früheren Leben wiederholt, ändern sich diese Schemata umgehend...*

Ihr macht den gleichen Unsinn immer und immer wieder, weil ihr vergessen habt, daß ihr schon einmal gelebt habt. Wir verdrängen schmerzliche Erfahrungen in unser Unbewußtes. Diese müssen wieder an die Oberfläche gebracht werden, weil sie sonst weiterhin euer Leben beeinflussen, auch ohne daß ihr es wißt.

*Bhagwan wendet sich dem Gruppenleiter zu und fragt, wie die Gruppe war...*

SANTOSH *Na ja, ich bin nie wirklich zufrieden, aber ich fühl' mich wohl.*

Das ist gut! Gruppenleiter sollten nie zufrieden sein, aber sich trotzdem immer wohl fühlen! Wenn du zufrieden bist, kannst du anderen Leuten nicht mehr helfen, weil nur Unzufriedenheit dich schöpferisch macht.

Jeder ist eine so unendliche Möglichkeit, daß wir allerhöchstens unsere Grenzen berühren. Was immer erreicht wird, ist niemals zufriedenstellend, weil immer mehr möglich war. Wenn du selber nicht glücklich, sondern in derselben mißlichen Lage bist wie die anderen, kannst du ihnen nicht helfen; du kannst also kein Gruppenleiter sein, wenn du sowohl glücklich als auch zufrieden bist.

Im Buddhismus gibt es zwei Schulen; die eine ist ›mahayana‹, das bedeutet das ›große Fahrzeug‹. Die andere ist ›hinayana‹, das ›kleine Fahrzeug‹; ein kleines Boot, in dem nur ein Mensch Platz hat. Die Schule mit dem kleinen Fahrzeug pflegte zu sagen, es sei nicht möglich, jemandem zu helfen, weil man in dem Augenblick, in dem man glücklich würde, auch zufrieden sei – wer kümmert sich dann noch? Die Anhänger des ›hinayana‹ sind absolut unproduktiv geblieben, weil keine Kreativität möglich ist – der Augenblick, in welchem du das Ziel erreichst, ist auch schon das Ende! Dein Schiff ist bereit, und du machst dich auf den Weg.

Die Anhänger des ›mahayana‹ sagen, das Fahrzeug sei ein großes Schiff, und ein Mensch könne viele andere mitnehmen. Aber sie sagen, man müsse die Samen des Mitgefühls gesät haben, bevor man glücklich werde, denn wenn sich das Glück *vor* dem Mitgefühl einstelle, würde man zufrieden. Mitgefühl bedeutet Unzufriedenheit mit anderen. Glück bedeutet, daß du selbst so zufriedengestellt bist, daß du anderen helfen kannst.

Buddha pflegte seinen Schülern vor jeder Meditation zu sagen, daß sie, was immer sie erreichten, den Leuten weitervermitteln, es der Welt anbieten sollten und daß die Früchte der Meditation nicht persönlich sein sollten. Hast du etwas erreicht, verteile es sofort. Dann bleibst du glücklich, ungeheuer glücklich, und zur gleichen Zeit ungeheuer unzufrieden. Das ist der schöne Rhythmus. Es gehört zu den schönsten Dingen, zugleich glücklich und unzufrieden zu sein.

Sonst wird ein glücklicher Mensch unproduktiv und ein unglücklicher produktiv. Aber was er hervorbringt, wird wie eine Katharsis sein, ein krankes Machwerk. Er kann nur seine Krankheit und sein Unbehagen in seiner schöpferischen Tätigkeit zum Ausdruck bringen, aber helfen wird es ihm nicht; es wird eher ein Hindernis sein.

Suche also in Zukunft immer mehr Wege, wie du Leuten helfen kannst. Es gibt unendlich viele Möglichkeiten. Jeder Mensch gleicht einem sich öffnenden Raum ohne Ende. Der Punkt, an dem du sagen kannst, daß die Arbeit getan ist, kommt nie. Das Werk des Mitgefühls wird niemals abgeschlossen sein.

*Eine Besucherin, die gerade abreisen will, fragt Bhagwan, ob es irgend etwas gibt, das er ihr als Hilfe für ihre Meditation empfehlen könne.*

Mache sie zu einer ständigen Gewohnheit. Wie du dir die Zähne putzt und dich wäschst, so sollte die Meditation sein: ein Teil deines täglichen Lebens; nichts Besonderes und Religiöses, sondern etwas ganz Gewöhnliches. Betrachtet man eine Sache erst einmal als religiös, fühlt man sich belastet durch sie.

Wenn dir die Meditation manchmal fehlt, ist das kein Grund, beunruhigt zu sein; aber wenn du mit einer Meditation beginnen kannst, wirst du nach drei Monaten anfangen, ungeheure Erfahrungen zu ernten. Es dauert mindestens drei Monate, bis sich etwas in deinem Wesen verankern kann, so daß du wie eine Quelle daraus hervorsprudeln kannst. Es ist wie mit der Saat: sie braucht Zeit, um sich selbst in der Erde zu verlieren, und dann sprießt sie. Ein paar Wochen lang bringt die Meditation keine Ergebnisse, sie dringt einfach in dich ein, hm? Man sollte nicht auf Ergebnisse aus sein, sondern sich einfach daran freuen.

Nach drei Monaten wirst du merken, daß etwas in dir aufgeht, das du nie zuvor gekannt hast. Eine neue Facette deines Wesens – irgend etwas – beginnt zu blühen. Du kannst es fast berühren.

Und nicht nur du wirst es spüren; andere werden es auch merken, ohne daß du es ihnen sagst, daß du dich verändert hast, daß etwas mit dir passiert ist.

PREM PRABHU *Ich habe das Gefühl, daß ich manchmal ganz falsch bin... und ich fühle mich auch zwischen diesen beiden Polen – allein zu sein und nicht zu wissen, ob ich einsam bin oder das Alleinsein suche – hin- und hergerissen. Das ist alles miteinander vermengt.*

Fange an, folgendes zu tun – versuche nicht, es zu ändern. Sei ganz bewußt falsch, übertreibe es...

*Bhagwan sagt weiter, Unbewußtheit sei das einzige Problem im Leben und alle anderen Probleme seien lediglich Nebenerscheinungen dieser generellen Unbewußtheit. Bewußtheit sei die einzige Verwandlung, die einzige Revolution, und man brauche nichts anderes.*

Zu deiner Einsamkeit und deinem Alleinsein: Es ist immer sehr schwer, den Unterschied zu erkennen, denn er ist ungeheuer fein; aber du kannst ihn fühlen.

Ein paar Dinge... zum ersten: Wenn du allein bist, umgibt dich ungeheures Glück. Bist du einsam, fühlst du dich elend, denn Einsamkeit ist gleichbedeutend damit, den anderen zu vermissen. Alleinsein bedeutet, sich zu freuen, und diese Freude hat ihren eigenen Glanz.

Einfach man selbst zu sein, ist ein ungeheures Vergnügen. Wenn du aber einsam bist, bist du zugleich deprimiert. Tief drinnen suchst du noch immer den anderen und denkst an ihn – Freunde, Gesellschaft, der Verein; irgendwo hingehen, sich irgendwo verlieren, aufgesogen werden, so daß du dich vergessen kannst.

Der Geschmack dabei ist verschieden. In der Einsamkeit ist deine Energie gering, während Alleinsein eine überschäumende Energie in sich birgt. Einsamkeit ist etwas, das du niemals willst, du bist wie ein Opfer. Alleinsein dagegen ist etwas, das du dir gewünscht, wonach du dich gesehnt hast – und jetzt ist sie da. Es handelt sich dabei um etwas Tiefes, das man erreicht hat. Durch das Alleinsein kann man wachsen, durch Einsamkeit fällt man zurück. Aus der Einsamkeit heraus fängt man an, die anderen zu suchen und sie zu benützen. Aus Alleinsein wird man freigiebig, falls zufällig andere um einen herum sind, aber man benützt sie niemals. Doch diese Unterscheidungen werden dir nach und nach aufgehen...

Zuallererst mußt du feststellen, ob du dich elend oder selig fühlst. Schmeckt es nach Elend, handelt es sich um Einsamkeit; wirf es also weg – in hohem Bogen! Ist es das Alleinsein, schließe alle Türen des Raumes und freue dich daran. Tanze, tanze es! Laß es eine tiefe ekstatische Erfahrung werden. Oder sitze still, als wärest du der König der ganzen Welt. Alleinsein muß man gut behandeln, hegen und pflegen; und Einsamkeit ist zu vermeiden, sie ist eine Krankheit, wie ein Wurm, der dich von innen her auffrißt.

PRABHU *Das ist das Problem. Wenn du einsam bist, schaffst du einen Ring um dich, aus dem schwer herauszukommen ist, weil alles, was du tust, in gewissem Sinne neurotisch ist – denn du suchst etwas –, und so hast du, wenn du unter Leute gehst, ein Brett vorm Kopf.*

Hm, hm, ich verstehe. Normalerweise suchen die Leute Gesellschaft, wenn sie sich einsam fühlen. Aber das ist verkehrt, es hilft nicht.

Wenn du einsam bist, geh in die Natur, nicht zu anderen. Gehe zu einem Baum und sprich mit ihm. Gehe zu einem Felsen, berühr ihn, fühl ihn. Mach einen langen Spaziergang und fühl deinen Körper im Wind. Mache etwas mit der Natur, denn sie leistet dir nicht in der gleichen Weise Gesellschaft, wie es ein Mensch tut. In der Natur hast du auch Gesellschaft, bist aber dennoch allein – das ist der Unterschied.

Die Natur begleitet dich ganz einfach schweigend – unaufdringlich, ohne sich einzumischen; sie zwingt dir nichts auf. Geh in die Natur, und plötzlich wirst du merken, wie sich deine Einsamkeit in Alleinsein verwandelt.

Wenn du allein bist, gehe nicht einmal in die Natur hinaus, gehe in dich selbst hinein. Versuche das, hm? Gut!

SATYADAS *... Die Gruppe war eine sehr gute Erfahrung für mich, aber ich hab' das Gefühl, daß sie mir nicht vollständig helfen kann. Während ich in der Gruppe war, wurde mir geholfen, aber ich glaube nicht, daß sie mir für mein ganzes Leben helfen kann.*

Das ist wahr; diese Gruppe wird dir helfen, aber keine Gruppe kann dein Leben werden. Eine Gruppe gewährt einen kurzen Einblick. Sie hilft dir, ein paar Einsichten über dich selbst zu gewinnen, zeigt dir gewisse Möglichkeiten, die in dir liegen. Sie öffnet ein Fenster.

Sie ist keine Pilgerschaft. Sie macht einfach ein Fenster auf und zeigt dir einen Weg. Dann hast du diesem Weg zu folgen – nur so gelangst du ans Ziel.

Gleich welchen Einblick du durch die Gruppe gewonnen hast, er war momentan und kann nie von Dauer sein.

Es ist wie ein Samenkorn. Laß es in dich einsinken. Du kannst es bearbeiten, ihm helfen zu wachsen und es beschützen. Die Welt ist gegen alle tieferen Einsichten, schütze es also vor der Welt. Laß es ein bißchen kräftiger werden, damit es sich selbst schützen kann. Nach und nach wird es deinen ganzen Lebensstil ändern. Du wirst noch ein paar Gruppen brauchen, damit dir derselbe Einblick aus verschiedenen Richtungen kommt; dann öffnet sich immer und immer wieder ein Fenster, und du kannst den ganzen Weg erkennen.

Es ist wie ein Blitz in dunkler Nacht. Du hast dich verirrt, und es ist stockfinster; es scheint unwahrscheinlich, daß je der Morgen dämmert; das entspricht genau der Situation des Menschen. Dann blitzt und donnert es unversehens, und alles liegt klar vor dir – einen kurzen Augenblick lang. In diesem Augenblick verschwindet die Dunkelheit. Du kannst den Weg vor dir liegen sehen, du kannst sogar die weit entfernten Tempel erkennen, aber dann versinkt alles wieder in Dunkelheit.

Wieder ist es Nacht, und sie ist noch schwärzer als zuvor, aber jetzt weißt du, daß es einen Weg und ein Ziel gibt. Ab jetzt mag es schwierig sein, das Ziel zu erreichen, aber es ist kein hoffnungsloses Unterfangen mehr. Wenn du jetzt fehlgehst, liegt die Verantwortung bei dir. Vorher konntest du sagen, daß es kein Ziel gab, nirgends hätte man hingehen können; aber jetzt trägst du Verantwortung. Tief in deinem Inneren weißt du: Wenn du fortfährst zu suchen, wirst du irgendwo finden.

Alle Gruppen sind also wie Blitze in deinem verwirrten Geisteszustand. Erwarte nicht mehr als das – und sogar das ist schon zuviel! Erwarte nicht, daß sie dich vollkommen verändern, denn nichts kann dich ändern, außer du wandelst dich selbst. Aber sie können dir den Weg weisen, eine Einsicht in dir aufblitzen lassen, damit du Vertrauen bekommst, in Bewegung gerätst und auf der Suche bleibst.

Wenn du durstig bist, kann dir eine Gruppe lediglich zeigen, daß es Wasser gibt. Sie kann dir das Wasser nicht geben, aber zeigen, daß es so etwas gibt, damit du weißt, daß es kein irrwitziges Verlangen und unmögliches Unterfangen ist, den Durst zu stillen. Es wartet bereits auf dich; man braucht sich nur ein bißchen anzustrengen. Mache ein paar andere Gruppen, ja?

DHEERENDRA *Ich fühlte während der Gruppe einen Zwiespalt in mir. Während ich mitmachte, trug ich immer das Gefühl mit mir herum, daß ich eigentlich gar nicht dabei sein wollte. Bis ich mich dann entschloß, mich ganz einzubringen und die Strukturen zu erfüllen, so gut ich konnte. Jedesmal, wenn eine Struktur vorgegeben ist, fühle ich mich wie in einem Gefängnis, besonders nach der Tao-Gruppe: Ich wollte einfach überhaupt keine Ordnungen mehr.*

*Was ich bei der Meditation erfuhr, war Freiheit; ich fühlte*

*mich frei. Hier hatte ich das Gefühl, ich hab' mich selbst unterdrückt. Jetzt bin ich innerlich entzweit. Wenn ich meine Augen schließe, ist die Energie da und auch Stille; ich fühle eine Gespaltenheit und fühle mich unbehaglich.*

Das passiert manchmal mit Leuten, weil sie die Natur der Freiheit nicht verstehen. Ein freier Mensch kann sich, wenn er es will, noch im Gefängnis wohl fühlen; wenn er will, kann er jede Art Disziplin annehmen. Nur Gefangene haben Angst vor Ordnungen, und Sklaven fürchten sich vor Disziplin.

Ein freier Mensch hat niemals vor irgend etwas Angst. Wie ich es sehe, bist du immer strukturiert geblieben, und du hast Angst davor entwickelt, hm? Wenn jemand mit Alkohol in die Nähe eines Süchtigen kommt, wird dieser es zunächst einmal mit der Angst zu tun kriegen; denn Alkohol birgt Gefahr für ihn. Doch für jemanden, der nicht süchtig ist, schafft das keine Probleme.

Es ist deine Angst, die Angst vor der Freiheit. Die Angst, aus der heraus du weißt, daß du dich an eine Ordnung klammern kannst, hat den Zwiespalt hervorgerufen. Versuche es das nächste Mal in einer anderen Gruppe, denn es dauert nur drei oder vier Tage, hm? Du erkennst aus deiner Freiheit heraus, daß niemand dich zwingt.

Freiheit ist keine Zügellosigkeit, sie ist nicht gleichzusetzen mit der Abwesenheit von jeglicher Ordnung. Sie bedeutet ganz einfach, geschmeidig zu sein, so daß man locker von einer Ordnung zur anderen übergehen kann – von Ordnungslosigkeit zur Ordnung und umgekehrt. Wenn deine Freiheit Angst davor hat, einer Ordnung unterworfen zu sein, dann ist es überhaupt keine Freiheit.

Versuche das zu verstehen, und der Zwiespalt wird sich aufheben. Er findet sich nicht in deinem Wesen, sondern bloß in deinem Kopf, es handelt sich um eine bloße Vorstellung. Laß die Vorstellung fahren, und freue dich an deiner Freiheit und manchmal an der Disziplin.

Disziplin hat ihre eigene Schönheit, sie ist nicht mit Sklaverei zu verwechseln. Und Freiheit hat ihre eigenen Gefahren und ist nicht immer schön. Ein verwirklichter Mensch ist immer in der Lage, unendliche Disziplin und unendliche Freiheit zu ertragen – er ist kein Sklave und nach nichts süchtig.

# Sonntag den 11. Januar

*Ein indischer Sannyasin war früher zum Darshan gegangen, um mit Bhagwan über eine erschreckende Erfahrung zu sprechen, die er kürzlich während des Meditierens gemacht hatte.*

*Als wir eintreten, sagt Bhagwan gerade:*

Man bekommt es wirklich mit der Angst zu tun. Wirklich, es kam zu früh, und du warst noch nicht bereit. Es kann vorkommen, daß ein Schlüssel plötzlich paßt, und dann ist die Erfahrung der tiefen Meditation genau wie der Tod.

Das Problem entsteht dadurch, daß man Angst bekommt. Meditation führt dich tief in dich selbst hinein. Jenseits eines bestimmten Punktes fühlt es sich an wie ein Ertrinken, wie Einsinken und Ersticken. Wenn du es annimmst und in die gleiche Richtung mitgehst, wenn du dir einfach sagst, du seiest bereit zu sterben, dann strebst du nicht in die entgegengesetzte Richtung, um da herauszukommen. Dann kommt es zu einem Höhepunkt, wo alles Störende verschwindet. Etwas ist geschehen – aber du bist immer noch da. Du bist sogar zum allerersten Mal wirklich da – und alles wird erfüllt mit Seligkeit.

Bevor es zu diesem Gipfel kommt, durchleidest du Schmerzen und Qualen, es ist natürlich, daß man anfängt, darüber nachzudenken, ob man da nicht irgendwie wieder herauskommt. Durch dieses ›Herauskommen-wollen‹ verhinderst du deine Mitwirkung und bewegst dich jetzt in zwei Richtungen. Etwas, das du in der Meditation getan hast, führt dich in die Tiefe, während du gleichzeitig versuchst, dich an die Oberfläche zu klammern. In dieser Verwirrung und Konfliktsituation kann der ganze Körper in Aufruhr geraten. Was passiert ist, hat nichts mit der neuen Erfahrung zu tun, sondern wurde durch deinen Zwiespalt verursacht. Diesem Phänomen sieht sich jeder früher oder später gegenüber, der sich in die Tiefen der Meditation begibt; es gibt keinen Weg, dies zu vermeiden. Wenn es dann geschieht, bekommt man es natürlich mit der Angst zu tun. Laß diese Meditation ein paar Tage lang weg. Versuche eine andere Methode. Die ›Summ-Meditation‹ (Nadabrahma) ist gut. Sie ist sehr langsam und wird die Energie dämpfen.

Mache ein Camp mit, und wenn etwas geschieht, bin ich da; du kannst dich ruhig auf mich verlassen. Du hättest dich in jenem Fall auch auf mich verlassen können... aber es war das erste Mal, und du wußtest nicht, was vor sich ging.

Wenn es das nächste Mal passiert, nimm einfach das Bild der Mala in deine Hand und überlasse alles mir. Sage ganz einfach, daß du bereit bist zu sterben, und löse alle Spannungen; sinke in dich hinein und gib dem, was kommt, Raum. In dem Augenblick, in dem du es zuläßt, bewegt sich die ganze Energie in eine Richtung, und in deinem Innern kommt es zu keinem Konflikt; weil es keinen Konflikt gibt, entsteht auch keine Angst. Der ganze Körper wird sich verjüngt fühlen. Andernfalls schaffst du Verwirrung.

Es ist wie beim Autofahren: Du beschleunigst und trittst im selben Moment auf die Bremse. Der ganze Motor bekommt einen Schock, weil du zwei gegensätzliche Dinge auf einmal tust – Gas geben und bremsen. Genau das hast du gemacht. Die Meditation hat die Energie nach innen gewendet – und das ist eine ungeheure Erfahrung, tiefer als jeder Tod.

Wir sind daran gewöhnt, an der Oberfläche zu leben, und halten das für Leben. Unsere eigenen Tiefen haben wir vollkommen vergessen. Wenn wir daher dem Tod zum ersten Mal begegnen, stehen wir schaudernd vor einem Abgrund, und Angst überwältigt uns – denn wenn man fällt... es ist bodenlos.

Das ist der Punkt, an dem ein Meister gebraucht wird. Am Anfang ist er entbehrlich, man kann aus sich selbst heraus und allein anfangen; wenn es aber zu dieser Erfahrung kommt, dann braucht man jemanden, der einem Sicherheit gibt, der einen wieder Vertrauen schöpfen läßt und einen auf den Weg zurückführt.

In gewissem Sinne war es ein Segen. Es ist selten, denn gewöhnlich arbeiten Leute jahrelang, bevor es dazu kommt. Wenn du jahrelang gearbeitet hast, spürst du nicht soviel Angst, weil du ganz allmählich darauf vorbereitet wirst. Kurze Einblicke in die Sache kommen und gehen, so daß du etwas davon kennst und weißt, daß es kommen wird.

Wenn es so plötzlich passiert, leidet entweder der Körper oder der Geist – was noch schlimmer ist; manche können darüber verrückt werden. Beides ist möglich. Aber du mußt dir darüber im klaren sein, daß es nicht wegen der Meditation so schlimm war, sondern weil du angefangen hast zu kämpfen; du wolltest an die Oberfläche zurück.

Wenn du in einem Fluß badest und in einen Strudel gerätst, ist die natürliche Reaktion, ihn irgendwie zu bekämpfen. Aber das ist genau das Verkehrte. Schwimmlehrer werden dir sagen, daß du, wenn du in einen Strudel gerätst, mit ihm kooperieren solltest. Wenn du ihm nachgibst, wenn du deine Energie ganz hingibst, entsteht kein Kampf, und deine Energie wird nicht verschwendet. Auf seinem untersten Grund ist der Strudel so klein, daß er dich nicht festhalten kann; es besteht also nicht einmal die Notwendigkeit, aus ihm herauszuschwimmen. Du wirst mit einemmal draußen sein. Wenn du ihn aber an der

Oberfläche bekämpfst, verschwendest du deine Energie und verlierst deine Kraft, noch bevor du den Grund berührst; du bist verloren.

*Bhagwan gibt dem Sannyasin ein Schächtelchen und sagt ihm, er solle es vor sich hinstellen, wenn er meditiere. Er fügt hinzu, daß er sich um ihn kümmern werde, aber daß er diese spezielle Meditation ungefähr einen Monat lang meiden solle. Der Sannyasin sagt, es sei wie eine Explosion gewesen...*

Ja, es war auch eine Explosion! Die Leute sehnen sich alle ihr Leben lang danach! Die Gelegenheit war zum Greifen nah, hm?... aber es wird wiederkommen. Diese Methode ist deine Methode, und du hast den Schlüssel gefunden!

MAHESH *Ich hab' die Gourishankar-Meditation gemacht, und schon beim ersten Atemzug wußte ich, daß etwas geschehen wird, und ich bekam große Angst. Etwas im Körper passierte...*
*wurde so kalt und... (er weint)*

Ich verstehe. Laß es zu. Schließe deine Augen und laß es geschehen, kooperiere damit.

*Mahesh weint ein paar Minuten lang und fährt dann fort zu beschreiben, was los war...*

MAHESH *Etwas Kaltes stieg in mir auf, und irgend etwas geschah hier (er zeigt auf sein drittes Auge). Ich hielt die Mala fest in der Hand, weil du mir gesagt hattest, ich solle es tun, wenn ich Angst bekäme. Ich schrie um Gedanken, daß sie kommen mögen, denn es waren überhaupt keine Gedanken da. Aber es kamen keine!*

(schmunzelt) Sie werden auch nicht kommen, wenn du die Mala hältst!

MAHESH *Ich habe solche Angst gehabt!*

Ja, es passiert, aber es war sehr gut.

MAHESH *Ich bekam ein Gefühl... so als ob ich abgeschnitten wäre. Als es vorüber war, war ich sehr beschämt, daß ich nicht hindurchgegangen bin.*

Ja, auch das ist richtig. Es war gut, hm? Es ist ein so unbekannter Zustand, wenn die Gedanken wegleiben. Du hast immer mit Gedanken gelebt – das ist das, was du kennst, womit du vertraut bist; wir bewegen uns auf einem Trampelpfad. Wenn du das erste Mal aufhörst zu denken, öffnet die Wildheit der Schöpfung ihre Tür. Sie ist chaotisch. Die größte Furcht, die einen Menschen überkommen kann, ist diejenige, nicht in der Lage zu sein zu denken. Wenn du nicht denken kannst, kannst du nicht sein, denn ohne Gedanken verschwindest du.

Der Vater der modernen westlichen Philosophie war René Descartes. Seine ganze Philosophie baute auf drei Worten auf: Cogito ergo sum – ich denke, also bin ich. Wenn das der Verstand ist: ›Ich denke, also bin ich‹ – und er ist es –, dann bist *du* nicht mehr, sobald keine Gedanken da sind. Man sieht aus wie ein Verrückter, als befinde man sich in einer Welt des Wahnsinns, denn was geschieht, ist jenseits aller Kontrolle. Du kannst nicht einmal mehr denken – was doch immer so leicht war!

Tatsächlich war es schwierig, das Denken anzuhalten! Aber wenn es anhält, überkommt dich Angst. Und beim erstenmal kann das nicht anders sein. Beim nächsten Mal wird es leichter sein. Wenn es wieder geschieht, versuche nicht, dich einzumischen. Bleib einfach, wo du bist.

MAHESH *Die Furcht verließ mich dieses Mal nicht, als ich die Mala festhielt.*

Ich habe dir geholfen, doch nicht, wie du es wolltest! Aber ich werde dir weiterhin helfen, mach dir keine Sorgen.

*Die Vipassana-Gruppe kam zum erstenmal zum Darshan, alle strahlend und voller Eifer nach mehr. Die Gruppe dauert zehn Tage, wenigstens diese erste Gruppe, aber wie sich am Abend herausstellte, kann es sein, daß sie verlängert wird.*

*Vipassana wird als das Rückgrat aller südlichen buddhistischen Meditation bezeichnet. Dem japanischen Zazen sehr verwandt, wurde es von Buddha als ›der einzige Weg‹ angesehen.*

*Der Gruppenleiter erklärte die Anordnung der äußeren Situation so: ›Ein zehntägiges Experiment in Wachsamkeit, ohne Unterbrechung oder Ablenkung irgendeiner Art. Die Technik des Vipassana oder der ›Innenschau‹ ist ganz einfach. Sie besteht aus einer Stunde sitzen; dabei beobachtet man, wie sich die Bauchdecke beim Ein- und Ausatmen hebt und senkt. Abwechselnd damit geht man eine halbe Stunde lang, langsam und meditativ. Die Mitglieder sind während der ganzen Gruppe zusammen im Ashram. Während der ganzen Dauer darf weder gelesen noch geschrieben werden; und Schweigen wird während dieser zehn Tage bewahrt. Bhagwan hat vor einigen Abenden im Darshan gesagt, daß einem durch das Vipassana – nachdem durch Encounter und andere Techniken im Inneren alles mögliche aufgeworfen wird – ein neues Sich-Setzen, eine neue Zusammensetzung des eigenen Wesens ermöglicht wird.*

Paritosh (der Gruppenleiter), komm her zu mir! Möchtest du etwas zu der Gruppe, zu deinen Leuten sagen?

PARITOSH *(atemlos) Es war phantastisch ruhig, Bhagwan. Ich schien es außergewöhnlich leicht zu finden. Ich hab' zuvor Gruppen mit Buddhisten gemacht, die schon lange Zeit zuvor meditiert haben, und sie waren unvergleichlich ruheloser und kribbeliger. Ich verstehe das überhaupt nicht! (viel Gelächter)*

Ich bin hier! (er lacht)

PARITOSH *... ganz außergewöhnlich, so ruhig...*

Alles war gut.

Die buddhistischen Mönche haben etwas Häßliches daraus gemacht. Keine Meditation sollte zu einer Anstrengung werden, weil sie dann nicht helfen wird. Sie sollte ein Spiel sein.

PARITOSH *Du hast gesagt, daß es wie eine Eidechse sein sollte, die sich in der Sonne badet... und weil ich es immer als sehr wollüstig erfahren habe, fühlte ich mich schuldig, als ob... Es war eine so angenehme Meditation!*

Alte Religionen sind abhängig von Schuld, und sie rufen sie auch hervor. Wenn sie dich erstmal dazu gebracht haben, dich schuldig zu fühlen, bist du in der Falle, und dann brauchst du ihre Hilfe. Erst machen sie dich krank, damit du hernach ihre Hilfe beanspruchst.

Aber das ist mein ganzes Anliegen – daß ihr zu lernen habt, wie ihr glücklich, wie ihr noch spielerischer sein könnt. Ihr müßt lernen, wie ihr in Ekstase geraten könnt – und wie ihr auf ganz gewöhnliche Weise ekstatisch sein könnt. Das Leben sollte ganz und gar gewöhnlich sein, still und spielerisch. Aller Druck sollte vom Leben genommen werden, so daß die Quelle frei sprudeln kann.

Wir werden aus dem Vipassana etwas ganz Neues machen. So viele Leute wollen es mitmachen, daß wir noch eine Gruppe machen können...

Möchte noch irgend jemand aus der Gruppe etwas sagen?

RISHI *Mir hat es großen Spaß gemacht. Ich hätte es am liebsten drei Wochen anstatt zehn Tage gemacht. Es war, als ließe man sich zu einem Fasten in einem sehr guten Restaurant nieder, neunundneunzig Prozent essen und ein Prozent fasten.*
*Es war sehr gut. Ich kann gar nicht genau sagen, was passiert ist, aber ich hab' das Gefühl, daß ich jetzt sitzen kann.*

Du siehst aus, als seiest du mehr in deiner Mitte, mehr in dir selbst verwurzelt. Gut! So sollte Meditation auch sein – ein Festmahl. Sehr gut!

Was ist mit dir?

PREM GEETA *Es war wunderschön. Ich hätte gerne länger gemacht, weil ich den Eindruck hatte, daß sich nach sieben Tagen etwas zu ändern begann.*

Hm, es braucht mindestens sieben Tage, um sich zu setzen, und dann nochmal sieben Tage, um die neue Dimension zu fühlen, und dann nochmals sieben Tage, um sich darin vollkommen zu Hause zu fühlen. Einundzwanzig Tage, das ist genau die Zeit, die der Verstand braucht, um sich vollständig zu ändern, um sich in eine andere Richtung zu bewegen.

In den ersten sieben Tagen fährt er einfach fort, mit dem alten zu ringen; der alte Verstand mischt sich weiterhin ein bißchen ein. Nach sieben Tagen ist das alte zu Ende und das neue ist da, aber für dich ist es noch ungewohnt, deshalb fühlt es sich ein bißchen fremd an.

Nach weiteren sieben Tagen wirst du abermals vertraut damit. Jetzt ist es nicht mehr neu, und du faßt Fuß darin. Wir werden es also 21 Tage lang machen.

GEETA *Und ich wollte dir noch sagen, daß ich in Devesh verliebt bin.*

Sehr gut! Aus Meditation sollte Liebe aufsteigen.

*Bhagwan wendet sich an die Sannyasin, die in der Gruppe geholfen hat. Ihre Aufgabe bestand darin zu beobachten, wer gerade anfing zu dösen. Um ihnen weiter zu einem vollen Wachzustand zu verhelfen, hatte Venu den Betreffenden einen behutsamen, aber deutlichen Schlag mit einem Stock auf den Kopf zu versetzen! (wie in der alten Zen-Tradition)*

Wie ist es dir ergangen? Hat es dir Spaß gemacht, die Leute auf den Kopf zu hauen? (zu Paritosh:) War sie gut im Schlagen?

VENU *Ich brauchte nicht sehr zuzuschlagen.*

Überhaupt nicht?

VENU *Naja, ich mußte schon schlagen, aber nicht sehr doll. Gopal (ihren Freund) habe ich am häufigsten getroffen! Ich fand, daß mir das eine Menge Energie gegeben hat...*

Hm, hm, es ist sehr gut. Wer waren die Leute, die einen Schlag bekommen haben? (Bhagwan blickt sich in der Gruppe um.) Doktor Asanga! Wie haben Sie sich gefühlt, wenn Sie einen Schlag empfangen haben?

ASANGA *Sehr gut, wenn ich ihn bekam.*

Ja, es ist schön. Im Zen warten sie darauf, sie beten darum. Ganz allmählich werdet ihr darauf warten und darum beten...

Wenn ihr anfangt, zu schlafen oder zu dösen, schaltet sich eure Energie in einen anderen Gang – vom Wachen zum Schlafen. Sie bewegt sich, ändert sich. Du bist eben gerade an der Tür, weder richtig wach, noch richtig schläfrig, und dann – ein Schlag auf den Kopf, plötzlich ein Erwachen im Innern, ein Aufblitzen. Du bist an der Tür erwischt worden! Und diese Tür und das Gewahrwerden, daß dein Wesen an der Tür abgefangen wurde, ist etwas sehr Schönes.

Nach und nach fängt man an, darum zu beten. Wer war es noch?

BUDDHA PREM *Ich wurde mehrere Male auf den Kopf gehauen, aber die ersten drei Male glaubte ich, daß etwas in meinem Kopf geschehe. Ich habe gar nicht mitbekommen, daß es jemand anderes getan hat.*

(Lachend) Das kommt vor. Die Energie schießt plötzlich nach oben. Es kann das Gefühl entstehen, daß sich im Innern etwas abspielt.

Möchtest du etwas sagen, Gopal?

GOPAL *Naja, manchmal hab' ich das Gefühl, ich hab' eine Menge zu sagen, aber in Wirklichkeit ist da gar nichts. Es fühlt sich an, als gäbe es gar nichts zu sagen.*

Es ist nichts da – und das ist schon etwas, hm? Wenn du nichts zu sagen hast, bedeutet das, daß etwas passiert ist. Andernfalls hat man eine Menge zu sagen, und es ist bedeutungslos; der schwatzhafte Verstand steht nicht still, und schwatzen ist sehr billig. Es ist ein Trick des Verstandes, mit dem er die wirklichen Probleme vermeidet. Der Verstand erfindet immer neue Probleme, und du fährst fort, über sie zu reden.

Normalerweise glauben die Leute, daß sie kommunizieren, wenn sie reden. Dabei ist gerade das Gegenteil der Fall – sie vermeiden die Kommunikation; sie schaffen eine Wand von Worten um sich herum. Beobachte dich selbst, und wann immer du zuviel mit jemandem redest, achte darauf, was du tust. Du schaffst eine Mauer, hinter der du dich verstecken kannst, damit der andere dich nicht aufspüren kann und du unerreichbar wirst. Das ist keine Kommunikation. Das ist Selbstisolierung mit Hilfe von Sprache und Worten.

Wenn du nichts zu sagen hast, gibt es einen unmerklichen Austausch. Du drückst etwas aus, ohne es zu sagen, und dein ganzes Wesen kommt zum Ausdruck.

Gut! Wann immer jemand behauptet, er habe nichts zu sagen, hat er etwas ausgesagt.

*Die Mitglieder der Enlightenment-Gruppe sind die nächsten, die sich an Bhagwan wenden...*

MADHURI *In der Gruppe habe ich bemerkt, daß ich die Furcht suche. Ich hab' versucht, sie zu finden, weil ich dachte, ich müsse sie erfahren, um sie zu überwinden. Aber ich hab' die ganze Zeit nur Ausschau nach ihr gehalten.*
*Ich hab' gemerkt, daß ich die ganze Zeit über wirklich unaufmerksam bin...*

Hm, hm, also was geschah, als du nach der Angst Ausschau gehalten hast?

MADHURI *Ich hab' die ganze Zeit über diese Gedanken, daß ich dies tun muß und daß – daß ich losgehen muß und die Furcht suchen und sie erfahren und bis zum letzten Tropfen auswringen muß.*
*Ich bin beinahe bereit zu vertrauen... Als in der Gruppe einmal etwas Angst aufkam, obgleich ich gar nichts tat, obgleich ich in dem betreffenden Moment bewußt war, da ging sie weg und alles geschah von alleine.*

Du hast eine Angewohnheit, und zwar eine tief verwurzelte, nämlich ein Tatmensch zu sein – etwas muß getan werden. Nichts muß getan werden! Das Leben ist vorgegeben; nichts muß getan werden.

*Madhuri fängt an zu weinen.*

Alles, was du brauchst, ist dir bereits gegeben. Man braucht sich bloß darüber zu freuen, es zu genießen. Du verschwendest Zeit, indem du Dinge tust.

MADHURI *Aber das Tun ist so winzig.*

Das ist wahr. Ich verstehe dich. Laß es sein, und wenn ich sage, laß es sein, fange nicht an, es zu tun!

MADHURI *(lacht)* *Ich glaube, ich muß tatsächlich erst erleuchtet werden, bevor ich aufhöre, Dinge zu tun!*

Nein, es kann jeden Tag geschehen. Alles, was du brauchst, ist ein bißchen Verständnis – daß alles bereits gegeben ist und nichts fehlt. Fang an, dich daran zu freuen, und je mehr du es genießt, desto mehr Möglichkeiten öffnen sich, um so größer wird deine Fähigkeit dazu. Es gibt nichts mehr zu tun.

Im Westen wird das Denken unentwegt dazu angehalten, etwas zu tun, aktiv zu sein, denn wenn du nichts tust, wirst du auch nichts erreichen. Ein erfolgsorientierter Charakter ist herangezüchtet worden. Im Osten haben wir in ganz anderen Kategorien gedacht. Wir sagen, man soll kein Tatmensch sein; ihr habt bereits alles.

MADHURI *In der Gruppe kam und ging die Angst bei mir wie ein Komet.*

Hm, alles kommt und geht. Du bist bloß Zeuge, und nichts geschieht mit dir wirklich. Du bleibst im Grunde unberührt.

Es ist wie mit einem Vogel, der sich in einen Raum verirrt hat. Er fliegt in dem Raum hin und her, ist ganz ängstlich und fliegt schließlich zum Fenster hinaus. Ein wenig Umherflattern, und er ist fort. Dein Verstand ist genauso: ein kleines Fenster, durch welches Gedanken und Gefühle kommen und gehen. Wenn du einfach ein Zeuge bleibst, ohne etwas zu tun, gehen sie fort.

Hast du je versucht, einem Vogel zu helfen, damit er wieder hinausgelangt, wenn er aus Versehen in dein Zimmer geflogen ist? Du verwirrst ihn nur noch mehr. Er bekommt vielleicht so große Angst, daß er selber irgendwo anstößt, sich verletzt. Versuch niemals einem Vogel zu helfen, wenn er in dein Zimmer geraten ist. Setz dich einfach ruhig hin, und er wird seinen Weg ganz alleine finden. Dein Mitgefühl ist nicht nötig; es kann gefährlich werden, hm? Mörderisch.

Stell also nichts mit all dem an, was in deinem Verstand vor sich geht. Schau einfach zu. Aber mach keine tierisch ernste Angelegenheit daraus, beobachte es aus einer tiefentspannten Haltung, denn es gibt nichts zu tun, warum also angespannt sein?

BODHIDARMA *Ich hab' immer noch diesen – ich weiß nicht, ob es ein Widerstand gegenüber Gruppen ist. Ich fühle mich eher zu tieferen, stillen Meditationen hingezogen, aber es bleibt immer eine Ungewißheit, ob es etwas gibt, das ich unterdrücke und in das ich mich reinbegeben sollte. Ich zweifel immerzu.*

Ich glaube, eine Encounter-Gruppe wird sinnvoll sein. Es ist nicht viel da, aber auch wenn es nur wenig ist, kann es beim Vipassana stören. Vipassana sollte nur dann gemacht werden, wenn du mit der Katharsis fertig bist. Sonst wird es zu einem mühsamen Sich-Durchkämpfen. Genau das passiert in den buddhistischen Klöstern. Sie haben keine kathartischen Methoden. Sie lehren einfach Vipassana; auf diese Weise führt es zur Unterdrückung. Wenn du versuchst, etwas zu unterdrücken, wird daraus ein Kampf.

Das war der Unterschied hier – denn die Leute hier machen die dynamische Meditation und andere kathartische Methoden, Encounter-Gruppen und Primärtherapie. Ihre Köpfe sind reingelegt, sie haben nichts zu unterdrücken, deshalb können sie es ungeheuer genießen. Ich schlage dir deshalb vor, erst die Encounter-Gruppe zu machen und dann Vipassana.

Alle Methoden, die man im Westen anwendet, sind kathartisch, und alle Methoden, die der Osten entwickelt hat, sind nicht kathartisch. Mein Bemühen besteht darin, eine neue Synthese daraus zu schaffen. Die westlichen Methoden sollten am Anfang genutzt werden, so daß man gereinigt ist und alle Unterdrückung von sich geschleudert hat. Dann sollten die östlichen Methoden zur Anwendung kommen, die dann zu deinem innersten Kern vordringen. Du kannst dich an ihnen freuen, und sie bedeuten jetzt keine Anstrengung mehr für dich; sie gehen fast mühelos vonstatten. Die Dinge beruhigen sich von ganz alleine, während du dasitzt und beobachtest. Aber jetzt, wo viele Dinge präsent sind, werden sie in dir hochkommen, während du sitzt, und du wirst an sie denken und denken und denken.

Bedenke immer den Unterschied zwischen Isolation und Alleinsein. Das ist der Unterschied. Isolation ist eine Art Unterdrückung – du zwingst dich selber zur Stille, zum Alleinsein, schneidest dich von anderen Leuten ab. Alleinsein ist nicht Isolation. Du beschneidest überhaupt nichts, denn es gibt nichts, was zu beschneiden wäre. Du versuchst nicht, alleine zu sein, du bist einfach allein. Es kostet dich keine Anstrengung.

In buddhistischen Klöstern ist Vipassana zur Isolation geworden, und ich möchte, daß es zu einem stillen Alleinsein wird. Isolation ist negativ, weil man alle Kommunikation mit der Welt abbrechen möchte. Man hat die Nase voll von allen Beziehungen und von der Liebe. Man möchte sich ganz einfach in sich selbst zurückziehen. Die ganze Sache ist negativ. Du bleibst in einer negativen Leere zurück, in einer Art Dunkelheit.

Alleinsein ist sehr positiv. Es bedeutet nicht, sich aus der Gesellschaft zurückzuziehen oder Beziehungen abzuschneiden. Im Gegenteil, es ist kein Rückzug, sondern ein Eintauchen in dein eigenes Sein, ein In-sich-Gehen. Im Rückzug ist der andere der Brennpunkt, du entfernst dich vom anderen. Im Alleinsein liegt der Brennpunkt nicht mehr beim anderen, du sinkst einfach in dein eigenes Wesen hinein. Bevor du kommunizieren kannst, hast du in dein eigenes Allerheiligstes hinabzusteigen, um etwas daraus hervorzubringen, das du mit anderen teilen kannst.

Wie wenn du von einer Quelle Wasser holst. Wenn du unaufhörlich Wasser zapfst und der Quelle keine Atempause gönnst, in der sie sich erneuern, sich wieder auffüllen kann, wird sie austrocknen. Läßt du sie aber ein paar Stunden allein, wird sie wieder übersprudeln.

Mit dem Alleinsein verhält es sich genauso. Das normale Leben ermüdet einen – mit seinen tausend Problemen, Ängsten und Ärgernissen. Alleinsein ist, als würdest du in deine eigene Welt eindringen, um dich wiederzubeleben, dich zu verjüngen, zu erfrischen, so daß du wieder sprudelnd zurückkehren kannst in die Welt, und mit ihr teilst. Sobald du etwas unterdrückst, wird Vipassana zur Isolation. Es ist Rückzug und eine angstbesetzte Angelegenheit; von Grund auf krank. Vipassana kann eine sehr gesunde und bekömmliche Sache sein, wenn du dich nicht zurückziehst, sondern einfach nach innen gehst, um wieder aus dir herauszukommen. Es ist kein Verzicht, keine Zurückweisung der Welt – sondern einfach ein Ruhen in sich selbst.

Wie hast du die Gruppe erfahren?

BODHIDHARMA *Als ich zuallererst hier ankam, hab ich gemerkt, wie mein Sinn ruhiger wurde, und es fühlte sich gut an, aber ich fand es schwierig, weiterhin zu reden.*

Ich verstehe, das ist ein gutes Zeichen – du wirst reif für Vipassana!

BODHIDHARMA *Ja, es muß ein gutes Zeichen gewesen sein, denn als ich heute morgen aufgewacht bin, hab' ich mich so müde gefühlt wie noch nie. Ich hatte nichts gearbeitet und fühlte mich ungeheuer schläfrig! Ich glaube, das kommt daher, daß ich mir meines Schlafes mehr bewußt werde.*

Das kann passieren, das ist möglich. Es ist wirklich so: Wenn du nicht hellwach bist, wird dein Schlaf oberflächlich. Wenn eine Sache tiefer geht, vertieft sich auch alles andere. Wenn du also deiner selbst bewußter wirst, wird auch dein Schlaf tiefer.

Es ist nicht umgekehrt. Je höher die Bewußtheit, um so tiefer der Schlaf. Wenn dein Bewußtsein trübe ist, bedeutet das soviel, daß bereits etwas Schlaf vorhanden ist; dein Nachtschlaf braucht dann nicht mehr so tief zu sein. Das verhält sich immer proportional zueinander. Es ist, als würdest du am Tag hart arbeiten und dann in der Nacht tief schlafen. Ruhst du tagsüber, wirst du nachts von Schlaflosigkeit geplagt sein. Jemand lebte einmal einige Jahre mit mir zusammen. Ich hatte ihm eine Methode gegeben, die er ausarbeiten sollte – eine sehr intensive Methode der Bewußtseinserweckung. Drei Monate arbeitete er hart, er strengte sich wirklich ungeheuer an; und nachdem er das getan hatte, verfiel er in ein Koma. Ein Koma – vier Tage lang. Seine Familie bekam es mit der Angst zu tun und wollte einen Arzt rufen, aber ich empfahl, nicht zu stören, sein ganzes Leben wäre sonst gestört worden.

Er ging daraus hervor wie aus dem Tod, vollkommen erneuert. Er hatte keinen einzigen Traum in diesen vier Tagen. Sein Schlaf war so vollkommen, als ob alles zum Stillstand gekommen wäre. Er war dermaßen entspannt, als hätte er zuvor jahrelang oder viele Leben lang nicht geschlafen.

Das ist also möglich und kein Grund zur Besorgnis. Die entgegengesetzte Polarität macht sich immer geltend. Wenn du sehr tief meditierst, wird dir eines Tages plötzlich auffallen, daß du dich verliebt hast. Wenn du sehr tiefe Liebe für jemanden empfindest, wirst du dir eines Tages plötzlich einer anderen Dimension bewußt werden, die ihre Türen geöffnet hat – die Dimension der Meditation.

Du liebst jemanden sehr tief, und eines Tages wirst du meditativ, und wenn du dich in tiefe Meditation versenkst, wirst du eines Tages zum Liebhaber. Wenn also jemand versucht, meditativ zu sein, ohne zu lieben, versucht er die Schöpfung zum Narren zu halten! Aber die Schöpfung läßt sich nicht für dumm verkaufen! Wenn jemand versucht, ein von Liebe erfülltes Leben zu führen, ohne sich um Meditation zu kümmern, versucht er das Unmögliche.

ANAND DEVA *Ich dachte, es würde viel von meiner Vergangenheit in mir aufsteigen, aber nichts stieg auf, und dennoch hatte ich nicht das Gefühl, mich zu verbergen.*

Ich versteh' deine Lage. Das war deine erste Gruppe, deshalb wird eine Primal-Gruppe dir helfen – sie geht in die Vergangenheit.

ANAND DEVA *Ich glaube, ich kann die Vergangenheit getrost vergessen. Sie kümmert mich nicht, und ich denke nie an sie.*

Dann komm her! (Es klingt wild.) Sie kommt dir nie quer? (Mehr Gelächter)

ANAND DEVA (zögernd) *Naja, ich wollte gerade noch etwas sagen, das mich irritiert...*

(Schmunzelnd) Es hat schon angefangen! Von morgen an wird es dir zusetzen!

Es ist da, und du kannst es nicht einfach vergessen. Es muß bewußt beiseite geräumt und bewußt fallen gelassen werden. Du machst die Primal, ja? Du kannst die Vergangenheit vergessen, aber sie wird dir wie ein Schatten folgen, dich mit Millionen von Tricks manipulieren, du wirst dir dessen nie bewußt, du bleibst eine Marionette...

VIMAL KIRTI *(schaut angespannt und ernst) Bitte gib mir einen neuen Namen.*

(Schmunzelnd) Was ist los?

KIRTI *Er fühlt sich nicht mehr wahr an. Heute morgen, als ich aufgewacht bin, hat er sich alt angefühlt, wie eine Haut, die an mir herunterhängt.*

Hm, das ist sehr gut, das wäre eine gute Erfahrung. Du bist nicht dein Name. Jeder Name ist bloß etwas Nützliches, ein Schild, das man benützen kann – ansonsten bist du namenlos. Ich kann dir einen neuen Namen geben, aber nach zwei Tagen wird er wieder alt sein. Ist er erst einmal gegeben, wird er auch schon alt. Es war eine sehr gute Erfahrung, denn jetzt weißt du, daß du nicht der Name bist.

KIRTI *Jetzt fühl ich mich jung, ich...*

Ich verstehe. Du wirst dich jünger und jünger fühlen. Aber es wird schwierig, den Namen immer wieder zu ändern. Andere werden kommen, und mir werden die Namen schon allmählich knapp!

(Lachsalven)

# Montag
# den 12. Januar

*Heute abend hatten die Sannyasins des AUM-Marathons Darshan. Der Marathon ist eine 48-Stunden-intensive egobewußte und ego-reduzierende Encounter-Gruppe. Im Rahmen der Struktur, die von Bhagwan gegeben wurde, werden Situationen geschaffen, bei denen die Betonung auf Bewußtheit liegt, auf dem Bloßlegen von Blockierungen, Gefühlsreflexen und Vermeidungsmechanismen.*

*Techniken aus den verschiedenen Therapien werden angewendet, sie schließen Bioenergetik, Gestalt, Synnanon, Energiebeobachtung und Meditation ein – aber zumeist entscheidet der Augenblick darüber, was tatsächlich passiert.*

*Für Essen und Schlafen gibt es kurze Unterbrechungen, ansonsten bleibt die Gruppe für die ganze Dauer des Marathons zusammen. Physische Gewalt ist nicht erlaubt. Bhagwan liest einen Brief, den der Gruppenleiter ihm vor dem Darshan geschickt hatte. Er wendet sich dann an Veeresh und fragt ihn, ob er irgend etwas hinzuzufügen habe.*

VEERESH *Ich habe gemerkt, daß ein großer Teil ich selber bin... ich habe im Westen Gruppen geleitet, und ich habe in mich reingeschaut, um herauszufinden, was mir so zu schaffen macht, hier einen Marathon zu leiten. Es ist fast, als wäre ich... Ich hatte nie jemanden, dem ich Rechenschaft schuldig war. Ich fing an, drauf zu schauen, was ich tat, und fand heraus, daß eine Menge in mir dir gefallen, deinen Beifall finden will. Ich glaube, das war wichtig für mich. Es stellte sich heraus, daß der Marathon für die Leiter besser war als für die Teilnehmer, aus meiner Sicht.*

Hm, hm, ich verstehe. Ich dachte mir, daß es so kommen würde, weil du bislang alleine gearbeitet hast. Natürlich hattest du auf diese Weise mehr Freiheit, und es gab niemanden, dem du hättest Rechenschaft geben müssen. Es war leichter, du konntest dich spontaner verhalten. Ich bin hier, und das stand immerzu im Hintergrund. Das wurde ein Problem für deine Führungsrolle. Du hättest sie fallen lassen können – das wäre für dich ein großer Schritt zur Reife gewesen.

Frei sein, ohne Verantwortung zu tragen, bedeutet, nicht wirklich frei zu sein. Verantwortlich und frei zu sein, ist etwas ungeheuer Wertvolles. Verantwortlichkeit wird auch für dich zu einem Wachstum; nicht nur die Gruppenmitglieder, auch der Gruppenleiter ist ein Teil der ganzen Gruppe. Wenn du dich bei der Arbeit allein auf dich verläßt, wächst du nicht dabei – du kannst nicht wachsen, denn du bleibst außerhalb. Du hilfst also Leuten – du schiebst und ziehst und manipulierst und zwingst und schaffst ein Gefühl der Dringlichkeit in ihnen –, aber du bleibst ein Außenseiter.

Das Gefühl habe ich schon länger, nicht nur, was dich betrifft. Es gilt für alle Gruppenleiter, die hierhergekommen sind – und noch viel mehr werden kommen. Sie haben anderen geholfen, aber nicht sich selbst. Sie befinden sich sogar in einem heillosen Durcheinander. Wenn ich das sage, meine ich nicht, daß sie nicht hilfreich waren; sie waren es in sehr, sehr hohem Maße, aber sie haben sich zweigeteilt. Ihre eigene Persönlichkeit steht außerhalb der Gruppe, und sie sind zu Technikern geworden. Sie wenden einfach eine Technik an; sie helfen anderen, aber sie selbst haben eine gespaltene Persönlichkeit. Wenn sie sich um die Probleme anderer kümmern, treffen sie den Nagel auf den Kopf; sie wissen ganz genau, was zu tun ist. Aber wenn ihre Probleme an die Reihe kommen, vergessen sie völlig ihre eigenen Ratschläge, ihre eigene Klugheit.

Ich wollte, daß es so kommt, daß du dir darüber klar wirst, daß du noch zu wachsen hast. Manchmal kann die Hilfe für andere zu einer Flucht werden, weil du deine eigenen Probleme vergißt. Es bleibt gar keine Zeit und kein Raum, an sie zu denken; so viele Leute und so viele Schwierigkeiten, die du zu lösen hast. Du mußt immer der weise Mann sein und bleibst auf diese Weise außerhalb. Wie kannst du dabei auf deine eigenen Probleme stoßen? Wenn du es tust, wird es schwierig, anderen zu helfen, weil sie das Vertrauen in dich verlieren. Du mußt daher vorgeben, in dem, was du tust, absolut sicher zu sein. Diese Handlungsweise hilft anderen, das ist ganz gewiß, aber für dein eigenes Wachstum ist das Gift.

Ganz allmählich wirst du völlig vergessen, daß du nur eine Rolle gespielt hast. Deine Probleme bleiben im Unbewußten, sie warten dort, doch du hörst allmählich auf, sie zu beachten. Du wirst sie sogar vermeiden, wann immer sie an der Oberfläche erscheinen.

Das gilt nicht nur für dich, sondern für alle Gruppenleiter; auch für Divya *(die Primärtherapeutin, die ebenfalls anwesend ist)*. Die Hilfe, die sie anderen angedeihen läßt, ist perfekt; darin kommt ihr technisches Wissen voll zur Anwendung. Aber wenn es ihren eigenen Problemen ans Leder geht, plumpst ihr all das technische Wissen aus der Hand.

Ich wollte, daß es schwierig für dich wird, denn nur so kann dir bewußt werden, daß Helfen gut ist, daß es gut ist, anderen zu dienen, aber du solltest dabei nicht dich selbst aus den Augen verlieren. Letzten Endes ist es dein Wachstum, für das du etwas zu tun hast.

In dieser Gruppe warst du plötzlich kein Leiter, sondern selbst ein Gruppenmitglied, weil ich draußen vor der Tür der Gruppe gewartet habe. Ich habe dich in die Gruppe hineingezwungen, und das wurde das Problem. Aus diesem Grunde warst du dir deiner selbst nicht so ganz sicher. Und deshalb glaubst du auch, die Gruppe sei durchschnittlich gewesen, sie hätte sogar unter dem Durchschnitt gelegen; aber so war es nicht. Der Leiter war kein vollkommener Leiter. Ich habe dich an der Nase herumgeführt. Die Gruppe war völlig in Ordnung, aber du hast dein Selbstvertrauen vermißt, deshalb kamen deine Probleme mit herein.

So habe ich die ganze Sache geschaukelt. Ich hatte Sudha gezwungen, in diese Gruppe zu gehen, und Asha auch, und das hat dir zu schaffen gemacht. Eine Frau reicht, um einem Unannehmlichkeiten zu bereiten, aber deine jetzige Freundin und deine frühere Frau waren beide da. Sie haben dir Schwierigkeiten bereitet; nicht daß sie es absichtlich gemacht hätten, aber ihre Gegenwart war da – sie hatten dich im Auge, hatten im Auge, wo du hingingst, was du zu tun im Begriff warst. Und obendrein war ich auch noch als dein ständiger Beobachter da! Ich weiß also, daß es schwierig für dich war, aber es kann zu einer sehr, sehr wertvollen Einsicht für dich werden.

Das nächste Mal entspanne dich einfach. Du brauchst dir wegen meiner Billigung keine Gedanken zu machen. Was du tust, ist nicht das, worauf es ankommt, sondern das, was du bist, ist wichtig. Ob du etwas tust oder nicht, Erfolg hast oder versagst, ist unbedeutend. Meine Anerkennung hat keine Bedingungen; du kannst dich auf sie verlassen. Du kannst versagen und dich darauf verlassen; du brauchst dich nicht darum zu kümmern, ob du erfolgreich bist.

In der nächsten Gruppe erlaube mir mehr, durch dich zu wirken, als daß du alleine arbeitest, und du wirst sehen, was das für ein Unterschied ist. Arbeite einfach als ein Werkzeug. Wenn du ein Zögern fühlst oder eine Ungewißheit, schließe deine Augen und besinne dich auf mich. Plötzlich wirst du eine Brücke zwischen dir und den Sannyasins spüren.

Du hast mit anderen Typen von Gruppen gearbeitet, und das war etwas völlig anderes. Du gehörst zu mir, und sie alle gehören zu mir. Andere Gruppen bestanden aus Einzelnen. Sie waren jeweils eine Anhäufung von Leuten, weil jedes Individuum für sich existierte. Dies hier war zum erstenmal eine Gruppe, denn die Sannyasins sind keine Ansammlung von Leuten. Sie gehören zu mir, sie sind meine Familie. Sie haben eine bestimmte Affinität zueinander.

Auch das hat dir zu schaffen gemacht – die Gruppe war größer als ihr Leiter. Du hättest jeden Einzelnen leicht angehen können, aber das war nicht nur eine Gruppe, hm? Dieses Mal hast du ein Problem daraus gemacht; das war dein Fehler. Du hättest es benützen können. Dieses Mal hast du geglaubt, ich trete dazwischen, weil sie meine Worte wiederholten, sich hinter ihnen versteckt hielten. Deshalb wurde es zum Problem für dich – aber das nächste Mal kannst du es benützen.

Es ist in der Tat so, daß alles, was ein Hindernis werden, auch eine Hilfe sein kann. Derselbe Stein oder Felsen auf deinem Weg kann zum Hindernis oder zum Trittbrett werden. Wenn du dich ein bißchen anstrengst und den Felsen erklimmst, kannst du einen höheren Aussichtspunkt erreichen – und das durch

Benützen des Felsens. Das nächste Mal benütze mich, und du wirst sehen, daß sie sich nicht hinter meinen Worten verstecken. Versuche auch du mein Werkzeug zu werden. Plötzlich wirst du eine Brücke entdecken und nie wieder so eine schöne Gruppe vorfinden.

Wenn du dauernd mit Gruppen arbeitest, mit Leuten, wird ständig ein subtiles Ego gestärkt. Laß dieses Ego fallen! Arbeite das nächste Mal als mein Werkzeug, mein Medium, und sei einfach mein Instrument. Laß nicht Veeresh, sondern einfach meinen Sannyasin anwesend sein, der anderen Sannyasins hilft. Du brauchst nicht wirklich ein Leiter zu sein, allerhöchstens ein Katalysator. Dann wirst du zusehen können, wie eine vollkommen andere Sache entsteht.

Aber die erste Gruppe mußte so sein. Das nächste Mal entspanne dich, hm? Arbeite ganz anders, und es werden sich neue Dimensionen eröffnen. Auch in dieser Gruppe ist viel geschehen. Ich werde die Leute jetzt einzeln fragen, und dir wird klar werden, daß viel passiert ist, doch du warst so bekümmert, daß du es nicht sehen konntest. Warte hier...

*(Eine Sannyasin aus der Gruppe ansprechend:)* Warst du in der Gruppe? Komm her und widersprich Veeresh.

VIPASSANA *Wo soll ich anfangen? Ich hab' eine wichtige Frage. Du hast einmal gesagt, wenn eure Meditation richtig läuft, braucht ihr nicht in die Vergangenheit zurückzugehen. Ich weiß nicht, ob ich mehr zurückgehen sollte in die Vergangenheit oder ob meine Meditation richtig läuft und ich so weitermachen soll.*

Hm, hm, das möchte ich dir später sagen. Erzähle mir erst von der Gruppe und wie sie für dich war.

VIPASSANA *Nun ja, all die emotionalen Dinge, die kathartischen Sachen, schienen auf der einen Seite oberflächlich zu sein; aber auf der anderen Seite auch wahrhaftig, so wie ich sie fühle. Ich weiß nicht, ob es daher kommt, daß ich es weiß, oder... Es ist keine Schauspielerei und kein Theater, denn ich fühle es. Vielleicht kommt es daher, daß ich mir dessen bewußt bin und daß ich deshalb den Unterschied sehe, mich es tun sehe.*

Wenn du dir deiner bewußt wirst, wird alles oberflächlich, was außerhalb von dir ist. In einem Augenblick von Bewußtheit ist nichts tief; alles ist außen und oberflächlich, denn du stehst im innersten Kern deines Seins. Von diesem Aussichtspunkt her ist alles oberflächlich. Wir sitzen hier z. B. auf der Veranda. Es ist weder außen noch oberflächlich, aber vom Inneren des Hauses her gesehen ist es gerade eben an der Außengrenze, an der Oberfläche.

Je weiter das Bewußtsein reicht, um so mehr Dinge werden oberflächlich. Man kann es manchmal mit der Angst zu tun bekommen, weil sogar Liebe oberflächlich aussieht. Wenn du dich beobachtest und gewahr wirst, dann wird alles, was immer du tust, wie Schauspielerei aussehen, denn du bist damit nicht mehr identifiziert. Es ist kein Handeln mehr, sondern ein Handeln als ob.

Ein wirklich wacher Mensch wird ein Spieler auf der großen Bühne der Welt. In keiner Sache steckt er tief drin. Er kann es nicht, denn etwas Überirdisches ist immer da. Was er auch tut, er ist immer weit entfernt. Nicht, daß er nicht authentisch wäre. Er ist es, aber er ist so tief er selbst, daß nichts tiefer sein kann; alles Relative ist oberflächlich.

Das ist eine gute Einsicht. Nähre sie, und freue dich mehr an ihr, und fange nicht an, sie zu verdammen; denn dann verfehlst du das, worauf es ankommt. Rede dir nicht ein, das sei oberflächlich und etwas Tieferes komme nicht – es gibt nichts Tieferes.

Wenn das Bewußtsein aufgegangen ist, existiert das Tiefgründigste und Allertiefste, das es gibt. Sogar wenn Gott danebensteht, wird er oberflächlich sein, denn Er kann nicht tiefer sein als dein Bewußtsein. Er wird ein Gegenstand deines Bewußtseins sein wie jeder andere Gegenstand auch. Dein Bewußtsein ist Tiefe schlechthin, unergründbar. Es war also ein sehr guter Einblick.

Versuche es jetzt vierundzwanzig Stunden am Tag zu leben. Akzeptiere es und verdamme es nicht. Es ist wunderschön, und alles wird oberflächlich und wie ein Schauspiel wirken.

VIPASSANA *Es ist sehr merkwürdig... wie ein Traum.*

Ja, es sieht aus wie ein Traum, es ist einer! Aus diesem Grunde haben die Leute in Indien, die ein höheres Bewußtsein erreicht haben, die Welt Maya genannt, eine Illusion. Nicht, daß sie unwirklich wäre, doch sie selber befinden sich in einer solchen Tiefe, daß von dort aus im Vergleich alles unwirklich aussieht. Freue dich daran und laß dich davon nicht durcheinanderbringen, denn am Anfang ist es verwirrend.

Du brauchst nicht in die Vergangenheit zu gehen, werde einfach wacher und wacher. Das Bedürfnis, in die Vergangenheit zu gehen, kommt daher, daß du dir deiner nicht bewußt bist. Veeresh, das muß ganz klar sein. Im Westen ist das Zurückgehen in die Vergangenheit sehr, sehr vorrangig geworden. Seit Freud ist der Rückgriff auf die Vergangenheit, das Eintauchen in die Erinnerungen und Träume, sehr wichtig geworden, und jetzt sogar noch mehr, seit es die Primärtherapie gibt. Es scheint der einzige Weg zu sein, die Vergangenheit loszuwerden; aber es gibt noch einen anderen, den der Osten versucht hat.

Was immer du deine Vergangenheit nennst, ist in diesem Augenblick gegenwärtig. Wenn du in deine Kindheit zurückgehst, gehst du in die Gegenwart, denn in das Vergangene kannst du gar nicht zurückgehen. Du kannst dich an sie erinnern, aber diese Kindheit, die Vorstellung und die Erinnerungen, finden alle hier und jetzt statt.

So wie wir uns bewegen, bewegt sich die ganze Vergangenheit mit uns, und sie wächst immerfort in uns. Wir tragen sie, wir enthalten sie.

Im Osten haben wir eine etwas einfachere Methode entwickelt, die schneller und zuverlässiger wirkt. Es geht nur darum, sich des gegenwärtigen Augenblicks bewußt zu werden. Es ist nicht nötig, irgendwohin zu gehen, in die Vergangenheit oder in die Zukunft; es kommt lediglich darauf an, sich der Inhalte des Denkens uneingeschränkt bewußt zu sein. Plötzlich ist die Brücke abgebrochen, und sie gehen dich nichts mehr an. Es ist so, als handle es sich nicht mehr um deine eigene Autobiographie, sondern um das Leben eines anderen Menschen. Du bist bloß der Beobachter, und der Beobachter hat keine Autobiographie, denn in dieser Tiefe geschieht niemals irgend etwas. Dort gibt es keine Ereignisse. Sie ist rein und unverdorben.

Du kannst also in die Vergangenheit gehen und versuchen, deinen Sinn von allen Erinnerungen zu reinigen. Aber es ist fast unmöglich, damit an ein Ende zu kommen, denn im selben Augenblick, in dem du fertig bist mit diesem Leben, fängt sofort ein anderes an. Bist du mit diesem fertig, folgt wieder ein Leben... Buddha hat es versucht, aber es ist endlos.

Wenn du mit deinem Leben als menschliches Wesen fertig bist, hast du noch immer in deine Leben als Tier und Baum und Fels zurückzugehen, und du kannst weiter und weiter und weiter gehen. Es ist sogar so *(er wendet sich an Divya)*, daß man nie wirklich zum Primal kommt. Zum Primal zu kommen, bedeutet, an den allerersten Ursprung der Existenz zu gelangen, und das ist nicht möglich! Es hat nie einen Anfang gegeben, denn die Schöpfung hat keinen Anfang; sie war immer da. Wenn du immerfort reinigst, kommst du nie zu einem Ende. Du kannst einen kleinen Fleck saubermachen, das ist alles, aber du kannst nicht dein ganzes Sein säubern.

Ist es also nicht möglich, an den reinsten Punkt in dir zu gelangen? Es ist sehr wohl möglich, direkt jetzt, ohne daß es nötig wäre, in die Vergangenheit zu gehen. Du kannst direkt von diesem gegenwärtigen Augenblick aus einen Sprung tun, dir deiner vollkommen bewußt und wach werden. Plötzlich bewegt sich alles bloß an der Oberfläche; du siehst nur kleine Wellen an der Oberfläche, die dich nichts angehen. Weder gehörst du zu ihnen, noch gehören sie zu dir. Ein riesiger Abstand besteht zwischen dir und allem, was dir je widerfahren ist. Es tut gut, es mal zu versuchen, hm? Dann wird man wacher – aber für dich besteht keine Notwendigkeit. Werde einfach nach und nach bewußter.

Deshalb habe ich dir den Namen Vipassana gegeben – er bedeutet »Bewußtheit«!

Bleibe einfach aufmerksam und bleibe glücklich dabei. Mach keine ernste Sache daraus, sei dir deiner freudig bewußt und sei glücklich! Gut, Vipassana!

Wer war noch in der Gruppe? Alle, die etwas sagen möchten, können es jetzt tun.

VIYOGI *Ich fühle, daß mein Herz sich öffnet. Ich weiß nicht, was in dieser Gruppe genau passiert ist, aber ich kann es fühlen.*

Sehr gut. Es gibt Dinge, die du nur fühlen, aber niemals sagen kannst. Das sind die wahren Dinge. Dinge, die du aufeinander beziehen und beschreiben kannst, sind wertlos. Wenn etwas Wahrhaftiges passiert, ist es unbeschreibbar. Du kannst es nicht sagen, aber fühlen läßt es sich. Es durchdringt dein ganzes Wesen.

Versuche mehr und mehr, aus dem Herzen zu leben. Wann immer es geschieht, daß dein Herz sich ein wenig offen anfühlt, versäume nicht die Gelegenheit, denn in diesem Moment steht die Tür zum Göttlichen offen. Halte es fest und schmecke so viel davon, wie du kannst, dann wird es allmählich zu einem Teil deines Lebens.

Fühle mehr – denn du hattest ein geschlossenes Herz –, und wenn ihm eine kleine Öffnung widerfahren ist, verhilf ihm zu einer immer größeren. Sonst fällst du immer wieder in die alten Muster zurück, und dein Herz schließt sich wieder. Dann wird es zur bloßen Erinnerung; und schließlich fängst du an, es zu vergessen, und fragst dich, ob es überhaupt je stattgefunden hat.

Es ist wahr, aber mache es noch wirklicher. Wann immer dir eine Situation begegnet, in der du entdeckst, daß du fühlen kannst – wenn du den Vögeln zuhörst, oder einem Gesang unter freiem Himmel lauschst, oder wenn du ganz still sitzt und gar nichts tust – benütze sie, so daß dein Herz sich leichter öffnen kann, daß alle Blütenblätter sich entfalten.

Nach solchen Gruppen ist man ein paar Tage lang sehr empfindsam. Wenn du diese Empfindsamkeit nicht ausnützt, schließt du dich wieder zu und wirst stumpf. Alles fällt zurück in die alten Muster.

DAYAL *Ich habe ein ähnliches Gefühl, daß ich von hier (er zeigt auf seinen Kopf) nach da (er zeigt auf sein Herz) herunterfalle.*

*Dayal hat sich, nachdem er erst vor einigen Monaten Sannyas genommen hat, ungeheuer verändert.*

*In seinem ersten Darshan schien er sich nicht wohl zu fühlen, war blaß und verspannt; er hatte die nervöse Angewohnheit, mit den Augen zu rollen, was ihm aber ziemlich unbewußt unterlief. Seine Bewegungen waren linkisch und sein ganzes Verhalten zögernd.*

*Jetzt leidet er nicht mehr unter Asthma, das ihn einen großen Teil seines Lebens begleitet hat. Heute abend sitzt er ganz locker vor Bhagwan, spricht frei, lacht und lächelt häufig spontan. Sein ganzes Wesen scheint in sich selbst zu ruhen, als sei er mehr mit der Außenwelt verbunden und in stärkerer Berührung mit der inneren…*

Sehr gut! Schließe deine Augen und fühle, wie dein Herz sinkt, damit ich es sehen kann. Was immer geschieht, laß es zu.

*Dayal sitzt mit aufgerichteter Wirbelsäule, die Handflächen nach unten auf seinen Knien. Er fängt an, tief zu atmen, die Einatmung wird immer tiefer und tiefer. Bhagwan richtet den Strahl seiner Taschenlampe auf Dayals Gesicht, auf die Stelle seines dritten Auges. Nach ein paar Augenblicken senkt Bhagwan die Lampe…*

Gut Dayal! Komme zurück, langsam, sehr gut. Nicht nötig, irgend etwas zu sagen!

*Ein Mitglied der Gruppe erzählt, wie er den anderen mitgeteilt hatte, daß er sich wie nach einem Durchbruch fühle; daraufhin bildete die Gruppe eine Anordnung, in welcher Asutosh aufgefordert wurde, sich hinzulegen und wie tot zu sein.*

*Sie breiteten eine Decke über ihn aus und sagten, daß er jetzt tot sei; und er fühle sich jetzt kalt an, so daß er wirklich tot sein müsse...*

*Asutosh erzählt Bhagwan, daß er sich überhaupt nicht tot gefühlt habe und daß er, als er sie reden hörte, das Gefühl gehabt habe, es stimme gar nicht.*

Genauso ist es, wenn du wirklich stirbst. Auch dann ist es unwirklich, weil niemals irgend jemand stirbt. Es war ein guter Einblick. Erinnere dich also an dem Tag, an dem du stirbst, daß es genauso ist wie damals, als du in Veereshs Gruppe ›gestorben‹ bist! Das eine ist so unwirklich wie das andere, denn der Tod ist ein Drama. Der wirkliche Tod ist nicht wirklich, wie kann dann ein dramatischer Tod wirklich sein! Es galt nur, dir einen kurzen Einblick zu verschaffen, und es war gut.

Nie stirbt jemand; es ist bloßer Glaube von euch und anderen Leuten. Der Tod ist immer äußerlich, er widerfährt nie dir. Mache also eines...

Jede Nacht, bevor du einschläfst, lege dich für fünf Minuten auf dein Bett und stelle dir vor, du stirbst; inszeniere das ganze Drama. Erinnere dich, wie die Gruppe dich umgeben hat, wie sie über dich spricht, als seiest du tot, während du weißt, daß es nicht wahr ist. Aber denke trotzdem weiterhin, daß du stirbst. Denke es und... denke es... und denke es, bis du in Schlaf versinkst.

Du wirst bald merken, daß etwas in dir – dein Körper und dein Verstand – dich aus den Fängen läßt, während du denkst, daß du stirbst, du aber wirst dir deiner zunehmend bewußter. Du fühlst dich mehr und mehr unsterblich. Es ist eine der alten Meditationen. Buddha pflegte seine Schüler zu den Friedhöfen der Hindus zu schicken, shmashan, damit sie zusähen, wie die toten Körper verbrannt wurden. Jeder Schüler mußte dorthin gehen und mindestens drei Monate bleiben, Tag und Nacht. Viele Leute kamen, um Leichen zu verbrennen, und die Schüler hatten dem einfach zuzuschauen. Die Meditation bestand darin, daß sie sich vorstellen sollten, es sei ihr Körper, der verbrannt würde, der in den Flammen lag.

Eines Tages verstanden sie dann plötzlich die ganze Angelegenheit und fingen an zu lachen – weil sie begriffen hatten, daß nur der Körper stirbt und sonst nichts!

*Bhagwan spricht als nächstes mit der Sannyasin, der er im letzten Darshan gesagt hatte, sie solle ganz einfach sie selbst sein; sie solle nichts gegen ihren Widerstand gegenüber Veränderungen tun, sondern an allen Gruppen teilnehmen – auch wenn sie bloß in der Ecke sitzen und zuschauen würde.*

*Nayana sagt, sie sei kein gutes Gruppenmitglied gewesen; sie hätte sich müde und desinteressiert gefühlt. Zur gleichen Zeit habe sie sich aber schuldig gefühlt, als die Gruppe sie wegen ihrer Einstellung angegangen sei.*

Nein, ich schicke dich nur in die Gruppen, um ein Durcheinander zu erzeugen! Du machst es wunderbar, denn jetzt haben alle Gruppenleiter Angst vor dir! *(Viel Gelächter seitens der Gruppe, gequälter Ausdruck auf den Gesichtern der Gruppenleiter!)* Ein Unruhestifter ist nötig, sonst wird es für die Gruppenleiter zu leicht. Bleibe nur, wie du bist. Welche Gruppe machst du als nächste? *(noch mehr Gelächter)*

*Nayana zählt an ihren Fingern alle Gruppen ab, die sie gemacht hat; es waren alle, die man machen konnte, mit Ausnahme von Vipassana. Bhagwan meint, sie könne sich ein paar Tage ausruhen und dann das Vipassana machen. Er fügt hinzu:*

Aber du hast dort niemanden zu besiegen, denn dort gibt es niemanden, den man niederkämpfen könnte, keinen Gruppenleiter, nichts, hm? Es wird ein Erfolg werden, denn in dieser Gruppe bist du allein. Wenn du überhaupt jemanden besiegst, dann bist du es selbst.

Es liegt an dir, ob du es tust oder nicht. Das wird ganz nach deinem Geschmack sein, denn es gibt keinerlei Zwänge, gar nichts. Und die Gruppe ist nicht kathartisch; es gibt nichts, was du herausbringen müßtest. Du brauchst nur still dazusitzen und dich nach innen zu bewegen.

Nichts ist verkehrt. Alle diese Gruppen waren hilfreich, weil du dir über Dinge, die in dir sind, klarer geworden bist: dein Ego, deinen Widerstand, deinen Kampf, dein Verweigern von Kooperation. Es ist, als stünde die ganze Welt auf dem Spiel, wenn du dich änderst. Du klammerst dich an etwas, das nicht wert ist, festgehalten zu werden. Aber es ist vollkommen natürlich. Es gibt Leute, die sind so. Es gibt durchaus keinen Grund, sich schuldig zu fühlen oder etwas zu verdammen.

Was mich betrifft, warst du sehr hilfreich! Selbst wenn du dich später änderst, werde ich dich in ein paar Gruppen schicken, einfach um Probleme zu schaffen. Du wirst mich dort vertreten.

ARCHANA *... für mich war es mehr die Erfahrung, die Bedingungen zu sehen, die ich meinem Wachstum auferlege. Und wie Veeresh gesagt hat, habe ich soviel Mist in mir – aber ich kann ihn nicht finden... ich kann ihn nicht finden...*

Der Verstand ist Mist! Es ist nicht so, daß du Mist in dir hättest und jemand anderes nicht. Es ist ganz einfach Mist, und wenn du immerzu diesen Mist aus dir herauswirfst, kannst du immer weiter- und weitermachen; du kommst nie an den Punkt, der das Ende darstellt. Es ist Mist, der sich immerzu erneuert; er ist also nicht tot, sondern dynamisch. Er wächst und hat sein eigenes Leben. Wenn du ihn beschneidest, wachsen neue Blätter nach.

Ihn aus sich rauszuwerfen, bedeutet nicht, leer zu werden. Das macht dich nur darauf aufmerksam, daß der Verstand, für den du dich selbst gehalten hast, mit dem du bis auf den heutigen Tag identifiziert warst, nicht du bist. Indem du es in dir hochbringst, wird dir die Trennung aufgehen, die Kluft, die zwischen ihm und dir besteht. Der Mist bleibt da, aber du bist damit nicht mehr identifiziert, das ist alles. Du wirst abgeteilt; du existierst getrennt davon.

Du brauchst also sieben Tage lang nur eines zu tun: Versuche nicht, mit dem Mist zu kämpfen, und versuche nicht, etwas daran zu ändern. Beobachte nur und erinnere dich an eines, ›Ich bin nicht das‹. Laß das dein Mantra sein: ›Ich bin nicht das.‹ Denke fest daran und werde wach und paß gut auf, was passiert.

Es wird einen sofortigen Wandel geben. Der Mist wird weiterhin da sein, aber er wird nicht mehr ein Teil von dir sein. Dieses ständige Drandenken wird zum Verzicht darauf.

Versuche es und sage mir nach sieben Tagen, wie es läuft.

KAVITA *Ich hab' nicht die ganze Gruppe gemacht. Ich hab' ganz plötzlich das Gefühl gehabt, ›jetzt ist es genug!‹ Ich...*

*(Lachend)* Gut! Genau in der Mitte bist du...?

KAVITA *Ich machte so lange mit, wie ich das Gefühl hatte, gewisse Dinge seien noch nicht beendet. Auf einmal fühlte ich, ich bin fertig mit ihnen. Der Gedanke kam, und mein Körper war wirklich ruhig. Dann glaubte ich, es sei ein Davonlaufen, ich sollte lieber dabeibleiben, aber dann – nachts um ein Uhr geschah etwas, und ich dachte: ›Nein! Jetzt geh' ich. Genug davon!‹*

*(Schmunzelt noch immer)* Sehr gut! Und wie hast du dich seitdem gefühlt?

KAVITA *Wirklich gut... ich hab' ein paar Gewohnheiten an mir, aber ich glaube, ich bin mir nicht bewußt, wie ich sie ändern kann.*

Nun, es gibt keinen Grund, irgend etwas zu ändern. Einfaches Gewahrwerden ist genug – die Dinge ändern sich von alleine.

KAVITA *Ja, das ist es, was mir in den Sinn kam, als ich fortging.*

Du hast nichts falsch gemacht. Wenn dein inneres Wesen sagt, jetzt ist es genug, ist es genug.

Du mußt auf deine eigene innere Stimme hören. Auch wenn sie dich Irrtümer begehen läßt, dich abseits führt, du mußt ihr trotzdem folgen. Man muß lernen, auf seine innere Stimme zu hören und sie zu verstehen. Du wirst ein paarmal Fehler machen, aber die werden allmählich weniger, bis alles vollkommen klar wird. Höre also immer auf sie.

KAVITA *Die Erwachsenen haben von meiner Kindheit an versucht, mich zu verurteilen. Sie haben immer gesagt, es sei falsch.*

Ja, Erwachsene haben diese Angewohnheit. *(Gelächter)* Es macht ihnen Spaß, Leute zu verurteilen. Sie sind gar nicht erwachsen, hm? Sie sind ein bißchen kindisch geblieben. Als sie Kinder waren, haben die Erwachsenen diesen Trick an ihnen ausprobiert, deshalb machen sie jetzt dasselbe mit anderen.

Auf diesem Wege setzen sich Krankheiten jahrhundertelang fort. Du steigst einfach aus! Verdamme niemanden. Sogar wenn du das Gefühl hast, jemand liegt vollkommen verkehrt, verurteile ihn nicht. Verurteilen ist falscher als irgend etwas anderes Falsches.

Verdamme niemals irgend jemanden – das ist die Eigenart eines religiösen Menschen, der alles akzeptiert und nirgends eingreift. Gut, Kavita.

ASHA *(die als Assistentin der Gruppe geholfen hat) Ich habe das Gefühl, daß ich bei dem Marathon ein ungeheueres Bedürfnis nach Kontrolle in mir erkannt habe. Ich verstehe im Moment nicht, was du sagst. Ich verstehe es und doch wieder nicht. Ich verstehe die Worte, ich höre sie, aber...*
*Ich habe einen Blick auf mein riesiges Ego geworfen, wirklich riesig ist es, und ich hab' nicht das Gefühl, daß das gesund ist. Je mehr ich höre, um so mehr hab' ich das Gefühl, daß es für Leute in der Gruppe nicht gut ist. Ich richte wahrscheinlich mehr Schaden an als...*

*(fast traurig)* Es schadet. Es schadet dir und den anderen. Es ist Gift, aber du hast noch nicht genug davon.

Auch das sagst du einfach so. Du nährst und fütterst es noch. Du hast in der Tat Angst, daß es dich, wenn es verschwindet, im Straßengraben oder in einem Vakuum zurücklassen könnte. Du gibst ihm Leibwächter und schützt es in jeder Weise, damit es weiterbestehen kann.

Wir könnnen süchtig werden nach unserem Elend, und anstatt leer zu werden, würden wir unser Elend lieber fortsetzen. Bevor man niemand wird, zieht man es vor, der elendeste Mensch auf der Welt zu sein. Man ist wenigstens der Elendste!

Das ist dumm, aber das Ego ist Dummheit, nicht dein Ego, sondern das Ego als solches. Man muß das eines Tages begreifen. Das Verständnis kann nicht erzwungen werden, du mußt es also ausleben, noch ein bißchen leiden. Aber du wirst leiden, und dann, nach und nach...

Es gibt keinen anderen Lehrer als das Leiden. Du hast viel gelitten, und du leidest auch jetzt, aber du verbirgst es noch immer. Deshalb scheinst du hinzuhören, scheinst zu verstehen, und doch kommt es zu keinem Verständnis.

*Bhagwan hält inne, um dann eine andere Gruppenleiterin anzusprechen, die selbständig Marathons machen wird, wenn Veeresh in einigen Monaten nach England zurückkehrt.*

*Bhagwan versichert ihr, daß sie die Angst ruhig fallen lassen kann, weil sie die Marathons sowieso machen wird! Das sei beschlossene Sache, und sie brauche sich jetzt keine Gedanken mehr zu machen.*

NEERJA *Mir wurde in der Gruppe deutlich, wie sehr ich aus allen Sachen aussteige. Seit die Gruppe zu Ende ist, hat mich das andauernd beschäftigt. Ich hab' das Gefühl bekommen, daß niemals irgend etwas zu einem Ende kommt (sie ist den Tränen nahe).*

Nimm' es hin, das ist auch nicht nötig...

NEERJA *Und es gibt so vieles. Jedesmal, wenn ich an etwas rühre, denke ich, es sei aus – aber es gibt noch so viel mehr. Mir scheint, ich hätte nie einen Block berühren sollen – denn jetzt habe ich Hunderte von Blöcken.*

Nein, kein Grund, bekümmert zu sein. Mach nur kein Problem daraus. Akzeptiere es. Das ist deine Art, so bist du eben.

Ich nenne das Reife – sich so zu akzeptieren, wie man ist. Schaffe dir nicht das Ideal, das du nicht so sein solltest, daß du nicht kneifen solltest, daß du alles zu Ende bringen solltest.

Jedes ›sollte‹ muß fallen gelassen werden. Sei natürlich! Was immer auf natürliche Weise geschieht, ist gut; alles Sollen ist repressiv. Wenn du das Gefühl hast, du willst kneifen, kneife! Es wäre falsch. Du würdest gegen die Natur angehen, wenn du dich selbst dazu zwingst, dabeizubleiben.

Jeder sollte seine eigene Spontaneität spüren. Wenn du das Gefühl hast, du möchtest dich zurückziehen, ziehe dich zurück; willst du mit jemandem zusammen sein, so tue es. Wenn du eine Sache nur zur Hälfte machen willst, tue auch das. Es gibt keinen zwingenden Grund, sie zu vollenden.

NEERJA *Aber ich hab' es immer so gemacht. Ich hab' immer alles nur zur Hälfte gemacht.*

Das ist doch nicht verkehrt, wirklich nicht: Du hast die fixe Idee, daß man Dinge vollständig tun müßte. Diese Idee macht dir zu schaffen. Daran ist nichts falsch! Du machst Sachen halb – warum dir darüber die Haare raufen? Dieses Kopfzerbrechen ist deine eigene Erfindung.

Man sollte anfangen, sich selbst zu lieben, sich zu akzeptieren, denn es gibt keinen anderen Weg für dich, du selbst zu sein. Nimm dich, wie du bist, sonst schaffst du dir dein eigenes Elend.

Jedes ›Sollte‹ ist gefährlich; alle Ideale und Vollkommenheitsideen sind sehr, sehr gefährlich. Sie sind überhaupt überflüssig! Was immer du tun kannst, tue es und habe deine Freude daran. Wenn du das Gefühl hast, du möchtest damit aufhören, höre einfach damit auf – ohne Groll, ohne Murren oder Schuldgefühl. So bleibst du sauber und rein.

NEERJA *(immer noch bekümmert und augenscheinlich nicht versöhnt) Ich habe so viel Schuld!*

Du bist es, die sie schafft, niemand sonst.

NEERJA *In der Gruppe kam es heraus. Als ich mit dir wegen Siddhartha (ihrem Sohn) sprach, hast du gesagt: ›Fühle dich nicht mehr schuldig.‹ Dann hab' ich mit Sudha (einer Gruppenleiterin) darüber gesprochen, und plötzlich hab' ich gemerkt, daß ich auf einer bewußten Ebene zu mir gesagt habe, Bhagwan sagt: ›Du sollst keine Schuld mehr haben.‹ Deshalb dachte ich, ich hätte keine. Aber ich hab' immer noch welche, ganz tief in mir!*

Dann akzeptiere es! Das ist genau das Problem! Wenn du Schuld hast, akzeptiere auch das. Jetzt schaffst du dir wieder ein ›Sollte‹ – daß man keine Schuld haben sollte –, und dann fühlst du dich deswegen schuldig!

Ich sage dir, was immer du bist, entspanne dich und nimm es hin. Gott will dich so, warum sollte Er sonst Neerja geschaffen haben? Er hätte einen zweiten Veeresh erschaffen sollen!

Mach' dir also keine Gedanken – es ist nicht nötig.

*Ein Sannyasin sagt, daß er, seit er in Indien ist, Briefe von seiner Frau bekommt, die von Mal zu Mal fordernder werden. Am Anfang habe es ihn gestört, aber jetzt fühle er sich nicht mehr schuldig; er meint, sie könne noch eine Weile ohne ihn auskommen.*

*Bhagwan sagt, es ist gut, daß er sich nicht mehr schuldig fühlt, denn wenn er sich schuldig fühlt und aus dieser Schuld heraus handelt, indem er die Verantwortung für sie auf sich nimmt, wird er sich eines Tages an ihr rächen.*

*Bhagwan betont, daß es unwichtig ist, ob sie tatsächlich ohne ihn zurechtkommt oder nicht; die Hauptsache ist, daß Visuddah sich nicht schuldig fühlen sollte...*

... und dir vorzustellen, daß sie für sich selbst sorgen kann, ist vielleicht wieder nur ein Trick, damit du dich nicht schuldig fühlst.

Fühle dich einfach nicht schuldig und suche keine Gründe dafür. Freue dich an diesem Nicht-schuldig-Sein, und wenn daraus eine Verantwortung entsteht, ist das sehr schön. Hast du das Gefühl, sie braucht dich nicht, dann ist das vollkommen in Ordnung, und es gibt nichts daran auszusetzen.

Übernimm nie eine Verantwortung aus dem Gefühl der Schuld heraus, denn das wird häßlich, eine Gefangenschaft. Aus Nicht-Schuld heraus wird die Verantwortung zur Teilnahme und ist dann schön.

# Dienstag
# den 13. Januar

AMITABH *Ich hab' dir einen Brief geschrieben, und ich hab' etwas mehr Klarheit, aber ich stecke noch drin. Mein Verstand hat die tolle Aufgabe übernommen, mich verrückt zu machen! Aber ich spüre, daß ich die meiste Zeit eher Zeuge bin, als daß ich irgend etwas daran tue…*

Sei einfach nur Zeuge. Tue nichts daran, denn alles, was du tust, kann niemals wirklich tief sein. Es kann höchstens zu einer vorübergehenden Regelung kommen. Alles, was der Mensch tun kann, muß an der Oberfläche bleiben. Wenn also ein Problem auftaucht, und du tust etwas, ist es vorübergehend gelöst.

Aber das gleiche Problem wird auf einem anderen Wege wieder auftauchen. Wenn du dich einer Sache gegenüber unentschieden fühlst, kannst du diese Unentschiedenheit flicken, indem du etwas tust; aber irgendwo anders macht sich der Zwiespalt wieder bemerkbar. Und das nimmt und nimmt kein Ende. Die Probleme wandeln sich, aber das Problem besteht fort.

Die Hauptsache besteht darin, daß das Problem sich auflösen sollte, und das geschieht nur dann, wenn du einfach gar nichts tust. Indem du es einfach beobachtest, schaffst du einen Abstand; und dieser Abstand wächst und wächst und wächst. Eines Tages ist der Zwischenraum so groß, daß du plötzlich merkst, daß das Problem gar nicht zu dir gehört; es ist, als hätte es niemals zu dir gehört. Nur Abstand ist nötig, und der entsteht allein dadurch, daß du Zeuge wirst.

Alles, was der Mensch darüber hinaus tun kann, vereitelt sich in gewisser Weise selbst. Du spürst zum Beispiel einen bestimmten Zweifel oder eine Unentschiedenheit und versuchst in dieser Unentschiedenheit, eine Entscheidung zu treffen. Wie kann aber eine Entscheidung aus einer Unentschiedenheit hervorgehen? Du kannst nur feststellen, ›Ja, ich habe mich zu einer Entscheidung durchgerungen‹, aber tief darunter wächst der Strom der Unentschiedenheit. Nur eine dünne Schicht der Täuschung liegt darüber, eine sehr dünne Schicht, die jeden Augenblick durch jedwede Situation einbrechen kann.

Im Osten ist das zu einer Hauptsache geworden – daß kein Problem dadurch gelöst werden kann, daß man etwas tut. Probleme entstehen gerade dadurch, daß der Mensch ein Tatmensch geworden ist. Wenn es dem Menschen gelingt, allein beim Sein zu bleiben und das Tun aufzugeben, verschwinden die Probleme. In einem Bewußtsein, das nur Zeuge ist, gibt es keine Probleme. Nur im Bewußtsein eines Tatmenschen entstehen Probleme. Es kommt also lediglich darauf an, die Betonung vom Tun auf das einfache Sein hin zu verlagern.

Schau also einfach zu. Sitze abseits und sehe den Spielen zu, die der Verstand unablässig aufführt. Eines Tages, plötzlich, wenn der Abstand richtig ist – und du kannst ihn nicht herzaubern, es geschieht einfach –, und die Sicht ist klar, bist du von dem Problem weit, weit entfernt. Und es gibt keine Brücke: Das Problem ist dort, und du bist hier. In diesem Augenblick kannst du nicht einmal mehr begreifen, wie es da eine Brücke geben konnte oder wie es sein konnte, daß du dir solche Gedanken gemacht hast. Es ist irgendwo in einer anderen Welt, gehört zu irgend jemand anderem und hat auf dir nicht einmal einen Kratzer zurückgelassen. Die Wahrheit dieser Erfahrung wird der Schlüssel zum Lösen aller Probleme. Wann immer also ein Problem entsteht, beobachte es nur.

Es ist schwierig, denn im Westen ist man ganz darauf ausgerichtet zu analysieren (Amitabh war Psychotherapeut im Westen). Zeuge sein ist eine vollkommen andere Dimension. Es besteht nicht im Analysieren. Im Westen werdet ihr dazu angehalten, zu analysieren, zu verstehen, die Ursachen herauszufinden – aber ihr könnt niemals an ein Ende kommen. Du kannst einen Grund für ein Problem finden, und dann versuchst du, eine weitere Ursache für diesen Grund zu finden; und das setzt sich bis ins Unendliche fort. Jede Ursache ist in ihrer eigenen Umkehrung eine Wirkung. Du kannst immer weiter machen, so wie du eine Zwiebel schälst, Schale für Schale. Eine Zwiebel ist früher oder später aufgebraucht, aber die Zwiebel des menschlichen Verstandes geht niemals zu Ende. Sie ist nicht-endend. Sie bringt unentwegt ihre eigenen Schichten hervor.

Im Osten haben wir nie versucht zu analysieren, denn eine der tiefsten Einsichten bestand darin, daß Analyse zu keinem Ende führt. Sie kann es allerhöchstens zurückdrängen, kann es wegstecken, aber niemals zu einem Ende führen. Irgendwo wird es weiterexistieren, und es einfach wegzwingen, kann keinerlei Hilfe sein.

Im Westen versucht ihr, auf das Problem Gewalt auszuüben, ihr führt es zurück auf seine Ursache. Im Osten versuchen wir, das Bewußtsein an seine Quelle zurückzuführen, und das Problem rühren wir überhaupt nicht an. Ihr versucht, das Problem mit Gewalt zu beseitigen. Wir versuchen, das Bewußtsein nach Hause zu führen. Wir fassen das Problem nicht an, sondern lösen uns selbst von ihm ab.

Du bist zum Beispiel da, und du bist das Problem. Im Westen fange ich nun an, mich für dich zu interessieren, und ich versuche, dich zu zwingen, aus meinem Bewußtsein zu verschwinden; genau so entsteht das Unbewußte. Im

Osten bist du das Problem, ich bin das Bewußtsein. Ich lasse dich, wo du gerade bist, und gehe ganz einfach selbst weg; auf diese Weise kommt es zu keinem Unbewußten, zu keiner Unterdrückung; ich gehe weg, ich rühre das Problem nicht an. Indem ich mich in mein eigenes Innerstes zurückziehe, wird der notwendige Abstand geschaffen.

Auch im Westen versucht man, einen Abstand zu schaffen – indem man das Problem mit Gewalt vertreibt –, aber das führt zu weiteren Problemen, denn sie lassen sich nicht durch Zwang beiseite schieben. In dem Bemühen selbst, im Kampf damit bleibst du ihm nahe. Wenn du es analysierst, ist es derselbe Verstand, der das Problem erzeugt und es zugleich analysiert. Du versuchst dich an den eigenen Haaren aus dem Sumpf zu ziehen. Du kannst ein bißchen auf- und abspringen, aber das wird dir nicht viel helfen. Du landest wieder auf der Erde. Du versuchst deinen eigenen Schwanz zu fangen.

Sei einfach Beobachter, und allmählich entsteht eine tiefe Unbetroffenheit. In diesem Nicht-befaßt-Sein löst sich alles auf. Du brauchst nichts zu tun. Sitze einfach da, freue dich, sei und schaue zu. Ganz allmählich, wenn das Problem begreift, daß Amitabh an ihm nicht interessiert ist, wird es gehen.

Wenn ein Gast ungeladen, unwillkommen ist, und der Gastgeber kümmert sich nicht um ihn, sagt nicht einmal ›Guten Tag‹, wie lange wird der Gast an die Tür klopfen? Eines Tages geht er ganz einfach.

Jeder Gedanke, jedes Problem ist ein Gast. Fange mit ihnen nichts an, sondern bleibe ein Gastgeber – nicht befaßt, gleichgültig und in deiner Mitte. Wie läuft es mit Anupama?

AMITABH *Wunderschön.*

Anupama, komm her!

*Vor ein paar Wochen hatte Bhagwan zu Anupama von der Schönheit einer Liebe gesprochen, der Zeit gegeben wird zu reifen, vom Bedürfnis der Liebe, genährt zu werden, und davon, seinen Neigungen und Energien nicht zu gestatten, sich durch ein vages Angezogensein von anderen ablenken zu lassen.*

*Er empfahl ihr, sich jeden Tag eine Weile beiseite zu nehmen, in welcher sie alles ausphantasieren könne, was immer sie in Wirklichkeit tun wolle. Heute abend fragt er sie, wie es ginge. Sie meint, die Gefühle bestehen immer noch, sie schalteten an und aus...*

Laß es kommen und gehen, aber mache dir nichts daraus. Wenn es kommt, nimm es zur Kenntnis, und auf eine sehr gleichmütige Weise – das ist alles.

Im Buddhismus gibt es eine ganz besondere Methode; sie nennen sie: ›dreimal zur Kenntnis nehmen‹. Wenn ein Problem aufkommt – zum Beispiel, jemand verspürt plötzlich ein sexuelles Bedrängtsein oder Gier oder Ärger –, dann haben sie dreimal zur Kenntnis zu nehmen, daß es da ist. Wenn es Ärger ist, muß der Schüler innerlich dreimal sagen: ›Ärger, Ärger, Ärger.‹ Nur damit er es vollständig zur Kenntnis nimmt und es nicht am Bewußtsein vorbeigeht, das ist alles. Dann fährt er fort mit dem, was er gerade getan hat, hm? Er stellt nichts an mit dem Ärger, nur daß er ihn dreimal zur Kenntnis nimmt.

Das ist ungeheuer schön. Im selben Augenblick, wo du dir dessen inne wirst, nimm es zur Kenntnis, und es ist vorüber. Es kann dich nicht unter die Fuchtel nehmen, denn das kann nur geschehen, wenn du unbewußt bist. Dieses dreimalige Benennen macht dich im Innern so wach, daß du von dem Ärger getrennt bist. Du kannst ihn vergegenständlichen, denn er ist dort, und du bist hier. Buddha empfahl seinen Schülern, es so mit allen Dingen zu machen.

Versuche es ganz einfach, und es gibt keinen Grund, sich Sorgen zu machen. Es ist menschlich und kein Grund, sich schuldig zu fühlen. Es ist gut, wenn du weißt, daß es kommt – unterdrücke es nicht. Gewöhnlich haben alle Kulturen und Zivilisationen uns gelehrt, Probleme zu unterdrücken, so daß du ihrer gar nicht mehr gewahr wirst – so sehr, daß du sie vergißt. Du glaubst, sie würden gar nicht existieren.

Das gerade Gegenteil davon ist der wahre Weg. Mach sie dir vollkommen bewußt, und indem du sie bewußt im Auge hast, schmelzen sie. Versuch es so und versäume keinen einzigen Augenblick. Wiederhole einfach dreimal ›wieder, wieder, wieder‹. Du mußt es innerlich wiederholen, und wenn du das Gefühl hast, es hilft, kannst du es laut wiederholen, damit Amitabh es auch weiß – ›wieder, wieder, wieder‹!

Es wird weggehen, und wenn das geschieht, wirst du dich wirklich erleichtert fühlen. Du siehst schon besser aus! Wenn man von diesen umherschweifenden Wünschen und Ideen entlastet ist, fühlt man sich unschuldiger und reiner. Dieser Duft umgibt dich, und ganz allmählich wird das Leben ein vollkommen anderer Gesang, ein ganz anderer Tanz. Fange also jetzt damit an!

*Heute abend bringen zwei Sannyasins ihre Probleme mit der Arbeit zur Sprache. Die erste Sannyasin hat Schwierigkeiten mit ihrer Arbeit im Ashram.*

*Viele Sannyasins arbeiten hier – sie schreiben die täglichen Vorträge ab und redigieren sie, betreuen die Gärten des Ashrams, halten die Häuser sauber, kochen, fertigen Malas, leiten Gruppen, erledigen Arbeiten, die in der Bibliothek und im Büro anfallen.*

*Bhagwan scheint Leuten Arbeit aus den verschiedensten Gründen zuzuweisen. Einige, die auf einem bestimmten Gebiet Erfahrungen gesammelt haben, bekommen vielleicht Arbeiten, bei denen ihre erworbenen Fähigkeiten am besten genützt werden. Anderen werden gerade Arbeiten gegeben, die das Gegenteil dessen beinhalten, womit sie vertraut sind. Freilich begegnen einem hier die üblichen Frustrationen einer Arbeitsroutine sowie jene Probleme, die dadurch entstehen, daß man es mit anderen Leuten zu tun hat; denn der Ashram ist beides – Marktplatz und Kloster. Diejenigen, die hier leben und arbeiten, führen kein abgeschlossenes und geschütztes Leben, sondern werden andauernd in Situationen gestellt, die für ihr Wachstum und ihr Reiferwerden genützt werden können.*

*Aber die Arbeit und die damit verbundenen Probleme bekommen eine vollkommen andere Perspektive durch das Wissen um Bhagwans Nähe und das Gefühl seiner ständigen Gegenwart bei allem, was man tut.*

*Das gesamte Konzept von Arbeit im Ashram ist gänzlich anders. Was immer die Tätigkeit ist, sie scheint mehr Liebe, Spiel oder Meditation zu sein.*

*Wenn man mit Liebe arbeitet, geschieht die Arbeit eher wie von selbst, statt das Resultat eigener Anstrengungen zu sein. Je weniger man in seiner Arbeit steckt, um so mehr Raum ist für Bhagwan da, um durch einen zu wirken, einen als Medium, als Durchgang, zu benützen.*

*Spielerisch arbeiten bedeutet, es nicht tierisch ernst und dennoch aufrichtig zu tun, ganz gleich, was man tut. Es gibt ein Gefühl tiefer Bezogenheit aufeinander, und es nimmt jetzt ständig zu, jeden Tag – ein Verwandtschaftsgefühl unter denen, die hier in Bhagwans Arbeit einbezogen sind. Dabei schwingt irgendwie ein Gefühl von Abenteuer und Unbekümmertheit mit. Die Leute werden nicht übermäßig in Anspruch genommen oder von ihrer Tätigkeit aufgesogen; es ist fast, als wüßte jeder insgeheim, daß alle Arbeit wirklich nur ein Vorwand ist, um in Bhagwans Nähe zu sein, und um ihm zu erlauben, durch die Arbeit auf uns einzuwirken.*

*Und meditativ sein bedeutet, total sein. Der Einsatz mag vielleicht nicht perfekt sein, aber wenn er total ist, ist das genug, mehr als genug.*

*Die Sannyasin, die im Ashram arbeitet, sagt, sie fände es schwierig, am Maschinenschreiben Spaß zu haben. Sie sagt, sie wisse, es sollte nicht darauf ankommen, was sie macht, aber nichtsdestotrotz könne sie zusehen, wie sie sich alle Tage selbst bekämpfe, indem sie sich sage, die Arbeit müsse getan werden und sei nützlich.*

*Sie sagt, sie arbeite ohne Begeisterung, ohne Leidenschaft, und bittet um Hilfe, damit sie eine positivere Einstellung finde.*

Es ist nicht nötig, sich irgendeine Einstellung zuzulegen. Es gibt kein Problem, wenn du spürst, daß du mir ergeben bist: Wenn ich gesagt habe, du sollst es tun, tust du es. Dann ist es keine Frage deiner Einstellung, denn das wird dir nicht helfen. Du kannst eine positive Einstellung gewinnen, aber nach einer Woche wird sie dahin sein; denn du kannst eine Einstellung nicht andauernd beibehalten.

Nur ein leerer Kopf kann bei einer Einstellung bleiben; und in Wirklichkeit ist es eine Nicht-Einstellung; deshalb verharrt er in einem Zustand.

Einstellungen sind dazu bestimmt, sich zu ändern. Wenn du also versuchst, deine Einstellung zum Positiven zu wenden, gelingt dir das vielleicht mit viel Anstrengung und Leiden und Gewalt gegen dich selbst, aber dann wirst du wieder zurückfallen.

Ergib dich mir einfach. Denk nicht, daß Purna Purna gehört. Purna gehört Bhagwan, und Bhagwan sagt: Maschineschreiben, also schreibst du Maschine!

Verstehst du mich? Und sobald ich sehe, daß du fröhlich Maschine schreibst, werde ich es ändern! Ich werde dir etwas Schwierigeres geben, mach' dir also keine Gedanken, hm?

Alles wird dir in bestimmter Weise helfen. Wenn du wirklich daran interessiert bist, dich zu ändern, dann häng nicht an dir selbst; wie könntest du dich dann ändern? Wenn die Vorstellungen deines Verstandes in Erfüllung gehen, wird er dadurch mehr und mehr gestärkt. Wenn dein Verstand sagt, daß du Maschinenschreiben nicht leiden kannst, daß du etwas anderes lieber machst, und du tust es, dann ist er bestärkt.

Gerade, weil du es nicht magst, sage ich, daß du es weiterhin zu tun hast; haargenau aus diesem Grunde. Nur so kannst du fühlen, daß du nicht der Verstand und nicht sein Sklave bist, daß er dir keine Arbeiten vorzuschreiben hat, daß du ihn links liegen lassen kannst und bei dir selber bist. Das ist eine bedeutende Erkenntnis und eine großartige Schulung.

Es ist also nicht nötig, dir eine positive Einstellung zuzulegen. Lasse einfach alle Einstellungen fallen und funktioniere als ein Werkzeug, ein Durchgang, das ist alles, und du wirst sehen, wie sich alles verwandelt.

Und wenn alles in Fluß geraten ist und du dich vollkommen wohl fühlst, sage es mir, hm? Gut!

DEVAMURTI *Was willst du mit mir tun? Vielleicht sollte ich nicht fragen, aber ich bin sehr neugierig und denke andauernd über Möglichkeiten nach.*

Erzähle mir, an was für Möglichkeiten du gedacht hast.

DEVAMURTI *Nun, etwas für dich in Irland zu tun. Etwas zu tun, indem ich meinen Beruf in eine Berufung verwandle – womit ich zur Zeit Schwierigkeiten hab' – oder hierher zurückzukommen und Maschine zu schreiben oder Dinge zu tun, die ich nicht gerne tue!*

*(Bhagwan lacht)* Welchen Beruf hast du?

DEVAMURTI *Ich bin Dozentin für Psychologie.*

Und du machst es gerne? Oder nicht?

DEVAMURTI *Ich lehre gerne, und ich verstehe mich mehr als Lehrer denn als irgend etwas anderes. Aber es ist schwierig, in diesem Fach einen Aspekt zu finden, dem ich mein Herz schenken könnte. Ich bin sehr stolz darauf, daß ich jahrelang freiberuflich tätig war, und das sollte ein Ende haben... aber ich lehre gerne.*

Dann lehre weiter, denn wenn du es magst, ist das sehr schöpferisch; und wenn du es wirklich magst, wirst du Wege finden, wie du immer kreativer werden kannst.

Lehrer sein, ist eine der schöpferischsten Sachen auf der Welt, wenn du eine Berufung dazu hast, eine innere Eignung dafür, hm? Es ist eine Kunst, und Lehrer werden wie Dichter geboren. Von hunderten Lehrern sind selten einer oder zwei wirkliche Lehrer.

Nach meinem Gefühl hast du eine angeborene Fähigkeit dazu; ich werde dir also nicht vorschlagen, damit aufzuhören. Das ist deine Berufung. Gib alle Alternativen auf, denn sie stören dich. Laß dich ganz darauf ein, und werde wirklich ein Lehrer.

Später werde ich dich rufen, und du wirst ein Lehrer für mich werden. Bald werde ich Lehrer brauchen, die für mich um die ganze Welt reisen, denn ich werde diese Veranda nicht verlassen! Aber sei schöpferisch und betreibe es nicht wie einen Beruf. Laß es eine Berufung sein, eine Inspiration. Betreibe es nicht bloß wie einen Job; liebe es. Es gibt nichts, was dem vergleichbar wäre. Ein Maler arbeitet mit Farbe und Leinwand, ein Bildhauer mit Marmor und Stein, aber ein Lehrer arbeitet mit dem menschlichen Bewußtsein, und das ist das Allergrößte, was es gibt.

Mache also weiter mit deiner Arbeit. Ich werde keine Maschinenschreiberin aus dir machen! Ich werde bald eine Lehrerin aus dir machen, aber du mußt bereit werden dazu! Gehe also zurück, fahre fort, an der Universität zu lehren, und fange an, meine Botschaft zu verbreiten...

PRAFULLA *Ich werde Mutter.*

Hm, hm... und du möchtest es?

PRAFULLA *Ja, ich möchte es.*

Verstehst du, was das bedeutet? Wenn du es möchtest, ist es gut so, hm? Aber man sollte sich dessen noch bewußter sein. Mutter zu sein ist eine große Revolution und bringt einen radikalen Wandel mit sich.

Frau zu sein ist eine Sache, und Mutter zu sein ist etwas vollkommen anderes. Du gehst eine Verbindlichkeit ein mit jemandem, den du nicht kennst, und du mußt dein ganzes Leben auf ihn einrichten. Dann ist deine Freiheit dahin... Mache dir das noch einmal klar.

Wenn du ganz klar die Verantwortung für alles, was auf dich zukommt, übernimmst, wirst du nicht so frei sein können, wie du es gewesen bist. Die Verantwortung für das Kind wird bei dir liegen – und nicht als Pflicht. Wenn es eine Pflicht ist, wird es zur Last, dann fängt man an, sich an dem Kind zu rächen.

In diesem Augenblick weißt du es nicht, deshalb ist alles gut, aber wenn das Kind kommt, gibt es Verantwortlichkeiten. Deine Freiheit ist vollkommen abgeschnitten. Du mußt zuerst an das Kind denken und dann an dich selbst. Das Kind ist wichtiger als du, und du kommst erst an zweiter Stelle. Jetzt kannst du die Liebhaber wechseln und tun und lassen, was du willst, aber wenn erst einmal das Kind da ist, ändern sich die Dinge. Denke also gründlich darüber nach, denn es ist eine große Entscheidung.

Wenn du sie bewußt fällst, ist das vollkommen in Ordnung. Aber gerate nicht unbewußt in Mutterschaft – indem du schwanger wirst, bloß weil du so hineinschlidderst. Früher war das in Ordnung, denn es gab keine Verhütungsmittel; Schwangerschaft war immer ein Unfall, aber jetzt muß sie das nicht mehr sein.

PRAFULLA *Das war es nicht.*

Dann ist es gut. Wenn du dich für den Schritt entschieden hast, ist es in Ordnung, und es gibt kein Problem. Laß dich darauf ein!

*Die Nadam-Musikgruppe spielt heute abend für Bhagwan. Die Gruppe – sie besteht aus ungefähr 12 Sannyasins – bildet einen Halbkreis zu Bhagwans Füßen. Ihr Leiter, Kabir, erzählt jenen, die nicht zu dieser Gruppe gehören, was sie gewöhnlich tun...*

KABIR *Wir haben in den letzten Wochen in der Gruppe zwischen 30 Sekunden und 5 Minuten Musik gemacht, indem wir einfach etwas in uns aufsteigen ließen.*
*Dann hören wir irgendwie eine Weile sehr behutsam zu. Das ist wirklich die Hauptsache, die wir tun; einfach zuhören. Wenn wir hören, daß ein Schweigen sich nähert, hören wir auf zu spielen und lassen es zu.*
*Erlaubt mir, das Schweigen zu brechen, und jedesmal, wenn es zum Schweigen kommt, laßt euch selber fallen. Fühlt, wie euer Bewußtsein von Mal zu Mal tiefer sinkt; laßt es mit jedem Mal tiefer sinken und tiefer, tiefer... und wir halten uns gewöhnlich an den Händen.*

Kommt alle heran und teilt mit ihnen ihre Musikerfahrung.

*Die Musikgruppe bildet einen inneren Kreis, während die anderen Sannyasins sich an den Händen halten. Alle schweigen ein paar Minuten lang, indem sie die Augen geschlossen und den Kopf gesenkt halten.*

*Langsam erheben sich Stimmen aus der Stille, zaghaft zuerst, dann kühner werdend. Die Stimmen steigen auf und sinken in sich zusammen, jetzt ein Murmeln, dann eine sich aufbäumende Woge, ein Crescendo, die Sänger verlieren sich in ihren eigenen Schwingungen.*

*Bhagwan sitzt die meiste Zeit mit geschlossenen Augen da, die Hände anmutig unter seinem Kinn gefaltet.*

*Irgendwie ist das Schweigen reicher, geladener als der Klang. Es war kein leeres, passives Schweigen, sondern erfüllt von Gefühlen und Energie. Es scheint das Überschäumen der Energie zu sein, das viele Leute oft als Aufgehen in der Musik empfinden.*

*Der Klang erhebt sich eher zwischen dem Schweigen, als daß das Schweigen zwischen den Klängen niederfällt.*

*Nach etwa fünfzehn Minuten kommt die Musik zu ihrem Höhepunkt, verweilt dort ein wenig und klingt ab. Nachdem Bhagwan fortgegangen ist, erheben sich die Leute leise von ihren Plätzen, die Arme einander um die Schultern legend...*

*Bhagwan sagte kürzlich in einem Vortrag, daß Musik und Meditation nicht zwei verschiedene und voneinander getrennte Dinge seien. Meditation ist Musik, die im Raum- und Zeitlosen aufgegangen ist, und Musik ist Meditation, die sich in einer ganz bestimmten Dimension kristallisiert.*

Wenn ihr Musik liebt, liebt ihr sie, weil ihr spürt, daß sich irgendwie in ihrem Umkreis Meditation ereignet. Ihr werdet von ihr absorbiert und trunken... Gott beginnt zu flüstern, eure Herzen fangen an, in einem anderen Rhythmus zu schlagen, im Einklang mit dem Universum...

# Mittwoch
# den 14. Januar

*Eine Sannyasin sagt, daß viele Bilder in ihr aufsteigen, wenn sie meditiere, die sie gerne malen und mit denen sie gerne mehr in Berührung kommen würde.*

... wenn Bilder kommen, ist das ein gutes Freisetzen; male sie; mache weiter mit ihnen. Werde wild durch sie, und male nicht mit dem Verstand.

Mache dir keine Gedanken über das, was du malst, denn es geht nicht um die Leistung. Es wird nicht ausgestellt werden, und du wirst es auch niemandem zeigen. Es geht nur darum, dich auszuschütten.

Male wie kleine Kinder. Gibst du ihnen Farbe und Malstifte, so malen sie und wissen nicht einmal, was sie tun. Es ist ein ganz natürliches Geschehen: So wie Gras wächst und Vögel singen, malen die Kinder.

Das ist das Schöne an der modernen Malerei. Sie ist kindhafter und primitiver, als Malerei je gewesen ist. Die klassischen Maler waren sehr um die Form bemüht, um die Geometrie und die Regelhaftigkeit daran, aber der moderne Maler hat alles vergessen, und alle Technik fahrenlassen.

Moderne Malerei ist wie das Malen von Kindern, und ungeheuer schöne Dinge sind zutage getreten. Sie sind bedeutungslos, denk daran – schön, aber bedeutungslos. Wirklich, alle Schönheit ist bedeutungslos. Sobald Bedeutung hineinkommt, kommt es auch zur Mittelmäßigkeit. Wo immer der Verstand im Spiel ist, gibt es Grenzen.

Male also einfach, hm? Und das nächstemal, wenn du kommst, bringe ein paar Bilder mit! Aber male nicht mit der Vorstellung, daß du sie mir zeigen wirst! Bringe nur die, die du ohne jede begriffliche Vorstellung gemalt hast, rein irrational.

Gerade gestern habe ich von einem Mann gelesen, von einem sehr reichen Mann, der Picasso bat, ihn zu porträtieren. Picasso tat es.

Als der Mann kam, um sein Porträt zu begutachten, meinte er, es sei gut, außer daß ihm die Nase nicht gefalle – worauf Picasso sich bereit erklärte, sie zu ändern; der Mann sollte in ein paar Tagen wiederkommen.

Picasso war ganz beunruhigt, und die Frau, die zu dieser Zeit mit ihm zusammenlebte, fragte ihn, was ihm denn so Kopfzerbrechen bereite. Er antwortete, ›ich bin aufgeschmissen, weil ich nicht weiß, wo ich die Nase hingemalt habe!‹.

So, ja? Gut!

ANAM *Nachdem ich dir gestern geschrieben hatte, wurde mir klar, daß das Problem nicht mit Gopi (seiner Freundin) bestand, sondern mit mir.*
*Ich hab' deutlich gespürt, wie ich mich selbst anwidere. Ich begriff, daß ich mein ganzes Leben lang versucht habe, mich selbst achtenswert zu machen und mir eine Art Wertschätzung zu verleihen.*
*Ich bin jedem Ersatz für Liebe nachgelaufen – und für mich bedeutet Liebe einfach Manipulation. Ich kann sie nicht vertragen, weil ich diese ungeheure Angst habe, manipuliert zu werden.*

Wertschätzung zu suchen ist ein Ersatz, und zwar ein wertloser Ersatz, eine Fälschung. Nur wenn dir Achtung aus Liebe entgegengebracht wird, ist sie bedeutungsvoll. Wenn sie über irgendeinen anderen Weg kommt, ist sie nicht nur sinnlos, sie ist giftig.

Auf diese Weise wird jemand zum Politiker. Politik ist ein Ersatz für Liebe. Wenn Menschen dich lieben, sind sie um dich bemüht. Sie lassen dich fühlen, daß du der Mühe wert bist und Bedeutung für sie hast. Was immer du bist, wie immer du bist, sie akzeptieren dich. Wenn Leute keine Liebe haben, fangen sie an, dir etwas vorzuspielen. Der Trick besteht darin, die Ehrerbietung anderer zu manipulieren, indem man etwas tut, etwas hat – Charakter, Moral –, etwas, das die Leute achten müssen. Aber das kann dich niemals befriedigen, und du kannst immer weitermachen, bis du eine ganze Masse von Leuten brauchst...

Du kannst Präsident oder Premierminister eines Landes werden, in dem Millionen von Leuten dir ihre Aufmerksamkeit geben. Sie müssen es, denn du hast die Macht, du kannst manipulieren und kannst gefährlich werden.

Aber sogar dann ist die Liebe eines einzigen Menschen wertvoller als die eines ganzen Volkes, das zu dir aufschaut. Die Liebe eines einzigen Menschen ist genug, denn das ist ein wirklicher Wert.

Wenn man dir Achtung zollt, gilt das nie dir, sondern etwas anderem. Bist du zum Beispiel ein ganz guter Mann, von hoher Moral, gilt der Respekt der Moral, nicht dir. Bist du sehr reich, achtet man dich wegen deines Hauses und deines Autos, nicht deinetwegen.

Auch du weißt im Grunde deines Herzens, daß, wenn das Auto verschwindet, wenn das Haus dir nicht mehr gehört, wenn du in den Wahlen besiegt wirst und nicht länger Premierminister bist, alle Ehrerbietung verschwinden wird, denn sie galt niemals in erster Linie dir. Dann bekommst du Angst...

Respekt gilt dem, was du hast, nicht dir und dem, was du bist. Liebe gilt einfach dir – ob du reich bist oder arm, bestimmte Dinge kannst oder nicht, talentiert bist oder nicht, sie gilt ganz einfach dir. Wenigstens für einen Menschen bist du kein Fremder. Jemand hat dir seine unbegrenzte Freundschaft und Warmherzigkeit gegeben; das ist Erfüllung genug.

Respekt ist so, als seiest du hungrig und liest ein Kochbuch. Dein Appetit wird nicht befriedigt, denn du brauchst richtiges Essen. Du kannst Tausende von Kochbüchern haben, aber das wird dir nichts nützen. Liebe ist Nahrung – und Respekt ist ein Kochbuch.

Jeder von uns wird von Kindheit an dazu gedrillt, achtenswert zu werden: der erste in der Klasse zu sein, die Goldmedaille der Universität zu gewinnen – etwas zu tun, damit du wertvoll wirst. Es wird dir beigebracht, daß du nur dann wertvoll werden kannst, wenn du etwas tust – während du ganz einfach bist! Ob du etwas tust oder nicht, ist sekundär, unwichtig.

Wenn du dir also darüber klar geworden bist, höre sofort auf damit. Es ist ein gefährliches Gift, erlaube ihm nicht, auch nur einen einzigen Moment länger in dir zu bleiben. Akzeptiere dich; denn wann immer du Respekt von anderen erwartest, ist das einfach ein Hinweis darauf, daß du dich selber nicht respektierst. Wozu brauchst du das sonst?

Du haßt und verurteilst dich, deshalb schaffst du dir Masken, hinter denen du dich verstecken, mit denen du andere täuschen kannst. Wenigstens kannst du versuchen, andere zu betrügen, wenn es dir schon nicht gelingt, dich selbst zu täuschen. Aber niemand läßt sich täuschen, denn diese Leute treiben genau das gleiche Spiel! Die ganze Welt sitzt in der gleichen Klemme.

Das Wichtigste ist also, daß man sich selbst achtet und keine Forderungen an sich stellt. Für das Leben gibt es kein ›sollte‹. Das Leben ist so, wie es sein sollte, es ist schon so. Du brauchst nur dich zu akzeptieren und dich über dich selbst zu freuen und dich in Liebe hinzugeben. Wenn Achtung aus Liebe entsteht, ist das wunderschön. Und sie kommt immer durch die Liebe, denn es gibt keinen anderen Weg.

... und ich sehe überhaupt keine Probleme. Du hast sie einfach in die Welt gesetzt. Es gibt Leute, die haben wirklich Probleme, und Leute, die haben gar keine, aber bloß um sich zu beschäftigen, schaffen sie sich welche.

Laß sie los, sie sind ganz einfach Mist, und fange in diesem Augenblick an, dich zu freuen. Ja? Mache einen Versuch.

AMRIT *Ich fühle mich ein bißchen richtungslos. Ich weiß nicht recht, was ich tun soll, in der Zeit zwischen jetzt und dem März, wenn ich nach England zurückgehe.*

*... Ich hab' das Gefühl, als sollte ich mehr tun, härter arbeiten. Was richtige Arbeit anbetrifft, tue ich nicht gerade viel.*

Laufe niemals voraus, bleibe immer in der Gegenwart. Das Heute ist sich selbst genug, und der März ist weit weg, Millionen von Meilen entfernt. Es ist nicht nötig, sich darüber Gedanken zu machen. Warum die gegenwärtigen Augenblicke verschwenden? Lebe jetzt, und wenn der März kommt, bist du da; was immer das Leben dann von dir fordert, du wirst darauf eingehen. Wenn du von hier aus etwas planst, schaffst du dir auf doppelte Weise Probleme.

Erstens verschwendest du diesen Augenblick, denn du hättest leben können: indem du planst, verschwendest du ihn. Zweitens, was immer du planst, wird niemals genauso eintreten, wie du es planst, nie und nimmer; denn es gibt Millionen von Ursachen, die am Entstehen der Zukunft arbeiten.

Sie wird niemals mit deinen Plänen übereinstimmen, und das wird dich unweigerlich frustieren. Der Mensch glaubt, er plane und Gott führe aus. Gott ist nicht dazu da, irgend jemandes Pläne auszuführen. Die Ausführung steckt in dem Plan selbst. Im Akt des Planens schaffst du eine Struktur. Die Zukunft ist offen und richtet sich nach keines Menschen Entwurf.

Du verschwendest diesen Augenblick, und dann wirst du jene Momente der Zukunft auch verschwenden, indem du dich frustrierst. Und aus der Frustration heraus wirst du sogar noch härter planen; du wirst glauben, du hast versagt, weil du nicht genau genug geplant hast. Und wieder verfehlst du das, worauf es ankommt.

Wie ausgefeilt dein Plan auch immer sein mag, er kann in diesem Sinne nicht genau sein, denn du bist nicht allein hier, hm? Du kannst rausgehen auf die Straße und ein betrunkener Autofahrer verletzt dich – das kam in deinen Plänen nicht vor. Du fährst nach Goa, und einige Erreger befallen dich und du kriegst die Gelbsucht. Es gehörte nicht zu deinem Plan, aber die Erreger planen ihr Leben, und der betrunkene Fahrer ging seinen Weg.

Lebe diesen Moment total, und der nächste wird aus ihm geboren. Lebe ein ungeplantes Leben, denn nur dann ist es Leben...

Und ich sehe nicht, daß du nicht hart arbeitest, du tust soviel, wie du kannst. Auch das ist Gier – daß man mehr tun sollte. Diese Gier kann niemals befriedigt werden, denn was immer du tust, du kannst dir stets vorstellen, daß noch mehr getan werden kann. Gier ist niemals gestillt.

Laß es sein, und was immer du tun kannst, das tust du. Genieße es, anstatt mehr zu erwarten. Gib ihm mehr Tiefe anstelle einer quantitativen Vermehrung. Und vergiß die Zukunft!

Was macht deine Beziehung?

VEENA *Nun, ich fühle mich gut, und es ist das Schönste, was mir seit sehr langer Zeit widerfahren ist. Es ist einfach so, daß er mich nur als mich, aber ich lasse ihn kalt...*

Bestehe nicht auf mehr, Freundschaft ist vollkommen genug. Für jeden Menschen gibt es zwei Möglichkeiten. Die eine besteht darin, daß du dich verliebst, und allmählich entsteht daraus eine Freundschaft. Liebende werden letzten Endes immer Freunde – und wenn ihnen das nicht gelingt, dann haben sie irgendwo versagt, und etwas ist falsch gelaufen – denn die Leidenschaft legt sich ganz allmählich.

Leidenschaft ist ein sehr, sehr aufgeregter Sinneszustand, in dem du nicht lange leben kannst. Sobald die Flitterwochen vorüber sind, hat sich auch die Leidenschaft gelegt. Dann entwickelt sich Freundschaft. Das ist die eine Möglichkeit – daß zwei Leute sich so ineinander verlieben. Es kommt zu ungeheurer Leidenschaftlichkeit; sie sind wie in einem Wirbelsturm verloren. Sie bewegen sich auf den Gipfeln und vergessen für ein paar Tage gänzlich, daß es Täler gibt. Aber niemand kann auf dem Gipfel leben; höchstens, daß du dich einen Ferientag lang dort aufhältst. Man läßt sich nieder im Tal.

Nach und nach setzt sich eine Liebesbeziehung und wird ruhig und still und harmonisch – dann entsteht Freundschaft. Aus dem Ehemann und der Ehefrau werden Bruder und Schwester. Aber es gibt Probleme, denn wenn das Fieber abgeklungen ist, fängt die Frau an zu glauben, der Mann liebe sie jetzt nicht mehr genügend, und der Mann denkt dasselbe von der Frau.

Aber die andere Möglichkeit ist, als Freunde zu beginnen, ohne jede Leidenschaft. Die Schwierigkeit besteht dann darin, daß der Sinn am Anfang nach Leidenschaft verlangt. Wenn du davon Abstand nehmen kannst und dich dadurch nicht beunruhigen läßt, kannst du in die Freundschaft hineinwachsen, so daß du ganz allmählich ohne jede Leidenschaft und Gipfel in das Tal gelangst und dich dort niederläßt. Und nach meinem Gefühl ist eine Liebe, die als Freundschaft beginnt, obwohl es anfangs schwierig sein mag, letzten Endes sehr, sehr schön, weil ihr nie etwas vermißt. Wenn eine Freundschaft von Anfang an eine Freundschaft bleiben kann, wird sie tiefergehen; sie wird nicht höher hinaus, sondern tiefergehen und wird sich setzen.

Diese Art von Beziehung ist am Anfang schwierig; die andere Art ist am Anfang leichter, aber schwierig am Ende. Wenn du dir beide genau anschaust, sind sie sogar dasselbe. Mache also kein Problem daraus, oder Prem (ihr Freund) fängt an, fortzulaufen!

*Eine Sannyasin erzählt Bhagwan, daß alle ihre Meditationen zum Latihan werden, aber manchmal kommt es zu überhaupt keiner Bewegung.*

*Latihan ist eine Meditation, in der man dem Körper gestattet, überwältigt, besessen zu werden und sich zu bewegen, wie er will, in langsamen und graziösen Bewegungen. Früher hat Bhagwan Leuten diese Meditation gegeben, damit sie sie für sich alleine machen, und es ist auch Teil einer der Meditationen, die während des Camps gemacht werden – der Gourishankar-Meditation.*

*Die Sannyasin fährt fort…*

*… die Energie hört auf, sich zu bewegen, und die Muskeln im unteren Teil meines Bauches fangen an, sich zusammenzuziehen, und dann verkrampft sich auch dieser Teil meines Körpers (sie zeigt auf den Nacken) vielleicht einige Minuten lang. Dann kommt es zu einer Art Entspannung, einer ganz plötzlichen Entspannung.*

*Manchmal fühle ich mich ganz offen, und andere Male werde ich furchtbar aggressiv und rücksichtslos. Das passiert nach der Gourishankar, und ich fahr' mit meinem Fahrrad wie eine Wahnsinnige nach Hause!*

Höre auf mit der Gourishankar, aber mache die anderen Meditationen. Alles läuft gut; es ist genau das, was im Latihan passiert. Zuerst kommt es zu den groben Bewegungen des Körpers und dann zu den feinen Bewegungen der inneren Struktur des Körpers, dem Zusammenziehen der Muskeln. Eines Tages werden diese Bewegungen auch verschwinden, allerdings solltest du nicht versuchen, sie zu zwingen, laß sie zu. Wie die Bewegungen des Körpers aufhören, werden auch sie verschwinden. Dann wirst du einen wirklich fließenden Körper haben, wirklich lebendig.

Andernfalls sind viele Teile des Körpers tot. Die Muskeln, die nicht wirklich entspannt sind, ziehen sich zusammen, und durch das Zusammenziehen werden sie flexibel. Es läuft also gut. Mache weiter damit.

Manchmal, wenn Latihan tiefgeht, kann alles, was mit den Augen zu tun hat, eine Störung sein, mache also keine Gourishankar.

*Die Meditation, auf welche sich Bhagwan bezieht, besteht aus vier Phasen:*

*Im ersten Stadium atmet man tief und langsam. Du atmest langsam ein und hältst den Atem dann so lange an, wie es für dich angenehm ist. Die Ausatmung ist auch langsam, und wenn aller Atem ausgeatmet ist, machst du nach der Ausatmung wieder so lange eine Pause, wie es dir bequem möglich ist. Das dauert 15 Minuten.*

*Im zweiten Stadium schaust du auf ein schnell an und ausgehendes blaues Licht – sanft, als würde man seinen Geliebten anschauen!*

*Das dritte Stadium ist fünfzehn Minuten Latihan, wie es oben beschrieben wurde, und schließlich eine letzte 15-Minuten-Phase zum einfachen Ruhen. Das wird am Abend gemacht, wenn das Tageslicht erloschen ist.*

*Bhagwan fragt die Sannyasin weiter, wie sie sich im ganzen fühle.*

PIPASA *Ich glaube, ich möchte mich wirklich nahe an Leute heranbegeben, aber dann habe ich Angst, ich könnte zurückgewiesen werden. Aber ich war in der Lage, mich Leuten mehr anzunähern als jemals zuvor.*

Du wirst sogar fähig werden, ihnen noch näher zu kommen. Du mußt zunächst einsehen, daß, wenn jemand dich zurückweist, er nicht wirklich dich zurückweist. Er bringt lediglich zum Ausdruck, daß er nicht zu dir paßt. Er mag dich vielleicht sogar, aber irgendwie passen die Energien nicht zusammen. Weder ist also Zurückweisung noch Akzeptiertwerden persönlich; im Grunde sind es Energiephänomene. Wenn jemand sich in dich verliebt und dich zutiefst akzeptiert, heißt das nicht, daß er dich akzeptiert hat oder du ihn. Es bedeutet ganz einfach, daß diese beiden Energien sich auf einer tieferen Ebene treffen und du nur das Instrument dazu bist.

Manchmal passen Energien nicht zueinander, und du kannst nichts daran ändern, kannst sie nicht zwingen, sich zu treffen. Aber von Kindheit an wird uns beigebracht, daß jede Zurückweisung – ebenso wie jedes Angenommenwerden – persönlich gemeint ist; dabei handelt es sich nur um Energiephänomene.

Habe also keine Angst vor Zurückweisung. Wie willst du sonst näher kommen? Nähere dich dem anderen, denn es ist das Risiko einer Zurückweisung wert. Es ist gut, wenn dir jemand ganz einfach erklären kann, daß er sich auf dich nicht tiefer einlassen will. Denn wenn er es tut und dennoch tief im Inneren das Gefühl hat, nicht angezogen zu sein, ist es gefährlich. Früher oder später werdet ihr euch bekämpfen, miteinander streiten und euch zerstören.

Sage es also, wenn du mit jemandem keine tiefere Beziehung eingehen möchtest, aber verletze ihn nicht. Sei immer ehrlich, denn einige Leute, die es nicht fertigbringen, nein zu sagen, die Angst davor haben, den anderen zu verletzen, bringen ihr ganzes Leben durcheinander... Allmählich verlieren sie vollkommen die Fähigkeit zu beurteilen, mit wem sie zusammenpassen.

*Ein Sannyasin erzählt Bhagwan, daß er mit verschiedenen Frauen intime Beziehungen gehabt habe und sich frage, ob er so weitermachen solle.*

Daran ist nichts falsch, aber verwickel' dich nicht zu sehr. Das wäre im Augenblick eine Ablenkung. Laß die Intimität eher Freundschaft als Liebe sein; das wird dir im Moment mehr helfen.

Sobald du Freundschaft in Liebe verwandelst, bewegst du dich in gefährlichen Gewässern, warte noch ein wenig. Wenn du wirklich in dir selbst verwurzelt bist und deine Mitte gefunden hast, kannst du es tun, und es wird keine Probleme geben. Aber zuvor solltest du so ganz und gar du selbst geworden sein, daß du dich in Liebe hineinbegeben kannst und dabei unabgelenkt bleibst. Dann kannst du zu jeder Tiefe von Beziehung vordringen, aber irgendwo in deinem tiefsten Innern stehst du darüber und jenseits davon. Du wirst wie eine Lotusblume, die im Wasser steht, aber davon nicht berührt wird.

Ich bin nicht gegen die Liebe. Ich bejahe sie vollkommen; aber um eine Liebesbeziehung einzugehen, sollte man eine bestimmte Reife besitzen, einen bestimmten Grad von Integration. Dann ist Liebe wirklich schön und hilft dir wachsen; andernfalls kann sie sehr verkrüppeln und dich ganz zerstören.

Liebe zerstört Millionen von Menschen. Im Namen der Liebe werden mehr Menschen zerstört als im Namen des Krieges. Wir bekommen es nicht zu sehen, denn es wird in den Zeitungen nicht berichtet; aber im Namen der Liebe gibt es soviel Häßlichkeit, soviel Eifersucht, Wut und unablässige Streitigkeiten. Der Krieg ist nichts im Vergleich dazu, eine winzige Angelegenheit.

Aber das muß so sein, weil die Leute, die Liebesbeziehungen eingehen, ihrer noch nicht würdig sind. Bevor du das Heiligtum der Liebe betrittst, mußt du dessen wert sein. Dieses Wertsein entsteht allein dann, wenn deine Flamme in deiner Mitte ruht und still geworden ist.

Was ich damit sagen will, ist folgendes: Wenn du fähig bist, vollkommen allein zu sein, und keine Notwendigkeit besteht, eine Liebesbeziehung einzugehen, dann ist Liebe wunderschön. Wenn kein Drang da ist, keine Besessenheit, gibt es auch keine Abhängigkeit; wenn du dich dann auf die Liebe einläßt, wird es ein Teilen. Du möchtest teilen, denn du hast soviel, und du möchtest es mit jemandem teilen, mit dem du eine Übereinstimmung fühlst.

Wenn du aber anfängst, jemanden zu lieben, weil du Glück suchst, liegst du verkehrt. Dann wird die Liebe dir bloß Elend bescheren. Wenn du jemanden liebst, um dein Glück zu teilen, dann ist Liebe wunderschön, die größte Erfahrung, die es gibt. Kannst du den Unterschied sehen? Wenn du ausgehst, um Glück zu suchen, wirst du nur Elend finden, denn du warst zuvor schon elend. Ein Mensch, der sich elend fühlt und sich auf Liebe einläßt, begibt sich in noch tieferes Elend – und der andere ist in der gleichen Notlage. Der andere sucht auch jemanden, um glücklich zu werden. Beiden geht es schlecht, und beide treffen aufeinander bei ihrer Suche nach Glück. Du kannst die Absurdität dieses Unterfangens mit Händen greifen! Das Elend wird nicht bloß verdoppelt, sondern vervielfacht!

Werde also erst einmal glücklich und selig und begib dich dann in die Liebe. Liebe ist eine Funktion von Seligkeit. Seligkeit ist nicht ein Ergebnis von Liebe; eher ist Liebe eine Folge von Seligkeit. Das meint Jesus, wenn er sagt, daß Gott Liebe ist. Du kannst es umdrehen und sagen, Liebe ist Gott – auch so ist es vollkommen wahr. Du kannst sogar den Namen Gott vergessen, Liebe genügt. Liebe ist Gott, aber dann hat die Liebe eine andere Eigenschaft, eine andere Dimension als das, was man gemeinhin Liebe nennt.

Werde also erst bereit, der Liebe wert und voller Seligkeit – dann laß dich auf Liebe ein; aber im Moment sei einfach freundlich, nicht mehr als das! Gut!

*Bhagwan fragt den Sannyasin dann, wie er sich nach dem Enlightenment-Intensive fühle.*

ALOK *Es war ein Segen für mich, daß ich mich eine Zeitlang als den einen erfahren konnte, der still ist.*

Sehr gut! Du wirst von Tag zu Tag stiller. Genieße es einfach.

Stille birgt etwas in sich, das der Traurigkeit sehr ähnelt. Sie ist keine Traurigkeit, aber sie gleicht ihr sehr. Wenn du also stiller wirst, fühlst du vielleicht auch eine bestimmte Art von Traurigkeit. Fürchte dich nicht davor, sonst versuchst du, ihr zu entkommen.

Es ist keine Traurigkeit, sondern nur das Gefühl des Schweigens; die Tiefe vermittelt dir ein gewisses Gefühl von Trauer. Das ist schön, hm? Leute, die sich ins Schweigen zurückziehen, müssen diesem Problem ins Auge sehen und müssen verstehen, daß es verschiedene Arten von Traurigkeit gibt. Es gibt eine Traurigkeit, die entsteht durch Frustration; eine Traurigkeit, die aus innerer Leere und innerer Armut entsteht. Und es gibt eine Traurigkeit, die aus dem Schweigen hervorgeht, aus der totalen Fülle, aber sie ist zugleich voller Leben.

Aus diesem Grunde wirst du dich ein wenig traurig fühlen, wenn du Buddhas Gesicht anschaust. Das Antlitz von Jesus ist in allen Zeiten falsch verstanden worden. Christen fingen an, sich vorzustellen, er sei ein trauriger Mensch gewesen, aber er war einfach still. Sie sagen, er habe nie gelacht; das mag wahr sein, denn er hatte ein so feines Lächeln, daß nur sehr empfängliche Menschen fähig sein konnten, es zu verstehen. Er war so still, daß eine gewisse Traurigkeit ihn umgab, aber das ist nicht jene Traurigkeit, die wir kennen. Seine Trauer ist vollkommen anders; sie ist von anderer Beschaffenheit, denn sie ist nicht von dieser Welt. Sie hat nichts mit irgendwelchen negativen Gefühlen zu tun; sie ist absolute Positivität.

Merke dir das also, denn bald wirst du dich still fühlen und sehr allein. Fürchte dich auch vor diesem Alleinsein nicht, sonst fängt dein Verstand an, daran zu denken, Beziehungen einzugehen, sich in Gesellschaft zu begeben, sich zu beschäftigen – und das ist gefährlich. Wenn du beginnst, das Alleinsein zu fühlen, nähre es und hilf ihm zu wachsen. Gib ihm Nahrung mit allem, was du hast, damit es eine sehr tiefe Erfahrung wird.

Das Schweigen wird dir Trauer vermitteln und das Gefühl des Alleinseins. Du wirst etwas Zeit brauchen, um mit diesen verschiedenen Schattierungen und den verschiedenen Geschmacksnuancen vertraut zu werden, hm? Wenn du also anfängst, dich traurig oder allein zu fühlen, komme sofort und erzähle es mir, hm?

# Donnerstag den 15. Januar

*Ein Sannyasin sagt, daß seine Freundin, auch eine Sannyasin, sich in ziemlich dramatischer Weise verändert habe, seit sie vor einigen Monaten in einen schweren Autounfall verwickelt war; sie schien nicht mehr die gleiche Frau zu sein, die er zuvor gekannt habe. Bhagwan sagt, er habe das Gefühl, sie sei in einer sehr tiefen Krise und brauche sehr viel Toleranz und Liebe.*

Es kommt manchmal vor, daß sich nach solchen schweren Unfällen die ganze Persönlichkeit verändert und vielleicht spaltet. Deine linke Hand weiß eventuell nicht, was die rechte tut. Ich habe das Gefühl, daß dies mit zu ihrer Situation beiträgt.

Schenk ihr also ein bißchen mehr Zuneigung und sei wach. Wenn der Körper einen solchen Zusammenbruch erleidet, ist auch der Verstand beeinträchtigt, denn er ist ein Teil des Körpers, und beide sind tief miteinander verbunden. Sei behutsam, denn sie wird vielleicht versuchen, die Beziehung zu zerstören. Spiele dabei nicht mit. Wenn sie weiter so wütend wird und negative Dinge zu dir sagt, könnte es sein, daß du anfängst, dich wegjagen zu lassen.

Aber sie braucht dich. Sie weiß es vielleicht nicht, doch sie braucht dich. Du trägst Verantwortung, jetzt mehr denn je zuvor. Sei liebevoll zu ihr und gib nicht zu viel auf das, was sie sagt. Das wird eine tiefe Meditation für dich und eine bedeutsame Erfahrung werden, denn wenn jemand liebevoll ist, ist es einfach, ihn zu lieben, aber wenn er voll Wut steckt und ständig versucht, die Beziehung zu zerstören, dann ist es etwas Ungewöhnliches, liebevoll zu sein. Das gibt dir eine neue Integration deines Wesens.

Wann immer du etwas tust, das in gewissem Sinne übernatürlich ist, verleiht dir das eine gewisse Höhe des Seins.

Nur deine Liebe wird fähig sein, die Kluft zu überbrücken, die in ihren Sinnen entstanden ist, hm? Wenn du auf sie hörst, wird sie vielleicht versuchen, dich fortzuzwingen. Das ist vielleicht nur ein Versuch, um herauszubekommen, ob du sie wirklich liebst. Diese Art von Problemen entsteht in solchen Situationen.

Sie ist vielleicht in tiefer Angst, ob sie noch geliebt wird oder nicht, ob sie von dir zurückgewiesen wird, weil sie jetzt nicht mehr schön sei, weil sie verkrüppelt sei und dieses und jenes. Diese Ideen kommen einer Frau viel selbstverständlicher in den Sinn, denn für sie ist das Körperbewußtsein sehr, sehr tief.

Ein Mann denkt niemals viel an den Körper, eine Frau dagegen denkt ununterbrochen daran. Die Frau ist der Körper. Weil sie also so einen Unfall gehabt hat, wird sie fürchten, daß du sie nicht mehr liebst. Bevor du sie zurückweisen kannst, wird sie das Spiel spielen, dich zurückzuweisen. Dann kann sie sich gut und glücklich fühlen, denn sie kann sich sagen, daß sie dich zurückgewiesen hat und nicht von dir zurückgewiesen wurde.

Sei also vorsichtig und liebe sie so sehr du nur kannst, und sie wird sich bald entspannen. Wenn sie erst einmal gemerkt hat, daß dieser Unfall nichts verändert hat, dann wird sie alle diese Dinge, die sie zu dir gesagt hat, zurücknehmen. Wenn sie sich erst einmal sicher ist, daß von deiner Seite keine Zurückweisung kommt, wird ihr zurückweisendes Verhalten verschwinden, und du wirst zuschauen können, wie ein vollkommen neuer Mensch vor dir entsteht. Zum erstenmal wirst du ihr wahres Selbst sehen.

Wann immer eine Frau erkennt, daß sie so angenommen wird, wie sie ist, daß keine Bedingungen gestellt werden, damit sie akzeptiert ist, wird sie zum allerersten Male schön; die Anmut einer anderen Welt blüht in ihr auf. Die Schönheit ist nicht mehr die Schönheit des Körpers, sie kommt nun aus der Tiefe, und du kannst ihr Leuchten sehen und fühlen. Wenn diese Aura der Anmut sie umgibt, wird sogar eine häßliche Frau schön. Normalerweise sind schöne Frauen nicht anmutig, weil diese Aura noch nicht entstanden ist.

Im Osten sind wir seit langem in die Suche nach dieser Anmut vertieft, aber im Westen sind die Menschen noch nicht einmal darauf gestoßen. Schönheit im Osten und Schönheit im Westen, und ganz besonders die Schönheit der Frau, sind vollkommen verschieden. Im Osten nennen wir eine Frau schön, wenn sie anmutig ist. Wenn etwas, das von jenseits des Körpers stammt, überströmt und ihren Körper umgibt, nur dann ist sie schön. Im Westen ist das Physiologische wichtiger als das Spirituelle.

Deine Freundin ist in einer tiefen Krise, und nur du kannst ihr helfen, dort herauszukommen – auf dir liegt also eine große Verantwortung. Für euch beide wird es sehr bereichernd sein. Der ganze Unfall kann zu einer Verwandlung führen...

*Ein Sannyasin sagt, er entwickle sich in letzter Zeit zurück, denn er sei jetzt weniger glücklich als vor Monaten, als er gerade Sannyas genommen habe. Zu der Zeit habe er in seinen Gefühlen auch klarer die Liebe zu Bhagwan gespürt. Jetzt sei die Liebe wechselhaft; manchmal sei sie gegenwärtig, und manchmal scheine sie zu verschwinden.*

So geht's, hm? Denn der Sinn kann nicht in einem Zustand verharren. Er wandert vom Positiven zum Negativen und umgekehrt. Aber warte nur und beobachte ihn, denn bald wird das Positive wiederkommen, und dieses Mal wird es stärker sein als das erste Mal.

Aber erinnere dich immer daran, daß das Negative auch wieder an die Reihe kommen wird. Es ist gerade so wie Tag und Nacht, die einander abwechseln. Solange du nicht beide überschreitest, solange du nicht ein so reiner Zeuge wirst, daß dich nichts davon kümmert und du gleichgültig und unberührt davon bleibst, werden diese Zustände kommen und gehen. Und bevor nicht dieser Zustand eintritt, werden sich die Dinge immer ändern – vom Schlechten zum Guten und vom Guten zum Schlechten. Manchmal wirst du in Fluß und glücklich sein, und zu anderen Zeiten wirst du dir unglücklich und erstarrt vorkommen.

Das ist natürlich, denn der Sinn ist ein Rad, das sich unaufhörlich bewegt. Eine Speiche kommt hoch und senkt sich hinunter; eine andere kommt hoch und geht wieder nach unten – er bewegt sich immerfort wie ein Rad. In Indien stellen wir das Wort ›Welt‹ durch das Symbol eines Rades dar. Das indische Wort für Welt, ›sansar‹, bedeutet Rad. Dem Erfolg folgt der Mißerfolg, der Hoffnung die Hoffnungslosigkeit, dem Glück das Elend.

Man muß begreifen, daß dies der natürliche Zustand der Sinnenwelt ist und daß er nicht verändert werden kann. Es kommt darauf an, das zu akzeptieren und sich nicht damit zu identifizieren. Wenn Glück kommt, sage nicht: ›Ich bin glücklich!‹, sage, ›Glück ist gekommen, ich bin der Beobachter‹. Bleibe abgesondert und halte Abstand. Kommt Unglück, verhalte dich genauso. Schaue zu und registriere den Tatbestand: ›Unglück ist gekommen.‹ Fälle keine Urteile, klammere dich an nichts und stoße nichts hinweg; beobachte ganz einfach. Du wirst allmählich erkennen, daß diese Stimmungen kommen und gehen und du von ihnen nicht gestört und durch sie nicht abgelenkt wirst. Das nennen wir Bewußtheit. Alles andere ist Identifikation und Unbewußtheit. Versuche es also, hm? . . . und es ist natürlich, was auch immer geschieht, es ist natürlich.

*Der Sannyasin sagt, daß in den Momenten der Niedergeschlagenheit sogar Zweifel über Sannyas in ihm aufkämen.*

Hm, das ist natürlich, und es wird viele Male geschehen, denn wenn die negativen Momente kommen, wird alles negativ. Du wirst Sannyas anzweifeln, du wirst mich anzweifeln, du wirst dich anzweifeln. Du wirst sogar die vorhergegangenen Momente des Glücks bezweifeln; du denkst vielleicht, sie waren bloße Einbildung. Wenn man sich in der dunklen Nacht der Negativität befindet, bezweifelt man sogar, daß der Tag, der ihr vorausging, je war; vielleicht war es deine Einbildung. Wenn der Zweifel deine Seele packt, packt er sie von allen Seiten. Man ist einfach voll von Zweifeln; was man bezweifelt, ist nicht die Frage.

Wenn der Augenblick des Vertrauens kommt, vertraust du einfach; nicht nur mir, du traust jedem. In so einem Moment, wo du dich höher und höher hinausbewegst, kommen dir keine Zweifel.

Bleibe einfach Zeuge des Geschehens. Das ist die Arbeit, die du zu tun hast. Befasse dich nicht damit und denke daran, daß alles vorübergeht. Nichts kann beständig und von Dauer sein in dieser Welt, denn die innerste Natur dieser Welt ist Wandlung.

Außer dem Wandel, wandelt sich alles. Wenn du Zeuge bleibst, wirst du plötzlich zum Ewigen und bist nicht mehr Teil der sich wandelnden Welt. Die Veränderungen mögen dich von allen Seiten umgeben, tausenderlei Umwandlungen vollziehen sich vor deinen Augen, du aber bleibst das Zentrum des Zyklons.

Versuche es und berichte mir später davon. Gut!

Nitya, wie geht es dir? Möchtest du etwas sagen?

NITYA *Ja, ich wollte fast genau dasselbe fragen wie Muni – wie lange es wohl so fort geht mit den Kreisläufen der Sinnenwelt. Wenn ich durch diese dunklen Augenblicke hindurchgehe, ist es so, daß ich nicht glaube, die Kraft zu haben, das durchzustehen. Es ist wie die Angst vor dem Wahnsinn. Ich habe dieses unglaubliche Gefühl von Unsicherheit, daß alles ins Wanken gerät.*

*In diesen Augenblicken glaube ich einfach nicht an meine Kraft, es durchzuhalten. Es ist, als würde ich mich nach einem Schutz umsehen. Kürzlich habe ich diese Sehnsucht verspürt nach irgend jemandem, irgendwo, der mich schützt, mich vor etwas, das ich selbst nicht kenne, rettet.*

*Sicher, dieser Augenblick geht vorbei, aber in dem Moment ist es so intensiv, daß ich mir fast selbstmörderisch vorkomme und sehr schwach.*

Fühlst du dich gerade im Moment so?

NITYA *Nicht im Augenblick. Ich komme gerade aus diesem Zustand, in dem ich die letzten Tage über war, heraus.*

Komm her und leg dich einfach hier hin *(Bhagwan zeigt auf den Boden vor ihm)*. Den Kopf auf diese Seite und die Füße hierhin.

Schaue die Decke an, als ob du verrückt wärest, bringe einen Ausdruck des Wahnsinns in dein Gesicht.

*Bhagwan lehnt sich in seinem Stuhl nach vorne und richtet den Strahl seiner Taschenlampe auf ihr Gesicht. Nitya liegt ganz still; ihr Gesicht ist ausdruckslos.*

Laß den Wahnsinn zu, gib dir den Ausdruck einer Wahnsinnigen.

NITYA *Wahnsinn bedeutet für mich Angst.*

Laß sie zu, laß sie zu. Erlaube ihr, von dir Besitz zu ergreifen, so daß der ganze Körper davon besessen ist. Wo genau spürst du die Angst?

NITYA *Jetzt ist sie in meinem Rücken, andere Male ist sie hauptsächlich in meinem Kopf.*

Hm, sehr gut. Normalerweise ist sie im Kopf?

NITYA *Wenn sie kommt, fühlt es sich hier wie eine ungeheure Anspannung an (sie zeigt auf ihre Stirn).*

Mache folgendes: Jedesmal, wenn sie kommt, lege dich hin. Wenn sie vom Kopf in den Rücken hinuntersinkt, ist das sehr gut. Wann immer du sie verspürst, mache folgendes, in drei Schritten.

Bringe das Gefühl der Angst vollkommen in deinen Kopf, wie wenn du es dort anhäufst, dort konzentrierst. Stelle dir die Angst und die Qual vor, Tod und Selbstmord, wie sie von allen Teilen des Körpers herkommen und im Kopf gesammelt werden. Mache deinen Kopf so schwer, wie es geht.

Dann stelle dir vor, daß die Angst deinen Kopf verläßt und hinunter in die Wirbelsäule fließt. Lege dich auf den Rücken und laß das Gefühl in dein Rückgrat fließen. Wenn du dann spürst, daß die Angst sich zur Wirbelsäule hinbewegt hat, führe einen wilden Tanz auf – nur zwei oder drei Minuten lang –, und sie wird vollkommen verschwinden.

Tue das mindestens drei Wochen lang und berichte mir dann davon. Es ist nichts, worüber du dir Sorgen machen müßtest. Ich bin hier, um dich zu schützen!

# Epilog

SEINE WORTE...

BLUMEN UND HONIG
MESSER UND FLAMMEN,
WIE HAMMERSCHLÄGE AUF FELS

WILLST DU BHAGWAN
VERSTEHEN,
MUSST DU DEINEN KOPF
HINTER DIR LASSEN.

MIT IHM SEIN
HEISST DEINE IDEOLOGIEN,
DEINE VORGEFASSTEN MEINUNGEN,
ALL DAS, WAS DU GELERNT HAST, AUFGEBEN...

MIT IHM SEIN,
HEISST STERBEN UND WIEDERGEBOREN WERDEN...

MIT IHM SEIN
HEISST IN LIEBE VERSINKEN
WIE NIEMALS ZUVOR...

ES GIBT EIN VERSTEHEN,
DAS KOMMT AUS DER LIEBE,
TIEFER ALS DAS DES VERSTANDES.

TIEF GENUG,
UM GEGENSÄTZE
ZU UMFASSEN!

FEIN GENUG,
UM OHNE WORTE
WEITERGETRAGEN ZU WERDEN

ZUVERSICHTLICH GENUG,
UM SICH LOSZULASSEN
UND ZU FLIESSEN.